现代经济与管理类系列教材
数字化资源配套新形态教材

商务谈判与推销技巧

（第4版）

主　编　龚　荒
副主编　杨　雷

清华大学出版社
北京交通大学出版社
·北京·

内 容 简 介

本书系统阐述了商务谈判与推销活动的原理、方法、策略和技巧。全书共分12章，包括：商务谈判概述、商务谈判组织与准备、商务谈判策略、商务谈判的沟通技巧、国际商务谈判、商务谈判礼仪、推销与推销人员、顾客心理与推销模式、顾客开发、推销接近与洽谈、顾客异议处理与成交、推销管理等。各章均设计安排了学习目标、实例、专栏、视频拓展、关键术语、复习思考题、案例与训练等模块。

本书内容新颖，通俗生动，突出知识的系统性和实用性，强调实践能力的培养。各章章末附有若干案例题，可以用于课堂教学中的小组讨论。部分章末安排了实训题，可以有选择地用于该章相关知识技能点的拓展训练。各章新增的"视频拓展"模块，以二维码链接的方式提供了丰富的视频辅导资源，把更多的知识点和案例呈现给读者。通过手机扫描二维码获取的网络资料既可用于课前预习，又可用于课后复习巩固。同时本书最后附上了模拟试卷两套、谈判能力和推销能力测试题各一套，为该课程教学提供方便。

本书适合作为本专科院校、高等职业院校的商务、营销及经济管理类专业的教材，也可以用作职业培训或相关人员的自学参考书。

本书封面贴有清华大学出版社防伪标签，无标签者不得销售。
版权所有，侵权必究。侵权举报电话：010-62782989　13501256678　13801310933

图书在版编目（CIP）数据

商务谈判与推销技巧/龚荒主编．—4版．— 北京：北京交通大学出版社：清华大学出版社，2021.11（2024.8重印）
现代经济与管理类系列教材
ISBN 978-7-5121-4536-8

Ⅰ.①商… Ⅱ.①龚… Ⅲ.①商务谈判-高等学校-教材　②推销-高等学校-教材　Ⅳ.①F715.4　②F713.3

中国版本图书馆 CIP 数据核字（2021）第 153036 号

商务谈判与推销技巧
SHANGWU TANPAN YU TUIXIAO JIQIAO

责任编辑：	吴嫦娥
出版发行：	清 华 大 学 出 版 社　邮编：100084　电话：010-62776969　http://www.tup.com.cn
	北京交通大学出版社　邮编：100044　电话：010-51686414　http://www.bjtup.com.cn
印 刷 者：	北京时代华都印刷有限公司
经　　销：	全国新华书店
开　　本：	185 mm×260 mm　印张：18.75　字数：480千字
版 印 次：	2005年10月第1版　2021年11月第4版　2024年8月第5次印刷
定　　价：	49.00元

本书如有质量问题，请向北京交通大学出版社质监组反映。对您的意见和批评，我们表示欢迎和感谢。
投诉电话：010-51686043，51686008；传真：010-62225406；E-mail：press@bjtu.edu.cn。

前　言

　　谈判和推销是社会经济生活中普遍存在的现象，也是商务活动的两个基本方面，两者在本质上是一致的，都是要解决或者改善商务活动中的人际沟通与利益交换问题，强调通过双向沟通和磋商来实现和满足彼此的利益要求，追求一个互惠互利、双赢的结局。在实际商务活动中，谈判与推销往往是交互在一起的，谈判中有推销（向对方推销自己的观念、意见、方案等），推销中有谈判（推销洽谈就是销售人员与顾客之间的谈判），考虑到它们在原理、方法、策略和技巧等方面存在的诸多相通或相似性，我们将它们综合成一门课程，即"商务谈判与推销技巧"。

　　经过4轮的修改完善，本书体系内容已相对成熟，既考虑到该学科的整体性和系统性，又突出了实战技能和策略技巧的培训。全书共分12章，内容包括商务谈判概述、商务谈判组织与准备、商务谈判策略、商务谈判的沟通技巧、国际商务谈判、商务谈判礼仪、推销与推销人员、顾客心理与推销模式、顾客开发、推销接近与洽谈、顾客异议处理与成交、推销管理等。各章均设计安排了学习目标、实例、专栏、视频拓展等模块，并在每章的后面附有关键术语、复习思考题、案例题与训练题等。

　　本书章节中穿插的实例和每章章末的案例丰富而精练，这些案例有的来自对谈判推销实践的总结提炼，有的是从上百部教材、专著中精选出来的，大多数案例具有较强的思辨性和启发性。各章章末的案例紧扣该章的核心知识点，以情景模拟的形式对该章知识做进一步的诠释或延伸；每个案例后附有讨论题，教师可以有选择地将其用于课堂教学中的小组讨论。部分章末安排了实训题，可以有选择地用于该章相关知识技能点的拓展训练。

　　第4版新增了"视频拓展"模块，此模块以二维码链接的方式提供了丰富的网络辅导资源，把更多的商务谈判和推销的相关知识点和案例呈现给读者。"视频拓展"模块的内容以视频资料为主，也有部分文字资料，读者通过手机扫描书中的二维码即可观看和阅读，有利于读者在轻松自由的氛围中学习和提高商务谈判和推销的知识技能。通过扫描二维码获取的资料既可用于课前预习，又可用于课后复习巩固，极大地方便了本课程的学习。

　　同时，第4版修订对全书知识点做了进一步优化整合，增删并调整了部分章节，主要体现在：第1章压缩了"商务谈判过程"一节，增加了谈判构成要素的内容；第2章强化了商务谈判的前期信息准备、谈判环境分析、谈判方案制订和模拟谈判等内容，突出了对谈判策划书撰写和谈判实战模拟训练的要求；第4章删除了"商务谈判的思维方法"一节，充实了谈判过程中非语言沟通技巧；第5章中增加了"大洋洲和非洲商人的谈判风格"一节；第7章充实了现代推销活动特征的表述，更新了推销人员的职责和素质能力要求；第8章精炼了顾客购买心理的内容，增加了两种推销模式；第9章更新了寻找准顾客的方法，新增了"利用手机移动端寻找准顾客"小节；第11章删除了"成交后跟踪"一节；第12章更新了推销人员的招聘与培训的部分内容，新增了"推销业务管理"的内容，优化了"推销人员的考核与激励"一节，删除了"客户关系管理"一节，新增了附录"谈判能力测试"；全书

I

各章调整和更新了一批实例、背景专栏和案例训练题。

本书第4版由龚荒任主编，杨雷任副主编。李克东、戴西超、徐燕、焦珊等人参与了本书的编写工作。本书参考和引用了国内相关教材、论著的许多资料和案例，恕不一一列举；本书在吴嫦娥编辑的精心策划和积极推动下得以出版。在此一并表示衷心的感谢。

为便于教师教学，本书配有教学课件及章后案例分析题答案，可从北京交通大学出版社网站（http：//www.bjtup.com.cn）下载或发邮件至 cbswce@jg.bjtu.edu.cn 索取。书中如有疏漏不妥之处，恳请读者提出宝贵意见和建议（gonghuang@163.com）。

编　者
2021 年 8 月

目 录

第1章　商务谈判概述 …………………… 1
 1.1　商务谈判的特征与评价标准 …… 1
  1.1.1　谈判是一种普遍的人类
       行为 …………………………… 2
  1.1.2　谈判学是一门正在成长的
       新兴学科 ……………………… 3
  1.1.3　谈判的概念及特征 …………… 4
  1.1.4　商务谈判的概念及特征 ……… 5
  1.1.5　商务谈判的价值评价标准 …… 6
 1.2　商务谈判的原则与方法 ………… 8
  1.2.1　商务谈判的原则 ……………… 8
  1.2.2　商务谈判的方法 ……………… 15
 1.3　商务谈判的形式与过程 ………… 17
  1.3.1　商务谈判的基本要素 ………… 17
  1.3.2　商务谈判的主要类型 ………… 18
  1.3.3　商务谈判的一般过程 ………… 21
 ◇复习思考题 …………………………… 23
 ◇案例题 ………………………………… 23

第2章　商务谈判组织与准备 …………… 28
 2.1　商务谈判人员的素质要求 ……… 28
  2.1.1　政治素质要求 ………………… 29
  2.1.2　业务能力要求 ………………… 29
  2.1.3　心理素质要求 ………………… 31
 2.2　谈判班子的构成与管理规则 …… 33
  2.2.1　谈判班子的组织构成 ………… 33
  2.2.2　谈判班子的业务构成 ………… 34
  2.2.3　谈判过程中的管理规则 ……… 35
 2.3　商务谈判的信息准备 …………… 38
  2.3.1　谈判环境分析 ………………… 38
  2.3.2　行业与市场分析 ……………… 40
  2.3.3　谈判对手分析 ………………… 41

  2.3.4　谈判者自我评估 ……………… 44
  2.3.5　信息收集的方法和途径 …… 44
 2.4　商务谈判方案的制订 …………… 46
  2.4.1　谈判主题和目标的确定 …… 48
  2.4.2　谈判议程的拟定 ……………… 48
  2.4.3　谈判时间、地点的选择 …… 49
  2.4.4　谈判策略的制定 ……………… 50
  2.4.5　谈判方案的框架内容 ………… 51
 2.5　模拟谈判 ………………………… 52
  2.5.1　模拟谈判的作用 ……………… 52
  2.5.2　模拟谈判的方法 ……………… 54
 ◇复习思考题 …………………………… 55
 ◇案例题 ………………………………… 55
 ◇实训题 ………………………………… 59

第3章　商务谈判策略 …………………… 60
 3.1　开局阶段的谈判策略 …………… 60
  3.1.1　营造谈判气氛 ………………… 60
  3.1.2　协商谈判通则 ………………… 61
  3.1.3　进行开场陈述 ………………… 62
 3.2　报价阶段的谈判策略 …………… 63
  3.2.1　报价的原则 …………………… 63
  3.2.2　报价的方式 …………………… 64
  3.2.3　报价的策略 …………………… 65
  3.2.4　应价的处理及其策略 ………… 67
 3.3　磋商阶段的谈判策略 …………… 68
  3.3.1　让步的策略 …………………… 68
  3.3.2　迫使对方让步的策略 ………… 71
  3.3.3　阻止对方进攻的策略 ………… 75
 3.4　谈判僵局的处理策略 …………… 77
  3.4.1　僵局形成的原因分析 ………… 77
  3.4.2　处理僵局的策略 ……………… 78

I

3.5 结束阶段的谈判策略 ⋯⋯⋯⋯ 80
　　3.5.1 谈判结束阶段的主要
　　　　　标志 ⋯⋯⋯⋯⋯⋯⋯⋯ 80
　　3.5.2 促成缔约的策略 ⋯⋯⋯ 81
　　3.5.3 谈判的收尾工作 ⋯⋯⋯ 82
◇复习思考题 ⋯⋯⋯⋯⋯⋯⋯⋯ 83
◇选择题 ⋯⋯⋯⋯⋯⋯⋯⋯⋯⋯ 83
◇案例题 ⋯⋯⋯⋯⋯⋯⋯⋯⋯⋯ 85
◇实训题 ⋯⋯⋯⋯⋯⋯⋯⋯⋯⋯ 89
◇测试题 ⋯⋯⋯⋯⋯⋯⋯⋯⋯⋯ 90

第4章 商务谈判的沟通技巧 ⋯⋯⋯ 91
4.1 有效的口头表述 ⋯⋯⋯⋯⋯⋯ 92
　　4.1.1 谈判过程中的陈述技巧 ⋯ 92
　　4.1.2 谈判过程中的提问技巧 ⋯ 94
　　4.1.3 谈判过程中的应答技巧 ⋯ 97
4.2 倾听 ⋯⋯⋯⋯⋯⋯⋯⋯⋯⋯⋯ 97
　　4.2.1 听的功能与效果 ⋯⋯⋯ 97
　　4.2.2 有效倾听的障碍 ⋯⋯⋯ 98
　　4.2.3 有效倾听的要则 ⋯⋯⋯ 98
4.3 非语言沟通 ⋯⋯⋯⋯⋯⋯⋯⋯ 99
　　4.3.1 非语言沟通的作用 ⋯⋯ 99
　　4.3.2 人体语言技巧 ⋯⋯⋯⋯ 99
4.4 电话沟通 ⋯⋯⋯⋯⋯⋯⋯⋯ 101
　　4.4.1 电话沟通的准备 ⋯⋯ 102
　　4.4.2 打电话的技巧 ⋯⋯⋯ 102
　　4.4.3 接电话的技巧 ⋯⋯⋯ 103
◇复习思考题 ⋯⋯⋯⋯⋯⋯⋯ 104
◇自测题 ⋯⋯⋯⋯⋯⋯⋯⋯⋯ 104
◇案例题 ⋯⋯⋯⋯⋯⋯⋯⋯⋯ 105
◇游戏训练题 ⋯⋯⋯⋯⋯⋯⋯ 107

第5章 国际商务谈判 ⋯⋯⋯⋯⋯ 109
5.1 国际商务谈判概述 ⋯⋯⋯⋯ 110
　　5.1.1 国际谈判与国内谈判的
　　　　　共性特征 ⋯⋯⋯⋯⋯ 110
　　5.1.2 国际谈判与国内谈判的
　　　　　区别 ⋯⋯⋯⋯⋯⋯⋯ 111

　　5.1.3 国际谈判成功的基本
　　　　　要求 ⋯⋯⋯⋯⋯⋯⋯ 116
5.2 美洲商人的谈判风格 ⋯⋯⋯ 117
　　5.2.1 美国商人的谈判风格 ⋯ 117
　　5.2.2 拉丁美洲商人的谈判
　　　　　风格 ⋯⋯⋯⋯⋯⋯⋯ 120
5.3 欧洲商人的谈判风格 ⋯⋯⋯ 122
　　5.3.1 英国商人的谈判风格 ⋯ 122
　　5.3.2 德国商人的谈判风格 ⋯ 122
　　5.3.3 法国商人的谈判风格 ⋯ 125
　　5.3.4 意大利商人的谈判风格 ⋯ 125
　　5.3.5 俄罗斯商人的谈判风格 ⋯ 126
　　5.3.6 北欧商人的谈判风格 ⋯ 127
5.4 亚洲商人的谈判风格 ⋯⋯⋯ 128
　　5.4.1 日本商人的谈判风格 ⋯ 128
　　5.4.2 韩国商人的谈判风格 ⋯ 130
　　5.4.3 东南亚商人的谈判风格 ⋯ 131
　　5.4.4 南亚商人的谈判风格 ⋯ 132
　　5.4.5 阿拉伯国家商人的谈判
　　　　　风格 ⋯⋯⋯⋯⋯⋯⋯ 133
5.5 大洋洲和非洲商人的谈判风
　　格 ⋯⋯⋯⋯⋯⋯⋯⋯⋯⋯⋯ 134
　　5.5.1 澳大利亚商人的谈判
　　　　　风格 ⋯⋯⋯⋯⋯⋯⋯ 134
　　5.5.2 非洲商人的谈判风格 ⋯ 135
◇复习思考题 ⋯⋯⋯⋯⋯⋯⋯ 136
◇案例题 ⋯⋯⋯⋯⋯⋯⋯⋯⋯ 136

第6章 商务谈判礼仪 ⋯⋯⋯⋯⋯ 140
6.1 礼仪的含义及作用 ⋯⋯⋯⋯ 140
　　6.1.1 礼仪的含义 ⋯⋯⋯⋯ 140
　　6.1.2 礼仪的作用 ⋯⋯⋯⋯ 141
6.2 商务礼仪 ⋯⋯⋯⋯⋯⋯⋯⋯ 142
　　6.2.1 服饰礼仪 ⋯⋯⋯⋯⋯ 142
　　6.2.2 会面礼仪 ⋯⋯⋯⋯⋯ 143
　　6.2.3 名片礼仪 ⋯⋯⋯⋯⋯ 144
　　6.2.4 言行举止的礼仪 ⋯⋯ 145
　　6.2.5 接待与签字仪式 ⋯⋯ 147

◇ 复习思考题 ·············· 151
◇ 实训题 ················ 151
◇ 案例题 ················ 152

第7章 推销与推销人员 ········ 155
7.1 推销的内涵和特征 ········ 156
7.1.1 推销的内涵 ········ 156
7.1.2 现代推销活动的特征 ··· 158
7.2 推销人员的职责和素质能力 ·· 161
7.2.1 推销人员的职责 ····· 161
7.2.2 推销人员的职业素质和能力 ············ 164
7.3 推销程序 ············ 167
◇ 复习思考题 ·············· 167
◇ 实训题 ················ 168
◇ 案例题 ················ 169

第8章 顾客心理与推销模式 ····· 172
8.1 顾客购买心理 ·········· 173
8.1.1 顾客购买的认识过程 ··· 173
8.1.2 顾客购买的情感过程 ··· 175
8.1.3 顾客购买的意志过程 ··· 175
8.2 推销模式 ············ 176
8.2.1 爱达模式 ·········· 176
8.2.2 迪伯达模式 ········ 178
8.2.3 埃德帕模式 ········ 179
8.2.4 费比模式 ·········· 180
8.3 推销方格理论 ·········· 182
8.3.1 推销人员方格 ······· 182
8.3.2 顾客方格 ·········· 184
8.3.3 推销人员方格与顾客方格的关系 ············ 186
◇ 复习思考题 ·············· 187
◇ 实训题 ················ 188
◇ 案例题 ················ 188

第9章 顾客开发 ············ 192
9.1 寻找准顾客 ··········· 193
9.1.1 寻找准顾客的必要性 ··· 193
9.1.2 寻找准顾客的方法 ···· 194
9.1.3 利用手机移动端寻找准顾客 ············ 196
9.2 顾客资格鉴定 ·········· 197
9.2.1 顾客购买力鉴定 ····· 198
9.2.2 顾客购买决策权鉴定 ··· 199
9.2.3 顾客购买需求鉴定 ···· 199
◇ 复习思考题 ·············· 201
◇ 案例题 ················ 201

第10章 推销接近与洽谈 ········ 204
10.1 约见准顾客 ··········· 205
10.1.1 约见准顾客的意义 ···· 205
10.1.2 约见顾客的前期准备 ·· 206
10.1.3 约见顾客的方式 ····· 208
10.2 接近准顾客 ··········· 210
10.2.1 接近准顾客的基本要求 ············ 210
10.2.2 接近准顾客的方法 ··· 211
10.3 推销洽谈 ············ 214
10.3.1 提示法 ·········· 215
10.3.2 演示法 ·········· 219
◇ 复习思考题 ·············· 220
◇ 案例题 ················ 220

第11章 顾客异议处理与成交 ······ 224
11.1 顾客异议的产生 ········· 225
11.1.1 正确对待顾客异议 ···· 225
11.1.2 顾客异议的类型 ····· 226
11.1.3 顾客异议产生的原因 ·· 228
11.2 处理顾客异议的时机与方法 ············ 231
11.2.1 处理顾客异议的时机 ·· 231
11.2.2 处理顾客异议的方法 ·· 233
11.3 成交的策略与方法 ······· 239
11.3.1 顾客的成交信号 ····· 239
11.3.2 成交的基本策略 ····· 241

11.3.3　成交的方法…………………… 243
◇复习思考题………………………………… 248
◇实训题……………………………………… 248
◇案例题……………………………………… 249
◇测试题……………………………………… 252

第12章　推销管理……………………… 253
12.1　推销人员的招聘、选拔与
　　　培训………………………………… 254
　　12.1.1　推销人员的招聘……………… 254
　　12.1.2　推销人员的选拔程序………… 256
　　12.1.3　推销人员的培训……………… 257
12.2　推销人员的考核与激励……………… 258
　　12.2.1　推销业务管理………………… 258
　　12.2.2　推销人员的绩效考核………… 260

　　12.2.3　推销人员的报酬制度………… 262
　　12.2.4　推销人员的激励……………… 264
12.3　推销组织与控制……………………… 266
　　12.3.1　推销队伍的组织结构………… 266
　　12.3.2　推销队伍的规模……………… 267
　　12.3.3　推销控制……………………… 268
◇复习思考题………………………………… 269
◇案例题……………………………………… 269

附录A　谈判能力测试………………… 272

附录B　推销能力测试………………… 275

**附录C　《商务谈判与推销技巧》
　　　　　模拟试卷**…………………… 279

参考文献………………………………… 291

第1章

商务谈判概述

学习目标

通过本章的学习，学生应了解和掌握以下知识点：
◎ 谈判行为的普遍意义
◎ 谈判的概念与特征
◎ 谈判的价值评判标准
◎ 商务谈判的原则与方法
◎ 商务谈判的基本要素与主要类型
◎ 商务谈判的一般程序

"谈判"一词对人们来说并不陌生。自有人类社会以来，谈判就存在于人类活动的各个方面。随着社会经济的发展和进步，人们越来越多地感到，谈判是经济生活中不可缺少的活动，是人际间一种特殊的双向沟通的交往方式。面对商务活动及日常生活中日益频繁的谈判活动，有人为此而困惑，也有人为此而兴奋；有人希望尽可能回避谈判，也有人则为缺乏对谈判的基本了解而苦恼。事实上，谈判是一个无法回避的事实，要想在生活和工作实践中，特别是在商务活动中得到满意的谈判结果，必须掌握谈判的基本特征和规律，并结合实际加以运用。

1.1 商务谈判的特征与评价标准

实例

琼文和苏卡的一天[①]

琼文和苏卡是一对年轻的夫妻。一大早，他们就起来了。他们家的热水器制热效果不

---

① 石永恒. 商务谈判精华 [M]. 北京：团结出版社，2003.

好。昨天已经修过了，换了两个零件，共花去413元钱，但热水效果还是不好。于是琼文拿着换下的零件去鉴定，零件是好的。琼文知道上了当，还好零件在自己手里，明天维修人员才过来取零件。琼文心里明白，明天要讨回413元钱，可能需要一场艰难的谈判，必要时可能需要采取一些诸如情绪爆发的谈判策略。

琼文是一家制造厂设计组的负责人。琼文到达公司后，在办公室门口遇到了采购部经理艾笛。艾笛提醒琼文必须解决一个问题：在琼文主管的部门中，工程师们没有通过采购部而直接与供应商进行了联系。琼文知道，采购部希望所有与供应商的接触都通过他们进行，但他也知道工程师们进行设计非常需要技术信息，而等着采购部反馈信息将大大延长设计时间。琼文与艾笛都意识到了上司希望他们部门经理之间不存在分歧。如果这个问题被提交到总经理那里，那么对他们双方来说都不好。看来，琼文得准备和艾笛进行一次内部谈判，以解决艾笛提出的问题。

临近中午时，琼文接到一个汽车销售商打来的电话。琼文想买一辆好车，但怕苏卡不同意花太多钱。琼文对销售商的报价很满意，但他认为他能让销售商的价格再优惠一些，因此他把他的顾虑告诉销售商，从而给销售商施加压力，压低车价。

琼文下午的大部分时间被一个年度预算会议所占用。在会上，财务部门随意将各部门的预算都削减30%，接着所有的部门经理都不得不进行无休止的争论，以努力恢复他们在一些新项目的预算。琼文已经确定了所能退让的限度（即谈判的底线），而且决定一旦这个限度被打破，他就要进行抗争。

傍晚时苏卡和琼文去逛商店。他们看到一件新潮大衣，标价590元。苏卡反复看了这件大衣后，对店主说："能不能便宜点？"店主说："那你给个价吧。"苏卡想了一下说："480元怎么样？"店主二话没说，取下大衣往苏卡手里一送："衣服归你，付钱吧。"苏卡犹豫了，她想走。店主火了："你给的价格怎能不要，你今天一定得要。"苏卡又要面临一场艰难的谈判了。

1.1.1　谈判是一种普遍的人类行为

正如案例中所描述的那样，谈判是一个无法回避的现实，它存在于人们生活和工作的各个层面和各个方面。现实世界就是一个巨大的谈判桌，无论你愿意与否，你都是一个谈判的参与者。

长期以来，人们经常有一种误解，似乎谈判只是谈判人员的事，是职业外交人员、政治家、商务主管人员才会面对的事。事实上，无论是在政治、文化、教育、家庭、婚姻、社交等活动中，还是在大量的经济活动中；无论是在战争、领土、民族等重大问题的矛盾冲突中，还是在人们日常的社会生活中，处处、时时都有谈判发生。

实际上谈判有广义、狭义之分。广义的谈判包括一切有关"协商""交涉""商量""磋商"的活动，如在市场购物时的讨价还价、找工作时的求职面试、与同事协商工作上的安排等；狭义的谈判是指在正式场合下两个或两个以上的组织按一定的程序，对特定问题进行磋商，最后达成协议的过程。

谈判作为一种普遍的生活现实，并不是人类社会发展至今才有的独特现象，而是古往今来始终存在的一种事实。所不同的只是，由于现代社会人们之间的交往大大增加，从而需要通过谈判协调的事务也大大增加。与古代社会相比，人们以比过去更高的频率，参与到更广层面的谈判之中。

谈判不仅是一种普遍的人类行为，而且是一种必须要予以认真对待的生活现实。谈判进行的过程如何，取得怎样的结果，对人们的未来生活和工作可能会产生十分重大的影响。著名未来学家约翰·奈斯比特在评价尤里的《逾越障碍：寻求从对抗到合作的谈判之路》一书时认为，"随着世界的变化，谈判正逐步变成主要的决策制定形式。"作为一种决策制定形式，谈判的过程及其结果直接关系当事者各方的相关利益能否得到满足，关系决策各方的未来关系，关系相关各方在未来相当长的时期内的活动环境。一次成功的谈判可能帮助企业化解重大危机，一场失败的谈判则可能使企业为开拓一个新市场所付出的若干努力付诸东流。

1.1.2 谈判学是一门正在成长的新兴学科

由于谈判与其他人类活动有着密不可分的联系，谈判行为的普遍性及其过程和结果的重要性促使人们去探究谈判活动的内在规律。自古以来，在大量文献中都有与谈判有关的研究，如对人们日常交流中的语言技巧的研究，对跨文化交流技巧的研究，对外交、军事关系的研究等。在古今中外的历史上，也有大量掌握了高超的谈判技巧、出色完成各自使命的人物记载。如中国历史名著《史记》中所记载的蔺相如、毛遂、晏婴等，古希腊和古罗马时期的思辨奇才等。

将谈判作为一门学科来加以系统地研究是 20 世纪中期以后的事。曾任美国谈判学会会长的美国著名律师杰勒德·尼尔伦伯格在其《谈判的艺术》一书的再版导言中宣称："当《谈判的艺术》一书于 1968 年出版之时，它开拓了一门新的学科，展示了一个新的研究领域。'谈判'一词，第一次获得了它的社会地位……作为一门学科……它已被视为一个包罗万象的体系，可以用来解决有关人类存在的一些最为棘手的问题——人际关系、企业间的关系和政府间的关系。"确实，自 20 世纪 60 年代以来，越来越多的学者将他们的研究视角转向谈判及其有关的问题。其中，罗杰·费雪尔所领导的哈佛谈判研究项目享有很高的声誉。20 世纪 80 年代中期后，以大量的谈判研究成果为基础，顺应人才培养的需要，谈判课程进入越来越多的美国大学课堂。对谈判基本原理的理解和对某些基本技巧的学习运用已成为许多专业，尤其是商科学生的必修课程。

在中国，随着经济生活中各个层面和各个方面的谈判实践大量增加，对谈判理论和实践技巧的需求也十分迫切；同时，相关学科的学者纷纷介入商务谈判理论研究领域，商务谈判学的研究内容日益丰富。从与实践相结合的角度看，更能反映商务谈判学的学科属性和基本特征的主要研究内容有：对商务谈判活动及谈判者行为模式的研究；对不同谈判类型的特征研究；对商务谈判思维方式与谈判语言运用的研究；对商务谈判环境、谈判心理、谈判气氛的研究；对商务谈判信息及其对谈判活动的作用的研究；对商务谈判的数学及经济分析方法的研究；对政治谈判、外交谈判、军事谈判、经贸谈判、事务性谈判等与商务谈判的关联性和差异性的研究；对特定的政治、经济、法律及社会文化背景对商务谈判的制约作用的研究，等等。从 20 世纪 90 年代初起，谈判课程也逐步进入了我国大多数高等学校的课堂。

谈判作为一门学科的历史还很短，虽然发展十分迅速，但谈判学相对来说仍然是一门年轻的学科。

1.1.3 谈判的概念及特征

为了提高实际谈判的效率，人们需要弄清楚什么是谈判。这个问题同样是很多谈判研究者们试图回答的第一个问题。

什么是谈判？在谈判研究发展的初期，曾有人对谈判作为一门独立学科的科学性，甚至对谈判活动是否存在一定的规律性、是否需要对谈判进行研究等提出疑问。有人甚至认为，所谓谈判，就是两条狗在抢一块肉骨头，因此谈判是一种狗咬狗的游戏。也有人则认为，就其本质而言，谈判是一种骗术，并没有什么科学性或艺术性可言。随着对谈判实践和理论研究的不断深入，人们越来越认识到，成功的谈判实践需要有优秀的谈判理论作指导；否定谈判研究的必要性及其科学性的人越来越少。但是，在同样认可谈判理论研究的科学性的前提下，由于文化背景的差异或考虑问题角度的不同，人们对谈判所做出的解释存在着很大差异。

▶ **专　栏** ▶

各国学者对谈判的定义

美国学者杰勒德·尼尔伦伯格认为，谈判是人们为了改变相互关系而交换意见，为了取得一致而相互磋商的一种行为，是"一个能够深刻影响各种人际关系和对参与各方产生持久利益的过程"。

美国著名谈判咨询顾问威恩·巴罗和格莱恩·艾森认为，谈判是一种双方致力于说服对方接受其要求时所运用的一种交换意见的技能。

英国学者马什认为，谈判是"有关贸易双方为了各自的目的，就一项涉及双方利益的标的物在一起进行磋商，通过调整各自提出的条件，最终达成一项双方满意的协议这样一个不断协调的过程"。

在《谈判基础：概念、技巧与练习》一书中，拉尔夫·约翰逊则认为，谈判是个人或组织通过与他人达成协议来寻求实现自身的某些目标的过程。

在《作为谈判者的管理者》一书中，拉克斯和塞宾纽斯提出的观点是，谈判是存在着明显冲突的双方或多方，通过共同决策而不是其他行动来谋求更好结果的潜在的相互作用的过程。

中国学者田志华等则认为："谈判是谈判双方（各方）观点互换、情感互动、利益互惠的人际交往活动。"

有关谈判的定义还有许多。从上面引述的若干定义中可以看出，有些学者主张将谈判理解为一种技能，有些则理解为一个过程，等等。总结这些观点，可以将谈判定义为：

谈判是有关组织或个人为协调关系或化解冲突，满足各自的利益需求，通过沟通协商以争取达成一致的行为过程。

理解谈判的这一定义，必须掌握谈判所具有的以下几个特征。

（1）谈判是一种目的性很强的活动。谈判是双方或多方为实现各自的目标所进行的反复磋商的过程。人们参与谈判通常都是为了达到某些目的。

（2）谈判是一种双向交流与沟通的过程。这个过程既是双方或多方共同参与的过程，也是一个说服与被说服的过程。

（3）它是"施"与"受"兼而有之的一种互动过程。这就是说，单方面的施舍或单方面的承受（不论它是自愿的还是被动的），都不能算作是一种谈判。因为谈判涉及的必须是"双方"，所寻求的是双方互惠互利的结果。互惠互利，不是那种"我赢你输"或"我输你赢"的单利性"零和博弈"结果，而是"我赢你也赢"的双双获利的"非零和博弈"结果。唯有达成双方互惠互利，才能得到确认成交的良性结果。

"博弈"，也称"对策"。所谓"非零和博弈"，是相对于"零和博弈"（即：1+(-1)=0）而言的。对谈判来说，"非零和博弈"的原则，应始终贯穿于全过程。一场成功的谈判，每一方都是胜者。

医保代表"买菜式砍价谈判"

（4）它同时含有"合作"与"冲突"两种成分。任何一方的谈判者都想达成一个满足自己利益的协议，这是之所以要进行谈判的原因。为了达成协议，参与谈判的各方均须具备某一程度的合作性。缺乏合作性，双方就坐不到一起来。但是，为了使自身的需要能得到较大的满足，参与谈判的各方势必处于利害冲突的对抗状态；否则，谈判就没有必要。因此，任何一种谈判均含有一定程度的合作与一定程度的冲突。

（5）它是"互惠"的，但并非均等的。"互惠"是谈判的前提，没有这一条，谈判将无从继续。"非均等"是谈判的结果，导致产生这种谈判结果的主要原因在于：谈判各方所拥有的实力与投入、产出的目标基础不同，包括双方的策略技巧各不相同。

1.1.4 商务谈判的概念及特征

商务谈判，也称商业谈判，是指当事人各方为了自身的经济利益，就交易活动的各种条件进行洽谈、磋商，以争取达成协议的行为过程。任何一项协议，都是因为各方利益不同才产生达成协议的愿望。在商品交易谈判中，买主和卖主对商品和货币都喜欢，但偏爱的对象却不同。卖主对货币的兴趣超过他对商品的兴趣，买主则相反，于是，交易就这样达成了。

商务谈判作为谈判的一个种类，除了具有一般谈判的特质外，还有它自身的特点：① 商务谈判是以经济利益为目的，讲求经济效益，一般都是以价格问题作为谈判的核心；② 商务谈判是一个各方通过不断调整自身的需要和利益而相互接近，争取最终达成一致意见的过程；③ 商务谈判必须深入审视他方的利益界限，任何一方无视他人的最低利益和需要，都将可能导致谈判破裂。

跨国风云——中远公司对美谈判案例

因此，共同性的利益和可以互补的分歧性利益，都能成为产生一项明智协议的诱因。商务谈判不是瓜分剩余利益，更不是为了打倒对方。谈判也是一种合作，必须追求共同利益，才能使双方都得利。

1.1.5 商务谈判的价值评价标准

什么样的谈判才是成功的谈判呢？是不是实现了己方利益最大化的谈判就是最成功的谈判？我们先来看下面一个实例。

实 例

三源公司的经营已连续两年亏损，目前财务状况资不抵债，最大债主是荣欣公司，全公司所剩资产正好相当于对荣欣公司的负债，债务利息更无着落，为此两家公司进行了多次谈判，仍无解决办法。

最近，三源公司进行了改组，新任总经理决心改变经营方向。他们与生化研究所联系，提出对研究所的一些实用性强的研究专利进行生产开发。但研究所对这些专利索价800万元，这是三源公司难以承受的，况且正式开展生产，三源公司还缺少一笔约100万元的启动资金。

新任总经理召开领导班子会议，研究分析"二企一所"之间的关系与各自的需要。三源公司要还债、要起死回生改变经营方向，需要资金，包括购买专利的资金和启动资金；荣欣公司要讨还债款和利息；生化研究所要出让专利。经过详细的探讨，在这个会议上形成了一个既满足自身需要又满足对方需要的计划。

新任总经理首先与生化研究所谈判，诚恳说明己方的开发计划和能力，希望对方能以500万元的价格出让专利，并以参股形式将此笔款项作为投资资本。显然研究专利关在研究所里是不会产生效益的，对研究所来说，以专利作投资资本可以获得长期稳定的收益，是一种有吸引力的理想方式，但500万元的价格偏低了，经过磋商，谈定专利的价值为620万元。

接着三源公司总经理又找荣欣公司谈判，把他的计划及与生化研究所的谈判作了详细介绍，着重说明新的经营方向的美好前景，提出延期偿还债务，同时为实现此项生产，向荣欣公司增借100万元启动资金，希望能得到荣欣公司的理解和支持。事实上，如果一定要三源立刻偿清以前的债务，那三源公司只好倒闭，其资产的账面价值虽与债务数额相当，但若通过拍卖，将这些资产变现，可能还不足以抵偿债务数额的1/3；而生化专利项目的发展前景确实看好，研究所不是也以入股方式做了投资吗？荣欣公司经过对风险和收益的认真调查，终于同意三源公司的计划。他们与三源公司详细研究了启动所需的资金，经过又一轮磋商，确定新增贷款80万元。至此，谈判取得了圆满成功。这是一个漂亮的、三赢的结局。

商务谈判以经济利益为目的，以价格问题为核心，但并不等于说能够取得最大经济利益，尤其是最大的短期利益的谈判就是成功的谈判。在进行谈判之前，明确谈判的目标，合理把握评价谈判成败的标准，对于最终顺利地实现谈判目标，有着十分重要的意义。评价谈判的成败，最关键的是要看谈判结束后各方面的结果是否对企业目前和未来的发展有利。从这一角度出发，谈判人员的眼光不能局限于经济利益，特别是短期的经济利益，而必须要善于从长远和全局的观点看问题；不能仅仅看通过努力所取得的成果的大小，还必须要看为取得这一成绩所付出的成本的大小。

一般来说，可以从以下 3 个方面评价谈判成功与否。

1. 谈判目标实现的程度

谈判是一种具有很强目的性的活动，如商品买卖谈判中卖方的主要目的是以理想的价格和支付条件销售一定数量的产品，或是与特定买主之间建立长期稳定的合作关系；而买方的主要目的则是以较为低廉的价格和较合理的支付条件购买一定数量的产品，或是与特定卖主之间建立较为稳定的供货关系。评价谈判的成败，就是要看是否实现了这些最基本的目标。

由于参与谈判的双方都存在一定的利益界限，因此谈判目标应至少包括两个层次的内容，即努力争取的最高目标以及必须确保的最低目标。如果一味地追求最高目标，把对方逼得无利可图甚至导致谈判破裂，就不可能实现预期的谈判目标；同样，为了达成协议而未能守住最低目标，预期的谈判目标也无法实现。因此，成功的谈判应该是既达成了某项协议，又尽可能接近己方所追求的最佳目标。谈判的最终结果在多大程度上符合预期目标的要求，是衡量商务谈判是否成功的首要标准。

2. 谈判效率的高低

谈判效率是指谈判者通过谈判所取得的收益与所付出的成本之间的对比关系。谈判的成本包括 3 项：一是谈判桌上的成本，即谈判的预期收益与实际收益之间的差额；二是谈判过程的成本，即在整个谈判过程中耗费的各种资源，包括为进行谈判而支出的人力、财力、物力和时间、精力等；三是谈判的机会成本，即由于放弃最有效地使用谈判所占用的资源而造成的收入损失。比如，企业与特定对手谈判合作，就可能失去了与另一些企业合作的机会，而与那些企业合作也许能为企业带来更为理想的合作效果；在决定与某一企业在某一领域合作后，企业同样也就可能失去了利用其有限的资源在其他投资领域谋取较好的经济利益的机会。所有这些机会损失都构成企业利用与某一对象谈判合作谋取一定利益的机会成本，必须在做出谈判决策时予以考虑。一项成功的谈判应当能为企业把握住最好的商业机会创造条件。

对这 3 项谈判成本，人们往往比较关注第一项，而不重视另外两项。他们致力于降低谈判桌上的成本，最终却导致了谈判总成本的增加。如果谈判所费成本很低，而收益却很大，则本次谈判是成功的、高效率的；反之，如果谈判所费成本很高，而收益却很小，则本次谈判是失败的、低效率的。

在有些谈判中，由于各方利益冲突相当激烈，抑或是谈判者的失误，使谈判花费过多的时间、精力与费用，虽然最后勉强达成协议，但是由于所花代价超过了谈判所取得的成果，这种谈判显然是低效率和不明智的。因此，作为一个合格的谈判者必须具有效率观念，在谈判中进行必要的权衡。

3. 互惠合作关系的维护程度

商务谈判既是确立利益的过程，同时也是人们之间进行合作，共同解决问题的过程。因此，谈判的结果不只体现在利益的分配，以及与此相关的各项交换条件上，它还应体现在人们之间的相互关系上，即谈判是促进和加强双方的互惠合作关系还是削弱甚而瓦解双方的互惠合作关系。精明的谈判者往往不过分计较一时一地的得失，他们更善于从长远的角度来看待问题。在目前的某一项谈判中，他们可能放弃了某些可以得到的利益，但这种做法有效地维护了双方的合作关系，为彼此在未来的合作铺平了道路。因此，在谈判中应当重视建立和维护双方的互惠合作关系，以谋求长远的利益。正如杰勒德·尼尔伦伯格指出的：谈判不是一场棋赛，不要求决出胜负；谈判也不是一场战争，要将对方消灭或置于死地。相反，谈判是一项互惠的合作事业。

根据以上3个方面的评判标准，一项成功的商务谈判应该是这样的谈判：谈判双方的需要都得到了最大程度的满足，双方的互惠合作关系有了进一步的发展，任何一方的谈判收益都远远大于成本，整个谈判是高效率的。

1.2 商务谈判的原则与方法

1.2.1 商务谈判的原则

每一项商务谈判，都依存于特定的环境和条件，并服从于谈判者对特定目标的追求。因而，在现实中存在的大量商务谈判行为，必然是各具特色、互不相同的。但是，任何一项商务谈判又都是谈判双方共同解决问题，满足各自需要的过程。从这个意义上讲，不同的商务谈判对谈判者的行为又有着共同的要求。或者说，无论人们参与何种商务谈判，都必须遵循某些共同的准则。

▶ 实 例 ◀

20世纪70年代末，"可口可乐"公司和"百事可乐"公司先后与印度政府谈判，想到该国设厂，扩大它们的饮料生产和销售业务。谈判初期，印度政府出于对本国饮料工业的保护，拒绝它们进入。双方谈判都陷入僵局。但是上述两家美国饮料公司并未气馁，而是继续寻机谈判，以求抓住对方。后来印度政府提出：如欲进入印度，必须规定今后生产的产品要有相当的份额出口到其他国家，而且要接受印度政府的监督，使用当地的原料，雇用当地的劳力，按印度的有关规定汇出利润……出现了又一个僵持的局面。要是过去，看了这些苛刻的规定，百事可乐公司很可能一走了之。但是现在它却一改高傲态度，抢在可口可乐公司前面向印度政府提出了三项保证。

（1）百事可乐公司无论是在印度开设分厂，还是合资企业，保证就地取材，每年按比例收购11万吨水果和蔬菜（其中8万吨用于饮料生产）、2.5万吨土豆（用以加工成炸土豆片）、5 000吨粮食（用以加工成其他产品）。

（2）百事可乐公司开设的分厂，将全部雇用当地工人或农民。如允许工厂扩大规模，则相应增加劳动力的雇用。

（3）百事可乐公司在印度兴办的饮料和食品加工厂的50%的产品将出口外销。

这一系列保证有利于印度农副产品的销售，并能增加印度的就业机会，提高印度职工的技术水平和管理能力，促进印度国民经济的发展，从而满足经济相当落后、刚刚实行开放、困难很多的印度的需求和欲望。从表面上看，百事可乐公司让步太多。但是从深层次看，百事可乐公司从此不仅打入印度这个蕴藏巨大潜力的饮料市场，而且能向印度输入自己的特有技术，能利用印度的廉价劳动力和原料生产产品向印度及其周边国家销售，并在印度人心目中建立起了一个慷慨无私、互利合作的世界性公司的形象，在与可口可乐公司的竞争中赢得了一个新的筹码，从而在印度这块饮料市场阵地上成为一个无与伦比的主动竞争者。

百事可乐谈判的成功就在于它坚守了谈判中的一些重要原则。事实上，商务谈判是一种原则性很强的活动，了解商务谈判的原则，对于我们有效地规划谈判行为，从而正确地引导谈判活动的发展，争取谈判的成功，将是十分重要和有益的。在商务谈判中，谈判者应遵循的原则主要有以下 5 个方面。

1. 平等互利原则

商务谈判是一项互惠的合作事业。在任何一项商务谈判中，双方都应该是平等相待、互惠互利的。平等互利反映了商务谈判的内在要求，是谈判者必须遵循的一项基本原则。

商务谈判是涉及谈判双方的行为，这一行为是由谈判双方共同推动的，谈判的结果并不取决于某一方的主观意愿，而是取决于谈判双方的共同要求。在商务谈判过程中，谈判双方都是独立的利益主体，他们共同构成了谈判这一行为的主体，彼此的力量不分强弱，在相互关系中处于平等的地位。从某种意义上讲，双方力量、人格、地位等的相对独立和对等，是谈判行为发生与存在的必要条件。如果谈判中的某一方由于某些特殊原因而丧失了与对方对等的力量或地位，那么另一方可能很快就不再把他作为谈判对手，并且可能试图去寻找其他的而不是谈判的途径来解决问题，这样，谈判也就失去了它本来的面目。

参与商务谈判的双方都想实现自己的目标，都有自己的利益，并希望通过谈判获取尽可能多的利益，因此谈判双方都是"利己"的。但对谈判双方而言，任何一方要实现自己的利益，就必须给予对方利益，每一方利益的获取都是以对方取得相应利益为前提，因此，谈判双方又都必须是"利他"的。每一项商务谈判都包含了上述相互依存、互为条件的两个方面。

商务谈判必须在平等的基础上进行，谈判所取得的结果应该对双方都有利，互惠互利是谈判取得成功的重要保证。但这并不是说双方从谈判中获取的利益必须是等量的，互利并不意味着利益的相等。在谈判过程中，任何一方都有权要求对方做出某些让步；同时，任何一方又都必须对他方提出的要求做出相应的反应。让步对确立双方利益而言是必需的，但让步的幅度在不同的谈判方又可以是不相等的。

谈判双方为了某些共同的需要而走到一起，互相合作；同时，谈判双方又都有着自己的需要，他们作为不同的利益主体相互对立，发生冲突。如果谈判的某一方只考虑自己的利益，只想满足自己的需要，那么，这种谈判就缺乏最起码的基础，最终也不能取得理想的结果。许多谈判者往往过分强调商务谈判中的冲突因素，他们认为可用来切割的利益是有限的、固定不变的。而没有意识到通过合作，他们还可能找到更有效的解决问题的途径。西方学者常常用合作制作更大馅饼的情况来说明这一问题。谈判双方共同切割某一既定的利益，一方所得越多，另一方所得就越少；一方增加所得，另一方的所得就必然随之减少。这是一种典型的"赢—亏"式的谈判，其中冲突的因素要比合作的因素更为突出。

事实上，谈判双方可以共同努力来增加可能切割的利益总数。如果双方联合起来制作更大的馅饼，尽管其相对的份额（假设为 50%对 50%）保持不变，但各自的所得却增加了。这是一种典型的"赢—赢"式的谈判，其重点是合作，而不是冲突。例如，与美国摩托公司谈判的美国联合汽车工人工会领导人发现,如果坚持原来的立场将迫使公司大幅度停工,甚至破产。由于认识到了这是一个共同的问题,双方达成了一项长期协议。根据这一协议,双方各自做出让步,以便在未来得到更多的利益。这样,他们双方就合作制作了一块更大的馅饼。

当然,在谈判中,50%对50%的做法仅仅是一种可能的结果,更为常见的是谈判各方都力图从那一块较大的馅饼中取得较多的一份。尽管商务谈判强调合作更甚于强调冲突,但在任何一项谈判中又都存在着冲突的因素。一个出色的谈判者应该善于合理地利用合作和冲突,在平等互利的基础上,努力为己方争取最大的利益。

平等互利的谈判才能实现双赢

2. 把人与问题分开的原则

无论何种类型的商务谈判,无论其服从于谈判行为主体的何种目的,谈判都必须是由特定的谈判人员参加,并由谈判各方的所有参与者共同推动的。参加谈判的每一个人都有自己的价值观念,有自己的个性特征及对客观事物的认知和情绪、情感体验。因此,任何一项商务谈判都会在一定程度上融入属于谈判者个人的某些因素,人的感情往往与正在谈判的问题的客观是非纠缠在一起。把人与问题分开的原则,要求谈判者尽量减少个人主观因素对解决谈判问题的负面影响,在谈判过程中就事论事,对事不对人。

商务谈判是以获取经济利益为目的的,每一个谈判者都希望达成自己的利益目标,人们对实际谈判活动的规划无疑也是以此为基础的。偏离了这个核心,不从谈判双方的利益关系出发,而是根据有关人员的个性来构想谈判的问题,人们就可能游离于影响至深的实质性问题之外,从而使谈判丧失效率。在商务谈判过程中,人性的因素,包括各谈判人员所具有的正常的感情和理性,不可避免地会对谈判的进程产生影响。如果把谈判看作是对对方意志的考验,而不把它当作是共同解决问题的活动,人们就可能陷入一些无谓的争执或对立之中,最终导致谈判的失败。每一个谈判人员都应意识到,商务谈判不是解决人性问题的过程,而是人们共同解决谈判问题的过程。把人的问题与谈判的问题分开,这是谈判者必须遵循的一项重要原则。

把人与问题分开,并不意味着可以完全不考虑有关人性的问题。事实上,谈判者要避免的是把人的问题与谈判的问题混杂在一起,而不是放弃对这一问题的处理。在处理人的问题时,应该注意以下3个方面的事项。

(1)每一方都应设身处地去理解对方观点的动因,并尽量弄清这种动因所包含的感情成分。人们对事物所持的观点或看法,都有其特定的背景和动因。谈判者站在对方的立场而不是自己的立场上去看待对方的观点,就不难发现在他们的观点背后,包含了多少理性的思考和感情的成分。离开了对人性问题的深刻理解和把握,处理人的问题的努力也就失去了基本的依托。

从他人的立场看问题

同样的一件事在不同的人心中往往有不同的看法。这就要求谈判者必须具有这样一种素养，即遇事能够站在他人的角度去看问题。只有这样，谈判者才能真正地知己知彼。下面是一位房东与他的房屋租用人在交涉过程中，房客对8个问题的感受或见解。您能否推断出房东对于这8个问题将产生怎样的感受或见解？

(1) 房租本来已经太高！
(2) 现在什么都涨价，我付不起更多的房租。
(3) 这房子早就该粉刷或修补。
(4) 有些朋友也租了同样的房子，但他们付的租金比我少。
(5) 这房子周围的环境差，所以租金也该相应减低。
(6) 我是一位不讨人厌的好房客。
(7) 只要房东一开口，我立即缴租。这种房客哪里找？
(8) 搬进来这么久了，房东却从未来看过，真是不通人情！

(2) 谈判者应明了那些在谈判中掺杂进去或衍生而来的感情问题，并设法进行疏通。人们总是在一定的情绪、情感状态下参与谈判，人们的情绪、情感又随谈判行为的发展而发生变化。任何一方都不能无视对方的感情体验，任何一方都应该对他方的感情要求作出积极的反应。直率地讨论双方易动感情的问题，而对过激的情绪不作出直接的反应等，都有助于防止谈判陷入毫无成效的相互指责之中。

(3) 谈判双方之间必须有清晰的沟通。双方都应该以积极的姿态来对待对方，主动地听取和注意对方的言谈，互相沟通对问题的看法，寻找彼此的共同点，而不是指责对方的缺点。双方都应当在适度的范围内进行信息的沟通，以使双方能明确地认识到彼此追求的利益所在。沟通的目的不是让人倾听你的谈话，而是讲清双方的利益关系。

总之，把人与问题分开，就意味着谈判双方肩并肩地处理问题，而不是面对面地看问题。这对于消除感情因素可能引发的不利影响，变消极因素为积极因素，有着非常重要的实践意义。

3. 立场服从利益的原则

立场服从利益原则是指谈判双方在处理立场与利益的关系中立足于利益，而在立场方面做出一定的让步。

谈判者所持的立场与其所追求的利益是密切相关的。立场反映谈判者追求利益的态度和要求，而谈判者的利益则是使其采取某种立场的原因。利益在许多情况下是内隐的，而一个人的立场则由他自己决定，并常常通过自己的言谈举止显现出来。

人们持有某种立场为的是争取他所期望的利益，立场的对立无疑源于利益的冲突。如果谈判者所持的立场无助于他对利益的追求，他就会重新审视这一立场，适当地修改和调整，甚至放弃这一立场。在商务谈判中，谈判者的立场服从于他对利益的追求。就立场对立的双方来说，重要的不是调和双方的立场，而是调和彼此的利益。

把注意力集中于相互的利益而不是立场，对谈判双方来说都是十分有益的。其原因如下。

(1) 每一种利益通常都存在着几个可能使这一利益得到维护的立场。或者说，谈判者追求某一利益的意愿，可以通过不同的立场来体现。例如，某一项谈判追求的利益是取得尽可能高的销售收入，谈判者的立场可能是坚持在价格上不做或少做让步，也可以是坚持要对方在本方认可的某一个较低的价格水平上增加订货量。上述两种立场都是为谋求某种利益服务的，都有可能满足本方对利益的追求。如果谈判者过于看重立场，尤其是在与对方发生严重冲突的情况下，仍一味在坚持自己的立场，就可能动摇双方共同合作的基础，从而丧失原本可以获取的利益。

（2）在互相对立的立场背后，可能内隐着双方共同的和一致的利益。比如，某一谈判立场可能是坚持合同必须包括一项对延期发运货物给予严厉处罚的条款，双方在这一立场上各不相让。但如果透过双方对立的立场，我们就不难发现，双方的利益又有一致的方面，卖方希望取得源源不断的订单，买方则想要保证原材料的不断供应。因此，立场的对立并不代表着利益的完全对立。弄清谈判双方都能理解的利益，同时又坚定地为取得这些利益而采取灵活的措施，谈判双方就可以在彼此共同的利益上达成一致。

实 例

埃以谈判中的"立场服从利益"案例

1978年埃及和以色列在美国戴维营就西奈半岛归属问题进行的谈判就是"立场服从利益"的一个成功案例。

1967年的中东战争以后，以色列占领了埃及的西奈半岛。埃及对此一直耿耿于怀，十几年来通过种种手段想收复失地，但始终没有成功。

1978年埃以双方在第三国斡旋下坐下来进行谈判。谈判不可避免地涉及西奈半岛的归属问题。在开始谈判时，双方发现他们的立场是完全对立的：以色列同意归还西奈半岛，但必须保留其中的部分地区，否则就不签订合约；埃及则坚持西奈半岛是埃及的领土，每一寸土地都要回归主权国，在领土问题上不可能妥协。但是要恢复到1967年以前的情况，则又是以色列不能接受的，双方处于严重的对立中。如果分析一下双方的利益而不是停留在立场上，突破这种僵局是有可能的。以色列坚持必须占领西奈半岛的部分地区，是出于国家安全防卫上的需要，因为他们不想让埃及的坦克、大炮布置在邻近自己的边界地区，他们的利益是在安全上；而埃及坚持要全部归还西奈半岛，是因为西奈半岛自法老王朝时代起就一直是埃及的一部分，以后被希腊人、罗马人、土耳其人、法国人和英国人占领了几个世纪，直至近代才夺回完整的主权，他们绝不能再把任何一部分主权让给另一个外国征服者，他们的利益是在主权上。

经过充分的沟通，双方认清了彼此的利益所在，于是当时的埃及总统萨达特与以色列总理贝京达成了一项协议，这项协议规定把西奈半岛的主权完全归还给埃及，但大部分地区必须实行非军事化，不得在埃以边界地区布置重型武器，以此保证以色列的安全。这样，埃及的国旗可以在西奈半岛上到处飘扬，实现了埃及收复失地、维护主权的需要；同时由于规定坦克和大炮不能接近以色列边界，也实现了以色列保证国家安全的需要。双方从坚持立场僵持不下转换为重视利益、各获所需，一场困难的谈判突破了僵局，达到了各自的目的。

4. 求同存异的原则

谈判作为一种为谋求一致而进行的协商活动，谈判双方一定蕴藏着利益上的一致与分歧，因此为了实现谈判目标，谈判者还必须遵循求同存异原则。所谓求同存异，是指谈判双方对于一致之处达成共同协议，对于一时不能弥合的分歧，不强求一致，允许保留意见，以后再谈。

遵守这一原则，应注意以下几个问题。① 要正确对待谈判各方的需求和利益上的分歧，谈判的目的不是扩大矛盾，而是千方百计地弥合分歧，使各方成为谋求共同利益、解决分歧的伙伴。② 把谈判的重点放在探求各自的利益上，而不是放在对立的立场观点上。③ 要在利益分歧中寻求相互补充的契合利益，达成能满足各方需求的协议。④ 谈判双方在关心自己利益的同时，也应关注对方的利益。只有这样，在你阐述自己的利益时，才可能减少对方的抵触情绪。同时，你还必须向对方解释他的利益，这样才能使对方意识到，即使双方在立场上存在冲突，但仍然可以合作，争取共同的利益。

5. 客观标准的原则

商务谈判是谋求双方互利的过程，是双方互惠合作的过程。但是，无论谈判者是如何了解彼此的利益和需求，或者多么重视维护双方的合作关系，任何一方都不可避免要面对存在的分歧。人们都希望能够通过谈判来减少分歧，但分歧的减少甚至消除，不是靠谈判者良好的主观愿望就可以实现的。

面对存在的分歧，有些谈判者往往持强硬的态度，试图迫使对方不断做出让步；有些谈判者则过分突出感情的因素，在对方的压力面前不断地退让。靠压力来达成协议可能给谈判者带来一时的利益，但他不可能只凭借强大的压力来获取长久的成功。同样，宽厚大方的做法虽然维系了双方的良好关系，却陷自己于微利甚至是无利可图的境地，谈判的效率是低下的。

坚持客观标准的原则，就是坚持协议中必须反映出不受任何一方立场左右的公正的客观标准。谈判依据的是客观标准，而不是某一方的压力。通过对客观标准的讨论而不是固执地坚持自己的立场，就可以避免任何一方向另一方屈服的问题，使双方都服从于公正的解决办法。

在谈判中谈判者运用客观标准时，应注意以下几个问题。

（1）建立公平的标准。可供双方用来作为协议基础的客观标准是多种多样的，通常在商务谈判中，一般遵循的客观标准有市场价格、行业标准、价格指数、科学的计算等。客观标准的选取要独立于双方的意愿，并且为双方所认可和接受。

（2）建立公平的分割利益的步骤。例如，在两个小孩分橘子的传统例子中，"一个切，一个选"；大宗商品贸易由期货市场定价进行基差交易；在两位股东持股相等的投资企业中，委派总经理采取任期轮换法等，都是一些通过步骤来分割利益的例子。

（3）将谈判利益的分割问题局限于寻找客观依据。在谈判中，多问对方：您提出这个方案的理论依据是什么？为什么是这个价格？您是如何算出这个价格的？

（4）善于阐述自己的理由并接受对方提出的合理的客观依据。一定要用严密的逻辑推理来说服对手。对方认为公平的标准必须对你也公平。运用你所同意的对方标准来限制对方漫天要价，甚至于两个不同的标准也可以谋求折中。

（5）不要屈从于对方的压力。来自谈判对手的压力可以是多方面的。例如，贿赂、最后通牒、以信任为借口让你屈从、抛出不可让步的固定价格等。但是无论哪种情况，都要让对方陈述理由，讲明所遵从的客观标准。

实例

防克菜篮

某厂家向一个公司经理推销自己生产的专利产品：防克菜篮——一种可以防止短斤少两的菜篮，希望由该公司总经销。其他方面都没有问题，但是双方在价格问题上始终谈不拢，一次、两次、三次，都因价格问题而使谈判失败。第四次，厂家改变了策略，双方刚一见面，对方就说："价格不降，我们不能接受，即使再谈也没有用。"厂家马上回答说："经理先生，今天我不是来同您谈价格的，我是有一个问题要向您请教，您能花一点时间满足我的要求吗？"经理愉快地接受了。坐定后，厂家说："听说您是厂长出身，曾经挽救过两个濒临倒闭的企业。您能不能给我们一些点拨？"在对方一阵愉快的谦逊之后，厂家接着说："我们的菜篮正如您所说，价格偏高，所以销售第一站在你们这里就受阻了。再这样下去，工厂非倒闭不可。您有经营即将倒闭的企业的经验，您能不能告诉我，如何才能降低这些菜篮子的成本，达到您所要求的价格而我们又略有盈余？"

然后，厂家与经理逐项算账，从原材料型号、价格、用量，到生产工艺、劳务开支等，进行了详细核算，并对生产工艺进行了多方改进，结果价格却只是微微降了一些。当然，对经理先生所付出的劳动，厂家报以真诚的感谢，送上一份礼品以示谢意，同时表示一定接受经理的意见，在工艺上进行改进，以减少生产成本。当厂家再谈到总经销价格时，对方没有任何犹豫就接受了，并说："看来这个价格的确不能再降，你们做了努力，我们试试吧。"

6. 科学性与艺术性相结合的原则

商务谈判是一门科学，同时又是一门艺术，是科学性与艺术性的有机结合。一方面，商务谈判是人们协调彼此的利益关系，满足各自需要的行为过程，人们必须从理性的角度对所涉及的问题进行系统的分析研究，根据一定的规律、规则来制订谈判的方案和对策。谈判者不仅有着特定的目标，而且谈判行为的发生、发展又依存于某些特定的环境和条件，并受这些环境条件的影响和制约，如果离开了科学的分析和决策，不对谈判活动做出科学的规划，就不可能有效地引导谈判行为的发展变化，使之始终朝向谈判者预期的方向和目标。

另一方面，商务谈判活动是由特定的谈判人员进行的，所以谈判又是不同的人们直接发生交流的一种活动。在这种活动中，谈判人员的知识、经验、情绪、情感及个性心理特征等因素，又都在一定的程序上对谈判的过程和结果产生影响。在商务谈判过程中，属于个人特性的那些因素往往是难以预测的，在许多情况下，它们对谈判所可能产生的影响，很难在事先做出估测，调动和运用这些因素就具有某种艺术性。比如，在客观环境、条件完全相同的情况下，同样的谈判由不同的人去进行，最终的结果往往是不一样的。一般来说，在涉及谈判双方的实力认定、谈判的环境分析、谈判方案的评估选择及交易条件的确定等问题时，较多地强调科学性的一面。而在具体的谈判策略、战术的选择和运用方面，则较多地突出艺术性的一面。

在商务谈判过程中，谈判者应当既坚持科学，又讲究艺术，遵循科学性与艺术性相结合的原则。只有用理性的思维，抱着科学的态度去对待谈判，才能发现谈判中带有规律性的现象和实质要求,把握其一般的发展趋势;同时,只有运用艺术化的处理手法,才能及时化解谈判中可能出现的各种难题,灵活地调整自己的行为,从而使自己在面对不断变化的环境因素时,能保持反应的灵敏性和有效性。从某种意义上讲,坚持谈判的科学性,谈判者就能够正确地规划自己的行为;而坚持谈判的艺术性,谈判者就可能找到更好的途径来争取实现预期的目标。

尼尔伦伯格的
八大谈判原则

1.2.2 商务谈判的方法

1. 软式谈判法

所谓软式谈判法,又称让步型谈判,是指谈判者偏重于维护双方的合作关系,以争取达成协议为其行为准则的谈判。在让步型谈判中,谈判者总是力图避免冲突。为了达成协议,他们随时准备做出让步,希望通过谈判签订一项令双方满意的协议。让步型的谈判者不是把对方当作敌人,而是当成朋友来对待,他们的目的在于达成协议而不是压倒对方。因此,软式谈判,较之利益的获取,谈判者更注重建立和维护双方的合作关系。在一项让步型谈判中,一般的做法是:提议、让步、信任、保持友善,以及为了避免冲突而屈服于对方。

如果谈判双方都能以宽宏大度的心态进行谈判,那么谈判中冲突的成分就会减少到最低的程度,达成协议的可能性、速度及谈判的效率都将是比较满意的;而且彼此的良好合作也会使双方的关系得到进一步的加强。但在现实的谈判活动中,这种情况很少发生。在绝大部分场合,许多谈判者都避免这种为了达成协议而不顾实际利益的做法,尤其在面临强硬的谈判对手时更是如此。让步型谈判通常只限于在双方的合作关系极为良好,并有长期业务往来的情况下使用,而且双方所持的态度和谈判的方针必须是一致的。

2. 硬式谈判法

所谓硬式谈判法,又称立场型谈判,是指参与者只关心自己的利益,注重维护己方的立场,不轻易向对方做出让步的谈判。立场型谈判者在任何情况下都将谈判看作是一场意志力的竞赛和搏斗,认为在这样的搏斗中,态度越是强硬,立场越是坚定,最后的收获也就越大。

在立场型谈判中,谈判双方的注意力都集中在如何维护自己的立场、否定对方的立场上。谈判者只关心自己的需要,以及从谈判中能够得到的利益,而无视对方的需要及对利益的追求。他们只看到谈判内在的冲突的一面,总是利用甚至创造一切可能的冲突机会向他方施加压力,忽视去寻找能兼顾双方需要的合作途径。

立场型谈判者往往在谈判开始时提出一个极端的立场,并始终持强硬的态度,力图维护这一立场,只有在迫不得已的情况下,才会做出极小的松动和让步。如果谈判双方都采取这样的态度和方针,双方极易陷入立场性争执的泥淖,在根本难以找到共同点的问题上做出无谓的努力,增加谈判的时间和成本,降低谈判的效率。即使某一方服从于对方的意志力,被迫做出让步并最终签订协议,而其内心则是不以为然,甚至是极为不满的。因为在该项谈判中,他的需要并未得到应有的满足。这种结果很可能导致他有意消极地对待协议的履行,甚至想方设法阻碍和破坏协议的执行。从这个意义上讲,立场型谈判没有真正的胜利者。

3. 原则型谈判

原则型谈判也称价值型谈判，最早由美国哈佛大学谈判研究中心提出，故又称哈佛谈判术。这种方式吸收软式谈判和硬式谈判之所长，而避其所短。

所谓原则型谈判，是指参与者既注重维护合作关系，又重视争取合理利益的谈判。在原则型谈判中，双方都将对方当作与自己并肩合作的同事，而不是作为敌人来对待。他们注重与对方建立良好的人际关系，但又不像让步型谈判那样，只强调维护双方的合作关系，而忽视利益的获取。原则型谈判者注意协调双方的利益而不是双方的立场。他们尊重对方的基本需要，寻求双方在利益上的共同点。谈判双方都努力争取自己的利益，当双方的利益发生冲突时，则坚持在公平的基础上协调双方的冲突，以获取对双方都有利的结果。

原则型谈判者认为，在谈判双方对立的立场背后，既存在冲突性的利益，也存在共同性的利益。立场的对立并不意味着双方在利益上的彻底对立。只要双方立足于共同的利益，以合作的姿态去调和冲突性的利益，双方就可能寻找到既符合本方利益，又符合对方利益的替代性立场。原则型谈判强调通过谈判而取得的"价值"。这个价值既包括经济上的价值，又包含了人际关系上的价值。因此，原则型谈判也称价值型谈判。原则型谈判是一种既理性而又富于人情味的谈判，在现实的谈判活动中具有很广泛的实用意义。

运用原则型谈判的要求如下。① 当事各方从大局着眼，相互尊重，平等协商。谈判中对人温和、对事强硬，强调把人与事分开。② 处理问题坚持公正的客观标准，提出互相受益的谈判方案，以诚相待，采取建设性的态度，立足于解决问题。③ 求同存异，互谅互让，争取双赢。谈判中谋求共同的利益，放弃立场，努力寻找共同点，消除分歧，争取共同满意的谈判结果。

3 种谈判方法的比较如表 1-1 所示。

表 1-1　3 种谈判方法的比较

	软式谈判法（让步型）	硬式谈判法（立场型）	原则型谈判法（原则型）
目标	达成协议	赢得胜利	问题共同解决者
出发点	为了增进关系而做出让步	要求对方让步作为建立关系的条件	人与问题分开
手段	对人和对事都温和	对人和对事都强硬	对人温和，对事强硬
态度	信任对方	不信任对方	信任与否与谈判无关
立场	轻易改变	坚持不变	重点放在利益上而不是立场上
做法	提出建议	威胁对方	共同探究共同利益
方案	找出对方能接受的方案	找出自己能接受的方案	规划多种方案供双方选择
表现	尽量避免意气用事	双方意志的较量	根据客观标准达成协议
结果	屈服于对方的压力	施加压力使对方屈服	屈服于原则而不是压力

4. 谈判方法的选择

上述 3 种谈判各具特点，适用于不同情况和不同条件下的谈判。在选择或运用时要考虑到以下几个制约因素。

（1）与对方继续保持业务关系的可能性。如果己方希望与对方保持长期的业务关系，并且具有这种可能性，就不能采用立场型谈判，而应采取原则型谈判或让步型谈判；如果与对方发生的只是偶然的、一次性的业务往来，则可考虑使用立场型谈判。

（2）谈判双方的实力对比。如果双方实力接近，可以采用原则型谈判；如果己方实力远远强于对方，可以考虑使用立场型谈判。

（3）交易的重要性。如果某项交易于己方来说非常重要，可以考虑运用原则型谈判或立场型谈判。

（4）谈判的资源条件。如果谈判的开支庞大，己方在人力、财力和物力等方面的支出又受较大的制约，谈判时间过长，必然难以承受，应考虑采用让步型谈判或原则型谈判。

（5）双方的谈判技巧。谈判者都有既定的目标，而达成这一目标的方法可以是多种多样的。有些谈判者具有较高的谈判技巧，善于控制和引导谈判行为，往往是有张有弛，软硬结合，不拘泥于某一种谈判类型。

（6）谈判人员的个性与谈判风格。某些谈判人员生性好胜，总期望成为胜利者，在谈判中倾向于坚持立场，多采用立场型谈判。有的谈判人员比较随和，倾向于使用让步型谈判。

1.3 商务谈判的形式与过程

1.3.1 商务谈判的基本要素

商务谈判的要素是指构成商务谈判活动的必要因素。它是谈判行为得以存在的基础，通常由谈判主体（当事人）、谈判客体（议题）、谈判环境3个要素构成。

1. 谈判主体

谈判主体由关系主体和行为主体构成。关系主体是在商务谈判中有权参加谈判并承担谈判后果的自然人、社会组织及其他能够在谈判或履约中享有权利、承担义务的各种实体。行为主体是实际参加谈判的人。也就是说，谈判的行为主体必须是有意识、有行为的自然人，而谈判的关系主体则不然，既可以是自然人，又可以是国家、组织或其他社会实体。

无论是何种谈判，关系主体的意志和行为都需要借助于谈判的行为人（即行为主体）来表示或进行，没有任何一个谈判可以仅有谈判的关系主体，而没有行为主体。例如，中国某进出口公司和美国某公司谈判一笔进出口贸易业务，谈判关系主体是两个公司，而行为主体则是两个公司派出的谈判小组。当然，谈判的行为主体和关系主体也可以是同一主体，如果自然人作为谈判一方而不委托他人代表自己谈判，此时谈判的关系主体同时也是谈判的行为主体，即谈判的后果承担是通过自己的具体行为来完成的。

谈判的关系主体直接承担谈判的后果，而行为主体不一定承担谈判后果；只有在两者一致的情况下，谈判的行为主体才承担谈判的后果。在谈判的关系主体与行为主体不一致的情况下，谈判的行为主体只有正确反映谈判关系主体的意志，在谈判关系主体授权范围内所发生的谈判行为才是有效的，由此而产生的谈判后果，谈判关系主体才能承担。

对谈判主体有关规定的研究和认识是很有必要的。因为谈判主体是谈判的前提，在谈判中要注意避免因谈判的关系主体和行为主体不合格，而使谈判失败造成损失。如果谈判的关系主体不合格，便无法承担谈判的后果；如果未经授权或超越代理权等的谈判行为主体则为不合格，谈判的关系主体也不能承担谈判的后果。

在现实谈判中，由于忽视了事先审核己方或对方的主体资格问题，而使谈判归于无效，并遭受经济损失的事例常有发生。审核主体资格的材料主要有自然人身份方面的证件、法人资格方面的证件和经营资格方面的证件、代理权方面的证件，技术设备项目引进谈判中涉及履约能力方面的各种设备、设施、技术等证明。有的还可委托有关中介组织（如咨询机构）进行了解考察。

2. 谈判客体

谈判客体也称谈判议题、谈判标的，是指谈判需商议的具体问题，包括谈判的起因、内容和目的。它决定当事各方参与谈判的人员组成及其策略，反映他们的利益互补和差别所在，所以其不是凭空拟定或单方面的意愿，而是与各方利益需求相关、为各方所共同关心，从而成为谈判内容的提案。

谈判议题的最大特点在于当事人各方认识的一致性。如果没有这种一致性，就不可能成为谈判议题，谈判也就无从谈起。按其涉及的内容分，有货物买卖、技术贸易、劳务、工程承包等；按其重要程度分，有重大议题、一般议题；按其纵向和横向结构分，有主要议题及其项下的子议题、以主要议题为中心的多项并列议题、互相包容或互相影响的复合议题等。由于谈判议题的多样性，其谈判的复杂程度也就不同。

3. 谈判环境

谈判环境是指商务谈判所处的客观条件。任何谈判都不可能孤立地进行，而必须处在一定的客观条件下并受其制约，脱离了具体的环境去谈论谈判就没有什么意义。谈判环境既包括了外部的大环境，如政治、经济、文化、市场、竞争等，也包括了谈判的小环境，如时间、地点、场所、交往空间等。

谈判的大环境方面，东西方国家之间、不同种族和不同民族之间，甚至一个国家内的不同区域之间，往往会有很大的差异；而谈判的小环境可直接影响谈判者的心境。一个安静、舒适、整洁的场所，合理的时间安排，往往可以产生意想不到的调节效果，使谈判者心情舒畅、态度明朗，能更加集中精力解决问题；相反，过于紧张的环境氛围对谈判则有害无利。因此，谈判环境对商务谈判的发展过程有着重要的影响，是其不可忽视的要件。

1.3.2　商务谈判的主要类型

任何一项商务谈判指向的都是各方共同利益的满足，成功的商务谈判追求的都是一种"赢—赢"的结局。但就某一项具体的商务谈判而言，它的发生总是依存于某些特定的条件，服从于谈判者特定的目标。因而，在现实生活中存在的大量商务谈判行为又是各不相同的。可以按照一定的标准把商务谈判划分为各种不同的类型，这些不同类型的商务谈判各有其特点，对实际的谈判行为也有不同的要求。比如，根据谈判中双方所采取的态度和方针，可以把商务谈判划分为3种类型，即让步型谈判、立场型谈判和原则型谈判。这3种谈判类型已在1.2节中做了介绍，这里不再重复。以下分5组来介绍目前常见的谈判形式。

1. 个体谈判与集体谈判

根据参加谈判的人数规模，可以将商务谈判区分为个体谈判与集体谈判两种类型。前一种类型，双方都只有一个人参加，一对一地进行协商洽谈；后一种类型，双方都有两个或两个以上的人员参加谈判。当然，在集体谈判中双方参加谈判的人数并不一定要完全相同。

谈判的人数规模不同，在谈判人员的选择、谈判的组织与管理等许多方面都有不同的要求。比如谈判人员的选择，如果是个体谈判，那么参与谈判的人员必须是全能型的，他需要具备该项谈判所涉及的各个方面的知识，包括贸易、金融、技术、法律等方面的知识；同时，他还必须具备完成该项谈判所需的各种能力。因为对本方而言，整个谈判始终是以他为中心的，他必须根据自己的知识和经验，把握谈判行为的发展趋势。对谈判中出现的各种问题，他必须及时地作出分析，予以处理，独立地作出决策。如果是集体谈判，则可以选择一专多能型的谈判人员，他们可能分别是贸易、技术和法律方面的专家，相互协同，构成一个知识互补、密切配合的谈判班子。

个体谈判有着明显的优点和劣势，那就是谈判者可以随时有效地把谈判的设想和意图贯彻到实际的谈判行为中，但由于只有他一个人独立应付全局，不易取得本方其他人员及时而必要的帮助。集体谈判有利于充分发挥每个谈判人员的特长，形成整体耦合的优势，但如果谈判人员之间配合不当，就会增加内部协调的难度，在一定程度上影响谈判的效率。一般来说，关系重大而又比较复杂的谈判大多是集体谈判；反之，则可采用个体谈判。

2. 双边谈判与多边谈判

根据参加谈判的利益主体的数量，可以把商务谈判划分为双边谈判和多边谈判。双边谈判是只有两个利益主体参加的谈判，多边谈判则是指有两个以上的利益主体参加的谈判。在这里，利益主体实际上就是指谈判关系主体，可以是自然人，也可以是法人组织。

任何一项谈判都必须至少有两个谈判方，当然在某些情况下也完全可以多于两方。比如政府为阻止罢工而卷入了工会与资方的谈判之中，或者两个以上的国家共同谈判一项多边条约，等等。但无论谈判是由双方或多方参与，谈判各方都必然存在着特定的利益关系。一般而言，双边谈判的利益关系比较明确、具体，彼此之间的协调比较容易。相比之下，多边谈判的利益关系则较为复杂，各方的协调要困难得多。比如在建立中外合资企业的谈判中，如果中方是一家企业，而外方也是一家企业，彼此的关系就比较容易协调。如果中方有几家企业，外方也有几家企业，谈判的难度将明显增大。因为中方几家企业之间存在利益上的矛盾，互相要进行协商，求得一致；外方几家企业之间也存在着利益冲突，同样需要进行协商。在此基础上，中外双方企业之间才能进行合资谈判。在谈判过程中，中外双方都应该不断调整自己的需要，做出一定程度的让步。而无论是中方还是外方做出让步，都会涉及中方各企业或外方各企业之间的利益，因而中方企业之间及外方企业之间又必须通过不断协商，求得彼此的协调一致。而最终形成的协议也必须兼顾到每个谈判方的利益，使参与谈判的各个企业都能得到相应的利益和满足。与双边谈判相比，多边谈判的利益关系错综复杂，各方之间不易达成一致意见，协议的形成往往十分困难。

3. 口头谈判、书面谈判与网络谈判

根据谈判双方接触的方式，可以将商务谈判区分为口头谈判、书面谈判与网络谈判。口头谈判是双方的谈判人员在一起，直接进行口头的交谈协商；书面谈判则是指谈判双方不直接见面，而是通过信函、函电、传真等书面方式进行商谈。网络谈判是指谈判方依靠各种网络服务和技术进行的谈判。

（1）口头谈判。口头谈判的优点主要是便于双方谈判人员交流思想感情。在谈判过程中,双方谈判人员之间保持着经常性的接触。双方不仅频繁地就有关谈判的各个事项进行磋商,而且彼此之间的沟通往往会超出谈判的范畴,在谈判以外的某些问题上取得一致的认识,进而使谈判过程融入了情感的因素。不难发现,在某些商务谈判中,有些交易条件的妥协让步完全是出于感情上的原因。此外,面对面的口头谈判,有助于双方对谈判行为的发展变化作出准确的判断。谈判人员不仅可以透过对方的言谈,分析、把握其动机和目的,还可以通过直接观察对方的面部表情、姿态动作了解其意图,并借以审查对方的为人及交易的诚信程序,避免作出对己方不利的决策。但是,口头谈判也有其明显的不足。在一般情况下,双方都不易保持谈判立场的不可动摇性,难以拒绝对方提出的让步要求。

(2) 书面谈判。书面谈判在双方互不谋面的情况下即可进行,借助于书面语言互相沟通,谋求彼此的协调一致。它的好处在于:在表明己方的谈判立场时,显得更为坚定有力,郑重其事;在向对方表示拒绝时,要比口头形式方便易行。特别是在己方与对方人员建立了良好的人际关系的情况下,通过书面形式既直接表明了本方的态度,又避免了口头拒绝时可能出现的尴尬场面,同时也给对方提供了冷静分析问题、寻找应对策略的机会;在费用支出上,书面谈判也比口头谈判节省得多。书面谈判的缺点在于:不利于双方谈判人员的相互了解,并且信函、函电、传真等所能传递的信息是有限的。谈判人员仅凭借各种文字资料,难以及时、准确地对谈判中出现的各种问题作出反应,因而谈判的成功率较低。

一般来说,书面谈判适用于那些交易条件比较规范、明确,谈判双方彼此比较了解的谈判。对一些内容比较复杂、交易条件多变,而双方又缺乏必要了解的谈判,则适宜采用口头谈判。

(3) 网络谈判。网络谈判是借助于互联网进行协商、对话的一种特殊的谈判形式。互联网的出现和普及彻底改变了人类的生活方式,互联网对谈判的影响也是深远的,虽然面对面的互动仍然是最主要的谈判形式,尤其是高层次的谈判,但是互联网可以提供更多切实可行的谈判方式,并且可以发挥它的优势。

从电子邮件、文件处理到先进的网络会议、网络电话、网上视听系统、云会议等网络技术的不断进步,使得基于互联网的交易和谈判协商飞速增长。实践证明,基于互联网的谈判大大减少了某些交易的成本和时间,同时利用互联网及其搜索功能,更容易找到交易对象,相应降低了商业项目的开发成本和机会成本。但是也要看到,网络身份认证、网络安全、网络条例法规等方面还不健全,互联网要真正成为主要的谈判工具,还需假以时日,尤其是涉及网络合同谈判及其争端问题的解决时。基于网络的谈判技术,需要不断开发和完善,包括网络虚拟会议、虚拟眼球、语言辨别技术、计算机的个性化信息处理技术等,以便网络谈判真正人性化,使谈判进程更加顺利。

4. 主场谈判、客场谈判与中立地谈判

根据谈判进行时所在的地点,可以将商务谈判区分为主场谈判、客场谈判和中立地谈判3种类型。主场谈判是指在本方所在地进行的谈判;客场谈判是指在他方所在地进行的谈判。对于某一项谈判来说,如果谈判是在该方所在地进行,该项谈判于该方称主场谈判,与此相对应,该项谈判于另一方而言就称为客场谈判。所谓中立地谈判则是指在谈判双方所在地以外的其他地点进行的谈判。

不同的谈判地点使谈判双方具有了不同的身份,并由此而导致了双方在谈判行为上的某些差别。如果某项谈判在某一方所在地进行,该方就是东道主,他在资料的获取、谈判时间与谈判场所的安排等各方面都将拥有一定的便利条件，就能较为有效地配置为该项谈判所需的各项资源，控制谈判的进程。对于另一方来说，他是以宾客的身份前往谈判地，己方的行为往往较多地受到东道主一方的影响，尤其是在对谈判所在地的社会文化环境缺乏了解的情况下，面临的困难就更大。当然，谈判双方有时完全不必囿于身份的差异，可以采取灵活的策略和技巧来引导谈判行为的发展。但身份差异所造成的双方在谈判环境条件上的差别，毕竟是客观存在的。为了消除可能出现的不利影响，一些重要的商务谈判往往选择在中立地进行。

5. 货物买卖谈判、技术贸易谈判与劳务合作谈判

根据谈判的事项所涉及的经济活动内容，商务谈判划可分为多种形态，其中最主要的是货物买卖谈判、技术贸易谈判与劳务合作谈判，其他还有租赁、工程承包、咨询服务、中介服务、合资合作等方面的谈判。下面就上述3种主要的谈判类型作简单的分析。

（1）货物买卖谈判。又叫商品贸易谈判，即买卖双方就买卖货物本身的有关内容，如数量、质量、货物的转移方式和时间，买卖的价格条件与支付方式，以及交易过程中双方的权利、责任和义务等问题所进行的谈判。协议的主要条款通常包括商品品质、数量、包装、运输、保险、检验、价格、货款结算支付方式以及索赔、仲裁和不可抗力等。

（2）技术贸易谈判。是指技术的接受方（即买方）与技术的转让方（即卖方）就转让技术的形式、内容、质量规定、使用范围、价格条件、支付方式以及双方在转让中的一些权利、责任、义务关系问题所进行的谈判。技术贸易的标的物比较广泛，可以包括技术服务、发明专利、工程服务、专有技术、商标和专营权等项目。

（3）劳务合作谈判。是指劳务合作双方就劳务提供的形式、生产环境条件和报酬、保障以及有关合作双方的权利、责任、义务关系所进行的谈判。其基本内容有：劳动力供求的层次、数量、素质、职业、工种，劳动地点（国别、地区、场所）、时间、条件，劳动保护、劳动工资、劳动保险与福利等。由于劳务具有明显区别于货物的各项特征，因此，劳务买卖谈判与一般的货物买卖谈判有所不同。劳务合作谈判主要应依据劳动法规来确定谈判内容和条件。

亲历一次罢工谈判

1.3.3 商务谈判的一般过程

由于谈判所涉及的范围十分广泛，它不会仅有一套固定不变的模式；但一切较为正式的谈判，总是按照特定的程序进行的。谈判的基本步骤如图1-1所示。了解和熟悉谈判的程序是恰当地使用商务谈判的策略和技巧的前提和基础。一般来说，商务谈判的程序可以划分为准备阶段、开局阶段、报价阶段、磋商阶段、成交阶段5个基本阶段。

图1-1 谈判的基本步骤

1. 准备阶段

谈判的准备阶段是指谈判正式开始以前的阶段。其主要任务是：进行环境调查，搜集相关情报，选择谈判对象，制订谈判方案与计划，组建谈判团队，做好谈判的物质条件准备，根据需要进行模拟谈判，等等。良好的谈判准备有助于增强谈判的信心和实力，为谈判的进行和成功创造良好的条件。

2. 开局阶段

谈判的开局又称非实质性谈判阶段，是指从谈判人员见面到进入具体交易内容的磋商之前，相互介绍、寒暄以及就一些非实质性的问题进行讨论的阶段，是谈判的前奏和铺垫。它包括开局导入阶段、商议谈判议程、双方开场陈述。

开局导入阶段是指从步入会场到寒暄结束的这段时间，主要是为了营造谈判气氛；商议谈判议程（或谈判通则）包括人员介绍、谈判目标、讨论的议题和顺序、日程安排等；双方开场陈述是指双方就本次洽谈的内容、各自的立场及建议进行分别陈述，也是双方彼此进行摸底的阶段。在此过程中，双方通过互相摸底，也在不断调整自己的谈判期望与策略。

虽然谈判开局阶段不长，但它在整个谈判过程中起着非常关键的作用。它为谈判奠定了一个大的氛围和格局，影响和制约着以后谈判的进行。因为这是谈判双方的首次正式亮相和谈判实力的首次较量，直接关系到谈判的主动权。开局阶段的主要任务是建立良好的第一印象、创造合适的谈判气氛、谋求有利的谈判地位等。

3. 报价阶段

报价就是双方各自提出自己的交易条件，是各自立场和利益要求的具体体现。因此，报价是整个谈判过程中必不可少的核心环节，事关谈判双方的切身利益。报价分为狭义报价和广义报价。狭义报价是指一方向另一方提出己方的具体价格；广义报价是指一方向另一方提出具体的交易条件，包括商品的数量、价格、包装、支付、保险、装运、检验、索赔、仲裁等内容。报价既要考虑对己方最为有利，又要考虑成功的可能性。报价的目的是双方了解对方的具体立场和条件，了解双方存在的分歧和差距，为磋商准备条件。

4. 磋商阶段

磋商阶段是指一方报价以后至成交之前的阶段，是整个谈判的核心阶段，也是谈判中最艰难的阶段，是谈判策略与技巧运用的集中体现，直接决定着谈判的结果。它包括讨价、还价、抗争、异议处理、压力与反压力、僵局处理、让步等诸多活动和任务。

5. 成交阶段

成交阶段是指双方在主要交易条件基本达成一致以后，到协议签订完毕的阶段。成交阶段的开始，并不代表谈判双方的所有问题都已解决，而是指提出成交的时机已经到了。实际上，这个阶段双方往往需要对价格及主要交易条件进行最后的谈判和确认，但是此时双方的利益分歧已经不大了，可以提出成交了。成交阶段的主要任务是对前期谈判进行总结回顾，进行最后的报价和让步，促使成交，拟定合同条款及对合同进行审核与签订等内容。

▶ 关键术语

谈判　　商务谈判　　非零和博弈　　谈判的价值评价标准　　平等互利原则　　把人与问题分开的原则　　立场服从利益的原则　　客观标准原则　　软式谈判法　　硬式谈判

法（立场型谈判）　　原则型谈判　　主场谈判　　客场谈判　　中立地谈判

复习思考题

1. 什么是谈判？什么是商务谈判？
2. 谈判活动有什么特征？
3. 你认为什么样的谈判才算得上真正成功的谈判？
4. 商务谈判中着眼于利益与着眼于立场有何联系和区别？
5. 为什么在商务谈判中要把人与问题分开？怎样才能做到把人与问题真正分开？
6. 谈判中如何坚持客观标准的原则？
7. 为什么说谈判既是一门科学，又是一门艺术？
8. 对于软式、硬式和原则型3种谈判方法，你更倾向于哪一种？为什么？
9. 谈判的基本要素包括哪些？
10. 谈判的一般过程是怎样的？
11. 请在生活经历中搜寻出3个本质与现象或利益与立场相关联的事物。
12. 根据你周围刚刚发生的同学间的纠纷，运用区分利益与立场、人与问题的原则要求，设计一份解决方案，并实施这一方案。

 案例题

【案例1-1】

分橙子的谈判

以下是一个在谈判界广为流传的经典小故事。

有一个妈妈把一个橙子给了邻居的两个孩子。这两个孩子便讨论起来如何分这个橙子。两个人吵来吵去，最终达成了一致意见，由一个孩子负责切橙子，而另一个孩子选橙子。结果，这两个孩子按照商定的办法各自取得了一半橙子，高高兴兴地拿回家去了。

第一个孩子把半个橙子拿到家，把皮剥掉扔进了垃圾桶，把果肉放到果汁机上打果汁喝；另一个孩子回到家把果肉挖掉扔进了垃圾桶，把橙子皮留下来磨碎了，混在面粉里烤蛋糕吃。

从上面的情形，我们可以看出，虽然两个孩子各自拿到了看似公平的一半，然而，他们各自得到的东西却未物尽其用。这说明，他们在事先并未做好沟通，也就是两个孩子并没有申明各自利益所在。没有事先申明价值导致了双方盲目追求形式上和立场上的公平，结果，双方各自的利益并未在谈判中达到最大化。

我们试想，如果两个孩子充分交流各自所需，或许会有多个方案和情况出现。可能的一种情况，就是遵循上述情形，两个孩子想办法将皮和果肉分开，一个拿到果肉去喝汁，另一个拿皮去做烤蛋糕。然而，也可能经过沟通后是另外的情况，恰恰有一个孩子既想要皮做蛋糕，又想喝橙子汁。这时，如何能创造价值就非常重要了。

结果，想要整个橙子的孩子提议可以将其他的问题拿出来一块谈。他说："如果把这个橙子全给我，你上次欠我的棒棒糖就不用还了。"其实，他的牙齿被蛀得一塌糊涂，父母上星期就不让他吃糖了。

另一个孩子想了一想,很快就答应了。他刚刚从父母那儿要了五块钱,准备买糖还债。这次他可以用这五块钱去打游戏,才不在乎这酸溜溜的橙子汁呢。

两个孩子的谈判思考过程实际上就是不断沟通、创造价值的过程。双方都在寻求对自己最大利益的方案的同时,也满足对方的最大利益的需要。

商务谈判的过程实际上也是一样。好的谈判者并不是一味固守立场,追求寸步不让,而是要与对方充分交流,从双方的最大利益出发,创造各种解决方案,用相对较小的让步来换得最大的利益,而对方也是遵循相同的原则来取得交换条件。在满足双方最大利益的基础上,如果还存在达成协议的障碍,那么就不妨站在对方的立场上,替对方着想,帮助扫清达成协议的一切障碍。这样,最终的协议是不难达成的。

问题:结合案例谈谈你对谈判本质的认识。

【案例1-2】

中德合资兴建拜耳-上海齿科有限公司谈判案

在20世纪80年代中期,中德合资兴建拜耳-上海齿科有限公司的谈判从准备阶段到终局阶段、从文字工作到人员配合都很严谨,也很成功,具有一定的典型意义。

这次谈判,中方是上海齿科材料厂。它的齿科产品占国内产量的70%,是国内同行业的佼佼者。该厂与德国合资兴建有限公司一事立项后,即预先做了充分的准备工作。首先,上海齿科材料厂派人赴德国实地考察,进行可行性研究,了解有关信息、资料,考虑谈判方案的选择与比较,分析可能影响谈判的各种主客观情况,并与德方在对项目进行综合评判的基础上共同编制了可行性研究报告。回国后,该厂又专门挑选组织了一个包括从上级部门请来参与谈判的参谋和从律师事务所聘来的项目法律顾问的谈判班子,为该项目的谈判奠定了一个良好的基础。谈判的准备工作做得越充分、越细致,谈判的成功率就越大。上海齿科材料厂为此而做出了努力。

该项谈判的另一方是德国拜耳公司。该公司系德国全国第三大公司,在世界上有100多个分公司。其医药产品遍及世界,年销售额为600亿马克。在谈判之前,德方对国际国内的市场做了充分的了解,进行了全面深入的可行性研究,还特别对中方的合作伙伴做了详细的分析,全面掌握了与谈判有关的各种信息和资料,并在此基础上组织了一个精干的谈判班子。该班子由公司董事长兼首席法律顾问充当主谈人。

这一年9月份,中德合资兴建拜耳-上海齿科有限公司谈判在中国举行,先后举行了10余轮谈判,历时近一年的时间,谈判成功。中德双方既竞争又合作,求同存异,共同努力,终于达成了一个双方都满意的协议。

在谈判的开局阶段,德方采用了先声夺人的策略,力图抢占谈判优势。他们凭借拜耳这一威名赫赫的国际性大公司的实力、技术和经验等各方面的专长来影响中方的谈判心理,希望中国方面依赖他们。中方与对方一交手就意识到,必须扬己所长,避己所短,才能抵制对方的"优势战"。因此,中方发挥东道主的优势,强调在中国兴建合资企业,受中国行政管辖和法律制约,只有充分尊重中方的意见,才有利于谈判。中方用无可回避的事实,有力地打消了德方试图在谈判中发挥主导作用的心理。从谈判开始阶段的技术角度考虑，双方率先打"优势战"，抢占制高点是正常的。因为有经验的谈判者在谈判的开局时，总想掩饰己方的需求，夸大对方的需求。夸大己方的实力、贬低对方的实力，强调己方的优点、夸大对方的弱点，以图制造对方有求于己方的气氛。谁能成功地完成这一步，谁就掌握了谈判的主动权。双方在进行了初步较量之后，是否能从各自释放的能量中产生一种合力，拨正谈判之舟的舵轮，开始在合作基础上对等谈判，这是衡量谈判开局阶段成败的关键。谈判开局阶段双方的努力是否成功，要看谈判者在起始阶段是否能把握好竞争与合作的分寸，是否能扬长避短，进取有度。无论哪一方在谈判的开局时努力不足或工作失误，都会使谈判的舵轮偏向，进而导致在谈判磋商阶段的失利。

从中德合资企业谈判的开局阶段来看，双方势均力敌，旗鼓相当，创造了谈判开局阶段的均势，矫正了谈判之舟的船头。

由于双方的共同努力，在谈判的开局阶段形成了一种合力，把谈判推向了友好协商的阶段，在这一谈判阶段中，中德双方采用了分合兼用的工作方法，时而召开全体会议进行总体讨论，共同磋商，调节工作进程，时而分技术、财务、法律3个组进行专项研究，具体谈判。双方各自对保密与泄情的信息不断进行分析综合、评估调整。

谈判中的磋商阶段是谈判过程中最复杂、最具体的讨价还价阶段，在中德谈判的这一阶段中，产生了许许多多烦琐的实际问题，需要双方不断地谈判商榷。这里仅列举以下几个具有典型意义的问题，予以评析介绍。

一、有关合资企业的名称

关于中德合资企业的名称，德方提出定名为"拜耳齿科中国有限公司"，中方反对。因为这个名称实际上是否定了双方的平等谈判的主体资格，形成了总公司与分公司的隶属关系。我国《企业名称登记办法》中规定：国名不能放在企业名称中。据此，中方提出了"上海拜耳齿科有限公司"的名称。中方根据有关规定，有力地支持了己方的立场，使德方不得不做出让步。德方在同意这个名称的前提下，要求"拜耳"与"上海"两个名词对换，把"拜耳"放在"上海"之前。德方的理由有三：（一）拜耳是世界性的大公司，在国际上享有盛名；（二）拜耳的声誉有利于合资企业经销产品；（三）拜耳在合资企业的股份多于中方。德方有理有据的意见也使中方无法拒绝，但中方又提议在拜耳、上海之间加一横线，就成为"拜耳-上海齿科有限公司"，德方同意。中德合资企业的这一名称，使双方都感到满意。这一问题的谈判成功，充分证明了双方既竞争又合作、既进取又让步、平等互利、友好协商的精神。拜耳-上海齿科有限公司名称的产生，也力证了双方都是胜利者的这一观点。

二、关于德方独占出口权

关于德方独占出口权问题，是一个关系到市场分配、价格、外汇等多种复杂因素的问题。关于产品的销售问题，在该项目的可行性研究中曾有两处提及：一是"外商负责包销出口25%，其余75%在国内销售"；二是"合资公司出口渠道为拜耳、合资公司和中国外贸公司"。双方在这一表述的理解上产生了分歧。这种理解上的分歧，是构成谈判障碍的重要因素之一。德方对此两点表述的理解是：许可产品（用外方技术生产的产品）只能由拜耳独家出口25%，一点也不能多，而其他的两个渠道是为出口合资企业的其他产品留的。中方的理解是：许可产品的25%由拜耳出口，其余75%的产品中的一部分有可能的话用另外两个渠道出口。两方争执的焦点在于对许可产品，中方与合资企业是否有出口权。德方担心扩大出口数量和多开出口渠道会打破自己的价格体系，挤掉自己的国际市场，故反对中方和合资企业出口。中方同样基于自己利益而不愿放弃出口权。双方为此互不相让，僵持不下，谈判步入危难局面。此时，正值第三轮谈判的最后一天，德方要求终止分组讨论，由双方主谈人召集全体会议，就此问题展开专题辩论。但是，双方仍互不让步。于是，德方宣布终止谈判，以示在此问题上决不让步，导致谈判破裂（这是一个假性败局）。德方终止谈判不过是个手段，无非是想以此来向中方施加压力，迫使中方做出让步。当时，中方对谈判破裂的性质认识不清，一时陷于忧心忡忡的境地。

中方召集大家集思广益，研究对策。经过认真分析，大家认识到，此项目投资大，且拜耳是个享有盛名的大公司，其目光是长远的。该公司此次来中国谈判，事先是做过充分的可行性调查研究的，此项目旨在投石问路，打开中国市场。在中国，上海齿科材料厂是最合适的合作伙伴。因为它无论从技术到产品都是国内第一流的。如果德方在中国第一个合作项目失败，再想在中国投资办合资企业就难了。为此，德方是不会轻易放弃此项谈判的，其终止谈判不过是个手段而已。

中方谈判班子正确的分析，为正确的决策提供了依据。因此，中方不再担心谈判失败，而是顺水推舟，不予理睬。这是一种典型的主观性假性败局。谈判从形式上看虽已破裂，但双方都在坚持对方的让步，此种对峙局面，对双方的毅力、耐性都是一个考验。一般来说，谁先妥协，谁就要付出代价。几天之后，德方因对该项谈判的依赖性较大，吃不住劲了，主动发来电传，再次陈述其理由：（一）包销25%的许可产品已经承担了很大风险；（二）如再出口其余的75%，就等于自己投资来创造与自己竞争市场的对手，这绝非拜耳合资办企业的目的；（三）合资企业出口会打破拜耳的价格体系；（四）如75%的其余产品再出口，就超出了中方要求获得技术和利润的目标，拜耳则无法实现获得市场和利润的目标。

中方接到电传后，仔细研究了德方的理由，觉得不无道理，但己方又不肯让步。为此，中方采取了新的对策，假手"第三人"的权威性来迫使对方让步。谈判重新开始时，中方请来上海外经贸委负责联系此项目的同志一起参与谈判。中方的这一做法有两个目的：一是希望他起到缓冲作用；二是希望以审批机构代表意见的权威性促使对方让步。在此次谈判中，中方也陈述了坚持扩大出口的三项理由：（一）合资企业是独立法人，享有独立经营权；（二）国际市场潜力巨大，合资企业会与拜耳共同战胜竞争对手；（三）合资企业增加出口，有助于外汇平衡，利于企业长期生存。

外经贸委的同志此时如同一个仲裁者，听取了中德双方陈述的理由后，巧妙地提出了一个意见：请德方把所占领的国际市场区域做出图示。这下可把德方难住了。因为德方产品销售不可能覆盖全球。尽管如此，他们毕竟是身经百战的谈判老手，立即转守为攻，笼统地坚持拜耳在全世界都有销售点，回避接触实际问题。

然而，细心人看得出，德方那道决不让步的防线已被打开了缺口。中方趁机提出，如果合资企业直接收到国外订单该如何处理？为此，双方经过进一步的讨价还价之后，最终在这一问题上都作出了妥协，达到了一个合资企业在不破坏拜耳的国际价格体系的前提下，可对外来订单有条件履行合同的方案。这个条件主要是：如果合资企业接到合同地域外塑料牙的订单，其价格和拜耳国际价格表相同，只要在收到合资企业通知后的14个工作日内，拜耳未以书面通知合资公司（即由拜耳或由拜耳指定的第三者将接受这些订单）的话，合资公司则有权履行这些订单。对所有通过合资公司而由拜耳履行的订单，拜耳应支付给合资公司1%的佣金。如果拜耳将订单转给合资公司，并由合资公司履行，合资公司也应支付拜耳同样的佣金。这个双方妥协的方案，实际上既保护了德方一定的利益，同时也否定了外商独占出口权。

三、关于在合同中规定解散条款

德方坚持要在合同中规定："当中国法律有新的规定，德方判断它对外商不利时，可以申请合资企业解散。"这又是一个中方不能接受的难题。双方为此再次争执，结果德方同意删除，但要规定："本合同经审批机构批准后，即使中国法律有新的规定，本合同仍按其合同条款执行。"这一条意味着中国新的立法对合资企业无管辖权。开始，中方不接受，谈判再度搁浅。为能促成谈判和局，中方谈判班子再三进行了研究。大家认为德方已经对一些条款作出了让步，中方在此问题上不顾外商利益，采取僵化立场，不利于争取谈判成功。为此，谈判项目法律顾问提出了一个新的、但是顺理成章的解释：（一）相信中国对外开放的政策会越走越宽；（二）《涉外经济合同法》第四十条明确规定，对于已经批准的合同，即使有新的立法，仍可按原合同执行。这一解释说服了德方。这是一个不拘泥于原则，以务实的精神寻求实际利益的生动例证。正是中方这一关键性的让步，才迎来了一个成功谈判的和局。

中德拜耳－上海齿科有限公司谈判经过双方艰苦的努力，本着竞争又合作、进取又妥协的原则，求同存异，友好协商，使谈判之舟循着"平等互利"的航道顺利地抵达了成功的彼岸——谈判和局阶段。谈判和局阶段的主要工作是：对已经成立的谈判的有关文件，进行逐条逐字的修正完善，斟酌定稿，相互校对章程、协议、合同等文字文本的意思是否一致等。中德双方对这一阶段的工作做得十分认真。该项目谈判签署的具有法律效力的文件原件是由英文写成的。中方将它翻译成中文，并经专门人员三校其稿，再由法律顾问用英文本逐句核对。为慎重起见，专请汉语专家对中文本的字句进行审核。排印之前，再由法律顾问做最后的文字审定。德方在此阶段的工作也非常仔细，他们先是把中方审定的中文本带回德国，让没参加该项目工作的人译成英文，与谈定的英文本对照，看意思是否一致，然后再由他们法律和文字专家检查。可见，双方都没有放过终局阶段的每一个细节。从另一种意义上看，谈判终局阶段的文字工作越是仔细，就越能反映出履约的诚意。

问题：
1. 对照谈判的价值评价标准，对案例中的谈判活动做出你的评价。
2. 上述谈判活动体现了商务谈判的哪些原则？
3. 谈判双方采用的是哪种谈判方法？

第 2 章

商务谈判组织与准备

学习目标

通过本章的学习,学生应了解和掌握以下知识点:
◎ 谈判人员的素质要求与班子构成
◎ 谈判过程中的行为管理
◎ 谈判环境及行业与市场分析
◎ 谈判对手分析与谈判者的自我评估
◎ 信息收集的方法和途径
◎ 商务谈判方案的制定
◎ 模拟谈判

凡事预则立,不预则废。进行一场商务谈判,其能否取得成功,不仅取决于谈判桌上的唇枪舌剑、讨价还价,而且有赖于谈判前充分、细致的筹划和准备工作。所谓"知彼知己,百战不殆",任何一项成功的谈判都是建立在良好的筹划准备工作的基础上的。谈判筹划准备工作主要包括两个方面:一是组织准备,即谈判人员选择、谈判班子组建及谈判的行为规范管理;二是信息准备,即通过谈判环境和谈判双方信息的收集分析,拟订谈判方案,并在此基础上开展模拟谈判活动。

2.1 商务谈判人员的素质要求

谈判人员选择的关键在于要发现并任用那些具备基本的能力,能够并且愿意完成谈判任务的人员。对理想的谈判者的要求通常包括多个方面。艾克尔在《国家如何进行谈判》一书中提出的"完美无缺的谈判者的标准"几乎包括了人类的一切美德。艾克尔写道:"根据17—18世纪的外交规范,一个完美无缺的谈判家,应该心智机敏,而且具有无限的耐心;能巧言掩饰,但不欺诈行骗;能取信于人,而不轻信他人;能谦恭节制,但又刚毅果敢;能施展魅力,而不为他人所惑;能拥巨富、藏娇妻,而不为钱财和女色所动。"在现实的商务活动中，几乎很难找到类似的"完美无缺"的谈判者。但一个优秀的商务谈判人员至少应符合以下几个基本的素质要求。

2.1.1 政治素质要求

良好的政治素质是一切经济工作人员的基本要求，对于商务谈判人员来说，必须遵纪守法，廉洁奉公，忠于国家、组织，忠于职守。这一条是必须具备的首要条件，也是谈判成功的必要条件。

在一些重大的涉外谈判中，商务谈判人员是作为特定组织的代表出现在谈判桌上的，不仅代表组织个体的经济利益，而且在某种意义上还肩负着维护国家利益的义务和责任。因此，作为谈判人员必须遵纪守法、廉洁奉公，忠于国家、组织，时刻以国家、企业的利益为重，要有强烈的事业心、进取心和责任感。

同时，不同社会通常有不同的道德标准、价值观念，同一社会不同人群的道德标准往往也有一定的差别。但就商务活动来说，无论处于怎样的社会，一个理想的谈判者都必须要遵守基本的商业道德规范，能够正确处理公司与个人之间的利益关系。作为企业的代表，在谈判过程中，应当始终把握"组织的利益就是最高利益，组织发展自己才能发展"的原则，积极谋求企业利益的目标的实现，而不是谋求个人利益目标。

2.1.2 业务能力要求

商务谈判人员的业务能力是多方面知识和能力的集合，是在谈判中充分发挥作用、驾驭各种复杂局面所应具备的重要条件。

1. 复合型的知识结构

商务谈判是谈判各方利益关系的协调磋商过程，在这过程中，复合型的知识结构是谈判人员讨价还价、赢得谈判的重要条件。

复合型的知识结构是指谈判人员必须具备完善的相关学科的基础知识，要把自然科学和社会科学统一起来，普通知识和专业知识统一起来，在具备贸易、金融、营销等一些必备的专业知识的同时，还要对心理学、经济学、管理学、财务学、系统论等一些学科的知识广泛涉猎，具有较强的综合素质。在广博的知识面基础上，还要求谈判人员在专业知识的掌握上必须具有足够的深度，要求专业知识功底必须系统而精深，这是进行成功谈判的客观要求。改革开放以来，尤其在我国的涉外商务活动中，出现了许多因缺乏系统的专业知识、因不精通专业技术造成的进口设备重大失误的案件，也出现了一些财务会计的预算错误造成的经济损失，因不懂法律造成的外商趁机捣鬼事端等，都是前车之鉴。

▶ 实 例

×省某公司与一家香港公司谈判并签订了一项合同——为×省某公司提供贷款。×省某公司提出按当时香港汇丰银行最优惠的贷款月利率8.7%计算，合同上却写明按香港汇丰银行的最优惠贷款利率计算。由于×省某公司有关谈判者对专业知识不了解，又缺乏对香港银行利率变化的分析,也就答应了。后来,港方公司拿到了汇丰银行的最优惠贷款利率,一连七八个月都在20%以上。按照这个标准,×省某公司将付出高额利息。为此,×省某公司要求修改合同,按月利率8.7%计算,但港方以合同已生效为由拒绝修改。几经交涉没有结果,×省某公司终因负债累累而倒闭。

当然,满足多方面知识的需求应该依靠商务谈判组织的集体,而每一个谈判人员在自己成长的过程中应该尽快地掌握更多方面的有关知识,拓宽知识视野,深化专业知识,这是发挥自己才能的必须准备。

2. 较高的能力素养

谈判者的能力是指谈判人员驾驭商务谈判这个复杂多变的"竞技场"的能力,是谈判者在谈判桌上充分发挥作用所应具备的主观条件。它主要包括以下几个方面。

1) 认知能力

善于思考是一个优秀的谈判人员所应具备的基本素质。谈判的准备阶段和洽谈阶段充满了多种多样、始料未及的问题和假象。谈判者为了达到自己的目的,往往以各种手段掩饰真实意图,其传达的信息真真假假、虚虚实实。优秀的谈判者能够通过观察、思考、判断、分析和综合的过程,从对方的言行和行为迹象中判断真伪,了解对方的真实意图。

2) 运筹、计划能力

在商务谈判过程中常常会出现各种矛盾和预想不到的情况,对于谈判人员,尤其是谈判班子的领导成员来说,必须发挥其运筹、计划的能力,掌控谈判的进度,合理运用谈判的技巧和策略,确保谈判向着既定目标前进。

3) 团队合作能力

由于商务谈判主体是以团队的形式参与谈判活动的,所以,任何谈判人员都是作为谈判团队的一员而非其个人来执行谈判工作。因此,对于一名合格的谈判人员,首先必须要具备充分的团队精神和合作共事能力。如果没有团队意识,不善于与他人合作,那么,即使个人谈判能力再强,也不是一名合格的谈判人员。团队合作能力在谈判人员个人身上主要表现为:善于听取别人的意见;具备服从大局的意识;善于协调团队内部关系等。

4) 沟通表达能力

谈判是一个信息交流的过程。要能胜任谈判任务,谈判者就必须要具备较强的信息沟通能力,善于恰当地传递信息,及时准确地理解、接受有关信息,并充分利用有关信息为实现谈判目标而服务。

沟通表达能力简单地可分为口头表达能力和书面表达能力,对商务谈判人员来说,口头表达能力尤为重要。商务谈判少不了双方直接面对面的交锋,这就要求谈判人员具有超出普通人的口头表达能力。不仅要善于口头表达,同时还要掌握一些肢体语言沟通技巧。

5) 社交能力

商务谈判活动并不是孤立的,它必然与一些其他的社交活动交杂在一起。例如,宴会、酒会、招待会、新闻发布会以及一些户外社交活动等。所以,对于商务谈判人员来说,不仅要求其具有良好的商务交往能力,同时也需要具备一定的社会交往能力。事实证明,许多商务谈判成果的取得,并不完全是在谈判桌上,有一大部分来自谈判桌外。具有良好的社交素质的商务谈判人员,懂得通过在谈判桌外的努力,来解决谈判桌上无法解决的问题,或者进一步促进在谈判桌上的活动,为己方争取更大的利益。

良好的社交素质主要表现在以下几个方面。

(1) 仪表风度。它是指谈判人员在与对方进行沟通时所具有的风度。一般来说,谈判人员应保持彬彬有礼的风度,与对方交谈时应保持良好的体态,并面带微笑。

(2) 遵守交往原则。商务谈判中基本的交往原则应当是不卑不亢、有礼有节,要能够正确处理与谈判对手的关系,做到亲近而不亲热、礼貌而不谄媚。由于商务谈判活动毕竟是为双方利益进行斗争的过程,与对方谈判人员的社交活动也是在己方谈判目标需要的前提下展开的。所以,在社交活动中要遵守交往的基本原则,和对方保持适度的关系,保证这种关系不至于影响到谈判目标的实现。

(3) 机智灵活。谈判人员在谈判中应时刻观察谈判形势,做到随机应变。在与谈判对手交往时,应注意能够根据谈判局势的变化灵活地调整谈判策略、语言等。例如,遇到气氛紧张的时候,应该能够试着用轻松的话题或者幽默的语言来缓和气氛,而不是火上浇油。

(4) 善解人意。谈判人员应该善解人意,表现在谈判中能够随时听出自己同伴或对方人员的话外之音,并且及时做出相应的回应。例如,在谈判对手对自己的还价为难的时候,应当表示可以给对方一点时间考虑,而不是步步紧逼。

2.1.3 心理素质要求

谈判是各方之间在精力和智力上的对抗,对抗的环境在不断变化,对方行为带有很大的不确定性,要在这种对抗中实现预定目标,谈判人员必须具有良好的心理素质。

1. 百折不挠

在商务谈判过程中,难免会因为谈判主体利益追求的差距,而在谈判中产生冲突,甚至使得谈判陷入僵局。在这个时候,谈判人员切忌灰心丧气,失去了继续谈判的信心和热情。作为商务谈判最重要的目的,就是达成交易,缔结谈判合约。所以,只要还有继续谈判的可能,就不应该放弃。百折不挠是商务谈判人员应该具备的首要心理素质,只有坚持到底的人,才有可能获得最后的胜利。

2. 宠辱不惊

商务谈判是一个长期而艰巨的过程,其中必然伴随着暂时的成功或失败。但是,谈判寻求的是最终目标的实现,所以,谈判过程中一时的成功或者失败都不意味着最后的结果。在谈判中,应该始终保持平和的心态,无论是一时的成功还是一时的失败都不能影响到自己的心态,要做到宠辱不惊。一时的沾沾自喜或者悲观失望都会影响到后面谈判中的心态,从而影响到谈判心理及谈判策略的使用,导致因小失大,无法实现最终的谈判目标。

3. 喜怒无形

在商务谈判漫长的过程中,商务谈判人员总会因为谈判中的得失而产生心理变化,可以是兴奋、激动、紧张、沮丧或者生气等。但是无论内心有什么心理变化,都切忌外露表现出来。因为一旦情绪外泄,被谈判对手看出来,很容易让对手利用自己的情绪变化,对谈判进程施加影响甚至操纵谈判的走向,这样会使己方陷于不利的境地。所以,在谈判中要学会控制自己的情绪不外泄,做到喜怒无形。

4. 处变不乱

由于商务谈判活动的复杂性，谈判的发展过程很难完全都在预料和控制之内，难免会出现一些意外的突发情况。作为一名优秀的谈判人员，必须在谈到中做到处变不乱，对各种突发状况都能够从容不迫地应对。因为紧张慌乱非但不解决面对的问题，反而会失去方向，找不到合理解决问题的途径，而且会把紧张的情绪传染给其他的成员。另外，谈判对手也会抓住己方慌乱的机会争夺更多的利益。

5. 勇于决断

谈判是承诺（给予）和获取兼而有之的过程，它要求谈判者不断根据形势的变化，对对方的要求做出回答，对己方以后的策略作出决断。果断决策可以为企业赢得良好的机会，也可能赢得对方的尊重；反之，则可能坐失良机。但决策过程往往存在一定的风险，谈判者对决策相关因素的了解越少，风险越大；可供决策的时间越短，难度也越大。因此，要求谈判者具有在关键时刻敢于作出决策的勇气和魄力，能够对谈判中出现的问题作出快速反应，提出应变的对策措施。

勇于决断不是要谈判者盲目决策、随意决策。为避免谈判过程中决策的盲目性，谈判者要将谈判时的勇于决断建立在平时深思熟虑的基础上。只有在谈判之前就注意搜集信息，加强对谈判可行性的研究，才能提高谈判过程中决策的科学性，才能做到真正地勇于决策。

综上所述，一个优秀的商务谈判人员，在政治素质、业务能力、心理素质方面必须满足一些基本的要求，并注意这些方面素质、修养的培养和提高，不仅在实践中有意识地培养，还要以各种方式进行专门训练。

专　栏

美国谈判大师卡洛斯认为理想的商务谈判者应该具有的12种特质：

① 有能力和对方商谈，并且赢得他们的信任；
② 愿意并且努力地做计划，能了解产品及一般的规则，同时还能找出其他可供选择的途径，勇于思索及复查所得到的资料；
③ 具有良好的商业判断力，能够洞悉问题的症结所在；
④ 有忍受冲突和面对暧昧字句的耐心；
⑤ 有组织去冒险、争取更好目标的能力；
⑥ 有智慧和耐心等待事情真相的揭晓；
⑦ 认识对方及其公司里的人，并和他们交往，以助交易的进行；
⑧ 品格正直，并且能使交易双方都有好处；
⑨ 能够敞开胸怀，听取各方面的意见；
⑩ 商谈时具有洞察对方的观察力，并且能够注意到可能影响双方的潜在因素；
⑪ 拥有丰富的学识、周全的计划以及公司对他的信任；
⑫ 稳健，必须能够克制自己，不轻易放弃，并且不急于讨好别人。

2.2 谈判班子的构成与管理规则

2.2.1 谈判班子的组织构成

1. 谈判班子的规模

从某种意义上说,谈判班子的理想规模是一个人。因为这可使谈判人员在谈判中充分发挥作用,不会在协作和沟通上出现问题,可以完全控制自己一方。然而,谈判中常常需要掌握很多情报和专业知识,一个人不可能在各方面都成为权威性的专家,而且谈判时无暇仔细观察对方,以至于不能充分灵活地立即作出适时而正确的选择。因此,通常一个正规的谈判班子的人数超过一个人,由主谈人和陪谈人组成。

通常情况下,在国内商务谈判中谈判队伍的最佳规模是3~4人。因为在这种情况下,谈判班子较容易取得一致意见,有利于集体力量的发挥,上级领导也比较容易管理和控制。如果谈判涉及的内容比较多、性质复杂、时间短,或者需要分组谈判等,那么谈判班子规模可以适当扩大至6~8人。在大型国际商务谈判中,由于涉及的面比较广,需要各方面的专业人员,所以,谈判班子规模也要求比较大,一般在10人左右。

就谈判所需要的知识范围来看,长达几个月的大型谈判会涉及许多专业性知识,但从每一个洽谈阶段所需专业知识考虑,也不会超过三四种。从谈判的全过程看,参加谈判的人员也并非一成不变,随着各个阶段内容的不同,谈判人员需要及时变更。比如,在谈判开始阶段,负责起草协议的律师就无须登场。但是,在协议阶段,生产技术人员又完成使命了。如果需要更多的专家参加谈判,他们可以作为谈判顾问,而没有必要以正式成员的身份出席谈判。

2. 主谈人的职责

主谈人又叫首席代表,对谈判的作用十分关键。他不仅要具备一般谈判人员的素质,还要具有更强的控制能力和协调能力;主谈人除了对谈判对手所提的问题要善于应答外,还要有效地指挥与协调谈判班子每个成员的活动,发挥谈判班子的群体效应,担负起谈判的组织和领导责任。具体地说,主谈人的职责可归纳为以下几个方面。

1)做好谈判前的准备工作

谈判桌上的成功主要还是来自谈判桌外的准备工作。作为主谈人,准备工作抓得实与虚直接影响谈判。主谈人在履行这一条职责时,必须坚持一个"明"字。所谓"明"字,就是:务必明确了解与谈判有关的各种信息;务必使谈判目标有明确的定量指标和定性要求;务必使谈判班子的全体成员都明白无误地了解谈判目标和策略;务必使每个谈判成员明白自己的工作与谈判目标和策略的关系;务必使每个谈判成员明白自己的工作规范和行为准则。总之,主谈人要能领悟上级的指示精神并能向其他参与人员透彻地宣明,组织参与人员依此共同行动并能实现目标。同时,主谈人也应考虑谈判中如发生意外情况,将如何向上级汇报,以便领导及时作出决策。

2)发挥谈判核心人的作用

主谈人的特定身份和谈判的惯例,决定了他是谈判班子的正式发言人。一方面,主谈人代表着上级的指示精神；另一方面，主谈人代表着谈判过程中一方的正式立场。无论对方在陪谈人身上做了多少工作，最终签约还取决于主谈人的意见。主谈人是双方互通信息的连接点。因此，除了试探对方动向外，有经验的谈判者都会直接与对方的主谈人就实质性问题交换意见，以免浪费时间或造成误解。

正因为主谈人是一方的正式发言人，他就必须是信誉的代表。言出必信，承担责任，使对方认识到主谈人的信息具有权威性和契约性，是主谈人起码的职责；否则，主谈人朝说夕改，反复无常，让对方感到无法信任，对方便会失去对话的信心，不是要求更换主谈人，就是中止谈判。在实际谈判中，主谈人的成熟与能力并不完全在于"有问必答"或"有问必会答"，而是有问必须回答得准确、时机得当、分寸适度，并且出言不悔。

3）在谈判中寻找主攻点

谈判协议是双方妥协的结果。谈判过程就是双方共同寻找妥协点的过程。由于双方利益的矛盾性和共存性，双方都希望对方尽量让步，自己能守住阵地，激烈的争论也往往由此产生。主谈人的责任就是寻找对方能力范围内可能妥协的条款作为主攻点。主攻点并不是要对方提出最终的妥协目标，而是抓住对方最虚、最不合理的提议作为主攻方向。抓住了对方的弱点，就可收到"牵一发而动全身"的作用，从一点突破而推动全局的进展。

4）调动全体成员的积极性

谈判班子活动的源泉，在于全体成员的积极性、智慧和创造力。主谈人是组织在谈判桌前的代表，也是一线的指挥员。主谈人分工是否得当，能否听取陪谈人的意见，能否使谈判班子形成统一力量，并按整体的意愿共同议定谈判策略，是调动全体成员积极性的关键。主谈人在履行这条职责时，要充分注意尊重陪谈人的意见，当与陪谈人意见相左时，应平心静气，认真考虑。如果谈判遇到挫折或发生问题，要及时平息陪谈人的思想波动，共同研究找出解决问题的办法。

3. 陪谈人的任务

谈判中陪谈人的任务也很重要。他要详细记录双方谈判的主要情节内容，在某些具体细节上答复主谈人的咨询或直接向对方提出质疑，以协助主谈人完成谈判任务。陪谈人最忌不经主谈人同意就对外发表自己的意见，而这些意见往往不能同主谈人保持一致，从而在谈判对手面前暴露出内部矛盾，陪谈人还应避免抛开现场的谈判内容去谈一些无关的其他事情，涣散谈判气氛。陪谈人在言行上要与主谈人保持一致，要有与主谈人相呼应的效力。

2.2.2 谈判班子的业务构成

商务谈判班子的业务构成是指一个谈判班子内各类专业人员应具有的合理的比例结构。一项较复杂的谈判，不可能由一种专业人才来完成，必须进行多种专业人才的高度精细的合作。一般而言，一个谈判班子应包括下列专业人员。

（1）技术人员。商务谈判班子的技术人员，应是熟悉本组织的专业技术特点并能决定技术问题的工程师或技术领导。在谈判中，技术人员主要负责有关技术性能、技术资料和验收办法等问题。

（2）商务人员。主要负责有关价格、交货、支付条件、风险划分、信用保证、资金筹措等商务性条款的谈判。他必须熟悉财务信用事务，对谈判方案的变动所带来的收益变化能作出正确的分析与计算。

（3）法律人员。谈判班子的法律人员，应是熟悉各种相关法规并有一定签约和辩护经历的专业人员。在谈判中，法律人员应懂得和解释协议文件、协议中各种条款的法律要求，并能根据谈判情况草拟协议文本。

（4）翻译人员。若是涉外谈判，谈判班子还应配备自己的译员。译员不仅要熟悉外文，还要懂得一些基本的与谈判内容有关的各种知识。在谈判中，译员应积极主动，遵纪守法，切不可任意发挥、歪曲本意。

以上各类人员在商务谈判中并不是单兵作战，而是相互密切配合，各自根据所掌握的材料和知识经验，对谈判全局提出参考意见，共同制订谈判方案，并经上级批准，分头实施，在谈判桌上根据既定方案相机而动，彼此呼应，形成目标一致的谈判统一体。

2.2.3 谈判过程中的管理规则

充分的组织准备为商务谈判的成功奠定了基础，但仅止于此是远远不够的。在动态的谈判过程中，谈判者必须面对复杂多变的谈判环境。随时处理各种可能出现的问题，如果离开了严格的管理，谈判者的行为就可能偏离既定的计划和目标的要求，甚至蒙受巨大的损失。

1. 谈判人员的行为管理

谈判活动是由谈判人员推动的，而且在多数谈判场合，谈判双方的合作是通过彼此选配的谈判小组来完成的。谈判过程的发展变化，不是取决于某一个谈判人员，而是谈判小组成员共同努力的结果。为了保证谈判小组的协调一致，谈判双方都必须对谈判人员的行为加以管理。

谈判人员行为管理的核心是制定严格的组织纪律，并在谈判过程中认真地予以执行。一个谈判班子的组织纪律应包括以下几个方面的内容。

1）坚持民主集中制的原则

一方面，在制订谈判的方针、方案时，必须充分地征求每一个谈判人员的意见，任何人都可以畅所欲言，不受约束，与谈判有关的信息应及时传达给每一个谈判人员，使他们都能对谈判的全局与细节有比较清楚的了解；另一方面，应由谈判小组的负责人集中大家的意见，作出最后的决策。决策确定以后，任何人都必须坚决地不折不扣地服从，绝对不允许任何人把个人的见解和看法带到谈判桌上去。

2）不得越权

企业对谈判小组的授权是有限的，同样在谈判中，每个谈判人员的权力也是有限的。任何人都不得超越权限范围作出承诺或提出某些要求。原则上，是否让步或承诺某项义务，应由谈判领导人员作出决策。

3）分工负责、统一行动

在谈判中，谈判人员之间要进行明确的职责分工，每一个人要承担某一方面的工作，每位谈判人员都应把自己的工作严格控制在自己的职责范围之内，绝不可随便干预他人的工作；同时，每一个成员又都必须从谈判的全局出发，服从统一的调遣。除非允许，否则任何人都不得单独地与对方接触，商谈有关内容，以免在不了解全局、考虑不周的情况下盲目作出决定。

4）单线联系原则

当谈判小组需要与企业主管部门联系时，特别是在客场谈判的情况下，必须实行单线联系的原则，即必须遵循只能由谈判小组的负责人与直接负责该谈判的上级领导人进行联系的原则。

谈判班子内其他成员就有关问题与企业相应的职能部门领导进行联系，原则上是不允许的。某个谈判成员如果在某一问题上需要请示，必须通过谈判小组的负责人来进行，由谈判小组的负责人与企业的主管取得联系，并由主管直接与有关人员协商，作出决策。这一程序看上去比较费力费时，但对谈判负责人有效地控制谈判的全过程却是非常重要的。因为：首先，他必须审核这种联系的必要性，并检查其安全性；其次，任何一个职能部门的咨询意见，都难免带有一定的不完整性或片面性，比如，财务部门与制造部门对技术的评价往往侧重点不一样，结论也有差别；最后，从维护谈判小组负责人的权威角度，由谈判小组的成员自己向其部门主管汇报，并据以对抗谈判小组负责人的做法，对保证谈判小组内部领导的集中统一也是极为不利的。

2. 谈判信息的管理

信息在谈判中的作用是不言而喻的。谁掌握的信息越多，谁就能在谈判中占有主动和优势。对谈判信息的管理包括两个方面的内容，一是信息的收集与整理，二是信息的保密。信息的收集渠道非常广泛，接触过程中对方的语言、表情、手势乃至"体态"都蕴含着一定的信息，谈判人员要善于获取这种信息。为保证信息的真实性和可靠性，还必须对信息进行分析、处理，去伪存真。在信息的保密方面，以下两种情况需要特别注意。

1）客场谈判的保密措施

涉外商务谈判在客场进行，在国外的谈判小组必须与国内的管理机构进行联系时，应该采取必要的保密措施。比如，凡发往国内的电报、电传一律自己亲手去发，不要轻信旅馆的服务员、电话总机员，避免因此而泄露机密。又如，对那些在政治上属于敏感性的问题，或者是商业上的机密内容，应该运用事先约定的密码暗语与国内进行通信联络。电报、电传有时会被其他竞争对手窃获。

2）谈判小组内部信息传递的保密

在谈判桌上，为了协调本方谈判小组各成员的意见和行动，或者为了对对方的某一提议作出反应而需商量对策时，谈判小组内部需要及时传递信息。由于这种传递本身就处于谈判对手的观察之中，保密就显得尤为重要。

有些人习惯于在谈判桌上或谈判室内把本方人员凑在一起商量，自以为声音很低，又是用本国语言或本地方言，对方不是听不见、听不清，就是听不懂。其实，这样做是很危险的。对方或许有人能听清、听懂你的语言，即使听不懂，但从你及你的同事的眼神、面部表情中就能判断出你们之间传递的信息内容。

因此，在谈判桌上如确有必要进行内部信息传递和交流，应尽可能采用暗语形式，或者通过事先约定的某些动作或姿态来进行，或者到谈判现场以外的地方去商量，以求保密。

除了上述两个方面应该注意以外，谈判人员还应注意培养自己良好的保密习惯。

第一，不要在公共场所，如车厢里、出租汽车内及旅馆过道等处讨论业务问题。

第二，在谈判休息时，不要将谈判文件留在洽谈室里，资料应随身携带。如果实在无法带走，就要保证自己第一个再度进入洽谈室。

第三，如果自己能够解决，那么最好不要叫对方复印文件、打字等。如果迫不得已，应在己方人员的监督下完成,而不要让对方单独去做。

第四,不要将自己的谈判方案敞露于谈判桌上,特别是印有数字的文件。因为对方可能是一个倒读能手。

第五,在谈判中用过而又废弃的文件、资料、纸片、电子储存卡等不能随便丢弃,对方一旦得到,即可获得有价值的情报。

3. 谈判时间的管理

时间的运用是谈判中一个非常重要的问题;忽视谈判时间的管理,不仅会影响到谈判工作的效率,耗时长久而收获甚微。更重要的是,它有可能使我们在时间的压力下作出错误的决策。因此,从某种意义上讲,掌握了时间,也就掌握了主动。

1)谈判日程的安排

在客场谈判的情况下,做客谈判的一方总会受到一定的时间限制,在安排谈判日程时,要尽可能在前期即将活动排满,尽快进入实质性谈判,以防止因时间限制而匆忙作出决策。为此,在客场谈判时,一定要有强烈的时间意识和观念,不能被对方的盛情招待所迷惑。

如果在主场谈判,由于我方在时间安排方面比较宽裕,应想方设法推迟进入实质性谈判,以缩短双方讨价还价的时间。为此在谈判的前半段,要尽可能安排一些非谈判的内容,如游览、酒宴等,从而在谈判时间上赢得主动。

2)对本方行程的保密

客方确定何时回返,这是做东谈判的一方最想知道的信息。因为一旦掌握了这个信息,就可以有针对性地调整和安排谈判日程与谈判策略。因此,客场谈判时绝对不要向对方透露本方准备何时回返,预订机票、车票等工作应回避对方。

名家论坛:商务谈判的时间原则

实 例

温 柔 一 刀

赫本·柯思曾举了一个他自己初出茅庐时的教训作为实例来说明谈判期限的作用。赫本·柯思初次受命谈判,他雄心勃勃地坐上飞机,到东京去进行为期14天的谈判。赫本虽做了大量准备工作,可一下飞机却坠入"友好而有礼貌"的隆重接待之中。日本人为他提供周到、舒适的服务,甚至热情地帮助他学习日语。

闲谈中日本人问他:"你是要按时坐飞机回去吗?我们好安排车送你返回机场。"当时的赫本尚未意识到时间期限的重要作用,他心中暗想:"考虑得多周到啊!"赫本不假思索地伸手从口袋里拿出回程机票给日本人看,好让他们知道什么时候送他。可是,他当时并没有察觉到日本人已知道了他的"死线"(赫本后来幽默地把截止期限称为"死线")。

尽管只有两周的期限,日本人却不及时开始谈判,反而继续派人陪同他去"体验日本文化"。一个多星期的时间,让赫本尽兴旅游了整个国家。每天晚宴及"余兴"节目,都在4小时以上。赫本时常焦急地督促日方快快谈判,日方却总是说:"不忙,还有很多时间,时间足够用。"最后,到了第12天谈判才正式开始。这一天的下午,日本人有意拉他一起去打高尔夫球,使谈判早早休会。第13天谈判重新开始,但由于饯行晚宴的关系,谈判很早又结束了。最后到第 14 天，亦即按预期将离开东京的最后时间，这时仍在继续谈判。正当谈判进行到关键时刻，等候送赫本去机场的轿车已停在门外。为了不耽误计划行程，赫本只得同日本人草草讨论条件，并赶在轿车开动时完成了交易。

不言而喻，这一次谈判以日方获胜而结束。这给赫本以极深刻的教训。

2.3 商务谈判的信息准备

在当今的信息社会中，信息既是商务活动的先导，也是影响商务谈判成败的决定性变量之一。作为商务谈判人员来说，了解商务谈判信息的价值，掌握信息收集方式方法，并在基础上进行周密的筹划，是做好商务谈判工作的最基本要求。商务谈判信息对于谈判者了解对方意图、制定谈判计划、制定谈判策略、选择谈判方式至关重要。商务谈判的信息收集和分析主要包括 4 个方面的内容，即谈判环境分析、行业与市场分析、谈判对手分析、谈判者自我评估。

2.3.1 谈判环境分析

商务谈判是在一定的法律制度和在某一特定的政治、经济、文化影响下的社会环境中进行的。社会环境的各种因素，都会直接或间接地影响到谈判。因此，谈判的成功与否，在很大程度上受不同国家、不同地区的不同社会环境的影响，谈判各方的意见分歧又往往产生于这些不同的环境因素。

对商务谈判的环境分析，可以利用战略管理中的宏观环境 PEST 框架来展开。一般来说，宏观环境因素主要包括政治法律环境、经济环境、社会文化环境和科技环境，这 4 个因素的英文第一个字母组合起来是 PEST。环境分析的目的或任务主要有两点：一是通过分析，预测与某一谈判项目有重大关系的环境因素将发生怎样的变化；二是评价这些变化将会给该谈判项目带来什么样的影响，以便为企业制定谈判方案奠定基础和提供依据。谈判人员必须对各种环境因素进行全面系统的调查和分析，才能因地制宜地制定出正确的谈判方针和策略。

需要指出的是，尽管宏观环境所包含的因素很多，但对某一谈判项目来说，试图分析所有因素及其影响不但困难，而且也没有必要。重要的是从具体需要出发，认清哪些是关键影响因素，然后只对关键因素作分析就可以了。

1. 政治法律环境

社会经济活动都是在国家的宏观调控下进行的，政府的各项方针、政策为经济发展指明了方向，创造了一定的市场环境，从而保证了经济活动的顺利进行。企业的各种经济活动也是在这些方针、政策指导下进行的。这要求谈判人员必须了解政府的有关方针、政策，以及与之相适应的各种措施、规定，保证交易的内容、方式符合政府的有关规定，保证合同协议的有效性和合法性。

在涉外贸易谈判中，谈判人员还要了解、掌握有关国际贸易的各种法规条例，了解对方政府的关税政策、贸易法规、进出口管理制度，以及我国实行禁运或限制进出口的种类范围,以利于制定正确的谈判方针、计划,避免谈判中出现不必要的分歧,误会。对于重大的对外投资贸易谈判项目,还必须密切关注双方政府之间的关系、对方国家政局的稳定性、非政府机构对政策的影响程度、对方国家或地区政府与对方组织的关系等。

2. 经济环境

经济环境主要是指国际和国内经济形势及经济发展趋势。经济环境中常用的分析因素有:国民经济发展状况及其发展规律、国民经济总产值及其变动趋势、人均收入及其变动趋势、货币供应、利率、通货膨胀、失业和就业、国民可支配收入、原料、能源来源及其成本、贸易周期、企业投资等。与其他环境因素相比,经济环境有着更广泛而直接的影响。

涉外商务谈判活动中,谈判的结果会使得资产形成跨国流动,这种流动与谈判方财政金融状况密切相关。谈判人员应随时了解各种主要货币的汇兑率及其浮动现状和变化趋势,了解国家的财税金融政策以及银行对开证、承兑、托收等方面的有关规定等情况。

3. 社会文化环境

社会文化环境包括一个国家或地区的社会性质、人口状况、人们共享的价值观、文化传统、生活方式、教育程度、风俗习惯、宗教信仰等各个方面。这些因素是人类在长期的生活和成长过程中逐渐形成的,人们总是自觉或不自觉地接受这些准则作为行动的指南。涉外商务谈判活动中,应重点关注以下几方面的社会文化环境因素。

(1) 宗教信仰。宗教是社会文化的一个重要组成部分,当前在世界各地宗教问题无不渗透到社会的各个角落。宗教信仰影响着人们的生活方式、价值观念及消费行为,也影响着人们的商业交往。人们在很多情况下所面临的矛盾与冲突,大多数情况下缘于宗教信仰,也就是意识形态的不同而引起的。对于宗教的有关问题,商务谈判人员必须了解,如宗教的信仰和行为准则、宗教活动方式、宗教的禁忌等,这些都会对商务活动会产生直接的影响,如果把握不当,则会给企业带来很大的影响。

(2) 商业习惯。商业习惯是整体文化环境的组成部分,由于区域文化的支配作用,商务谈判在接触级别、语言使用、礼貌和效率及谈判重点等方面都存在较大的差异。因此,必须要了解对方国家或地区经济组织的经营方式、谈判和签约的方式与习惯、商业间谍的活动状况、商务活动中的行贿索贿情况等惯例,否则就可能误入陷阱或造成误会。

(3) 社会习俗。一个国家或地区有着不同的社会习俗,这些习俗会自然或不自然地影响业务洽谈活动,对此,谈判者必须加以了解和把握。社会习俗包括符合社会规范的称呼方式、衣着款式及其他为社会公众所接受并约定俗成的行为方式。谈判人员必须尊重和适应这些社会习俗,并且善于利用社会习俗信息为己方服务,确保业务活动的正常开展。

▶ 实 例 ◀

1992年中国一个代表团去美国采购三千万美元的化工设备和技术。美方自然想方设法令我方满意,其中一项是送给我们每人一个小纪念品。纪念品的包装很讲究,是一个漂亮的红色盒子,红色代表发达。可当我们高兴地按照美国人的习惯当面打开盒子时,每个人的脸色却显得很不自然——里面是一项高尔夫帽,但颜色却是绿色的。美方的原意是:签完合同后,大伙去打高尔夫。但他们哪里知道,"戴绿帽子"是中国男人最大的忌讳。合同我们最终没和他们签,其中原因之一也与此相关,不是因为他们"骂"我们,而是因为他们对工作太粗心。连中国人忌讳"戴绿帽子"都搞不清,怎么能把几千万美元的项目交给他们?

4. 科技环境

商务谈判中的科技环境分析,旨在掌握技术现状、技术未来发展趋势的基础上,明确整个技术发展趋势对具体商务活动的技术要求,确定谈判中符合本企业利益的技术指标,从技术角度发掘企业在谈判中的优势和需要解决的问题。在一般货物买卖谈判中,虽不涉及十分复杂的技术问题,而某些技术指标(如产品的性能、质量、标准、规格、专利授权等)的商定仍是必不可少的。而在技术较为复杂的商品交易和技术贸易中,围绕着技术问题展开的讨论往往是谈判的主题。但无论在何种类型的谈判中,结合各方面条件,对技术问题进行较为深入的研究都是必要的。缺乏必要的技术可行性研究,就可能会导致不合理的交易行为。

对买方或技术的引进而言,必须要通过技术可行性研究,明确自身到底需要获得怎样的技术,需要购买的商品的技术水准是什么,有无特别的技术要求等。缺乏这些研究,就可能购买了技术指标不符合要求的商品,或是引进了与本企业现有及将来条件不相适应的技术,从而要么不能使用所购买的商品或技术,要么必须在花费较大的成本去对所引进的技术进行较大的调整。

对卖方或技术的转让方来说,必须要明确自身到底能够提供怎样的技术,生产的商品能够达到怎样的技术水准,有无特别的技术优势等。缺乏足够的技术可行性研究,既可能导致所提供的技术不能适应市场技术发展趋势,从而在谈判中处于十分被动的地位,也有可能没有充分认识到自身所具备的技术优势,从而在谈判中无法利用这种优势为实现谈判目标而服务。

5. 其他环境信息

其他环境信息如一个国家或地区的基础设施、后勤供应、气候等状况资料,这些因素都会直接或间接地对商务谈判活动产生影响。

2.3.2 行业与市场分析

商务谈判的行业与市场信息是指与谈判有关的行业与市场行情方面的信息。行业分析的内容较广泛,通常包括行业的市场规模及发展趋势、行业生命周期、行业进入和退出壁垒、产业链情况、现有的和潜在的竞争者情况、行业的商业模式等。对于市场销售、投资方面的谈判活动,可以重点分析下面的内容。

1. 市场分布

市场分布情况主要是指市场的地理分布、运输条件、市场潜力和容量、市场的配套设施和相关的政策法规、与其他市场的经济联系等。

2. 市场供求

市场供求情况主要包括:有关商品的生产状况、可供市场销售的商品量、商品的库存情况、运输能力及变化、商品的进出口情况、替代产品的情况等供给信息及商品消费者的数量和构成、消费的需求特点、需求的波动情况、商品的需求趋势、用户的要求等需求信息。

3. 市场销售

市场销售情况包括:有关商品的市场销售量、市场份额、销售价格、商品的寿命周期、经销途径、促销措施与效果等。

4. 市场竞争

市场竞争情况包括：主要竞争者和潜在竞争者是谁；其产品、价格、渠道、促销等方面的信息资料，其资信情况等。

2.3.3 谈判对手分析

谈判所应具备的最有价值的信息是关于谈判对手的情报资料。只有摸清对方虚实，才能对症下药，制定相应的对策。

行业分析常用方法——波特5种力量模型

实 例

精密仪器的购销谈判

荷兰某精密仪器生产厂家与中国某企业拟签订某种精密仪器的购销合同，但双方在仪器的价格条款上还未达成一致。因此，双方就此问题专门进行了谈判。谈判一开始，荷方代表就将其产品的性能、优势及目前在国际上的知名度进行了一番细致的介绍，同时说明还有许多国家的有关企业欲购买其产品。最后，荷方代表带着自信的微笑对中方代表说："根据我方产品所具有的以上优势，我们认为一台仪器的售价应该在4 000美元。"

中方代表听后十分生气，因为据中方人员掌握的有关资料，目前在国际上此种产品的最高售价仅为3 000美元。于是，中方代表立刻毫不客气地将其掌握的目前国际上生产这种产品的十几家厂商的生产情况、技术水平及产品售价详细地向荷方代表全盘托出。

荷方代表十分震惊，因为根据他们所掌握的情况，中方是第一次进口这种具有世界一流技术水平的仪器，想必对有关情况还缺乏细致入微的了解，没想到中方人员准备如此充分。荷方人员无话可说，立刻降低标准，将价格调到3 000美元，并坚持说他们的产品是世界一流水平的，是物有所值。

事实上，中方人员在谈判前就了解到，荷兰这家厂商目前经营遇到了一定的困难，陷入了巨额债务的泥潭。对他们来说，回收资金是当务之急，正四处寻找其产品的买主，而目前也只有中国对其发出了购买信号。于是，中方代表从容地回答荷方："我们也决不怀疑贵方产品的优质性，只是由于我国政府对本企业的用汇额度有一定的限制。因此，我方只能接受2 500美元的价格。"荷方代表听后十分不悦，他们说："我方已经说过，我们的产品是物有所值，而且需求者也不仅仅是你们一家企业，如果你们这样没有诚意的话，我们宁可终止谈判。"中方代表依然神色从容回应："既然如此，我们很遗憾。"

中方人员根据已经掌握的资料，相信荷方一定不会真的终止谈判，一定会再来找中方。果然，没过多久，荷方就主动找到中方，表示价格可以再谈。在新的谈判中，双方又都做了一定的让步，最终以2 700美元成交。

1. 谈判对手的实力和资信

谈判对手的经济实力和资信分析主要包括：对方组织的发展历史、社会地位、财务状况、流动资金状况、盈亏状况及经营管理状况；对方的产品性能与特点、市场占有率与市场半径、技术水平与工艺水平、价格水平；合同的履约情况、收付款期限和方式；对方的市场目标和竞争方式等的审查。掌握了对方的经济实力与资信信息，才能确定交易的可能规模，判定是否与对方建立长期的商务关系。

了解对方组织的情况，通常可以研究以下资料：① 预算财务计划；② 组织的出版物和报告；③ 新闻发布稿；④ 产品的详细说明书；⑤ 证券交易委员会或政府机构的报告书；⑥ 领导者的公开谈话和公开声明。

了解对方组织的情况，还可由谈判人员通过直接调查来取得。例如，向曾与对方有交往或交过手的组织或人员进行了解，通过函电方式直接同对方先行联系或直接询问等。另外，还可以从有关咨询机构取得所需的信息资料。

2. 对方谈判人员情况

谈判之前，尽可能了解对方谈判人员的情况，包括：对方谈判班子的组成，成员各自的身份、地位、年龄、经历、爱好、性格、谈判经验及谁是谈判中的首席代表，首席代表的能力、权限、特长及弱点如何，此人对该项谈判所报态度、倾向性意见等，这些都是必不可少的情报资料。

通过分析对方谈判人员的资历、地位和谈判经历，以便了解其思考方式和工作能力，从中寻找弱点；同时获取对手的心理类型，包括气质、性格、兴趣爱好、生活方式等，从而进一步确定对手将持有什么样的谈判态度和方式，准备相应的对策。

实 例

中日两家公司在谈判开始之后，双方人员彼此作了介绍，并马上投入了技术性的谈判。中方商务人员利用谈判休息时间，对日方技术人员表示赞赏："技术熟悉，表述清楚，水平不一般，我们就欢迎这样的专家。"

该技术人员很高兴，表示他在公司的地位重要。知道的事也多，中方商务人员顺势问道："贵方主谈人是你的朋友吗？"

"那还用问，我们常在一起喝酒，这次与他一起来中国，就是为了帮助他。"他回答得很干脆，中方又挑逗了一句："为什么非要你来帮助他，没有你就不行吗？"

日方技术员迟疑了一下："那倒也不是，但这次他希望成功，这样他回去就可升为部长了。"中方随口跟上："这么讲，我也得帮助他了；否则，我就不够朋友。"

在此番谈话后，中方认为对方主谈人为了晋升，一定会全力以赴地要求谈判的结果——合同。于是，在谈判中巧妙地加大压力，谨慎地向前推进，成功地实现了目标，也给对方得到升官的条件。

3. 谈判对手的需要和诚意

需要及对需要的满足是谈判进行的基础。谈判对手的需要分析主要是获得其谈判的目的。把握谈判对手在谈判过程中的行为规律，就必须要获得其真正需要，包括谈判对手为什么要进行谈判，谈判对手的需要满足情况以及对不同层次、不同类型需要的重要程度的认识如何等。而判断谈判对手谈判的诚意主要是获得对方是否将我方视为唯一的谈判对手，对方对我方的评价和信任程度等。掌握这些信息可以更好地设计商务谈判方案,争取谈判的主动权。

▶ 实 例 ◀

荷伯·科恩与煤矿老板的谈判

有一次,谈判大师荷伯·科恩代表一家大公司到俄亥俄州购买一座煤矿。矿主是个强硬的谈判者,开价 2 600 万美元,荷伯还价 1 500 万美元。

"你在开玩笑吧?"矿主粗声道。

"不,我们不是开玩笑。但是请把你的实际售价告诉我们,我们好进行考虑。"

矿主坚持 2 600 万美元不变。

在随后的几个月里,买方的出价依次为 1 800 万美元、2 000 万美元、2 100 万美元、2 150 万美元。但是卖主拒绝退让,于是形成僵局,情况就是 2 150 万美元与 2 600 万美元的对峙。显然,在此情况下,再谈下去不可能取得创造性结果。由于没有有关需要的信息,就很难重拟谈判内容。

为什么卖主不接受这个显然是公平的还价呢?令人费解。荷伯一顿接一顿地跟他一块儿吃饭,每次吃饭时,他都要向矿主解释公司做的最后还价是合理的。卖主总是不说话或说别的。一天晚上,他终于对荷伯的反复解释搭腔了,他说:"我兄弟的煤矿卖了 2 550 万美元,还有一些附加利益。"

"哈哈,"荷伯心里明白了,"这就是他固守那个数字的理由。他有别的需要,我们显然忽略了。"

有了这点信息,荷伯就跟公司的有关经理人员碰头。他说:"我们首先得搞清他兄弟究竟确切得到多少,然后我们才能商量我们的建议。显然,我们应处理个人的重要需要,这跟市场价格并无关系。"公司的领导同意了,荷伯就按这个路线进行。

不久,谈判达成协议,最后的价格没有超过公司的预算。但是付款方式和附加条件使卖主感到自己远比他的兄弟强。

在这场谈判中,荷伯一开始一直没有弄清楚矿主的真正需要,在对方态度强硬、不肯让步的情况下还是一味跟他谈价格只能导致谈判陷入僵局,面临破裂。最后,他终于通过场外途径了解到对方坚持这个价格的真正理由并进而了解到对方的真正需要,通过交易条件的改变使得双方的满意区间最终形成了交集,从而愉快地达成了协议。试想,如果荷伯当时没有对对方的真正需要追根溯源,谈判最后会是一个什么样的结果呢?

4. 谈判对手的权限和时限

谈判的一个重要法则是不与没有决策权的人谈判。谈判对手的权限分析就是要弄清对方谈判人员的权限有多大。谈判者应当弄清对方的组织机构,弄清对方决策权限分配的状况,弄清具体对手的权利范围。错误地判断对手的权限,将没有足够决策权的人作为谈判对象,不仅在浪费时间,甚至可能会错过更好的交易机会。

谈判时限与谈判任务量、谈判策略、谈判结果都有重要关系。谈判人员经常需要在一定的时间内完成特定的谈判任务，可供谈判的时间长短与谈判人员的技能发挥状况成正比。时间越短，谈判人员用以完成该项特定任务的选择就越少，谈判时限的压力常常迫使谈判者不得不采取快速行动，甚至立即做出决定，否则不能与对方达成协议，可能就意味着未在特定时间内完成任务。因此，在双方的谈判过程中，哪一方可供谈判的时间越长，其就拥有较大的主动权。

2.3.4 谈判者自我评估

正确地评价谈判者自身并不是件容易的事，要通过对本组织和本方谈判人员有关信息的全面考察才能做好。

1. 对本组织情况的充分把握

其内容包括本组织的社会地位、经济实力、人才力量、设备和研发能力、管理水平、生产效率、产品的优缺点等基本情况。通过对这些情况的了解和分析，谈判者可以明了与对方相比自己有哪些优势或劣势，从而充分掌握事实证据、辩论要点、合理建议等谈判的论据。明了自己的优势与劣势极为重要，它将决定本方的谈判目标和确定谈判的让步区间。例如：假设对方是我方唯一做某笔交易的伙伴，而且我方的产品也缺乏绝对的竞争力，则谈判中对方就处于优势。我方就应在满足对方需求的条件下寻求自己利益的实现，并适当地在价格等方面做出让步。

2. 谈判信心的确立

谈判信心来自对自己实力和优势的了解，也来自谈判准备工作是否做得充分。谈判者应该了解自己是否准备好支持自己说服对方的足够的依据，是否对可能遇到的困难有充分的思想准备，一旦谈判破裂是否会找到新的途径以实现自己的目标。如果对谈判成功缺乏足够的信息，是否需要寻找足够的信心树立条件。

3. 自我需要的鉴定

自我需要的状况直接与谈判的实力相关联。自我需要的鉴定应仔细分析以下问题：本方希望借助谈判而得以满足的需要是什么，或希望借助谈判满足本方哪些需要；要清楚地知道哪些需要必须得到全部满足，哪些需要可以降低要求，哪些需要在必要的情况下可以不考虑，即各种需要的满足程度；需要满足的可替代性问题，即谈判对手的可选择性有多大，谈判内容可替代性有多大；本方能满足对方哪些需要，满足对方需要的能力有多大，即还要对满足对方需要的能力进行鉴定。

自身需要的不同状况意味着不同的谈判实力。一般来说，若要借助于一次谈判来满足的需要越多，现有的需要满足程度越低，需要满足的可替代性越差，满足对方需要的能力越差，则该谈判者的地位可能越不利，因此，在该次谈判的可行性上要慎重考虑。

2.3.5 信息收集的方法和途径

1. 实地考察收集资料

具体表现在企业派人到对方企业，通过对其生产状况、设备的技术水平、企业管理状况等各方面的综合考察和分析，以及当地人员的走访，获得有关谈判对手各方面的第一手资料。当然，在实地考察之前，应有一定的准备，带着明确的目的和问题，才能取得较好的效果。实地考察时应摆正心态，摆脱思想偏见，避免先入为主。

2. 通过各种信息载体收集公开情报

（1）企业对外宣传资料。企业为了扩大自己的经营，提高市场竞争力，总是通过各种途径进行宣传，这都可以为我们提供大量的信息，如企业的文献资料、统计数据和报表、企业内部小报、企业微信公众号、各类文件、广告宣传资料、产品说明和样品等。

（2）统计资料。主要包括各国政府或国际组织、各国地方政府、行业协会及社会组织等的各类统计年鉴，各行业协会、金融机构、信息咨询公司的统计数据及各类报表。这种信息收集渠道可获得大量的原始数据，收集的数据资料相对准确。

（3）专业报刊。通过查阅行业性的报纸、杂志、内部刊物及专业书籍等，从它们登载的消息、图表、数字等来进行信息资料的收集。城市图书馆、企业、高校及研究机构的资料室通常都保存这些印刷媒体，甚至存有电子档形式的数据库。

（4）大众传媒。大量的市场信息是通过报纸杂志、电视广播、互联网等大众传播媒介公开传播的。可以从大众传媒传播的有关新闻资料、经济资讯、经济动态、市场行情及各类广告来收集有关信息。

▶ 实 例

1959年9月25日，我国石油勘探队在东北松辽盆地陆相沉积中找到了工业性油流。时值新中国成立十周年，所以这个油田以"大庆"命名。由于当时国际环境复杂多变，到20世纪60年代我国开始大庆油田的建设时，有关大庆的一切信息几乎还都是保密的。除了少数一些有关人员以外，一般外界连大庆油田的具体位置都不知道。

由于中国开发石油需要大量的设备，精明的日本商人很早就深知这一点，并着手广泛收集了中国的有关报纸、杂志等资料，进行了一系列的分析和研究。

1964年4月20日，《人民日报》发表了一篇《大庆精神大庆人》的文章，肯定了中国有大油田。日本人把这一信息储存起来，但是对于大庆在哪里还是一个谜。

1966年7月的《中国画报》又刊登了"王铁人"（王进喜）的照片。日本人从王铁人戴的皮帽子及周围景象推断：大庆在中国东北，大致在哈尔滨和齐齐哈尔之间。但是，具体位置还是不清楚。

后来，他们从1966年10月的《人民中国》杂志第76页有一篇介绍王铁人的文章中，发现了"马家窑"这个地方，文章中还提到钻机是靠人推、肩扛弄到井场的。日本人由此断定，油田靠车站不远，并进一步推断就在安达车站附近。因为日本人对我国东北的地图清楚之至，从地图上，他们找到马家窑是黑龙江省海伦市东南的一个小村，这样他们就确定了大庆油田的位置。进而，日本人又从一篇报道王铁人1959年国庆节在天安门观礼的消息中分析出，1959年9月王铁人还在甘肃省玉门油田，以后便消失了，这就证明大庆油田的开发时间自1959年9月开始。

当1964年王进喜出席第三届全国人民代表大会的消息见报时，日本人肯定地得出结论：大庆油田出油了，不出油王进喜当不了人民代表。1966年7月，日本人又进一步对《中国画报》上刊登的一张炼油厂的照片进行研究，从钻台扶手栏杆等方面的信息推算出油井的直径,再根据油井直径和政府工作报告,用当时的石油产量减去原来的石油产量,估算出了平时大庆油田的石油产量。

这样,日本人开始注意和中国进行出卖炼油设备的谈判。

到了20世纪70年代,随着我国中外关系的不断正常化,大庆油田向全世界征求石油设备的设计方案。日本商家期待已久的时机终于来了。当时,其他国家都没有准备,唯独日本人胸有成竹,早已准备好了与大庆油田现有情况完全吻合的设备方案。因此在与大庆油田的谈判中,一举中标。

3. 通过各类专门会议收集信息

各类专门会议,如各类商业交易会、展览会、订货会、博览会、企业界联谊会、行业协会组织的研讨会等,这一类会议都是某方面、某行业的信息密集之处,是收集了解情况的最佳地方。

4. 通过专业组织和研究机构获取调查报告

一些专业性组织,如消费者组织、质量监督机构、股票交易所及研究院所也会定期或不定期地发表有关统计资料和分析报告。当然,谈判者也可以通过委托专业的咨询机构来帮助收集信息。这些专业性的组织和研究机构,通过收取一定费用或者义务服务的方式为委托人完成特定目的的调查,并将调查结果以调查报告的方式呈交给委托人,这可以节省委托人的时间,调查更为专业,弥补委托人经验不足等问题。

5. 通过知情人员和机构进行调查

通过与谈判对手有过业务交往的知情人员了解所需要的信息资料。知情人员包括客户、公司的商务代理人、消费者、谈判对方的雇员等。另外,向与对手打过官司的企业与人员了解情况,会获得非常丰富的情报,因为他们会提供一些有用的信息,而且是普通记录和资料中无法找到的事实和看法。

在国际商务谈判中,还可通过主管国内外贸易的官方机构、驻当地使领馆、商务代办处、本公司在国外的分支机构等了解有关国际商务方面的信息资料。

需要强调的是,商务谈判信息的内容涉及方方面面,其收集的方法途径也是多种多样,要使这些原始信息为我所用,发挥其作用,还必须经过信息的比较、判断和整理。在重要的商务谈判前,有些企业和组织可能会故意提供虚假信息,掩盖自己的真实意图,而且由于各种原因,有时收集到的信息可能是片面的、不完全的,这就需要通过对信息的整理和筛选得以辨别。

2.4 商务谈判方案的制订

由于商务谈判过程的复杂性和不确定性,在对所收集到的情报信息分析研究基础上,结合谈判需要,必须对如何开展谈判以达到预期的结果做一个全面、系统的筹划,即商务谈判方案的制订。

实 例

中国F公司的谈判准备

中国F公司与法国G公司商谈一条计算机生产线的技术转让交易。G公司将其报价如期交给了F公司，报价包括：装配线设置、检测实验室、软件、工程设计、技术指导、培训等。双方约定接到报价后两周在中国北京开始谈判，F公司接到报价后即着手准备。

F公司首先将有关技术部分交专家组去分析，并提出了相关要求；而商务部分则由主谈负责分析，随后约定时间开会讨论。

专家组经过大量调查，对技术资料反映的技术先进性、适用性、完整性进行了分析，对不清楚的部分列出清单，对国际市场的状况做了对比，对G公司的产品系列及特点做了说明，形成了书面报告。

主谈则将装配线设备、检测试验室设备等列出清单，标上报价，并列出对照分析价、交易目标价、分部实现的阶段价，形成了一份设备价格方案表；又照此法，将技术内容列出清单，分出各项价格并形成了一份技术价格方案表；将技术指导和人员培训费分列出人员专业、人数、时间、单价、比较价、目标价等并制定出一份技术服务价格方案表；将工程设计列出分工内容、工作量估算、单项价、比较价、目标价等并制定出工程设计价格方案表。在所有的价格方案表中，均以对应形式列出；并列出G公司报价及可能的降价空间，F公司的还价及可能的还价幅度，并附上理由。

开会讨论时，专家组与主谈交换了各自的准备情况，同时分析了双方在企业面临的政治经济状况、市场竞争、各自需求及参加谈判的人员等各方面的有利与不利因素。经过讨论，主谈与专家组意见略有分歧：主谈认为这是我方第一次采购且G公司第一次进入中国市场，应有利于压价，谈判目标可以高些；专家组认为G公司技术较好，我方又急需，少压价能成交也可接受。这个分歧可能直接影响谈判条件及谈判策略，于是主谈决定请示领导。

主谈、专家组一齐向项目委托谈判单位的领导汇报了情况及分歧。在领导的指导下，大家进一步分析利弊后达成了共识，形成了谈判方案。

资料来源：丁建忠. 商务谈判教学指引[M]. 北京：中国人民大学出版社，2003.

商务谈判方案，又叫商务谈判计划、商务谈判策划书，是指谈判者在谈判开始前对谈判目标、议程、对策等预先所做的安排。其主要内容有：确定谈判主题和目标，分析谈判环境及所在行业和市场，分析谈判双方地位及优劣势，规定谈判期限，拟定谈判议程，安排谈判人员，选择谈判地点，确定谈判时间，制定谈判策略及备选方案等。商务谈判方案的制订是谈判过程的总纲领、总策略，是谈判前的周密准备，使谈判人员有明确的方向。一个成功的谈判方案应该注意以下基本要求：简明扼要、要点具体、应变灵活。

谈判方案涵盖的内容较多，涉及全书的相关章节，本节就谈判主题和目标确定、谈判议程设置、谈判时间地点的选择和谈判策略制定等重点问题做一些阐述。

2.4.1 谈判主题和目标的确定

1. 谈判主题的确定

谈判的主题就是参加谈判的目的，谈判的主题因谈判的期望值、内容和类型不同而异。但在实践中，一次谈判一般只为一个主题服务，因此在制定谈判方案时也多以此主题为中心。主题表述应言简意赅，尽量用一句话来进行概括和表述，比如"以最优惠的条件达成某项交易"。至于什么是最优惠条件和如何达成这笔交易就不是谈判主题的问题了。另外，谈判方案中的主题，应是己方可以公开的观点，无须保密。

2. 谈判目标的设置

在谈判的主题确定以后，接下来的工作就是这一主题的具体化，即确定谈判目标。可以说，谈判方案制定的核心问题就是明确谈判目标。所谓谈判目标，就是期望通过谈判而达到的目标。它的实现与否，对谈判方来说意义重大，是判定谈判是否成功的标志。

目标设置应该是具体的，常常表现为几个指标的组合。以贸易谈判为例，一般包括以下几个要素指标：交易额、价格、支付方式、交货条件、运输、产品规格、质量、服务标准等。其中，价格为核心指标，也是磋商争议的焦点。同时，目标设置要有弹性。如果在谈判中缺乏回旋余地，那么稍遇分歧，就会使谈判中止。因此，通常把商务谈判目标分为3个层次，即最低限度目标、最优期望目标和可接受目标。

（1）最低限度目标。谈判者期待通过谈判所要达成的下限目标。它对一方的利益具有实质性作用，是谈判的底线，是不能妥协的；否则，就失去谈判的意义，只好放弃谈判。

（2）最优期望目标。谈判者希望通过谈判达成的上限目标，这是对谈判一方最有利的理想目标，它能在满足一方的实际需求之外，还能获得额外的利益。这种目标带有很大的策略性，在谈判中一般很难实现，因为谈判是各方利益分配的过程，没有哪个谈判方甘愿将利益全部让给他人。但尽管如此，不应忽略该目标的构建。一方面，它可以作为谈判的筹码，用以换取对本方有利的其他条件，起到交易作用；另一方面，它又有迷惑对手的烟幕弹作用，对本方的其他谈判目标起保护作用。

（3）可接受目标。这是指谈判一方根据主客观因素，考虑到各方面情况，经过科学论证、预测和核算之后所确定的谈判目标。可接受目标是介于最优期望目标与最低限度目标之间的目标。在谈判桌上，一开始往往要价很高，提出自己的最优目标。实际上这是一种谈判策略，主要是为了保护最低目标或可接受目标，这样做的实际效果往往超出了谈判者的最低限度要求，通过双方讨价还价，最终选择一个最低与最高之间的中间值，即可接受目标。可接受目标的实现，往往意味着谈判的胜利。在谈判桌上，为了达到各自的可接受目标，双方会各自施展技巧，运用各种策略。

2.4.2 谈判议程的拟定

谈判议程是指有关谈判事项的程序安排，是对有关谈判的议题和工作计划的预先编制。在谈判议程拟定上应重点解决以下几个问题。

1. 谈判议题的确定

谈判议题是双方讨论的对象，凡是与谈判有关并需要双方展开讨论的问题，就是谈判的议题。在确定谈判议题时，首先，要将与本次谈判有关的问题罗列出来；其次，将罗列出的各种问题进行分类，确定问题重要与否，与己方的利弊关系；最后，将对己方有利的问题列为重点问题加以讨论，对己方不利的问题尽量回避，这将有助于己方在谈判中处于主动地位。但回避并不等于问题不存在，因此还要考虑到当对方提出这类问题时，己方采取的应付对策。

在谈判的准备阶段，己方应率先拟定谈判议程，并争取对方同意。在谈判实践中，一般以东道主为先，经协商后确定，或双方共同商议。谈判者应尽量争取谈判议程的拟定，这样对己方来讲是很有利的。

2. 谈判议题的顺序安排

谈判议题的顺序有先易后难、先难后易和混合型等几种安排方式，可根据具体情况加以选择。

所谓先易后难，即先讨论容易解决的问题，以创造良好的洽谈气氛，为讨论困难的问题打好基础；所谓先难后易，是指先集中精力和时间讨论重要的问题，待重要的问题得以解决之后，再以主带次，推动其他问题的解决；所谓混合型，即不分主次先后，把所有要解决的问题都提出来进行讨论，经过一段时间以后，再把所有要讨论的问题归纳起来，先对统一的意见予以明确，再对尚未解决的问题进行讨论，以求取得一致的意见。

有经验的谈判者在谈判前便能估计到：哪些问题双方不会产生分歧意见，较容易达成协议；哪些问题可能有争议。有争议的问题最好不要放在开头，这样会影响谈判进程，也可能会影响双方的情绪。有争议的问题也不要放到最后，放在最后可能时间不充分，而且在谈判结束前可能会给双方都留下一个不好的印象。有争议的问题最好放在谈成几个问题之后，在谈最后一两个问题之前，也就是放在谈判的中间阶段。谈判结束之前最好谈一两个双方都满意的问题，以便在谈判结束时创造良好的气氛，给双方留下良好印象。

2.4.3 谈判时间、地点的选择

1. 谈判时间的选择

时间的选择对谈判进程、效率、己方利益等都有一定的影响。一般而言，谈判时间的选择要考虑以下几点。

（1）己方谈判准备的充分程度。当己方还未做好充分准备时，不要轻易开始谈判。

（2）谈判者的情绪状况。不要在谈判者自己疲倦、烦躁和心境不佳时谈判。

（3）谈判的紧迫程度。尽量不要在自己急于买进或卖出某种商品时才进行谈判；如果避免不了，应采取适当的方法隐蔽这种紧迫性。

（4）考虑谈判对手的情况。不要把谈判安排在让对方明显不利的时间进行，因为这样会招致对方的反对，引起对方的反感。

2. 谈判地点的选择

谈判地点的选择对谈判者的心理、谈判的控制都有重要影响。谈判地点有以下 4 种选择。

（1）谈判者所在地。在本地谈判具有特定的优势：可以随时向上级和专家请示和请教；查找资料数据、提供样品方便；生活方面能保持正常规律的起居、饮食；处于主人地位，心理上占有上风等。不足之处是：可能受到杂事干扰，要花费精力照顾对方等。

（2）对方所在地。其优势在于：可以亲自去察看和验证某些问题；希望能延迟作某个决定，可借口向上级请示，暂时中止谈判，以便充分准备、深入思考难题。

（3）在双方所在地交叉轮流谈判。有些多轮大型谈判可在双方所在地交叉谈判。这种谈判的好处是，至少在形式上是公平的，同时也可以各自考察对方实际情况。各自都担当东道主和客人的角色，对增进双方相互了解、融洽感情是有好处的。它的缺点是谈判时间长、费用大、精力耗费大，如果不是大型谈判或是必须采用这种方法的谈判，一般应少用。

（4）中间地点。双方为地点在谁家争执不下时，或想回避某些关系时，可选中间地点。这样，双方的处境条件就变得同等了。不利表现在：双方首先要为谈判地点的确定而谈判，而且地点的确定要使双方都满意也不是件容易的事。

一般来说，谈判涉及重大的或难以解决的问题时，最好争取在己方所在地进行；一般性问题或需要了解对方情况时，也可在对方所在地进行。中间地点谈判通常被相互关系不融洽、信任程度不高，尤其是过去是敌对、仇视、关系紧张的双方的谈判所选用，可以有效地维护双方的尊严、脸面，防止下不了台阶。

2.4.4 谈判策略的制定

谈判桌上风云变幻，任何情形都会发生，而谈判又是有时间限制的，不容许无限期地拖延谈判日程。这就要求我们在谈判之前应对整个谈判过程中双方可能做出的一切行动做正确的估计，并选择相应的策略。

1. 谈判策略制定的影响因素

谈判策略是指谈判者为了达到和实现自己的谈判目标，在对各种主客观情况充分估量的基础上，拟采取的基本途径和方法。谈判策略制定应考虑以下影响因素：① 双方地位及优劣势分析；② 对方的谈判作用和主谈人员的性格特点；③ 双方以往的关系；④ 双方目标设定及利益需求和排序分析；⑤ 双方需求共同点和差异点分析（可能存在的合作点和分歧点分析）；⑥ 谈判的时间限制；⑦ 是否有建立持久、友好关系的必要性。

2. 谈判策略制定方法

谈判策略的制定可采用管理学里一些成熟的分析方法，如 SWOT 分析法、头脑风暴法等。

SWOT 分析法是在对内外部环境进行全面调查研究的基础上，确定研究对象的内部优势因素（strengths）、内部劣势因素（weakness）、外部机会因素（opportunities）和外部威胁因素（threats），将它们按照矩阵形式排列起来，通过考察内外部因素的不同组配，进行全面系统的综合分析，从而做出最优决策的分析方法。

头脑风暴法（brain storming）指思维无拘无束、打破常规，自由奔放地联想，创造性地思考问题。是指针对某一问题，召集由有关人员参加的小型会议，在融洽轻松的会议气氛中敞开思想、各抒己见、自由联想、畅所欲言、互相启发、互相激励，使创造性设想起连锁反应，从而获得众多解决问题的方法。

最后，需要强调的是，谈判无定式，谈判策略没有一成不变的模式和套路。从管理的角度看，策略制定也是一个通过信息反馈不断调整完善方案的过程。提高策略方案应变性的具体做法就是在谈判方案中制定应急预案（又叫最优备选方案，缩写是 BATNA），即预估谈判过程中可能出现的意外情况，给出相应的对策安排。

SWOT 分析法、头脑风暴法的应用说明

2.4.5 谈判方案的框架内容

商务谈判的规模、重要程度的不同，商务谈判方案的内容、形式可有所差别，篇幅可多可少，格式上也没有固定的模板，可以根据谈判者自身的需要和方便来进行设计。鉴于谈判在一定程度上存在保密要求，方案策划书不要求把全部内容都写出来，写清主要内容即可。但其原则要求都是一样的，即要求尽量做到简明扼要，同时要有一定的灵活性，以便谈判人员既能照章执行又能随机应变。

商务谈判方案策划书可以参考以下框架内容：

关于××××的谈判方案策划书

1. 谈判主题
2. 谈判双方背景资料
3. 谈判团队人员组成与分工
4. 基本情况分析
    - 4.1 谈判环境及所在行业和市场分析
        - 4.1.1 谈判环境（PEST 分析）
        - 4.1.2 所在行业概况
        - 4.1.3 行业发展现状及趋势分析
        - 4.1.4 行业竞争格局分析
        - 4.1.5 市场供求关系分析
    - 4.2 谈判双方地位及优劣势（SWOT 分析）
        - 4.2.1 谈判双方地位分析
        - 4.2.2 我方优劣势分析
        - 4.2.3 我方人员分析
        - 4.2.4 对方优劣势分析
        - 4.2.5 对方人员分析
    - 4.3 谈判项目（议题）
        根据主题和目的对谈判进行内容细分，形成多个项目。
5. 谈判目标
    - 5.1 最优期望目标
    - 5.2 可接受目标
    - 5.3 最低限度目标
6. 双方需求异同分析及分歧点解决方案
    - 6.1 双方利益需求共同点
    - 6.2 双方利益需求差异点
    - 6.3 解决分歧的方案

续表

7. 谈判议程和进度
7.1   谈判的时间安排
7.2   谈判地点
8. 谈判策略安排
8.1   准备阶段的策略
8.2   开局阶段的策略
8.3   报价阶段的策略
8.4   磋商阶段的策略
8.5   成交阶段的策略
9. 应急预案（备选方案）
9.1   谈判风险预测
9.2   谈判僵局及谈判破裂的可能原因
9.3   遇到谈判僵局及谈判破裂的处理策略
10. 附录资料
10.1   谈判日程表
10.2   接待计划
10.3   会务保障计划
10.4   保密要求
10.5   其他相关资料

商超门店物料配送谈判方案

中德企业合作谈判方案策划书

2.5 模 拟 谈 判

为了更直观地预见谈判前景，对一些重要的谈判、难度较大的谈判，可以采取模拟谈判的方法来改进与完善谈判的策划工作。模拟谈判是整个商务谈判前准备工作的最后环节。

2.5.1 模拟谈判的作用

模拟谈判是在谈判前通过进行特定的情景设计、角色扮演等而对谈判过程的预演，目的在于检验谈判方案的完善与否，是一种无须担心失败的尝试。在现代企业的商务谈判中，尤其是重大的、关系到企业根本利益的活动中，模拟谈判的地位日益受到重视。其作用主要表现在以下两个方面。

1. 检验谈判方案是否周密可行

谈判方案是在谈判小组负责人的主持下，由谈判小组成员具体制定的。它是对未来将要发生的正式谈判的预计,这本身就不可能完全反映出正式谈判中出现的一些意外事情。同时,谈判人员受到知识、经验、思维方式、考虑问题的立场、角度等因素的局限,谈判方案的制定就难免会有不足之处和漏洞。事实上,谈判方案是否完善,只有在正式谈判中方能得到真正检验,但这毕竟是一种事后检验,往往发现问题为时已晚。模拟谈判是对实际正式谈判的模拟,与正式谈判比较接近。因此,能够较为全面严格地检验谈判方案是否切实可行,检查谈判方案存在的问题和不足,以便及时修正和调整谈判方案。

2. 训练和提高谈判能力

模拟谈判的对手是自己的人员,对自己的情况十分了解,这时站在对手的立场上提问题,有利于发现那些原本被忽略或被轻视的重要问题,并且能预测对方可能从哪些方面提出问题,以便事先拟定出相应的对策。对于谈判人员来说,能有机会站在对方的立场上进行换位思考,是大有好处的。正如美国著名企业家维克多·金姆说的那样:"任何成功的谈判,从一开始就必须站在对方的立场来看问题。"这样角色扮演的技术不但能使谈判人员了解对方,也能使谈判人员了解自己;通过站在对方角度进行思考,可以使谈判人员在谈判策略设计方面显得更加机智而有针对性,从而提高谈判队伍自身的谈判能力。

专栏

"扮演角色"模拟

谈判者预先进行"扮演角色"模拟,不仅是一两次,而是多次。利用不同的人扮演对手,提出各种其所能想象的问题,让这些问题来难为己方,在为难之中,做好一切准备工作。美国著名律师劳埃德·保罗·斯特来克在他的《辩护的艺术》一书中谈过这一方法的好处。他说:"我常常扮作证人,让助手对我反复盘问,要他尽可能驳倒我,这是极好的练习,就在这种排演中,我常常会发现自己准备得还不够理想,于是我们就来研讨出现的失误及其原因。然后,我和助手互换个角色,由我去盘问他。"

美国著名企业家维克多·金姆说:"任何成功的谈判,从一开始就必须站在对方的立场和角度上来看问题。"通过对不同人物的扮演,可以帮助谈判者选择自己所充当的谈判角色,一旦发现自己不适合扮演某人在谈判方案中规定的角色时,可及时加以更换,以避免因角色的不适应而引起谈判风险。

德国商人非常重视谈判前的彩排。不论德国的大企业还是小企业,也不论是大型复杂的谈判还是小型简单的谈判,德国商人总是以一种不可辩驳的权威面目出现,常常能牢牢地控制着谈判桌上的主动权,其中的关键在很大程度上就要归功于他们对模拟谈判的重视。对于德国商人而言,事先演练是谈判的一个必经程序,他们对谈判可能出现的任何细节都要做周密的准备,对对方可能要提出的任何难题,都要事先做出安排,拟订应对方案。这样,不打无准备之仗,自然,以后的谈判就很容易被纳入德国商人事先设计好的轨道,为谈判的胜利奠定基础。

2.5.2 模拟谈判的方法

1. 全景模拟法

全景模拟法指在想象谈判全过程的前提下，企业有关人员扮成不同的角色所进行的实战性排练。这是最复杂、耗资最大，但也往往是最有效的模拟谈判方法。这种方法一般使用于大型的、复杂的、关系到企业重大利益的谈判。在采用全景模拟法时，应注意以下两点。

1）合理地想象谈判全过程

要求谈判人员按照假设的谈判顺序展开充分的想象，不只是想象事情发生的结果，更重要的是事物发展的全过程，想象在谈判中双方可能发生的一切情形。并依照想象的情况和条件，演绎双方交锋时可能出现的一切局面，如谈判的气氛、对方可能提出的问题、己方的答复、双方的策略和技巧等问题。合理的想象有助于使谈判的准备更充分、更准确。所以，这是全景模拟法的基础。

2）尽可能地扮演谈判中所有会出现的人物

这有两层含义：一方面是指对谈判中可能会出现的人物都有所考虑，要指派合适的人员对这些人物的行为和作用加以模仿；另一方面是指主谈人员（或其他在谈判中准备起重要作用的人员）应扮演一下谈判中的每一个角色，包括自己、己方的顾问、对手和其顾问。这种对人物行为、决策、思考方法的模仿，能使己方对谈判中可能会遇到的问题、人物有所预见；同时，处在别人的角度上进行思考，有助于己方制定更完善的策略。

2. 讨论会模拟法

讨论会模拟法类似于"头脑风暴法"。它分为两步。第一步，企业组织参加谈判人员和一些其他相关人员召开讨论会，请他们根据自己的经验，对企业在本次谈判中谋求的利益、对方的基本目标、对方可能采取的策略、己方的对策等问题畅所欲言。不管这些观点、见解如何标新立异，都不会有人指责，有关人员只是忠实地记录，再把会议情况上报领导，作为决策参考。第二步，针对谈判中种种可能发生的情况，以及对方可能提出问题等提出疑问，由谈判组成员一一加以解答。讨论会模拟法特别欢迎反对意见。这些意见有助于己方重新审核拟定的方案，从多种角度和多重标准来评价方案的科学性和可行性，并不断完善准备的内容，以提高成功的概率。国外的模拟谈判加倍重视反对意见，然而这个问题在我国企业中长期没有得到应有的重视。讨论会往往变成"一言堂"，领导往往难以容忍反对意见。这种讨论不是为了使谈判方案更加完善，而是成了表示赞成的一种仪式。这就大大地违背了讨论会模拟法的初衷。

3. 列表模拟法

列表模拟法是最简单的模拟方法，一般使用于小型、常规性的谈判。具体操作过程是这样的：通过对应表格的形式，在表格的一方列出己方经济、科技、人员、策略等方面的优缺点和对方的目标及策略；另一方则相应地罗列出己方针对这些问题在谈判中所应采取的措施。这种模拟方法的最大缺陷在于它实际上还是谈判人员的一种主观产物，它只是尽可能地搜寻问题并列出对策。对于这些问题是否真的会在谈判中发生，这一对策是否能起到预期的作用，由于没有通过实践的检验，因此，不能百分之百地讲这一对策是完全可行的。

关键术语

谈判人员素质　谈判班子　主谈人　陪谈人　民主集中制原则　单线联系原则　保密措施　谈判信息　谈判环境分析　PEST分析　谈判对手分析　谈判者自我评估　谈判目标　最低限度目标　最优期望目标　可接受目标　谈判方案　谈判议程　谈判议题　谈判策略　SWOT分析　头脑风暴法　应急预案　谈判策划书　模拟谈判

复习思考题

1. 谈判人员应具备哪些基本素质？对比一下，你自己已经初步具备了哪些素质，还需要做哪些努力？
2. 谈判班子应配备哪些专业人员？其主要职责是什么？
3. 何为主谈人、陪谈人？两者关系如何？
4. 谈判小组的组织纪律主要包括哪些内容？
5. 对谈判信息、谈判时间的管理应分别做好哪些工作？
6. 商务谈判信息收集和分析的主要内容包括哪几个方面？
7. 如何进行谈判信息资料的收集？有哪些途径和方法？
8. 谈判议题的顺序安排有哪几种方式？你认为哪一种最好？
9. 谈判方案策划书包括哪些内容？
10. 谈判地点选择的方案有几种？各自的优劣势如何？
11. 模拟谈判有哪些作用？模拟谈判方法有哪些？

案例题

【案例2-1】

中日索赔谈判

引子：我国从日本S汽车公司进口大批FP-148货车，使用时普遍发现严重的质量问题，蒙受巨大经济损失。为此，我国向日方提出索赔。

中日双方在北京举行谈判。首先是卡车质量问题的交锋。日方深知，FP-148汽车质量问题是无法回避的，他们采取避重就轻策略，说有的轮胎炸裂，挡风玻璃炸碎，电路有故障，铆钉震断，有的车架偶有裂纹等。果不出我方所料，日方所讲的每一句话，言辞谨慎，都是经过反复研究推敲的。毕竟质量问题与索赔金额有必然的联系。我方代表用事实给予回击：贵公司的代表都到过现场亲自察看过，经商检和专家小组鉴定，铆钉非属震断，而是剪断的；车架出现的不仅仅是裂纹，而是裂缝、断裂！而车架断裂不能用"有的"或"偶有"，最好还是用比例数来表达，则更为科学准确。日方怵然一震，料不到我方对手如此精明，连忙改口："请原谅，比例数字，未做准确统计。""贵公司对FP-148货车质量问题能否取得一致看法?""当然,我们考虑贵国实际情况不够。""不,在设计时就应该考虑到中国的实际情况,因为这批车是专门为中国生产的。至于我国道路情况,诸位先生都已实地察看过,我们有充分理由否定那种属中国道路不佳所致的说法。"

室内谈判气氛趋于紧张。日方转而对这批车辆损坏程度提出异议:"不至于损坏到如此程度吧?这对我们公司来说,是从未发生过,也是不可理解的。"我方拿出商检证书:"这里有商检公证机关的公证结论,还有商检拍摄的录像,如果……""不,不,不!对商检公证机关的结论我们是相信的,无异议,我们是说贵国是否能做出适当的让步;否则,我们无法对公司交代。"

对FP-148货车损坏归属问题上取得了一致的意见。日方一位部长不得不承认,这属于设计和制造上的质量问题所致。初战告捷,但是我方代表深知更艰巨的较量还在后头。索赔金额的谈判才是根本性的。

我方一位代表,擅长经济管理和统计,精通测算,在他的纸笺上,在大大小小的索赔项目旁布满了密密麻麻的阿拉伯数字。这就是技术业务谈判,不能凭大概,只能依靠准确的计算。根据多年的经验,他不紧不慢地提出:"贵公司对每辆车支付加工费是多少?这项总额又是多少?""每辆10万日元,计58 400万日元。"日方又反问:"贵国报价是多少?""每辆16万日元,此项共95 000万日元。"

久经沙场的日方主谈人淡然一笑,与助手耳语了一阵,神秘地瞥了一眼中方代表,问:"贵国报价的依据是什么?"我方将车辆损坏的各部件,需要如何维修加工,花费多少工时,逐一报出单价。"我们提出这笔加工费不高。如果贵公司感到不合算,派员维修也可以。但这样一来,贵公司的耗费恐怕是这个数的好几倍。"日方对此测算叹服了:"贵方能否再压一点?""为了表示我们的诚意,可以考虑,贵公司每辆出多少?"

"12万日元。"

"13万日元如何?"

"行。"

这项费用日方共支付77 600万日元。但中日双方争议最大的项目,是间接经济损失赔偿金,金额高达几十亿日元。日方在谈这项损失费时,也采取逐条报出。每报完一项,总要间断地停一下,环视一下中方代表的反应,仿佛给每一笔金额数目都要圈上不留余地的句号。日方提出支付30亿日元。我方代表琢磨着每一笔报价的奥秘,把那些"大概""大约""预计"等含糊不清的字眼都挑了出来,指出里面埋下的伏笔。

在此之前,我方有关人员昼夜奋战,液晶体数码不停地在电子计算机的荧光屏上跳动着,显示出各种数字。在谈判桌上,我方报完每个项目和金额后,讲明这个数字测算的依据。在那些有理有据的数字上,打的都是惊叹号。最后,我方提出日方应赔偿间接经济损失费70亿日元!日方代表听了这个数字后,惊得目瞪口呆,老半天说不出话来,连连说:"差额太大,差额太大!"于是,进行无休止的报价、压价。

"贵国提的索赔额过高,若不压半,我们会被解雇的。我们是有妻儿老小的……"日方代表哀求着。

"贵公司生产如此低劣产品,给我国造成多么大的经济损失啊!"继而又安慰道,"我们不愿为难诸位代表。如果你们做不了主,请贵方决策人来与我们谈判。"

双方各不相让,只好暂时休会。即日,日方代表通过电话与公司决策人密谈了数小时。

接着，谈判又开始了。先是一阵激烈鏖战继而双方一语不发，室内显得很静寂。

我方代表打破僵局："如果贵公司有谈判的诚意，彼此均可适当让步。"

"我公司愿付40亿日元，这是最高突破数了。"

"我们希望贵公司最低限度必须支付60亿日元。"

这一来，使谈判又出现了新的转机。但差额毕竟是20亿日元的距离啊！后来，双方几经周折，提出双方都能接受的方案：中日双方最后的报价金额相加，除以2，等于50亿日元。除上述两项达成协议外，日方愿意承担下列三项责任：一是确认出售到中国的全部FP-148型卡车为不合格品，同意全部退货，更换新车；二是新车必须重新设计试验，精工细作和制造优良，并请中方专家试验和考察；三是在新车未到之前，对旧车进行应急加固后继续使用，日方提供加固件和加固工具等。

一场罕见的特大索赔案终于公正地交涉成功了！

问题：请对本案例中的中日双方谈判代表的素质与表现予以评价。

【案例 2-2】

公司内部谈判

曼梯公司是一家生产成套办公设备的中型企业。事情纠葛主要涉及两个人物：负责技术设计的副总经理弗雷德·琼斯和负责销售的副总经理李·帕克。

曼梯公司已开始将一种叫作"500型"的新设备投入市场。"500型"由琼斯负责的那个部门研制开发，该部门还负责检验和质量管理。帕克的工作是把"500型"同曼梯公司生产的其他产品一起推销出去，并负责设备出售后的维修工作。当琼斯同意"500型"可以上市时，他规定"500型"的速度不得超过每小时1 300个单位。琼斯的那个班子还在继续努力，以使"500型"的输出能力再增一倍。然而，琼斯发现，一些客户在使用"500型"时大大超过了这种机器的额定工作能力。在这种负荷下，有些机器发生了故障。于是，他就向帕克提出了责问。帕克手下的推销人员没有为这种超速运转提供担保，也没有向用户强调"500型"的运转速度不得超过每小时1 300个单位。帕克认为，要在竞争中赢得优势，就必须充分发掘这种新机器的潜力。这不仅仅是为了推销"500型"，有"500型"作"开路先锋"，他就能更好地推销曼梯公司的所有产品。帕克还认为，机器的故障报修率还远远没有达到不可容忍的程度。帕克愿意为此承担责任。

但琼斯从现实考虑，意识到一旦产品普遍发生故障，就会对公司的声誉造成极坏的影响；还会搞坏琼斯的名声，当然有损于他的事业。

曼梯公司的总经理意味深长地对琼斯说："我切盼两位自行解决问题。"这就是说，只要有可能，就通过谈判来解决这个问题。根据安排，两个部门的负责人要在一个星期后举行会谈。

琼斯拿定主意，要最充分地利用这一个星期。他不大张旗鼓，进行自我反省，回顾自己同销售部门的关系。琼斯知道，他们的关系时有龃龉，而且，他对此负有一部分责任。琼斯认为，销售部门固然是公司的一个不可缺少的组成部分，但他又觉得自己要比他们高出一等。搞出"500型"这样的杰作，需要煞费苦心的研究和巧夺天工的设计，对此，销售部门知道些什么？精密的产品一到谈判者手里就免不了乱套。

琼斯认真考虑了这些情况，并不掩饰自己的感情——如他的自尊和雄心。在这个行业中，他已经颇具名声，他不愿让推销部门为了完成销售指标而败坏他的名声。要说起来，这个动机并非值得赞美，然而事情确实如此。

琼斯用足够的时间对自我和自身的内在情感做了反省，接着，他又关注到自己的谈判对手——帕克。帕克是个正派人。他精力充沛，性格外向，很讨人喜欢。不管怎么说，他是个精明的销售经理，而且雄心勃勃，胸怀大志。

琼斯还要做进一步的准备。他指导自己的副手哈利·沃森去做一次调查研究。沃森受命，尽力查清近年来曼梯公司在某些特定领域的销售情况：哪些人是最大的主顾，与客户关系如何，客户报修率的增减等。

琼斯想：不管整个局势的现实究竟如何，不管达成什么协议，都决不能只对哪一部门有利；必须使总经理相信，只有达成一项兼顾本公司短期和长期增长的协议，才是最好的解决办法。别的做法既不会使琼斯增色，也不会使帕克光彩。然而，琼斯必须扭转局势。因为，现状——包括谈判者允许客户以更高运转速度使用设备——对帕克有利，而对琼斯不利。所以，他必须扭转现状。

在沃森完成了调查研究之后，琼斯就把本部门的骨干召集起来，一起研究沃森搞来的那些资料。他们对这个问题进行"即兴讨论"，虽说有些建议隔靴搔痒，不着边际，但琼斯已渐渐构想出一个计划。他写出计划草稿，然后同沃森碰头密商。他让沃森试作帕克的代言人，提出他们认为帕克可能会做出的反驳。经过此番扎实的准备，琼斯就开始筹划对策了。他在考虑左右谈判的种种假设。

问题：琼斯做了哪些谈判的准备工作？通过这些准备工作你如何评价琼斯及其拥有的谈判素养？

【案例2-3】

签约前的变故

事情发生在美国一家生产家用厨房用品的工厂和他的采购商之间，合同即将签订，一切都仿佛可以顺利进行了。然而有一天工厂接到了采购负责人打来的电话。"真是很遗憾，事情发生了变化，我的老板改了主意，他要和另一家工厂签订合同，如果你们不能把价钱降低10%的话，我认为就为了10%而毁掉我们双方所付出的努力，真是有些不近情理。"

工厂慌了手脚，经营状况不佳，已使他们面临破产的危险，再失去这个客户就像濒于死亡的人又失去了他的救命稻草。他们不知道在电话线的那一方采购负责人正在等着他们来劝说自己不要放弃这笔生意，工厂的主管无可避免地陷入了圈套，他问对方能否暂缓与另一家工厂的谈判，给他们以时间进行讨论。采购负责人很"仗义"地应允下来，工厂讨论的结果使采购负责人达到了目的，价格被压低10%。要知道这10%的压价并不像采购负责人在电话里说的那样仅仅是10%，它对工厂着实是个不小的数目。

如果我们能看清这场交易背后的内幕，就会发现工厂付出的代价原本是不应该的，那么采购方是如何把这笔金额从工厂那里卷走而只留给他们这项损失的呢？

事情还要追溯到合同签订的前一个月，工厂的推销人员在一次与采购负责人的交谈中无意中给工厂泄了底。他对精明的采购人说他们的工厂正承受着巨大的压力，销售状况不佳，已使他们面临破产。对于他的诚实，作为回报，采购负责人并没有对他们给予同情，而是趁机压榨了一下，因为他已知道工厂在价格问题上不硬。

一次不注意的谈话，使工厂被掠走大量利润。所以，讨价还价者们应时刻提醒自己提高警惕，对涉及己方利害关系的信息三缄其口，在这种情况下，如果再能讨得对方的信息，则是上上策了。

问题：该案例对你有何启示？你认为谈判活动中要做到信息保密，关键点是什么？

 实训题

【情景模拟 2-1】

商务谈判策划书撰写

案例情景：上海 ABB 食品包装公司最近研发出一种新方法，用加工后的乳制品和生物燃料生产过程的副产品生产出一种可食用的食品抗水包装膜，该包装膜用于食品包装，具有可食用、可抗水、可降解性强等特点。ABB 公司是一家小型民营科技企业，为研发该技术投资近 1 000 万元，企业处于负债运行状况。杭州娃哈哈集团开发了一种新型乳品饮料，管理层计划对新产品采用全新包装。娃哈哈集团的采购主管向 ABB 公司发出了采购邀约，希望就本年度采购其新型包装材料的采购价格、付款条件、采购份额、质量保证等条款进行磋商。

以 4 人为一组，选择扮演娃哈哈或 ABB 公司的谈判团队，通过信息收集、团队头脑风暴、谈判分析，撰写一份商务谈判策划方案。方案策划书撰写可以参考本章 2.4 节提供的策划书框架内容及二维码链接的文本资料。

【情景模拟 2-2】

模拟谈判练习

根据上述娃哈哈和 ABB 公司的谈判案例需要，组建人数为 4 人的谈判团队，分别扮演两家公司的谈判小组，小组成员包括经理（主谈）、技术主管、财务主管、采购主管（营销主管）等角色，分别司职与角色相对应的职能工作，双方开展模拟谈判活动。

模拟谈判旨在总结经验，发现问题，提出对策，完善谈判方案。对模拟谈判过程中要进行录音、录像，以便于复盘总结，同时最好有指导教师和其他同学坐在谈判桌以外的谈判现场（有条件也可以通过远程视频）充当观察员。各小组完成模拟谈判过程后，提交一份模拟谈判总结，并在指导教师安排下开展全班性的课堂讨论。

第 3 章

商务谈判策略

学习目标

通过本章的学习，学生应了解和掌握以下知识点：
◎ 开局阶段的谈判策略
◎ 报价阶段的谈判策略
◎ 磋商阶段的谈判策略
◎ 谈判僵局的处理策略
◎ 结束阶段的谈判策略

商务谈判策略是谈判者对谈判过程中各项具体的活动所作的谋划。策略所解决的主要是采取什么手段或使用什么方法的问题，目的是将实际的谈判活动纳入预定的方向和轨道，最终实现预期的谈判目标。商务谈判是一个有序的行为过程，具有很强的阶段性特征，因而谈判策略的制定与实施，应该根据不同阶段的特点和要求来进行。

3.1 开局阶段的谈判策略

在完成了各项前期准备工作之后，在开局阶段谈判双方真正走到一起，进行直接的接触和沟通。从时间上看，这一阶段是短暂的；但就其影响来看，双方在这一阶段所营造的气氛，则涉及随后各个阶段的谈判行为，关系着整个谈判活动的进展与成效。在谈判的开局阶段，如何营造一种良好的谈判气氛、协商谈判通则和做好开场陈述，是谈判者首先要予以解决的问题。

3.1.1 营造谈判气氛

气氛会影响人们的情绪和行为方式，进而影响到行为的结果。同样的人员，同样的谈判议题，在不同的谈判气氛中，谈判的结果可能大相径庭。要想取得理想的谈判成果，就应努力创造积极而又友好的谈判气氛。

谈判气氛多种多样，有平静的、严肃的，也有热烈的、积极的，还有紧张的、对立的。气氛的形成也十分微妙。要形成良好的谈判气氛，应注意从以下几方面着手。

1）把握气氛形成的关键时机

影响谈判气氛的因素是多种多样的。在谈判过程中，这些因素也会随着整个谈判形势的变化而不断变化，因此谈判气氛也会随着谈判的进展而有所变化。但是，形成谈判气氛的关键时机却是十分短暂的，这个关键时机就是双方谈判接触的短暂瞬间。之所以如此，主要是因为开局初期谈判者的心理状态和思维定式的作用。在这一短暂瞬间内，谈判者在与对方的接触中，获得有关对方的第一印象和感觉，这种印象和感觉将在很大程度上决定着谈判者在整个谈判过程中对对方的评价，而谈判各方对对方的印象和评价将在很大程度上决定谈判气氛。因此，也可以说，这一短暂瞬间内的接触将确定整个谈判气氛的基调。谈判各方均应注意把握这一关键时机，力争创造良好的谈判气氛。

2）运用中性话题，加强沟通

开局初期常被称为"破冰"期。素不相识的人走到一起谈判，极易出现停顿和冷场，谈判一开始就进入正题，更容易增加"冰层"的厚度。因此，谈判人员应在进入谈判正题前，留出一定的时间，就一些非业务性的、轻松的话题，如气候、体育、艺术等，进行交流，缓和气氛，缩短双方在心理上的距离。在双方进入谈判室后，应花多少时间来调整相互间的关系，并无统一的标准，谈判者应根据具体情况予以把握。

3）树立诚实、可信、富有合作精神的谈判者形象

谈判者以怎样的形象出现在对方面前，对谈判气氛有十分明显的影响。形象体现在多个方面，如谈判者的精神面貌，到底是精力充沛还是疲乏不堪，是积极主动还是无动于衷；又如目光，是坦荡诚挚还是躲躲闪闪、疑虑重重；再如服饰仪表，是整洁大方还是肮脏古怪等。谈判者应注重对自身的形象设计，以诚实可信的形象出现在对方面前，感染、鼓舞对方的谈判人员。

4）注意利用正式谈判前的场外非正式接触

在正式开始谈判前，双方可能有一定的非正式接触机会（指非正式会谈），如欢迎宴会、礼节性拜访等，利用此类机会，也可充分影响对方人员对谈判的态度，有助于在正式谈判时建立良好的谈判气氛。

3.1.2 协商谈判通则

协商谈判通则是指参与谈判各方共同确定必须遵守的规章或法则，即双方就谈判目标、计划、进度和人员等内容进行洽商。按照惯例，双方在准备阶段应已对上述问题进行过沟通，并取得了一定的共识。即便如此，在开局阶段，还是有必要对这些具体问题再次进行确认。

特别是谈判双方初次见面，互相介绍参加谈判的人员，包括姓名、职衔以及在谈判中的角色等；然后双方进一步明确谈判要达到的目标，即双方共同追求的合作目标；同时双方还要磋商确定谈判的大体议程和进度，以及需要共同遵守的纪律，从而为后续的磋商确定规则，有利于谈判效率的提高。在协商时要注意介绍成员并符合礼仪规范，说明目的简洁明

确,进度计划确认必不可少。

3.1.3 进行开场陈述

所谓开场陈述,是指在开始阶段双方就当次谈判的内容,陈述各自的观点、立场及其建议。它的任务是:让双方能把当次谈判所涉及的内容全部提示出来,同时使双方彼此了解对方对当次谈判内容所持有的立场与观点,并在此基础上,就一些分歧分别发表建设性意见或倡议。

当双方就当次谈判的目标、计划、进度和参加的人员等问题进行协商并基本达成一致意向后,就需将谈判推进一步,即分别就当次谈判的基本内容发表开场陈述。谈判各方应注意选择合适的时机进行开场陈述,简明扼要地表达己方的观点、立场和建议,措辞诚恳又不失锋芒,介绍己方情况时尽量客观。

▶ 实 例 ◀

A 公司是一家实力雄厚的房地产开发公司,在投资的过程中相中了 B 公司所拥有的一块极具升值潜力的地皮,而 B 公司正想通过出卖这块地皮获得资金以将其经营范围扩展到国外。于是,双方各自精选了久经沙场的谈判干将,对土地转让问题展开磋商。

A 公司的代表说:"我们公司的情况你们可能有所了解,我们是由×公司、××公司(均为全国著名的大公司)合资创办的,经济实力雄厚。近年来在房地产开发领域业绩显著。在你们市去年开发的××花园收益就很不错。听说你们的周总也是我们的买主啊。你们市的几家公司正在谋求与我们合作,想把其手里的地皮转让给我们,但我们没有轻易表态。你们的这块地皮对我们很有吸引力,我们准备把原有的住户拆迁,开发一个居民小区。前几天,我们公司的业务人员对该地区的住户、企业进行了广泛的调查,基本上没有什么阻力。时间就是金钱,我们希望以最快的速度就这个问题达成协议。不知你们的想法如何?"

B 公司是一家全国性公司,在一些大中城市设有办事处。除了 A 公司之外,还有兴华、兴运等公司与之洽谈。

B 公司代表说:"很高兴能与你们有合作的机会。虽然我们以前没有打过交道,但是,你们的情况我们还是有所了解的,我们遍布全国的办事处有多家住的是你们建的房子,这也是种缘分吧。我们确实有出售这块地皮的意愿,但我们并不是急于脱手,因为除了你们公司外,兴华、兴运等一些公司也对这块地皮表示出浓厚的兴趣,正在积极地与我们接洽。当然了,如果你们的条件比较合理,价钱比较有优势,我们还是愿意和你们合作的,可以帮助你们简化有关手续,使你们的工程能早日开工。"

资料来源:郑艳群,李昌凤. 商务谈判 [M]. 武汉:华中科技大学出版社,2013.

该案例中,A、B 公司代表的开场陈述都非常精彩,双方通过彰显实力,初步取得了对方的信任,同时,运用娴熟高超的语言技巧,表达了合作的诚意,为后续谈判的顺利进行奠定了基础。

3.2 报价阶段的谈判策略

报价是商务谈判的一个重要阶段，交易条件的确立是以报价为前提的。报价不仅表明了谈判者对有关交易条件的具体要求，集中反映着谈判者的需要与利益；而且通过报价，谈判者可以进一步分析、把握彼此的意愿和目标，以便有效地引导谈判行为。这里所谓的报价不仅是指在价格方面的要求，而是包括价格在内的关于整个交易的各项条件。在报价阶段，谈判者的根本任务是正确表明己方的立场和利益。

3.2.1 报价的原则

报价并非就是简单地提出己方的交易条件，这一过程实际上是非常复杂的，稍有不慎就有可能陷自己于不利的境地。大量的谈判实践告诉我们，在报价过程中是否遵循下述几项原则，对报价的成败有着决定性的影响。

1. 报价的首要原则

对卖方而言，开盘价必须是最高的；相应地，对买方而言，开盘价必须是最低的。这是报价的首要原则。对此可以从以下几个方面进行分析。

第一，作为卖方来说，最初的报价即开盘价，实际上为谈判的最终结果确定了一个最高限度。因为在买方看来，卖方报出的开盘价无疑表明了他们追求的最高目标，买方将以此为基准，要求卖方做出让步。在一般情况下，买方不可能接受卖方更高的要价，买方最终的成交价将肯定在开盘价以下。

第二，开盘价的高低会影响对方对己方的评价，从而影响对方的期望水平。例如，卖方产品价格的高低，不仅反映产品的质量水平，还与市场竞争地位及销售前景等直接相关，买方会由此而对卖方形成一个整体印象，并据此来调整或确定己方的期望值。

第三，开盘价越高，让步的余地就越大。在谈判过程中，双方都必须做出一定的让步。如果在一开始就能为以后的让步预留足够的回旋余地，在面对可能出现的意外情况或对方提出的各种要求时，就可以做出更为积极有效的反应。

第四，开盘价高，最终成交价也就比较高。因为要价越高，就越有可能与对方在较高的价格水平上达成一致。

2. 开盘价必须合乎情理

开盘价必须是最高的，但这并不意味着可以漫天要价；相反，报价应该控制在合理的界限内。如果己方报价过高，对方必然会认为你缺乏谈判的诚意，可能立即中止谈判；也可能针锋相对地提出一个令你根本无法认可的报价水平；或者对己方报价中不合理的成分一一提出质疑，迫使你不得不很快做出让步。在这种情况下，即使己方已将交易条件降至比较合理的水平，但这一合理的条件在对方看来仍然可能是极不合理的。

因此，己方提出的开盘价，既应服从于己方寻求最高利益的需要，又要兼顾对方能够接受的可能性。开盘价虽然不是最终的成交价，但如果报价高到被对方认为是荒谬的程度，从一开始就彻底否定己方报价的合理性，双方的磋商是很难顺利进行下去的。在确定报价水平时，一个普遍认可的做法是：只要能够找到足够的理由证明己方报价的合理性，报出的价格就应尽量提高。换句话说，报价应该高到你难以找到理由再为提高价格辩护的程度。

3. 报价应该坚定、明确、清楚

谈判者首先必须对己方报价的合理性抱有充分的自信，然后才可希望得到对方的认可。在提出己方的报价时应该坚决而果断，在言谈举止上表现出任何的犹豫和迟疑，都有可能引起对方的怀疑，并相应增强对方进攻的信心。报价还应该非常明确、清楚，报价时所运用的概念的内涵、外延要准确无误，言辞应恰如其分，不能含混模糊，以免对方产生误解。为确保报价的明确、清楚，可以预先备好印刷成文的报价单。如果是口头报价，也可适当地辅以某些书面手段，帮助对方正确理解己方的报价内容。

4. 不对报价作主动的解释、说明

谈判人员对己方的报价一般不应附带任何解释或说明。如果对方提出问题，也只宜作简明的答复。在对方提出问题之前，如果己方主动地进行解释，不仅无助于增加己方报价的可信度，反而会由此而使对方意识到己方最关心的问题是什么，这无异于主动泄密。有时候，过多的说明或辩解，还容易使对方从中发现己方的破绽和弱点，让对方寻找到新的进攻点和突破口。

3.2.2 报价的方式

所谓的报价方式，就是指报价的方法及其形式，包括交易条件的构成、提出条件的程序及核心内容的处理等。简单地说，报价方式解决的就是如何报价的问题。

前面分析的几项报价原则，对现实谈判中的报价有着非常重要的指导意义。但在涉及某项具体的商务谈判时，还必须结合当时的实际情况，尤其是特定的谈判环境及谈判双方的相互关系，灵活地确定报价方式。如果双方关系良好，又有过较长时间的合作关系，报价就不宜过高。如果双方处于冲突程度极高的场合，那么，报价不高就不足以维护己方的合理利益。如果己方有多个竞争对手，那就必须把报价压低到至少能让对方参与谈判的程度。

在国际商务谈判中，有两种典型的报价方式可供我们借鉴。需要注意的是，除了这两种方式之外，还可以有其他许多种报价方式，谈判者完全不必拘泥于已有的固定模式，而应该根据实际情况作出决策。

1) 高价报价方式

举例而言，这种方式的一般做法是，卖方首先提出留有较大余地的价格，然后根据谈判双方的实力对比和该项交易的外部竞争状况，通过给予各种优惠，如数量折扣、价格折扣、佣金和支付条件方面的优惠（延长支付期限、提供优惠信贷等），逐步接近买方的条件，建立起共同的立场，最终达到成交的目的。这种方式与前面提到的有关报价原则是一致的，只要能稳住买方，使之就各项条件与卖方进行磋商，最后的结果往往对卖方是比较有利的。

高价报价方式普遍为西欧国家厂商所采用，因此又称为西欧式报价。

2) 低价报价方式

低价报价方式也称日本式报价。其一般做法是，将最低价格列于价格表中，首先以低价唤起买方的兴趣。而这种低价格一般是以对卖方最有利的结算条件为前提,并且与此低价格相对应的各项条件实际上又很难全部满足买方的要求。只要买方提出改变有关的交易条件,卖方就可以随之相应提高价格。因此,买卖双方最终成交的价格往往高于卖方最初的要价。

在面临严峻的外部竞争时,日本式报价是一种比较有效的报价方式。首先,它可以排除竞争对手的威胁,从而使卖方与买方的谈判能够现实地发生。其次,其他卖主退出竞争之后,买方原有的优势地位就不复存在,他将不能以竞争作为向卖方施加压力的筹码。这样,双方谁都不占优势,卖方就可以根据买方在有关条件下所提出的要求,逐步地提高其要价。

日本式报价虽然最初提出的价格是最低的,但它却在价格以外的其他方面提出了最利于卖方的条件。对于买方来说,要想取得更好的条件,他就不得不考虑接受更高的价格。因此,低价格并不意味着卖方放弃对高利益的追求。可以说,它实际上与西欧式报价殊途同归,两者只有形式上的不同,而没有实质性的区别。一般而言,日本式报价有利于竞争,西欧式报价则比较符合人们的价格心理。多数人习惯于价格由高到低,逐步下降,而不是相反的变动趋势。

3.2.3 报价的策略

1. 报价的时间策略

在任何一项商务谈判中,谈判双方在报价的时间上通常都有一个先后次序,而且报价的先后往往会对最后的结果产生重大影响。可供谈判者选择的时间策略不外乎两种,即先于对方报价和后于对方报价。

一般而言,先报价较之后报价更为有利,先行报价所产生的影响力在整个谈判过程中都会持续地发生作用。先报价的有利之处主要表现在两个方面。首先,它为谈判的结果设定了难以逾越的界限,最终的协议将在这一界限内形成。比如,卖方报价某货物每吨 1 000 美元,可以肯定地说,最后的成交价是不会高于这一价格水平的。其次,先行报价会在一定程度上支配对方的期望水平,进而影响到对方在随后各谈判阶段的行为。尤其在报价出乎对方预料的情况下,往往会迫使对方仓促调整原来的计划。

当然,先报价的做法也有一定的缺陷。其一,先报价容易为对方提供调整行为的机会,可能会使己方丧失一部分原本可以获得的利益。在己方先行报价之后,由于对方对己方的利益界限有了相应的了解,他们就可以及时修改原来的报价,获取某些超出其预期的利益。比如卖方报价某货物每吨 1 000 美元,而买方事先准备的报价可能是 1 100 美元。在卖方报价后,买方显然会调整原先的报价,其报价水平肯定将低于 1 000 美元。这样对买方来说,后报价就使他至少获得了 100 美元的利益,而这恰恰是卖方所失去的。其二,在某些情况下,先报价的一方往往会在一定程度上丧失主动权。在己方报价后,有些谈判对手会对己方的报价提出各种质疑,不断向己方施加压力,迫使己方一步一步地降价,而矢口不谈他们自己的报价水平。在这种情况下,先报价的一方应坚持让对方提出他们的交易条件,以免使己方在随后的磋商中陷入被动。从某种意义上讲,先报价的上述不足之处,也正是后报价的优点所在。

名家论坛:先报价和后报价哪个更有利

先报价虽然要比后报价更有利,但这并不说明在任何情况下,谈判者都应采用先于对方报价的策略,更何况先行报价的只能是双方中的某一方。事实上,选择后报价的策略有时不仅十分有效,而且也是非常必要的。在选择报价时机时,谈判者应充分考虑下述几个方面的因素,根据实际情况做出决策。

1) 谈判的冲突程度

在冲突程度极高的商务谈判中,能否把握谈判的主动权往往是至关重要的,因而先报价比后报价更为合适。在比较合作的谈判场合,先报价与后报价没有多大差别,因为谈判双方都将致力于寻找共同解决问题的途径,而不是试图施加压力去击垮对方。

2) 谈判双方的实力对比

如果己方的谈判实力强于对方,或己方在谈判中处于相对有利的地位,先行报价是比较有利的。如果己方实力较弱,又缺乏必要的谈判经验,应让对方先报价。因为这样就可以通过对方的报价来了解对方的真实动机和利益所在,以便对己方的报价做出必要的调整。

3) 商业习惯

就一般的社会习惯而言,发起谈判的一方通常应先行报价。在有些商务谈判中,报价的先后次序似乎也已有一定的惯例,比如货物买卖谈判,多半是由卖方先报价,买方还价,与之相反的做法则比较少见。

2. 报价的时机策略

在价格谈判中,报价时机也是一个策略性很强的问题。有时,卖方的报价比较合理,但却并没有使买方产生交易的欲望,原因往往是买方首先关心的是此商品能否给他带来价值,带来多大的价值,其次才是带来的价值与价格的比较。所以,价格谈判中,应当首先让买方充分了解商品的使用价值和能为买方带来多少收益,待买方对此发生兴趣后再谈价格问题。实践证明,提出报价的最佳时机,一般是买方询问价格时,因为这说明买方已对商品产生了购买欲望,此时报价往往可以做到水到渠成。

有时,在谈判开始时对方就询问价格,这时最好的策略应当是听而不闻。应首先谈该商品或项目的功能、作用,能为交易者带来什么样的好处和利益,待对方对此商品或项目产生兴趣,交易欲望已被调动起来时再报价比较合适。

谈判说服的关键是价值传递

3. 报价差别策略

由于购买数量、付款方式、交货期限、交货地点、客户性质等方面的不同,同一商品的购销价格不同。这种价格差别,体现了商品交易中的市场需求导向,在报价策略中应重视运用。例如,对老客户或大批量购买的客户,为巩固良好的客户关系或建立起稳定的交易联系,可适当实行价格折扣;对新客户,有时为开拓新市场,也可适当给予折让;对某些需求弹性较小的商品,可适当实行高价策略等。

4. 价格分割策略

价格分割是一种心理策略。卖方报价时,采用这种技巧,能制造买方心理上的价格便宜感。价格分割包括两种形式。

(1) 用较小的单位报价

例如,茶叶每千克400元报成每50克20元;大米每吨3 000元报成每千克3元。国外某些厂商刊登的广告也采用这种技巧,如"淋浴1次8便士""油漆1平方米仅仅5便士"。

巴黎地铁公司的广告是:"每天只需付30法郎,就有200万旅客能看到你的广告。"用小单位报价比大单位报价会使人产生便宜的感觉,更容易让人接受。

(2) 用较小单位商品的价格进行比较

例如,"每天少抽一支烟,每天就可订一份××××报纸。""一袋去污粉能把1 600个碟子洗得干干净净。""×××牌电热水器,洗一次澡,不到1元钱。"

用小单位商品的价格去类比大单位商品的价格会给人以亲近感,拉近与消费者之间的距离。

5. 心理价格策略

人们在心理上一般认为9.9元比10元便宜,而且认为零头价格精确度高,给人以信任感,容易使人产生便宜的感觉。像这种在十进位以下的而在心理上被人们认为较小的价格叫作心理价格。因此,市场营销中有奇数定价这一策略。例如,标价49.00元,而不标50.00元;标价19.90元,而不标20.00元。

3.2.4 应价的处理及其策略

报价是谈判一方向另一方提出交易的条件,因此,与某一方的报价过程相对应,必然地存在着另一方对报价的反应过程。所谓的应价,就是指谈判的一方对另一方报价所作的反应。在任何一项商务谈判中,报价与应价都构成一个事物的两个不可缺少的方面,两者相互依存,互为条件。

在谈判的双方报价之后,一般情况下,另一方不可能无条件地接受对方的全部要求,而是会相应地作出这样或那样的反应。一个老练的谈判者必须能正确应付对方提出的任何条件和要求,包括那些出乎意料的建议、要求。既然交易的条件是由双方共同来确立的,而不是仅取决于某一方的主观意愿,那么,在对方提出报价以后,你也应该通过一定的途径提出己方的条件。对己方来说,应价不仅仅是对他方的报价提出质疑、作出评价,或者是不置可否等,它还直接或间接地表明了己方对交易条件的要求,反映己方的立场、态度和利益。

从时间上看,应价是伴随报价而发生的,但就其实质而言,两者并无二致。因此,应价一方绝不能将自己置于被动应付的地位,而应该采取积极有效的措施对报价过程施加影响,使之朝有利于己方的方向发展,努力使己方的交易条件得到对方认可,争取谈判的主动权。事实上,应价对谈判行为过程的影响力绝不亚于报价,只要处理得当,谈判者完全可以"后发制人",取得满意的谈判结果。

应价方对另一方的报价做出回复,有两种基本的策略可供选择:一种是要求对方降低其报价;另一种是提出己方的报价。比较而言,选择第一种策略可能更为有利。严格地说,不论运用哪种策略,都是己方对报价一方发动的反击,客观上都向对方传递了某些重要信息,包括己方的决心、态度、意愿等。不过,前一种策略表现得更为隐蔽一些,因此己方既没有暴露自己的报价内容,更没有做出任何相应的让步;而对方往往因对己方的条件缺乏足够的了解,不得不做出某种让步。

职业砍价师

3.3 磋商阶段的谈判策略

磋商阶段是商务谈判的核心环节，磋商的过程及其结果直接关系到谈判双方所获利益的大小，决定着双方各自需要的满足程度。因而，选择恰当的策略来规划这一阶段的谈判行为，无疑有着特殊重要的意义。

磋商既是双方求同存异、协商确定交易条件的过程，也是双方斗智斗勇，在谈判实力、经验和智力等诸多方面展开全面较量的过程。磋商阶段的谈判策略是最丰富多样的，本节将分析一些较为常见的谈判策略。

3.3.1 让步的策略

谈判本身是一个讨价还价的过程，也是一个理智取舍的过程。在任何一项商务谈判中，谈判双方都必须做出某些让步，可以说，没有让步，也就没有谈判的成功。从某种意义上讲，让步是作为谈判双方谋求一致的手段而存在的，服从于谈判者追求自身最大利益的需要。让步是难免的，在许多情况下，谈判双方常常要做出多次的让步，才能逐步地趋于一致。但是，何时让步，在哪些方面做出多大的让步，却又是极为复杂的问题，这与让步的具体方式是直接相关的。下面介绍两种主要的让步方式。

1. 假设的让步模式

谈判中的让步涉及谈判双方的行为。一方做出某项让步，常常源于对方的要求，迫于其压力，或者是给予对方的一种回报，也就是说，是对方付出了一定的努力后取得的结果。人们往往很珍惜那些来之不易的成果，而对轻易就可得到的东西则并不重视。因此，某项让步是否能取得理想的结果，并不仅仅取决于量的绝对值，还取决于是怎样做出这个让步的，或者说对方是如何争取到这一让步的。

价格磋商是谈判的需要

一对夫妻在浏览杂志时看到一幅广告中当作背景的老式座钟非常喜欢。妻子说："这座钟是不是你见过的最漂亮的一个？把它放在我们的过道或客厅当中，看起来一定不错吧？"丈夫答道："的确不错！我也正想找个类似的钟放在家里，不知道多少钱？"研究之后，他们决定要在古董店里找寻那座钟，并且商定只能出 500 元以内的价钱。

他们经过三个月的搜寻后，终于在一家古董店的橱窗里看到那座钟，妻子兴奋地叫了起来："就是这座钟！没错，就是这座钟！"丈夫说："记住，我们绝对不能超出 500 元的预算。"他们走近那座钟，"哦喔！"妻子说道，"时钟上的标价是 750 元，我们还是回家算了，我们说过不能超过 500 元的预算，记得吗？""我记得，"丈夫说，"不过还是试一试吧，我们已经找了那么久，不差这一会儿。"

夫妻私下商量，由丈夫作为谈判者，争取以500元买下。随后，丈夫鼓起勇气，对售货员说："我注意到你们有座钟要卖，定价就贴在座钟上，而且其上蒙了不少灰，显得有些旧。"之后，又说："告诉你我的打算吧，我给你出个价，只出一次价，就这么说定了。想你可能会吓一跳，你准备好了吗？"他停了一下以增加效果，"你听着——250元。"那座钟的售货员连眼也不眨一下，说道："卖了，那座钟是你的。"

那个丈夫的第一个反应是什么呢？得意扬扬？"我真的很棒！不但得到了优惠，还得到了我想要的东西。"不！绝不！他的最初反应必然是："我真蠢！我该对那个家伙出价150元才对！"你也知道他的第二反应："这座钟怎么这么便宜？一定是有什么问题！"

然而，他还是把那座钟放在客厅里，看起来非常美丽，好像也没什么毛病。但是他和太太却始终感到不安。那晚他们安歇后，半夜曾三度起来，因为他们没有听到时钟的声响。这种情形持续了无数个夜晚，他们的健康迅速恶化，开始感到紧张过度并且犯了高血压的毛病。

为什么会这样？就因为那个售货员不经过价格磋商就以250元把钟卖给了他们。

谈判者应避免轻易做出让步，更不能做无谓的让步。在准备做出让步时，要充分考虑到每一次让步可能产生的影响，准确预见对方可能做出的反应，尽量使对方从中获得较大的满足。只有这样，才能坚守每一个让步的阵地，并以此为契机，争取理想的效果。可以通过表3-1来说明这一问题。

表3-1 卖方的让步模式

让步方式	第一阶段	第二阶段	第三阶段	第四阶段
第1种	0	0	0	60
第2种	15	15	15	15
第3种	24	18	12	6
第4种	28	20	11	1
第5种	40	20	0	0
第6种	6	12	18	24
第7种	50	10	-2	+2
第8种	60	0	0	0

表3-1是美国谈判大师嘉洛斯归纳出的8种假设的卖方让步模式，假设卖方最大的让价金额为60元，让步分4个阶段进行。不难发现，不同的让步方式所产生的影响及其结果是各不相同的。

第1种模式：这是一种冒险型的让步方式。前三个阶段卖方始终坚持原来的报价，不肯作丝毫退让。意志薄弱的买方可能屈服于卖方的压力，或者干脆退出谈判；意志坚强的买方则会坚持不懈，继续要求卖方做出让步。而第四阶段卖方的大幅度退让，很可能引发买方提出更高的要求，往往使谈判陷入僵局。

第2种模式：这是一种刺激型的让步方式。这种等额的让步容易使买方相信，只要他有足够的耐性，卖方就将继续做出退让。因此，在第四阶段以后，尽管卖方已无法再做出让步，但买方却仍期待卖方进一步地退让。这种让步方式容易导致僵局，甚至造成谈判破裂。

第3种模式：这是一种希望型的让步方式。卖方逐步减少其让价金额，显示出卖方的立场越来越强硬，不会轻易让步。对于买方来说，虽然卖方仍存在让步的可能，但让步的幅度是越来越小了。

第4种模式：这是一种妥协型的让步方式。在这里，卖方表示了较强的妥协意思，同时又明确地告诉了买方，所能做出的让步是有限的。卖方在前两个阶段的让步有提高买方期望的危险；但后两个阶段的让步则可让买方意识到，要求卖方做更进一步的退让已是不可能的了。

第5种模式：这是一种危险型的让步方式。前两个阶段大幅度的退让，大大提高了买方的期望水平，而在第三阶段卖方又拒绝做出任何让步，买方往往很难接受这一变化，容易使谈判陷入僵局。

第6种模式：这是一种诱发型的让步方式。这种递增的让步足以使买方相信，只要坚持下去，卖方还将做出更大的退让，买方的期望会随时间的推延而增大。第四阶段以后，卖方虽已无路可退，却又无法取得买方的信任，很容易出现僵局甚至导致谈判破裂。

第7种模式：这是一种虚伪型的让步方式。这种方式是由第5种让步方式变化而来的。第三阶段的加价显示了卖方更为坚定的立场；第四阶段为表善意而做出的小小退让，目的则在于增强买方的满足感。

第8种模式：这是一种愚蠢型的让步方式。卖方大幅度的退让大大提高了买方的期望水平，买方势必将在随后的几个阶段争取更大的让步。但由于卖方在一开始就将自己的让步余地全部断送，实际上已不可能再做出任何退让。在这种情况下，双方极有可能产生尖锐的对抗，如果不能进行有效的沟通，很容易使谈判陷入僵局。

上述8种模式基本上概括了现实谈判中的各种让步方式。从谈判的实践来看，第3和第4种让步方式比较理想；第5和第7种让步方式在运用时需要较高的艺术技巧，风险较大；第1、第6和第8种让步方式则很少采用。

2. 互惠的让步方式

前面的分析虽然充分考虑了让步对买方的实际影响及其可能产生的结果，但并未涉及买方是否做出相应的让步，以及如何让步的问题。在商务谈判中，让步不应该是单方面的，谈判者要善于通过自己的让步来争取对方的某些让步。互惠的让步方式就是指以己方的让步换取对方在某一方面的让步，谋求互利结果的一种让步方式。

互惠让步方式的实质是以让步换取让步。双方都需要付出一定的代价，然后才能获取相应的利益，并且利益交换的结果对双方而言又都是有利的。从理论上讲，运用这一方式的关键问题是控制让步的事项，即确定在哪些事项上可以向对方做出让步，哪些是不能做出任何退让的。在实际的让步过程中，谈判者应善于透过彼此的分歧，发现双方共同的立场和利益所在。除了在那些对己方来说是至关重要的方面必须坚持外，在有些事项上不要过于固执，而应灵活地做出让步，以便使己方的利益在其他方面得到一定的补偿。谈判者可以通过下述两种方式来争取互惠的让步。

（1）对等式让步。谈判双方在某一问题上针锋相对相持不下时，为了打破僵局，双方做出同等程度的让步。举一个简单例子，如买卖双方的出价分别为80元和100元，各让一步,即90元成交。

(2) 互补式让步。谈判双方不在同一个问题、同一种利益上对等让步,而是在不同问题或利益上交叉进行让步。例如,一方在价格上做了让步,另一方则在产品品质或交货期、付款方式等其他方面让步,作为对对方的补偿或者回报。相对于对等式让步,互补式让步更具有灵活性,更有利于促进交易。

3.3.2 迫使对方让步的策略

谈判是一项互惠的合作活动,谈判中的让步也是相互的。但在现实的谈判活动中,谈判双方又各有其追求的目标,在许多情况下,谈判者并不会积极主动地做出退让,双方的一致是在激烈的讨价还价中逐步达成的。精明的谈判者往往善于运用诱导或施压等策略迫使对方做出让步,从而为己方争取尽可能多的利益。

1. 软硬兼施策略

软硬兼施策略也称红白脸策略,就是在谈判人员的角色搭配及手段的运用上软硬相间,刚柔并济。在某一方的谈判班子中,有的人扮演"强硬者",坚持己方的原则和条件,向对方进行胁迫;其他的人则以"调和者"的面孔出现,向对方表示友好或者予以抚慰。这种做法的效果就是,当"强硬者"寻找借口离开谈判现场之后,对方变得更愿意向扮演"调和者"的"好人"提供更多的材料。从某种意义上讲,这实际上是一种变相的"对比"效应。通常,这种策略在对付那些初涉谈判场合的对手时作用较大,而那些谈判老手对此则是会应付自如的。

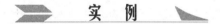

实 例

休斯与飞机公司

美国大富翁霍华·休斯为了大量采购飞机,亲自与某飞机制造厂的代表谈判。霍华·休斯性情古怪,脾气暴躁,他提出了34项要求。谈判双方各不相让,充满火药味。后来,霍华·休斯派他的私人代表出面谈判。没有想到,私人代表满载而归,竟然得到了34项要求中的30项,其中包括11项非得到不可的。

霍华·休斯很满意,问私人代表是如何取得这样大的收获的。私人代表说:"那很简单,每当谈不拢时,我都问对方:'你到底希望跟我解决这个问题?还是留待霍华·休斯跟你解决?'结果,对方无不接受我的要求。"

很显然,霍华·休斯在前期谈判的表现使私人代表无意中扮演了一个红脸的角色。

2. 制造竞争策略

当谈判的一方存在竞争对手时,另一方完全可以选择其他的合作伙伴而放弃与他的谈判,那么,他的谈判实力就将大大减弱。在商务谈判中,谈判者应该有意识地制造和保持对方的竞争局面,在筹划某项谈判时,可以同时邀请几方,分别与之进行洽谈,并在谈判过程中适当透露一些有关竞争对手的情况。在与其中一方最终形成协议之前,不要过早地结束与另外几方的谈判,以使对方始终处于几方相互竞争的环境中。

有时候,对方实际上并不存在竞争对手,但谈判者仍可巧妙地制造假象来迷惑对方,借此向对方施加压力。

 实 例

卖房的套路:
制造竞争

发生在巴拿马运河的谈判故事

美国开凿巴拿马运河的初期谈判中,谈判的一方是美国,另一方是法国巴拿马运河公司。谈判的焦点是美国应该付给这家法国公司多少钱才能取得开凿巴拿马运河的权力。这家法国公司虽然已开凿失败,但它在巴拿马运河却拥有一笔数量可观的资产,其中包括:3万英亩土地、巴拿马铁路、2 000幢建筑物、大量的机械设备、医院等。法国人估价1亿多美元。他们开价1.4亿美元,而美国人的开价仅仅2 000万美元,二者相距甚远,经过双方磋商,分别让步到1亿美元和3 000万美元,但谈判到此就停了下来。

美国人的战略是声称另找一块地方挖运河,他们选中了尼加拉瓜,美国众议院宣布考虑支援开凿尼加拉瓜运河。精明的法国人摸透了对方想要一条运河来沟通两大洋的迫切心理,而且也料到了美国会用尼加拉瓜运河来与巴拿马运河竞争,于是也耍了一个花招,暗示法国也同时与英国和俄国人谈判,以争取英俄的贷款继续运河的开凿。双方相持不下。

不久,法国人获得了一份美国有关委员会给总统的秘密报告,报告中虽然肯定了巴拿马运河的优越性,然而提出购买的费用过高,不如实施尼加拉瓜运河方案。这份情报让法国人的信心动摇了,他们忧心忡忡地另做评估。正所谓"福无双至,祸不单行"。不久,法国内部又爆发了一场危机,巴黎公司的总经理因故辞职,股东大会乱作一团:卖给美国人吧,什么价钱都可以接受!于是一夜之间,法国的报价骤跌至4 000万美元,落入了美国实际可接受的范围。

3. 欲擒故纵策略

欲擒故纵策略是指在谈判中的一方虽然想做成某笔交易,却装出满不在乎的样子,将自己的急切心情掩盖起来,似乎只是为了满足对方的需求而来谈判,使对方急于谈判,主动让步,从而实现先"纵"后"擒"的目的策略。欲擒故纵策略是基于谁对谈判急于求成,谁就会在谈判中先让步的原理发生作用的。主要通过煽动对方的谈判需要而淡漠己方的谈判需要,使对方急于谈判,主动让步。具体做法是:注意使自己的态度保持在不冷不热、不紧不慢的地步。比如在日程安排上,不是非常急迫,主要迁就对方。在对方态度强硬时,让其表演,不慌不忙,不给对方以回应,让对方摸不着头脑,制造心理压力。

本策略"纵"是手段,"擒"是目的。"纵"不是"消极"地纵,而是积极有序地纵;通过"纵",激起对方迫切成交的欲望而降低其谈判的筹码,达到"擒"的目的。

在运用这策略时应该注意以下几点。

(1) 要给对方以希望。谈判中表现得若即若离,每一"离"都应有适当的借口,不让对方轻易得逞,也不能让对方轻易放弃。当对方再次得到机会时,就会倍加珍惜。

(2) 要给对方以礼节。注意言谈举止,不要有羞辱对方的行为,避免从情感上伤害对

方，转移矛盾的焦点。

(3) 要给对方以诱饵。要使对方觉得确实能从谈判中得到实惠，这种实惠足以把对方重新拉回到谈判桌上，不至于让对手稍"纵"即逝。

4. 各个击破策略

如果对方的谈判班子由几个成员构成，成员之间必然会存在理解力、意见及经验等方面的差异，这些差异可能在开始表现得并不明显，然而只要存在极小的差异，就可能会被扩大。利用对方谈判人员之间不一致的方面来分化对手，重点突破，这就是所谓的各个击破。其具体做法是，把对方谈判班子中持有利于己方意见的人员作为重点，以各种方式给予鼓励和支持，与之结成一种暂时的无形同盟，反之则采取比较强硬的态度。如果与你谈判的是由几方组成的联盟，你的对策就是要使联盟的成员相信，你与他们单个之间的共同利益要高于联盟成员之间的利益。

5. 吹毛求疵策略

吹毛求疵策略也称先苦后甜策略。它是一种先用苛刻的虚假条件使对方产生疑虑、压抑、无望等心态，以大幅度降低对手的期望值，然后在实际谈判中逐步给予优惠或让步。由于对方的心理得到了满足，便会做出相应的让步。该策略由于用"苦"降低了对方的期望值，用"甜"满足了对方的心理需要，因而很容易实现谈判目标，使对方满意地签订合同，己方从中获取较大利益。

实 例

总是有"缺陷"的冰箱

有一位叫沃克的人到商场欲买一台冰箱。售货员指着他要买的冰箱说，这种冰箱售价为489.95美元一台。

沃克说："可这冰箱外表有点小瑕疵！你看这儿。"

售货员说："我看不出有什么瑕疵。"

"什么？"沃克不满地说，"这一点小瑕疵，似乎是个小划痕。商场里有瑕疵的货物通常不都打点折扣吗？"

没等售货员回答，沃克又问："这种型号的冰箱一共有几种颜色？"

售货员答道："32种。"

"可以看看样品册吗？"沃克问。

"当然可以。"售货员说完立刻拿来了样品册。

"店里现货中有几种颜色？"

售货员回答道："共有20种。请问，您看中了哪一种？"

沃克指着样品册中的一种答道："这种颜色与我厨房的颜色非常相配，而其他颜色都达不到这种效果，不过，我留意过了，非常遗憾的是你们现货中没有这种颜色。颜色不搭配，而价格却那么高，这很不合情理，如果不能调整一下价格，我只得考虑去别的商场看看了。我想，别的商场可能会有我喜欢的这种颜色。"

沃克说完，又打开箱门看了看，问道："这冰箱附有制冰器？"

售货员赶忙答道:"是的。这个制冰器一天 24 小时都可以为你制造冰块,一小时只需花 2 分钱的电费。"售货员满以为沃克会对这个答案很满意,不料,沃克却说道:"这太不巧了,我的孩子有慢性喉头炎,医生说最好不要吃冰。你可以帮忙把这个制冰器拆掉吗?"

售货员只好答道:"制冰器无法拆下来,它与门是连在一起的。"

沃克又刁难道:"我知道了,但是这个制冰器对我的确没有用处,却要我为此付钱,这不是令人无法接受吗?你看,你们的冰箱有这么多缺陷,为什么价格不能便宜点呢?"售货员终于禁不住沃克的"无理取闹",做出了让步。

6. 积少成多策略

积少成多策略也称挤牙膏策略,就是一点一点地迫使对方妥协,使谈判朝有利于己方的方向发展。其基本做法是不向对方提出过分的条件,而是分多次,从不同的侧面向对方提出一些似乎微不足道的要求。随着时间的推移,对方可能会做出一系列小小的让步,到最后才发现,实际上对方已做出了极大的让步。

运用这种策略,有时会使对方在不知不觉中就放弃了自己大部分的利益。这也提醒我们,在讨价还价过程中,任何急于求成或表现豪放的做法都是不明智的。

7. 最后通牒策略

最后通牒是谈判者以退为进,用中止谈判等理由来迫使对方退让的一种策略。在谈判双方的目标差距很大而又相持不下时,谈判一方向对方发出最后通牒,告诉对方"这是我们的最后报价",或者向对方声明"谈判即将破裂",往往能迫使对方做出某些让步。

服装摊前的
讨价还价

在商务谈判中,谈判者固执地坚持自己的立场和观点,往往是出于他们对未来所持有的希望。正是因为他们期待出现更好的结果,他们才不愿现在就做出让步,一旦意识到不做退让就无法将谈判继续下去,他们的立场是会发生某些变化的。

运用最后通牒策略应该注意以下几个问题:

① 己方的谈判实力应强于对方,该项交易对对方的重要性超过己方;

② 谈判人员已使用过其他方法,但效果均不理想,最后通牒成为己方最后的唯一选择;

③ 己方确实已把条件降到了最低限度;

④ 在经过旷日持久的磋商之后,对方已无法承担失去该项交易而造成的损失,已经到了非与己方达成协议不可的地步。

实 例

艾科卡的谈判策略

艾科卡当年在接手濒临破产的克莱斯勒公司后,感到必须压低工人的工资,以降低成本。他首先把高级职员的工资下调了 10%,自己以身作则,年薪从 36 万美元减为 10 万美元。随后,他毫不客气地对工会领导人说:"17 美元一个钟头的活有的是,20 美元的一件也没有。现在就好比我用手枪对着你们的脑袋，你们还是明白点的好。"

工会领导人并未答应艾科卡的要求。为此，双方僵持了有一年之久。最后，形势显然已不能再拖了，艾科卡于是发出了最后通牒。在一个冬天的晚上，艾科卡找到了工会谈判委员会，对他们说："在明天早晨以前，你们非做出决定不可。如果你们不帮我的忙，我也叫你们好受不了，明天上午我就可以宣布公司破产。你们还可以考虑八个钟头，怎么办好，随你们便。"最后，工会不得不答应了艾科卡的要求。

3.3.3 阻止对方进攻的策略

在商务谈判中，任何一方都可能受到对方的攻击，承受各种直接或间接的压力，或者在对方的逼迫下，或者是在无意识中做出某些让步。让步是必需的，没有适当的让步，谈判就难以继续下去。但是，一味地让步又会直接损害己方的利益。因此，在对方的进攻面前，谈判者应善于运用有关策略构筑起有效的防线，以保护自己的利益。

极限控制策略是一类常用的谈判策略，用来控制谈判的范围。从某种意义上讲，资源确实有其极限，但在大多数情况下，引用极限的目的是使对方处于不利的地位，限制对方采取行动的自由。典型的极限控制策略包括权力极限策略、政策极限策略、财政极限策略等。

1. 权力极限策略

权力极限策略是利用控制己方谈判人员的权力来限制对方的自由，防止其进攻的一种策略。谈判者的权力是在其职责范围内的支配力量。美国谈判专家赫本·柯思则把权力定义为"达成事物的涵容力或能力"。显然，谈判者拥有的权力支配着他的行为，权力的大小直接决定了谈判者可能的决策范围与限度。在权力有限的情况下，对方的讨价还价只能局限在己方人员权力所及的范围与限度之内，任何试图超出这一范围与限度去谋求更多利益的努力，都将是徒劳的。

如果你告诉对方："我没有权力批准这笔费用，只有我们的董事长能够批准，但目前他正在非洲进行为期两个月的狩猎旅行，无法与他联系。"那么，对方立刻就会意识到，在这一事项上要求你做出让步将是绝不可能的了。

有些谈判者对加于他们身上的种种限制多有微词。其实，应当烦恼的不该是你而是对方。受到限制的权力，是用来阻挡对方进攻的坚固盾牌，权力有限恰恰意味着力量的无限。当然，这种策略只能在少数几个关键时刻运用；使用过多，对方会认为你缺乏诚意，或没有谈判的资格而拒绝与你进一步磋商。

实 例

应该同谁谈

你正在一家家具店选购沙发，结果看中了其中一个标价为 2 999 元的双人沙发。你要求售货员打折扣，但得到的回答是："这是刚刚降价之后确定的价格，根据店里的政策，价格是没有多少研究余地的。"在这种情况下，你应该怎么办？

(1) 要求见经理。

(2) 接受售货员的话。

(3) 再向售货员施加压力以求降价。

2. 政策极限策略

这是己方以企业在政策方面的有关规定作为无法退让的理由，阻止对方进攻的一种策略。这一策略与权力极限策略如出一辙，只不过用于限制对方行动自由的不是权力，而是己方所在企业的政策。通常，每一个企业都制定有一些基本的行为准则，这些政策性的规定对企业的生产经营活动具有直接的约束力，企业的谈判人员也必须以此来规范自己的行为。既然谈判者不能偏离企业政策的要求来处理他所面临的问题，那么，对方就只能在本企业政策许可的范围内进行讨价还价；否则，其要求便无法得到满足。

3. 财政极限策略

这是利用己方在财政方面所受的限制，向对方施加影响，以达到防止其进攻目的的一种策略。比如买方可能会说："我们非常喜欢你们的产品，也很感谢你们提供的合作，遗憾的是，公司的预算只有这么多。"卖方则可能表示："我们成本就这么多，因此价格不能再低了。"如此等等。

向对方说明你的困难甚至面临的窘境，往往能取得比较好的效果。在许多情况下，人们对弱者抱有怜悯与同情之心，并乐于提供帮助，使他们能够实现自己的愿望。当对方确信根据你目前的财政状况，已经难以做出更多让步时，他可能会放弃进一步发动攻势的想法，而立即与你达成一项"皆大欢喜"的协议。

4. 先例控制策略

所谓先例，是指过去已有的事例。引用先例来处理同类的事物，不仅可以为我们节省大量的时间和精力，缩短决策过程，而且还会在一定程度上给我们带来安全感。在商务谈判中，谈判的一方常常引用对他有利的先例来约束另一方，迫使其做出不利的让步。在这种情况下，谈判者就必须采取一些控制措施，以遏制对方的进攻。

谈判中先例的引用一般采用两种形式。一是引用以前与同一个对手谈判时的例子。比如："以前我们与你谈的都是三年租借协定，为什么现在要提出五年呢？"二是引用与他人谈判的例子。如："既然本行业的其他厂商都决定增加20%，你提出的10%就太低了。"

先例控制的目的在于消除对方欲强加给你的种种限制，从而保护己方的合理利益。当对方使用该策略时，你应该向对方说明，他所引用的先例是一种与目前的谈判无任何关系的模式，因为环境或者某些条件的变化，已经使以往的模式变得不再适用。你还可以告诉对方："如果答应了你的要求，对我们来说等于又开了一个先例，今后我方对其他客商就必须提供同样的优惠，这是我方所无法负担的。"至于这次的所谓"先例"是真是假，对方是无从考察的。

5. 疲劳战术

在商务谈判中，有时会遇到一些锋芒毕露、咄咄逼人的谈判对手。他们以各种方式表现其居高临下、先声夺人的挑战姿态。对于这类谈判者，疲劳战术是一个十分有效的策略。这种战术的目的在于通过许多回合的拉锯战，使这类谈判者疲劳生厌，以此逐渐磨去锐气；同时也扭转了己方在谈判中的不利地位，等到对手筋疲力尽、头昏脑涨之时，己方即可反守为攻，促使对方接受己方的条件。

如果你确信对手比你还要急于达成协议，那么运用疲劳战术会很奏效。采用这种战术，要求己方事先有足够的思想准备，并确定每一回的战略战术，以求更有效地击败对方的进攻，争取更大的进步。

6. 借恻隐术

借恻隐术是谈判一方装扮可怜相、为难状，唤起对方同情心，从而达到阻止对方进攻的做法。古人说，"恻隐之心，人皆有之"。在一般情况下，人们总是同情弱者，不愿落井下石，将其置于死地。有些谈判人员利用人性这一特点，示弱以求怜悯，把它作为一种谈判策略来使用。

常见的情形是，当谈判人员被对方逼得招架不住时，采取"以坦白求得宽容"的姿态，干脆把己方对本次谈判的真实希望和要求和盘托出，以求得对方理解和宽容，从而阻止对方进攻。甚至直接乞求对方，告知若按对方的要求去办，公司必将破产倒闭，或者他本人就会被公司解雇。

电视剧《大染坊》片段：日本商人的借恻隐术

该策略是否有效，取决于对方谈判人员的个性以及对示弱者坦白内容的相信程度，因此具有较大的冒险性。需要注意的是，在使用这一策略请求对方合作时，一定注意不要丧失人格和尊严，直诉困难也要不卑不亢。

上面分析了磋商阶段常用的一些谈判策略。这些策略的分类是相对的，并没有固定不变的绝对标准。在运用这些策略时，应该综合考虑实力、环境、竞争等各种因素，在此基础上做出正确的选择。

需要指出的是，商务谈判的策略并不局限前面所列举的策略，我们可以在谈判实践中总结和设计出更多的策略来。中国传统文化遗产中的《孙子兵法》《三十六计》等，是由古代军事思想和丰富的斗争经验总结而成的策略大全，也可以广泛运用到商务谈判中。

《三十六计》解读

3.4 谈判僵局的处理策略

谈判进入实际的磋商阶段以后，谈判各方往往由于某种原因而相持不下，陷入进退两难的境地。把这种谈判搁浅的情况称为"谈判的僵局"。僵局之所以会经常产生，其原因就在于谈判各方都有自己的利益，当谈判进展到一定的程度时，谈判各方各自对利益的期望或对某一问题的立场和观点确实很难达成共识，甚至相差甚远，当各自又不愿再做进一步的让步时，就形成了僵局。

妥善处理僵局，必须对僵局的性质、产生的原因等问题进行透彻的了解和分析，以便正确地加以判断，从而进一步采取相应的策略和技巧，选择有效的方案，重新回到谈判桌上。

3.4.1 僵局形成的原因分析

1. 立场观点的争执

在谈判过程中，对某一问题双方坚持自己的看法和主张，并且谁也不愿做出让步时，往往容易产生分歧,争执不下,谈判自然陷入僵局。

实 例

在中美恢复外交关系的谈判中,双方在如何表述台湾的问题上发生了争执。中方认为台湾是中国领土的一部分,而美国不想得罪台湾当局,双方谈判代表为此相持不下,绞尽脑汁。最后,在上海公报里,用了"台湾海峡两边的所有中国人"。这种巧妙的提法,双方在观点上的争执得到了缓解,"上海公报"得以诞生。

2. 沟通的障碍

沟通障碍指的是谈判双方在交流彼此情况、观点、合作意向、交易条件等过程中,可能遇到的由于主观与客观原因所造成的理解障碍。

由于谈判双方在谈判时大多通过口头来进行交流,而双方人员的背景、理解能力和出发点都有着或多或少的差异,所以,在交流时常常会因为沟通不充分而产生障碍,进而产生分歧。而当双方如果没有理解这种障碍产生的真正原因,只是因为双方表面上的分歧而僵持不下时,谈判自然走进了僵局。在国际商务谈判中,由于谈判双方语言、文化、信仰存在较大的差异,往往会在谈判中产生沟通的障碍,进而陷入僵局。

3. 谈判者言行的失当

在商务谈判中,由于谈判人员自身素质的限制,以及对谈判局势的不正确把握,常常会采取一些不当的言行,并激怒谈判对手,导致双方发生分歧甚至争执。如果不更换谈判人员,双方又不进行适当的沟通,双方人员的感情对立将越来越强烈,都不肯作丝毫的让步,从而导致谈判陷入僵局。

4. 外部环境发生变化

谈判中因环境变化,谈判者对已做出的承诺不好食言,但又无意签约,于是采取不了了之的拖延,最终使对方忍无可忍,造成僵局。例如,市场价格突然变化,如按双方原洽谈的价格签约,必给一方造成损失。若违背承诺又恐对方不接受,双方都不挑明议题,形成僵局。

3.4.2 处理僵局的策略

如果谈判者不希望谈判破裂,那么从战术的角度看,谈判者需要懂得处置僵局的一般做法,这对于寻求有利的结果十分必要。这些做法如下。

1. 观点求同存异

由于谈判双方的关系有合作,也有对立,所以在商务谈判中,谈判双方对于某些问题的观点难免不一致。如果一味坚持己方的观点,排斥对方的观点,会令谈判对手无法接受,从而使谈判有陷入僵局的可能。

当谈判人员发现在某一个或几个问题上,双方观点有分歧甚至对立时,不应该马上指责对方,而是应该首先分析分歧问题的重要性。如果该问题并不是谈判的主要问题,则可以尽量淡化这种矛盾,尽快把注意力转移到重点问题上;如果该问题是谈判的主要问题,则应该与对方进行沟通，了解双方观点是否有调和的可能性，即使一时之间难以调和，也应该允许有不同观点的存在，可以将这个问题安排到后面的议程中，希望能够随着谈判的进行自动化解这种矛盾。如果最后还是无法达成一致，则谈判双方应该各自在可以接受的范围内进行让步，力求获得一个双方都能接受的折中方案。

2. 强调双方的利益或损失

在多数的表面冲突中，强调业已取得的和潜在的共同利益是促使僵持各方再次走到一起的战术。有时在讨论具体事件时，谈判者很容易被表面的现象所迷惑，甚至会为了某些与根本利益并无太大关系的问题发生冲突，结果导致真正的共同利益受损。在这种情况下，谈判者适时地向对手指出双方的利益所在，使关注的焦点回到关键的问题上来，是引导僵局出现转机的重要措施。

如果谈判出现僵局所引起的共同损失比相互间的利益更大，谈判者可以对负面的消极结果进行剖析，引导对方一起进行比较。不过，谈判者在运用这种手段时，不要让对方误以为你在威胁他。较好的办法是，抓住要害，避免唠叨，给对方一些思考的时间，这比一味地讲理更有效。

3. 休会策略

无论谈判者是强调双方的共同利益还是强调双方可能的损失，都不要指望对方立刻表态。处在僵局中的人对需要立刻表态的情形十分敏感，因为他们面对的不仅是对方，还有自己内部的质疑和压力。运用好休会战术是一个破解僵局的好办法，这使得双方都有机会反省一下自己先前的决定和判断，也有机会征求周围人的意见。如果谈判是团体之间的，更可提供了一个让双方的人员互相沟通的机会，可以对在正式谈判中没有说清楚、不便说清楚、不能够公开说出来的理由进行解释。同时，休会也有利于各方再考虑其他解决问题的途径。从最低限度上讲，休会可以起到放松心情的作用，如果主方通过一些会务安排，如让服务生上点水果茶点、分送一些小礼品、播放轻松的背景音乐、介绍一位双方都敬重的权威人士、邀请对方领导人单独出去走走，有助于为恢复谈判创造有利的气氛。

4. 设定底线，威胁退出

设定底线就是有预谋地在议题、议程、时间、地点、人数、级别等谈判因素上设置某些限制，以向对方施加压力。如："我已订好明天下午的返程飞机票，希望能在此之前达成协议。""我们经理出差了，你们只能找副经理商议此事。""看来今天我们只能先讨论这一个问题，因为你们要谈的第二个问题的资料我们没有带来。"在设定底线时必须小心，过分限制只能迫使对方作出强烈反应。因此，在理智地评价了当前形势，确信所有可以尝试的办法都无法改变谈判僵局时，谈判者方可采取这种威胁的办法。威胁退出分为两步：第一是姿态上的威胁，第二是行动上的实施。如果谈判者宣布退出谈判，至少从形式上说谈判已经结束了，这种办法偶尔也可以作为一种战术，或者说，一种将重启谈判的主动权交给对手的下策。谈判者在绝对确信目前的手段都不可能产生效果之前，切不可轻言退出。

5. 更换谈判人员

很多时候，僵局是由于谈判人员的冲突而产生的。这种冲突可能是由于谈判人员能力、性格、态度的欠缺或不当而产生的，也有可能是为了谈判战术的需要而故意安排的。无论出于哪种原因，此时，如果让与对方产生冲突的谈判人员继续留在谈判桌上，那么对于僵局的解决是没有任何益处的。及时更换与对方产生冲突的谈判人员,不仅可以避免僵局的恶化,防止今后冲突的再度产生,也是向谈判对手主动示好的表现。此时,配合人员的更换,可以借机向对方表示歉意,或者推翻先前的陈词,同时给双方一个台阶,谈判也将因此而恢复。

6. 第三方介入调停或仲裁

谈判中的分歧有时是谈判者自身主观意识的产物,它会因谈判者自设的屏障(如面子、信誉、尊严、政治制度、意识形态的对立、思维方式的差异等)而无法解决。如果谈判者固执己见,人为地强化这种屏障,直接沟通就会发生困难。如果谈判双方在这种情况下既不愿意放弃谈判,又要坚持各自的立场时,第三方介入就很有必要。在这种情况下第三方的介入有助于客观地理解、解释对立各方的观点和立场,有利于传递某些当事人不便于直接传递的信息。因为第三方的介入改变了相互沟通的方式,所以加大了消除各方分歧的可能性。而且第三方通常能够找出顾全各方面子的办法,使谈判者和他们的上级都感到容易接受。

第三方作为调停者和仲裁者,应该是某一方面的权威,具有较强的斡旋能力和丰富的谈判经验,他们的经历和取得的成就能够赢得谈判各方的信任与尊重。

善于利用调停和仲裁的谈判者,可以有效地简化谈判,避免不必要的磋商和由此造成的谈判者精力与时间上的耗费。上述对调停者和仲裁者作用的描述,是建立在谈判各方对公正调停与仲裁的希望的基础上。实际上,作为中间人,由于自身的局限性,对事物的看法总会或多或少地带有偏见。如果调停者或仲裁者与各方人际关系并不正常,或已被某一方贿赂、控制、利用,就应当引起谈判者的警觉。假如有充足的理由怀疑调停者或仲裁者的公正性,就应及时而坦率地向对方提出更换调停者或仲裁者的要求。

3.5 结束阶段的谈判策略

对于谈判者来说,如何把握结束谈判的时机,灵活运用某些谈判策略和技巧,做好谈判的收尾工作,同样是决定谈判成败的关键。

3.5.1 谈判结束阶段的主要标志

一般来说,谈判进入结束阶段,往往有以下两个明显标志。

(1) 达到谈判的基本目标。经过实质性的磋商阶段,交易双方都从原来出发的立场做出了让步,此时,谈判人员较多地谈到实质性问题,甚至亮出了此次谈判的"底牌"。如果双方都确定在主要问题上已基本达到了目标,谈判成功就有了十分重要的基础,就可以说促成交易的时机已经到来。

(2) 出现了交易信号。在谈判的早期阶段,交易各方可能会大量使用假象、夸张和其他策略手段。但谈判进入到将要结束的阶段时,谈判者将会发出某种信号,显示自己的真实主张。当对方收到这样的信号时,他就会明白,在这些主张的基础上有可能达成交易。各个谈判者实际使用的信号形式是不同的。谈判人员通常使用的成交信号有以下几种。

① 谈判者用最少的言辞阐明自己的立场。谈话中可能表达出一定的承诺意愿，但不包含讹诈的含义。

② 谈判者所提的建议是完整的、明确的，并暗示如果他的意见不被接受，只好中断谈判，别无出路。

③ 谈判者在阐述自己的立场、观点时，表情不卑不亢，态度严肃认真，两眼紧紧盯住对方，语调及神态表现出最后决定和期待的态度。

④ 谈判者在回答对方的问题时，尽可能简单，常常只回答一个"是"或"否"，很少谈论论据，表明确实没有折中的余地。

3.5.2 促成缔约的策略

商务谈判是双方谋求一致的过程，在完成最后的签约之前，双方的立场和利益始终存在着一定的分歧。即使在缔约过程中，谈判双方已经达到近乎完全一致的程度，但彼此之间的微小差异仍有被扩大的可能。因此，谈判者应珍惜得来不易的谈判成果，设法促成协议的最后缔结。在缔约阶段，谈判者可考虑运用下述谈判策略。

1. 期限策略

所谓期限策略，是指限定缔约的最后时间，促使对方在规定的期限内完成协议缔结的一种方法。与最后通牒不同的是，期限策略的核心不是设定己方所能接受的交易条件的极限，而是不可逾越的时间界限。当然，期限策略也不同于有意地延长或缩短谈判可用时间的做法。

限定的期限往往会使对方产生沉重的心理压力。迫于此压力，对方常会有种机不可失、时不再来的念头，并成为其采取行动最直接的动因。事实上，在许多谈判场合，谈判双方都是在期限将至时才达成协议的。当双方已接近最后的妥协时刻，有意识地设定谈判的期限，常常能有效地限制对方的选择余地，促成协议的缔结。当然，在运用这一策略时必须注意只有在对方比你更需要达成协议的条件下，你所设定的期限才能达到预期的效果。

2. 最终出价的策略

一般在谈判的结束阶段，谈判双方都要做出最后一次报价，即最终出价。最终出价不应在争吵中提出，而应在具有建设性的讨论中提出，并且要进行合情合理的陈述。谈判者在做出最终出价时，要注意把握以下几个方面。

（1）最后出价，不急表态。在谈判进入收尾阶段，谈判者一定要正确地评估谈判迈向协议的形势，在各种达成协议的条件都具备的时候，才做出最终出价。如果过早地亮出最后一张"底牌"，容易使对方产生得陇望蜀的欲望，对方就可能换个话题，希望得到更多的东西。因此，最好能够在对方做出最后报价之后再亮出自己的最终出价。如果出现双方僵持不下的局面，则应该在最后期限前做出最终出价。这一点，往往是对谈判者耐力的考验，越是关键时刻，越要沉住气，不要急于表态。

（2）最后让步，小于前次。谈判者可以以上次的出价作为最后出价，明确地告诉对方"这是我方的最后出价"；也可以再做些让步作为最后出价，这要视谈判的具体情况而定，没有约定俗成的惯例。但值得注意的是，如果不得不再做些让步的话，最后这次让步的幅度一般要小于前次让步的幅度，使对方感到不再有进一步让步的可能。

（3）最后一次，也有条件。即使在做出最后让步时，也不要忘记附加条件。这里的"附加条件"应包含两层意思：一是以要求对方做出某种让步为条件；二是以需经我方决策层批准为条件，这样既为是否兑现让步留下余地，也是为了争得对方的积极回应。

3.5.3 谈判的收尾工作

一项商务谈判活动不管进行多久、多少次，总有一个终结的时候，其结果不外乎有两种可能：破裂或成交。

1. 谈判破裂的收尾

谈判破裂意味着谈判的失败，是谈判双方所不愿发生的事情。但是，谈判破裂又是经常出现的正常现象，其根本原因往往是交易双方的交易条件差距较大，难以通过协商达成一致。当谈判出现这种情况时，谈判人员应注意采用适当的方法正确处理。

（1）正确对待谈判破裂。谈判双方达不成一致协议，往往意味着一方对另一方提议的最后拒绝或是双方的相互拒绝。谈判中的最后拒绝必然会在对方心理上造成失望与不快，因而要将由此而造成的失望与不快控制在最小限度内，尽量使对方在和谐的气氛中接受拒绝，所谓"生意不成仁义在"，双方应含笑握手离开。

（2）把握最后可能出现的转机。当对方宣布最后立场后，谈判人员要做出语言友好、态度诚恳的反应，并争取最后的转机。如在分析对方立场后，可以作以下陈述："贵方目前的态度可以理解，回去后，若有新的建议，我们很乐意再进行讨论。""请贵方三思，如果贵方还有机动灵活的可能，我们将愿陪贵方继续商讨。"这样，对于那种以"结束谈判"要挟对方让步的人网开一面，有时也会使谈判出现"柳暗花明又一村"的局面。

2. 谈判成交的收尾

谈判取得了成果，双方达成了交易，谈判者应该善始善终，做好谈判记录的整理和协议的签订工作。

双方要检查、整理谈判记录，共同确认记录正确无误，在此基础上，双方签订书面协议（或合同）。协议一经签字后就成为约束双方行为的法律性文件，双方都必须遵守和执行。

▶ 关键术语

谈判气氛　　非正式接触　　谈判议程　　报价原则　　西欧式报价　　日本式报价　　报价时机　　报价差别策略　　价格分割策略　　心理价格策略　　让步模式　　对等式让步　　互补式让步　　软硬兼施策略　　制造竞争策略　　欲擒故纵策略　　各个击破策略　　吹毛求疵策略　　积少成多策略　　最后通牒策略　　权力极限策略　　政策极限策略　　财政极限策略　　先例控制策略　　疲劳战术　　借恻隐术　　僵局处理　　休会策略

复习思考题

1. 何谓商务谈判策略？策略主要解决的是什么问题？
2. 在谈判开局阶段，谈判者应如何去营造特定的谈判气氛？
3. 报价的先后对谈判行为会产生怎样的影响？
4. 谈判者在报价时应如何处理价格与价值的关系？
5. 报价应遵循哪些主要原则？
6. 报价的方式和策略有哪些？
7. 理想的让步方式有什么特定的要求？
8. 商务谈判中可以采取哪些策略迫使对方退让？哪些策略可以帮助我们有效地阻止对方的进攻？
9. 谈判僵局的处理有哪些策略？
10. 在谈判结束阶段，有哪些促成缔约的策略？

选择题

1. 你手头有一批货物可供外销。你认为若能卖到 100 000 美元，则感到十分满足。某外商提议以 200 000 美元的现汇购买这批货物，此时，你最明智的做法是什么？
   A. 毫不犹豫地接受该客商的建议
   B. 告诉他一星期后再作答复
   C. 跟他讨价还价

2. 某单位采购人员正向你厂采购某种机床，这位采购人员表示希望买一台 125 000 元的车床，但他的预算只容许他购买价格不超过 110 000 元的车床，此时你怎么处理？
   A. 向他致歉，表示你无法将该车床的价格压低到他预算所允许的范围内
   B. 运用工厂给你的权力，为他提供特优价
   C. 请他考虑购买价格较低廉的其他型号车床

3. 你是某饮料厂的销售科长，正与某客户磋商供应汽水事宜。该客户要求你厂的汽水每打必须削价 1 元，否则他就改买其他饮料厂不同品牌的汽水。该客户每年向你厂采购汽水 8 000 万打，面对他的要求，你的做法是：
   A. 礼貌地拒绝他
   B. 接纳他的要求
   C. 提出一个折中的解决办法
   D. 表示你可以考虑

4. 你正准备对有意向你购买客车渡轮的客商报价，你将采取的报价方式是：
   A. 在报价单上逐项列明船体、主机、客舱等的详细价格
   B. 在报价单上只粗略地将整船分为若干部分，并标出每一部分的价格
   C. 只报以整船价格，避免分项标价

5. 你是一位汽车进口公司的业务员，正与某客商接洽明年的汽车进口事宜。对方提出

明年每辆汽车要加价 5 000 元,但对方愿意与你各负担 50%。此时,你的反应是:

    A. 提议对方负担 60%,你自己负担 40%

    B. 拒绝接受加价

    C. 接纳对方加价的意见

    D. 提议对方负担 75%,自己负担 25%

6. 你为处理某桩买卖的纠纷到达深圳,并通知香港客商到深圳面议。但后来你发现对方并非卖主本人,而是他的下属。在这种情况下,你该如何处理?

    A. 坚持要与卖主本人谈判

    B. 问该人是否能够全权代理,而无须征求卖主本人的意见

    C. 以"边谈边看"的方式与该代理人进行谈判

7. 客户不接纳你所开出的价格,但他并不向你提出具体的建议,只是强调你出的价格太高。此时你将:

    A. 拒绝"价格太高"的看法

    B. 要求他提出具体的建议或意见

    C. 问他为何反对你开出的价格

    D. 你自己提出解决问题的方法

8. 你是汽车制造厂商。你最近与一客户经过了艰难的谈判,最后终于达成协议。但在签订协议书之前,该买家又提出了一个最后要求:汽车要漆成红、白两色。这两种颜色正好是你心中准备将要使用的颜色,面对这种"额外"要求,你该怎么办?

    A. 告诉他,如他要求这两种颜色,则他必须付额外费用

    B. 告诉他可以按他的要求办

    C. 问他这两种颜色对他有何重要性

9. 卖方对某成套设备的最低可接纳水平定为 620 万元,但他开价 720 万元,这表示他在整个谈判过程(假定整个过程分成 4 个阶段)中,他最大的减价数额为 100 万元。表 3-2 是 8 种常见的让步方式,你认为哪一种较好?

表 3-2 让步方式

让步方式	第一阶段	第二阶段	第三阶段	第四阶段
第 1 种	0	0	0	100
第 2 种	25	25	25	25
第 3 种	13	22	28	37
第 4 种	37	28	22	13
第 5 种	43	33	20	4
第 6 种	80	18	0	2
第 7 种	83	17	−1	+1
第 8 种	100	0	0	0

10. 你奉命前往各地拜访客户并争取订单。甲地的客户说"你们的报价太高";乙地的客户说"你们的定价不切实际";丙地的客户则告诉你"经销你们的产品赚头太少";你碰了这些钉子以后怎么办?

A. 立即致电工厂，说明现行价格政策很可能有毛病，希望工厂领导马上考虑变更
B. 按原计划继续拜访客户及争取订单
C. 致电工厂要求削价

 案例题

【案例3-1】

美国著名的柯达公司创始人乔治·伊斯曼成为美国巨富之后，不忘社会公益事业，捐赠巨款在罗彻斯特建造一座音乐堂、一座纪念馆和一座戏院。为承接这批建筑物内的座椅，许多建造商展开了激烈的竞争。找伊斯曼谈生意的商人无不乘兴而来，败兴而归，毫无所获。

正是在这种情况下，美国优美座位公司的经理亚当森前来拜见伊斯曼，希望能够得到这笔价值9万美元的生意。伊斯曼的秘书在引见亚当森前，就对亚当森说："我知道您急于想得到这批订货，但我现在可以告诉您，如果您占用了伊斯曼先生5分钟以上的时间，您就完了。他是一个很严厉的大忙人，所以您进去以后要快快地讲。"

亚当森被引进伊斯曼的办公室后，看见伊斯曼正埋头于桌上的一堆文件，于是静静地站在那里仔细地打量起这间办公室来。

过了一会儿，伊斯曼抬起头来，发现了亚当森，便问道："先生有何见教？"

秘书把亚当森做了简单的介绍后，便退了出去。这时亚当森没有谈生意，而是说："伊斯曼先生，我在等您的时候，仔细地观察了您的这间办公室。我本人长期从事室内的木工装修，但从来没见过装修得这么精致的办公室。"

伊斯曼回答说："哎呀！您提醒了我差不多忘记了的事情。这间办公室是我亲自设计的，当初刚建好的时候，我喜欢极了。但是后来一忙，一连几个星期都没有机会仔细欣赏一下这个房间。"

亚当森走到墙边，用手在木板上一擦，说："我想这是英国橡木，是不是？意大利的橡木质地不是这样的。"

"是的，"伊斯曼高兴地站起身来回答说，"那是从英国进口的橡木，是我的一位专门研究室内橡木的朋友专程去英国为我订的货。"

伊斯曼心情极好，便带着亚当森仔细地参观他的办公室，他把办公室内所有的装饰一件件向亚当森作介绍，从木质谈到比例，又从比例谈到颜色，从手艺谈到价格，然后又详细介绍了他的设计经过。亚当森微笑着聆听，饶有兴致。

亚当森看到伊斯曼谈兴正浓，便好奇地问起他的经历。伊斯曼便向他讲述了自己苦难的青少年时代的生活，母子俩如何在贫困中挣扎的情景，自己发明柯达相机的经过，以及自己打算为社会所做的巨额的捐赠……

亚当森由衷地赞扬他的功德心。本来秘书警告过亚当森，会谈不要超过5分钟，结果亚当森和伊斯曼谈了一个小时又一个小时，一直谈到中午。

最后，伊斯曼对亚当森说："上次我在日本买了几张椅子，放在我家的走廊里，由于日晒，都脱了漆。昨天我上街买了油漆，打算由我自己把它们重新油好。您有兴趣看看我的油漆表演吗？好了，到我家里和我一起吃午饭，再看看我的手艺。"

午饭以后伊斯曼便动手把椅子一一漆好，并深感自豪。第二天，便开始了这场在别人看来十分艰难而他们却显得十分轻松和友好的实质性谈判。亚当森不但得到了大量订单，而且和伊斯曼结下了终生的友谊。

问题：结合本案例，谈谈在谈判的开局阶段应注意运用哪些策略和技巧。

【案例3-2】

有位性急的手表批发商，他经常到农村推销产品。有一次，他懒得多费口舌去讨价还价，他想反正是老主顾了，就照上回的价格差不多就行了。他驱车来到公路边的一家商店，直截了当地对店主说："这次，咱俩少费点时间和唾沫，干脆按我的要价和你的出价来个折中，怎么样？"店主不知他葫芦里卖的什么药，不置可否。他以为店主同意了，就报了一个价。他以为对方一定会高兴，因为他的报价的确比上次优惠得多。报完价，他得意扬扬地问对方准备进多少货，想不到对方回答一个也不要。店主说："你以为乡下人都是傻瓜？你们这些城里来的骗子，嘴里说价钱绝对优惠，实际上未必是真的优惠。"

问题：思考一下，批发商错在何处？

【案例3-3】

一家果品公司的采购员来到果园，问："多少钱一斤？"

"四块。"

"三块行吗？"

"少一分也不卖。"

目前正是苹果上市的时候，这么多的买主，卖主显然不肯让步。"商量商量怎么样？"

"没什么好商量的。"

"不卖拉倒！"

几句说呛了，买卖双方不欢而散。

不久，又一家公司的采购员走上前来，先递过一支香烟，问：

"多少钱一斤？"

"四块。"

"整筐卖多少钱？"

"零买不卖，整筐四块一斤。"

卖主仍然坚持不让。买主却不急于还价，而是不慌不忙地打开筐盖，拿起一个苹果在手里掂量着，端详着，不紧不慢地说："个头还可以，但颜色不够红，这样上市卖不上价呀。"

接着伸手往筐里掏，摸了一会儿摸出一个个头小的苹果：

"老板，您这一筐，表面是大的，筐底可藏着不少小的，这怎么算呢？"

边说边继续在筐里摸着，一会儿，又摸出一个带伤的苹果：

"看！这里还有虫咬痕迹，也许是雹伤。您这苹果既不够红，又不够大，有的还有伤，无论如何算不上一级，勉强算二级就不错了。"

这时，卖主沉不住气了，说话也和气了："您真的想要，那么，您还个价吧。"

"农民一年到头也不容易，给您三块钱吧。"

"那可太低了……"卖主有点着急,"您再添点吧,我就指望这些苹果过日子哩。"

"好吧,看您也是个老实人,交个朋友吧,三块二一斤,我全包了。"

双方终于成交了。

问题:为什么第一个买主遭到拒绝,而第二个买主却能以较低的价格成交?请从谈判战术上进行分析。

【案例3-4】

有一次,一家日本公司与一家美国公司进行一场贸易谈判。谈判一开始,美方代表便滔滔不绝地向日方介绍情况,而日方代表则一言不发,埋头记录。

美方代表讲完后,征求日方代表的意见,日方代表就像什么都没听到一样,目光迷惘地说:"我们完全不明白,请允许我们回去研究一下。"

于是,第一轮会谈结束。几星期后,日本公司换了另一个代表团,出现在谈判桌上,并申明自己不了解情况。美方代表无奈,只好再次给他们谈了一通。谁知,讲完后日方代表仍是说:"我们完全不明白,请允许我们回去研究一下。"这样,第二轮会谈又暂告休会。

过了几星期后,日方又换了一个代表团,在谈判桌上再次故技重演。只是在会谈结束时,日方代表告诉美方,回去后一旦有了结果,就立即通知美方。

时间一晃过了半年,日方仍无任何消息,美方感到奇怪,说日本人缺乏诚意。

正当美国人感到烦躁不安时,日方突然派了一个由董事长亲自率领的代表团飞抵美国。在美国人毫无准备的情况下,要求立即谈判,并抛出最后方案,以迅雷不及掩耳之势,逼迫美国人讨论全部细节,使美国人措手不及。最后,不得不同日本人达成一项明显有利于日本人的协议。

问题:日本人运用的是哪种谈判策略?

【案例3-5】

谈判策略的运用

1995年7月下旬,中外合资重庆某房地产开发有限公司总经理张先生,获悉澳大利亚著名建筑设计师尼克·博榭先生将在上海作短暂的停留。张总经理认为,澳大利亚的建筑汇聚了世界建筑的经典,何况尼克·博榭是当代有许多杰作的著名的建筑设计师!为了把正在建设中的金盾大厦建设成豪华、气派,既方便商务办公,又适于家居生活的现代化综合商住楼,必须使之设计科学、合理,不落后于时代潮流。具有长远发展眼光的张总经理委派高级工程师丁静副总经理作为全权代表飞赴上海,与尼克·博榭先生洽谈。既向这位澳洲著名设计师咨询,又请他帮助公司为金盾大厦设计一套最新方案。

丁静女士一行肩负重担,7月25日,风尘仆仆地赶到上海。一下飞机,便马上与尼克·博榭先生的秘书联系,确定当天晚上在一家名为银星假日饭店的会议室见面会谈。下午5点,双方代表准时赴约,并在宾馆门口巧遇。双方互致问候,彬彬有礼地进入21楼的会议室。

根据张总经理的指示精神，丁静女士一行介绍了金盾大厦的现状，她说："金盾大厦建设方案是在七八年前设计的，其外形、外观、立面等方面有些不合时宜，与跨世纪建筑的设计要求存在很大差距。我们慕名远道而来，恳请贵公司合作与支持。"丁静女士一边介绍，一边将事先准备好的有关资料，如施工现场的照片、图纸，国内有关单位的原设计方案、修正资料等，提供给尼克·博榭一行。

尼克·博榭在我国注册了"博榭联合建筑设计有限公司"。该公司是多次获得大奖的国际甲级建筑设计公司，声名显赫。在上海注册后，尼克·博榭很快占领了上海建筑设计市场。但是，内地市场还没有深入进来，该公司希望早日在内地的建筑设计市场上占有一席之地。由于有这样一个良好的机会，所以尼克·博榭一行对该公司的这一项目很感兴趣，他们同意接受委托，设计金盾大厦8楼以上的方案。可以说，双方都愿意合作。然而，根据重庆此公司的委托要求，博榭联合建筑设计有限公司报价40万元人民币。这一报价令人难以接受。博榭公司的理由是：本公司是一家讲求质量、注重信誉、在世界上有名气的公司，报价稍高是理所当然的。但是，鉴于重庆地区的工程造价，以及中国大陆的实际情况，这一价格已是最优惠的价了。据重庆方面的谈判代表了解，博榭联合建筑设计有限公司在上海的设计价格为每平方米6.5美元。若按此价格计算，重庆金盾大厦25 000平方米的设计费应为16.26万美元，根据当天的外汇牌价，应折合人民币136.95万元。的确，40万元人民币的报价算是优惠的了！

"40万元人民币，是充分考虑了内地情况，按每平方米人民币16元计算的。"尼克·博榭说道。但是，考虑到公司的利益，丁静还价："20万元人民币。"对方感到吃惊。顺势，丁静女士解释道："在来上海之前，总经理授权我们10万元左右的签约权限。我们出价20万元，已经超出了我们的权力范围……如果再增加，必须请示正在重庆的总经理。"双方僵持不下，谈判暂时结束。

第二天晚上，即7月26日晚上7点，双方又重新坐到谈判桌前，探讨对建筑方案的设想、构思，接着又谈到价格。这次博榭联合建筑设计有限公司主动降价，由40万元降为35万元。并一再声称："这是最优惠的价了。"重庆方面的代表坚持说："太高了，我们无法接受！经过请示，公司同意支付20万元，不能再高了！请贵公司再考虑考虑。"对方谈判代表嘀咕了几句，说："介于你们的实际情况和贵公司的条件，我们再降5万元，30万元好了。低于这个价格，我们就不搞了。"重庆方面的代表分析，对方舍不得丢掉这次与本公司的合作机会，对方有可能还会降价，重庆方面仍然坚持出价20万元。过了一会儿，博榭公司的代表收拾笔记本等用具，根本不说话，准备退场。眼看谈判陷入僵局。

这时，重庆公司的蒋工程师急忙说："请贵公司的张小姐与我公司总经理通话，待我公司总经理决定并给我们指示后再谈，贵公司看这样好不好？"由于这样提议，紧张的气氛才缓和了起来。

7月27日，张小姐等人打了很多次电话，与重庆公司张总经理联系。在此之前，丁静副总经理已与张总经理通话，向张总经理详细汇报了谈判的情况及对谈判的分析和看法。张总经理要求丁静女士一行："不卑不亢！心理平衡！"所以当张小姐与张总经理通话时，张总经理作出了具体指示。

在双方报价与还价的基础上，二一添作五。重庆公司出价 25 万元，博榭公司基本同意，但提出 10 月 10 日才能交图纸，比原计划延期两周左右。经过协商，当天晚上草签了协议。7 月 28 日，签订了正式协议。

问题：

1. 在谈判过程中，双方主要运用了哪些谈判策略？你觉得还有哪些谈判策略可以利用？
2. 在谈判过程中，谈判代表会受到哪些限制？如何理解谈判中"有限的权力才是真正的权力"？

实训题

1. 请在各种会面场合，实践建立良好气氛的基己方法，并体会行为的恰当程度。
2. 请利用购物机会到不标价的商场进行下述两项实践：

① 询价、报价与还价；

② 以探测货主的临界价格为目的，有意识地使用相关策略与技巧讨价还价。

3. 由 3~5 人组成小组，针对下述购物情景，设计一套谈判策略模式。

小吴的性格有点内向，在校外购物与人讨还价时总感到难为情，往往是被动地接受对方的高价而成交，使得本来就"囊中羞涩"的钱包更加空瘪。自从学习了"商务谈判"这门课，小吴开始对谈判活动有了信心。这一次，小吴需要一件过冬的羽绒服，考虑价格因素，他决定到集市的服装摊上去购买。但他也知道这里的价格弹性很大，能否以合理的价格买到合适的服装很难说，商贩们在市场上整天与人"谈判"做交易，相比较于他这个没有多少经验的学生来说，他们恐怕要精明得多。不过，小吴仍很自信，他想只要事先设计出一套谈判策略的模式，到时就可以以不变应万变，应对自如了。

请你的小组为小吴设计出一套购物时的谈判策略模式。

4. 由 3~5 人组成小组，针对下述销售情景，设计一套谈判策略模式。

陈文大学毕业后自己创业，在家人和朋友的帮助下开了一家商贸有限公司，代理销售各种品牌的建筑装修（装饰）材料。日常工作中，陈文几乎每天都在与大大小小的客户打交道，与他们就产品交易条件展开谈判。因此，如何筹划安排谈判活动、如何来报价还价、如何来达成协议，就成了他每天必须要面对的问题。

请你的小组为陈文设计出一套产品销售时的谈判策略模式。

5. 参考借鉴二维码资料《模拟买车谈判实录》，完成以下模拟商务谈判实训。

BBA 公司需购置业务用手机 120 部，试就此项目的买卖洽谈进行策划，并组织面对面的模拟谈判。

要求如下：

（1）选定几家手机供应商进行调查。

（2）学生每四人一组，每组选定主谈人及组长，配置好成员角色，分组进行谈判准备。

（3）各组讨论关于销售或购买手机的谈判策略方案，每场两组进行面对面的模拟谈判。

模拟买车谈判实录

（4）撰写综合实训报告，内容包括模拟谈判背景、模拟谈判实录、买卖双方总结、教师同学点评等。

 测试题

学习完本章，完成本书"附录 A 谈判能力测试"，测测你是否是商务谈判好手。建议读者在学习本章内容之前和之后填写表 3-3，比较两次分值的差异，分析自己的谈判能力是否有进步。

表 3-3　谈判选择表格

题 号	选择的结果										分值计算
	1	2	3	4	5	6	7	8	9	10	
第一次选择 日期：											
第二次选择 日期：											

第 4 章

商务谈判的沟通技巧

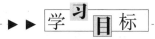

通过本章的学习，学生应了解和掌握以下知识点：
◎ 有效的口头表述
◎ 倾听的技巧
◎ 非语言沟通技巧
◎ 电话沟通的准备与应对技巧

实 例

以对方利益说服对方

戴尔·卡耐基是 20 世纪美国最具有影响的沟通大师之一。有一次，卡耐基为了每季度都举行 20 个晚上的演讲，租了一家饭店的大厅。但不久，卡耐基突然接到那家饭店的通知，告诉他租金要增加 3 倍。可是在此之前他早已公布了通告，就连入场券也已经印制好了。卡耐基当然不愿意多付租金，但是饭店出于自己利益的需要也不愿收回提高租金的要求。

两天后，卡耐基去见了饭店经理。卡耐基对他说，接到信后，尽管觉得有些意外，但并不怪他。如果自己处于饭店经理的地位，也可能会这样做，因为经理的职责是使饭店尽可能多获利。不过紧接着，卡耐基为经理算了一笔账："涨价使得我们付不起你们要求的租金，我们当然只能另外择地举行。这样，你们将得不到我的这笔收入。当然，你们也可以将大厅用于办舞会或开会，短时间内可能会获得更多的利润。不过，你要知道，我的演讲会吸引许多受过良好教育的文化人士来饭店，他们正是你们饭店的潜在顾客。这可是一个极好的广告机会。假如你想在报纸上做广告，每次得花 5 000 元，也不一定能吸引这么多人前来。如果因为涨价使饭店失去了这样的机会，值得吗？"

第二天，饭店经理通知卡耐基，租金只涨 15%，而不是原来的 3 倍。

卡耐基丝毫没有提到自己的需要，他一直谈的都是对方的需要，并告诉他如何满足自己的需要，从而成功地说服了对方。

4.1 有效的口头表述

在谈判过程中，谈判者通常借助于多种方式进行信息交换。概括而言，沟通的手段可分为"听""说""读""写""做"等几个方面。无论从传递信息、获取信息，还是从建立信任、提高效率等角度来看，掌握这些沟通手段和技巧都是十分必要的。

4.1.1 谈判过程中的陈述技巧

谈判人员要做到既与对方建立信任关系，同时又要恰到好处地表述己方的思想观点，准确无误地与对方沟通，应注意以下几点。

（1）态度诚恳，站在他人角度设身处地地谈问题。在说服他人时，最重要的是取得对方的信任。只有对方信任你，才会正确地、友好地理解你的观点和理由。社会心理学家们认为，信任是对人际沟通的"过滤器"。只有对方信任你，才会理解你友好的动机；否则，如果对方不信任你，即使你说服他的动机是友好的，也会经过"不信任"的"过滤器"作用而变成其他的东西。这时候，诚恳的态度就非常必要了。要考虑到对方的观点或行为存在的客观理由，即要换位思考，设身处地地为对方也想一想，从而使对方对你产生一种"自己人"的感觉。这样，对方就会信任你，就会感到你是在为他着想，说服的效果将会十分明显。

（2）在陈述过程中要注意概念清晰，尽量使用对方听得懂的语言，尤其对专业术语要用通俗语言解释清楚，防止因语言障碍而影响谈判进程乃至谈判结果。

（3）从原则出发，不拘泥于细节。该明确表达的不要拐弯抹角，不要随意发表与谈判主题无关的个人意见。陈述应尽量简洁，避免由于冗长而使对方反感。

（4）谈判中，当对方要你提供具体数字材料，如价值、兑换率、赔偿额、增长率等，若没有确切的数值字料，宁可不回答或延缓回答，也不作概略描述，以防给对方可乘之机。

（5）肯定性措辞表示不同意。通过强调对手所轻视或忽略的有益之处来替代直截了当地指出对手的错误与不足。

（6）陈述只是在表达自己的观点和建议，因此要避免攻击性语言，使陈述带有一定的感情，增加对方的认同感。

（7）避免以否定性语言结束会谈。一般而言，结束语宜采用切题、稳健、中肯并富有启发式的语言，并留有回旋余地，尽量避免下绝对性结论。如这样一个常见的说法："今天的会谈进一步明确了我们彼此的观点，并在××问题上达成了一致看法，但在××问题上还需进一步讨论，希望能在下一次会谈中得到双方满意的结果。"

冒犯顶撞客户导致
沟通失败的案例

（8）注意陈述的语气、语调和语速。同一句话的语气、语调和语速不同，所赋予的含义就不同。比如"您的一番话对我启发很大呀"这样一句话，在谈判中由于语气的不同，可能有赞赏、讥讽、敷衍等意思。在谈判中，通过对方说话的语调，可以发现其感情或情绪的状态。在陈述问题时，要让对方从你的语调中感受到你的坚定、自信和冷静；要避免使用过于高亢、尖锐或过于柔和、轻细的语调。语速对阐述效果影响也很大，过快对方听不清，记不住；过缓对方会感到拖拉冗长，难辨主次。陈述的语速应快而不失节奏，慢而不失流畅，给人以轻松动听之感。语句之间稍微停顿一下，通过目光与对方交流一次再继续的陈述效果颇佳。

专栏

不同情形下的陈述技巧

欲支持己方的论点和立场时：

显示实力——"当然，你知道我们可以同其他的供货商联系。"

掩饰弱点——"我们希望能尽快解决这个问题，但我们并没有时间限制。"

援引先例——"你们的竞争者已经采用过这种办法了。"

欲推迟表明立场时：

先不回答——"是的，我可以告诉你这些数字，不过首先请你再告诉……"

完全回避——"这是一个有趣的问题，但我还想知道，你能告诉我为什么吗？"

欲动摇对方的论点时：

可信度漏洞——"你所说的与你的同事刚才说的似乎不太一致，也许你能澄清……""你方的信息认为，但我方的信息却不是这样。事实上，我方的信息来源告诉我们……"

质疑前提——"你认为……，可你能告诉我这样说的依据吗？"

质疑结论——"你是这样认为的，可你能告诉我你是怎样得出这一结论的吗？"

指出遗漏——"我同意这很重要，可你没有提到……"

夸大弱点——"这很有趣，但我对你的观点不完全信服，就拿……来说吧（指出其最弱的论据）。"

指出后果——"你的结论是正确的，不过先让我们来看一下这对你们的组织将会产生什么影响。"

描绘前景——"接受我们的建议，你就能得到……利益。"

欲向前推进时：

有条件出价——"如果你能改变主意，我准备重新考虑我的要求。"

联系法——"你觉得把 A 和 B 两个问题放在一起考虑怎么样？"

建议休会——"你已经听到了我的建议，也许我们可以休息一会，这样你可以考虑一下我的建议，拿出一个修改方案。"

求助惯例——"上次我同意帮你一把，现在该你了，能否给我们一个更优惠的报价？"

施加压力——"让我们来把这件事敲定，然后讨论对我们双方都更重要的问题。"

欲保留面子或缓和紧张气氛时：

利用幽默——一个小男孩问肯尼迪："总统先生，你是怎样成为战争英雄的？"回答："是不情愿的，他们弄沉了我的船。"

混淆视听——"当你说……时，我以为你是指……。我要是知道的话，我就不会这么说了。"

强调外部环境——"我们想改变主张，因为这件事的外部环境发生了变化。我们的新建议是……"

投桃报李——"如果我们都能稍微修改一下原来的立场，我们就能达成一致。如果你能……，那么我愿意放弃我的……主张。"

特例法——"一般来说，我不能同意这种要求，但考虑到这种特殊情况，我准备特例……"

利用第三方——找调停人，或征求别人的意见。

4.1.2 谈判过程中的提问技巧

1. 提问方式

提问方式有很多种，如引导式提问、证实式提问、探索式提问、澄清式提问、暗示式提问、迂回式提问、反诘式提问，等等。所有的提问方式可以归纳为两种基本的提问方式，即闭合式提问和开放式提问。

1）闭合式提问

闭合式提问就是为获得特定资料或确切回答的直接提问，又叫确认式提问或证实式提问，主要目的是确认结果。提问常用的词汇有："能不能""对吗""是不是""会不会"，比如："贵方10天之内能否发货？""您是否认为代为安装没有可能？""您愿意与我们合作来共同做这项业务吗？""您是说贵方同意我方的主张，准备在双边贸易问题上进一步加强合作，对吗？""您的意思是，延缓交货的原因是由于铁路部门未能按时交货，而不是贵方没按时办理托运所致，对吗？"对方的回答一般只能用"对""不对""是""不是"或"能""不能"的形式。这种提问方式，单刀直入，直接指向问题的要害，答案比较明确、简单，能够收集到比较明确的信息。

女企业家谈提问技巧

2）开放式提问

开放式提问是指通过提问要从对方获得更多、更全面的信息，主要目的是收集信息。这种问题常用的词汇是"什么""告诉""怎么样""为什么""想法""建议""改进"等，比如："您对本方案有何建议？""您觉得哪些方面需要改进呢？""您为什么会有这种想法呢？"开放式提问可以使对方打开自己的心扉，说出自己的想法、感受和顾虑，谈判人员也因此有机会深入到对方的内心世界，获得一些深层次的信息。

实 例

保险推销中的提问

在保险业务谈判中，我们要想了解对方更多的信息，开放式提问尤为重要，举例如下。

我们想了解对方目前的保险合作情况，你如果选择直接询问："马先生，您看咱们公司目前跟哪家公司合作呢？费率是多少呢？"（闭合式提问）

对方的答复大多是："这个不方便透露吧，你们先报个价格吧！"这皮球又踢回来了。

如果换种提问方式，可以这么问："马先生，您公司业务规模这么大，一定经常跟我们保险公司打交道吧？你对之前的合作伙伴评价如何？"（开放式提问）

他的答复至少要简单评价一番，哪怕就是说："还不错"，我们也能找到继续了解下去的话题了。比如："您看您对我们这边的要求是什么呢？"（开放式提问）

对方接下来的答复就不会简单的"是"与"不是"，而是要长篇大论一番了，只要对方在说，就总能透露不少情报给我们。

又比如，在费率这个核心机密方面，我们不必直接询问对方的费率。如果能了解到对方年投保金额，再了解到他们年保险费，就可以推算出大概的保险费率了。实际上，后面两个数据在跟对方聊天中就可以不经意间轻易获得，而不会引起对方的警觉和反感。

闭合式提问和开放式提问的比较见表4-1。

表4-1　闭合式提问和开放式提问的比较

闭合式提问	开放式提问
1. 你在本月底以前可以交货吗？	1. 你什么时候可以交货？
2. 我们是共同验收还是委托买方验收？	2. 验收条件怎么确定？
3. 这是你们的最后价格吗？	3. 你们的价格怎么会是这样？
4. 这就是你对运输安排的理由吗？	4. 你为什么要这样安排呢？
5. 发动机下方40厘米处是这个部件的位置吗？	5. 发动机下方是什么？
6. 你看今天晚上8点以前我们见面行吗？	6. 你看什么时候有空？
7. 请你介绍一下压缩机的企业质量标准好吗？	7. 请说说你们的产品情况好吗？
8. 你们产品的噪声能控制在28分贝以下吗？	8. 你们产品的噪声大吗？

两种提问方式互相补充，各有所长。闭合式提问的特点是：针对性强，容易控制问题讨论的方向，制造的气氛紧张，节奏较快，给予对方的压力较大，应答受制。开放式提问的特点是：随意性强，对方回答问题的方向难测，气氛缓和，节奏较慢，应答自由。前者大多用于辩论性场合，后者大多用于社交性场合。在谈判中很难说清哪种提问方式更好。比如律师进行盘问，总是设法避免那种不可控回答的提问，以达到特定的目的；而公关人员或头脑风暴的主持者常运用开放式提问，以融洽关系，启发思维。

提问时除了善于选择适当的方式外，还应注意提问的言辞、语气和神态，要尊重对方的人格，避免使用讽刺性、审问性和威胁性的提问方式。

2. 提问效果

从提问效果看，还可以把提问分为有效提问和无效提问两类。有效提问是确切而富于艺术性的一种发问；无效提问是强迫对方接受的一种发问，或迫使他消极地去适应预先制定的模式的一种发问。例如：①

①"你根本没有想出一个主意来，你凭什么认为你能提出一个切实可行的方

---

① 潘肖珏，谢承志. 商务谈判与沟通技巧［M］. 上海：复旦大学出版社，2004.

案呢?"
　　②"你对这个问题还有什么意见?"
　　③"不知各位对此有何高见？请发表！"
　　④"这香烟发霉吗?"

　　第①句的提问，是典型的压制性的、不留余地的提问，把对方逼得不知如何回答是好。第②句的提问，是缺乏情感色彩的例行公事式的发问，引不起对方的兴趣。第③句的提问，虽然从表面上看，这种问话很好，但效果很差，十有八九的与会者会半天不出声——高见？谁敢肯定自己的见解高人一等呢？谁好意思开口呢？第④句的提问，是一位顾客在黄梅季节去商店买香烟时，怕香烟受潮发霉随口问的，但他得到的回答是："发霉？请到别处买！"因此，有效的提问要讲究艺术。

　　有效提问艺术寓于下述两个方面。

　　第一，有效提问，必须于"问者谦谦，言者谆谆"的心理氛围中进行。给人以真诚感和可信任的印象，形成坦诚信赖的心理感应，从而使双方产生平和而从容的感受，达到预期的目的。

　　第二，有效提问必须使用一定的提问模式，即

$$有效提问 = 陈述语气 + 疑问语缀$$

根据这一模式，可将以上"无效提问"的4个例句改为如下方式：

　　①"你能提出一个切实可行的方案，这很好，能先说一说吗?"
　　②"你是能帮助解决这个问题的，你有什么建议吗?"
　　③"不知各位意下如何，愿意交流一下吗?"
　　④"香烟是刚到的货，对吗?"

　　据交际学家们的分析，人们的任一发问，几乎都可化为这种模式，即先将疑问的内容力求用陈述句式表述，然后在陈述句式之后附以一些疑问语缀，与此同时配以赞许的一笑，这样的提问就会"有效"。即使是要对方按照你的意见去做，也要用这一模式提问。如"我知道要做很多工作，可是我们必须在今晚干完它，行吗?"这种提问方式能调动对方回答的积极性，启发对方更深层的智力资源，充分满足对方的"社会赞许动机"，即渴求社会评价的嘉许与肯定的心理。这种"提问"之所以有效，是因陈述句后面加了"疑问语缀"，具有一种向他人征询、洽商、顾及"他尊"的意味，而导致有效。即便是对孩子也如此，试作比较：

　　①"伟伟，给叔叔、阿姨唱一首歌！"
　　②"我家伟伟会唱许多歌，还上了电视。叔叔、阿姨没看到，给叔叔、阿姨唱一首歌好吗?"

　　第①句是命令式，没有引发社会评价的嘉许与肯定的心理，孩子可能僵在那里，就是不唱；第②句是征询式，能引发孩子获得嘉许与肯定的表现欲望，有效率极高，幼儿园老师常采用此法。

4.1.3　谈判过程中的应答技巧

（1）早做准备，以逸待劳。在谈判前，预先假设一些难度较大的问题进行研究，制定详细的应答策略，一旦谈判中出现这类问题，马上可以做出答还是不答或怎样答的反应。

（2）对没有弄清对方真正含义的模糊问题，不轻易回答。可采用证实性提问，让对方重复或证实。或要求其引申、补充，或要求其举例说明，直到弄清其确切含义，再作相应回答。比如，对方提出："如果……您将怎么办？"这时，不要轻率地回答"我怎么办或不怎么办"，最好的回答是："在我回答这个问题之前，我想知道这种条件下的所有事实。"

（3）对难以回答的问题，可采用拖延应答的方法。比如："对不起，我还不大明白您的意思。请您再说一遍好吗？"当对方重述时，或许你已想好了应答办法。又如，1956年美苏高级首脑会谈时，美国总统艾森豪威尔在每次回答苏联部长会议主席赫鲁晓夫的问题前，都要先询问一下国务卿杜勒斯的想法。赫鲁晓夫为此大感恼火，认为美国总统不是艾森豪威尔，而是杜勒斯。其实，这是艾森豪威尔为赢得时间来考虑应答而采取的策略。

（4）对有些犯忌或事关底牌的问题，想回避它，可以采取迂回隐含的应答方法。

（5）对对方的质询一般不应针锋相对地直接反驳，而应先尊重对方的意见，然后再提出不同意见。这样的应答往往使对手更容易接受。比如："是的，您说得不错，我们的轿车是提价了10%，但我们用进口发动机代替了国产发动机，大大提高了轿车的质量。相应地，成本也提高了呀。"

4.2　倾　听

4.2.1　听的功能与效果

在谈判过程中，听起着非常重要的作用。一方面，听是获取信息的最基本的手段，面对面谈判中大量信息都要靠倾听对方的说明来获得；另一方面，谈判者在谈判过程中对听的处理本身也可以向对方传递一定的信息。认真地听既能向对方表明你对他的说明十分感兴趣，同时也表示了对对方的尊重，从而能够起到鼓励对方作更多、更充分的阐述，使己方获得更多信息的作用。

听在沟通中起着十分重要的作用，但人们实际听的效果如何呢？美国学者利曼·史泰尔在其对听的开拓性研究中发现，听是运用得最多的一种沟通能力，也是人们在听、说、读、写等各种沟通能力中最早学会的一种能力。但人们在这方面所接受的教育与训练却最少，在学校期间，通常都可以得到说、读和写等方面的教育与帮助，但听却很少引起重视。

人们对听不予以足够重视的原因在于：一般情况下，人们始终认为，在沟通的各方面能力中，听是最简单的一种。只要没有语言障碍，就不存在听的问题。但是，事实上，对听的实际效果的研究与人们对听的这种认识却大相径庭。有关研究表明：听对方讲话的人通常只能记住不到50%的讲话内容，而在讲话人所阐述的全部内容中，通常只有1/3是按照原意听取的，1/3 是曲解地听取的，另有 1/3 则完全没有听进去。

4.2.2 有效倾听的障碍

谈判过程是一个寻求合作解决双方所面临问题的过程。积极的听显然是谈判者在与对方沟通过程中应当采取的行为。但是，要完整而又准确地理解对方表达的含义和意图并不容易。在沟通过程中，人们面临着多种有效倾听的障碍：一是当人们与他人讲话时，往往只注意与自己有关的内容，或是只顾考虑自己头脑中的问题，而无意去听对方讲话的全部内容；二是受精力的限制，不能够完全听取或理解对方讲话的全部内容；三是在听对方阐述问题时，将精力放在分析、研究自己应当采取的对策上，因而不能完整理解对方的全部意图；四是人们往往倾向于根据自己的情感和兴趣来理解对方的表述，从而很容易误解或曲解对方的意图；五是听讲者的有关知识或语言能力有限，无法理解对方表达的全部内容；六是环境障碍经常会导致人们注意力分散，听的效率降低。这些障碍不仅是一般沟通中所存在的问题，也是谈判沟通中经常面临的问题。

4.2.3 有效倾听的要则

要实现有效倾听，就要设法克服上述障碍。事实上，由于人们精力状况的限制，谈判者不可能在妥当地回答对方问题的同时，又一字不漏地收集并理解对方全部表达的含义。因此，听的关键在于了解对方阐述的主要事实，理解对方表达的显在和潜在含义，并鼓励对方进一步表述其所面临的问题及有关想法。要达到这些要求，在听的过程中，把握一些技巧是必要的。

1）耐心的听

积极有效的听的首要关键在于谈判者在双方沟通过程中必须要能够耐心地倾听对方的阐述，不随意打断对方的发言。随意打断对方发言不仅是一种不礼貌的行为，而且不利于对方完整而充分地表达其意图，也不利于己方完整而又准确地理解对方的意图。

有效倾听的技巧

2）对对方的发言作出积极回应

谈判者在耐心倾听对方发言的过程中，还要注意避免被动的听。谈判过程中沟通的关键在于要达成相互理解。谈判者不仅要善于做一个有耐心的听众，而且要善于做富有同情心、善于理解对方的听众。在听的过程中，应当通过适当的面部表情和身体动作，对对方的表述作出回应，鼓励对方就有关问题作进一步的阐述。

3）主动的听

谈判过程中一个积极有效的听众能认识到"少说多听"的重要价值，但不等于只听不说。在听的过程中，谈判者不仅应当对对方已作出的阐述作某些肯定性的评价，以鼓励对方充分表达其对有关问题的看法，而且要利用适当的提问，加深对对方有关表述的理解，引导对方表述的方向。

4）做适当的记录

在长时间及较复杂的问题的谈判中，谈判者应考虑对所获得的重要信息做适当记录，作为后续谈判的参考。当然，在做记录前，应当对现场记录是否与有关文化价值观念相冲突有所了解。在某些文化中，人们将记录对方言论视为对其发言的重视；在某些文化中，人们则将记录视为一种对其不信任的表示。在某些场合，由于讨论问题的敏感性，人们则不希望对方进行记录。

5）结合其他渠道获得的信息，理解所听到的信息

听、读和看是谈判者获取信息的 3 个主要手段。谈判者应当善于把从不同途径、用不同方法获得的信息综合起来进行理解，辨清真伪，判断对方的实际意图。

4.3 非语言沟通

4.3.1 非语言沟通的作用

非语言沟通是相对于语言沟通而言的，是指通过身体动作、体态、空间距离等方式交流信息及进行沟通的过程。美国传播学家艾伯特·梅拉比安通过研究发现，提出了一个公式：

$$沟通时信息的全部表达=7\%语言+38\%声音+55\%肢体语言$$

这说明对信息的接受者来说，在影响其接受的因素中，7%是所使用的言语；38%是讲话的方式，包括声调、音量、修辞手法等；55%是非语言信号，如面部表情、身体姿势等。

人们的面部表情总是在表达一定的信息，如喜欢或不喜欢、感兴趣或没有兴趣等。其中，眼睛所传达的信息最多，也最重要。在很多文化中，听者与讲话者保持直接的眼光接触被视为对其所阐述的内容较感兴趣，从而也是一种尊重对方的表示；而讲话者与听者之间保持直接的眼光接触，则经常被理解为其有足够的自信，并对其所阐述的内容充满信心，且其所阐述的内容可能较为真实。除了面部表情能够传达大量的信息外，人体的许多动作特别是习惯性动作，如手势、坐姿、头部的晃动等，也传递着丰富的信息。

人体语言学认为，不仅人的动作、姿势、表情等传递着丰富的信息，而且通过这些信号所传递的信息往往比语言信号所传递的信息更为真实。也正因为如此，在信息传递的过程中，通过不同信号所释放出来的信息就可能存在某些矛盾，从而对谈判者产生不利影响。因此，谈判者就不仅要善于观察和理解不同的非语言信号所传递信息的含义，结合听和读所获得的信息来作出判断，而且要努力保持自身通过不同信号（说、写和做）所传递的信息的一致性。除此之外，在国际商务谈判中，更要注意到不同文化背景下同样的非语言信号所表达的信息及表达同样的信息所采取的非语言信号的差异。

4.3.2 人体语言技巧

非语言沟通方式非常广泛，既包括人体姿势、动作、面部表情、声调等人体语言，也包括衣着、礼物、时间、空间等。作为一名商务谈判者，应该具有丰富的无声语言知识，掌握无声语言技巧，对于洞察对方的心理状态、捕捉其内心活动的蛛丝马迹，进而促使谈判朝着有利于己方的方向发展具有重要意义。以下介绍一些人体语言技巧，它主要是通过眼睛、面

部表情、声调、手势和姿态等表现一定的思想内容。

1. 眼睛语言

"眼睛是心灵的窗户"道出了眼睛具有反映内心世界的功能，能够明确地表达人的情感世界。眼视的方向、方位不同，产生不同的眼神，传递和表达不同的信息。在商务谈判中，常见的眼睛语言有以下几个方面。

（1）对方的视线经常停留在你的脸上或与你对视，说明对方对谈判内容很感兴趣，想急于了解你的态度和诚意，成交的可能性大。

（2）交谈涉及价格等关键内容时，对方时时躲避与你视线相交，说明对方把卖价抬得偏高或把买价压得过低。

（3）对方的视线时时左右转移、眼神闪烁不定，说明对你所谈的内容不感兴趣，但又不好意思打断你的谈话，因而产生了焦躁情绪。

（4）对方的视线在说话和倾听时一直他顾，偶尔瞥一下你的脸便迅速移开，说明对方对生意诚意不足或只想占大便宜。

（5）对方眨眼的时间明显地长于自然眨眼的瞬间时，说明对方对你谈的内容或对你本人已产生了厌烦情绪，或表明对方较之你而产生了优越感乃至藐视你。

2. 表情语言

面部表情在商务谈判的传达信息方面起着重要的作用，特别是在谈判的情感交流中，表情的作用占了很大的比例。

（1）表示疑虑、批评直至敌意：眼睛轻轻一瞥，皱眉；嘴角向下。

（2）表示感兴趣：亲密注视（视线停留在对方双目与胸部的三角区域）；眉毛轻扬或持平；微笑或嘴角向上。

（3）表示严肃：严肃注视（视线停留在对方前额的一个假设的三角区域）；眉毛持平；嘴角平平或微笑向下。

（4）表示不置可否、无所谓：眼睛平视；眉毛持平；面带微笑。

（5）表示发怒、生气或气愤：眼睛睁大；眉毛倒竖；嘴角向两边拉开。

（6）表示愉快、高兴：瞳孔放大；嘴张开；眉毛上扬。

（7）表示兴奋与暗喜：眼睛睁得很大；眉毛向上扬起；嘴角持平或微微向上。

3. 声调语言

（1）对方说话时吐字清晰，声调柔和且高低起伏不大，语气变化的情绪色彩较淡，句尾少有"啊""嗯""是不是"等。这种人大多是文化素质较高、富有谈判经验的业务员。

（2）说话时声调忽高忽低、语调较快、语气变化中情绪色彩很浓的对手，大多是刚刚出道的年轻新手，缺乏经验和耐心，不擅长打"持久战"。

（3）吐字含糊不清、语调多用低沉的喉音，说明对方对你所谈的内容乃至你本人都不感兴趣甚至厌烦，或者是下意识地向你表示对方的交易优势和心理优势。

4. 手势语言

手势是人们在交谈中用得最多的一种行为语言，在商务谈判中常见的手势有以下几种。

（1）伸出并敞开双掌：说明对方忠厚诚恳、言行一致。

（2）掌心向上的手势：表示谦虚、诚实、屈从，不带有任何威胁性。

（3）掌心向下的手势：表示控制、压抑、压制，带有强制性，这会使人产生抵触情绪。

(4) 挠头：说明对方犹豫不决，感到为难。

(5) 托腮：若身体前倾，双目注视你的脸，意味着对你所谈的内容颇感兴趣；若身体后仰，同时视线向下，则意味着对你所谈的内容有疑虑，有戒心，不以为然，甚至厌烦。

(6) 搓手：表示对方对谈判结局的急切期待心理。

(7) 彼此站立交谈：若对方双手交叉于腹部，意味着对方比较谦恭，有求于你，交易地位处于上风，成交的期望值较高；若双臂交叉、叠至胸前并上身后仰，意味着对方不愿合作，或持有优势、傲慢的态度；若倒背双手的同时身体重心在分开的两腿中间，意味着对方充满自信和愿意合作的态度；若背手时做"稍息"状，则意味着戒备、敌意、不愿合作、傲慢甚至蔑视。

(8) 食指伸出，其余手指紧握，呈指点状：表示教训、镇压，带有很大威胁性。这种行为令人讨厌，在谈判中应尽量避免使用。

5. 姿态语言

(1) 一般性的交叉跷腿的坐姿（俗称"二郎腿"），伴之以消极的手势，常表示紧张、缄默和防御态度。

(2) 架腿。对方与你初次打交道时采取这种姿势并仰靠在沙发背上，通常带有倨傲、戒备、猜疑、不愿合作等意思；若上身前倾同时又滔滔不绝地说话，则意味着对方是个热情且文化素质较低的人，对谈判内容感兴趣。

(3) 并腿。交谈中始终或经常保持这一姿势并上身直立或前倾的对手，意味着谦恭、尊敬，表明对方有求于你，自觉交易地位低下，成交期望值很高；时常并腿后仰的对手大多小心谨慎、思虑细致且全面，但缺乏信心和魅力。

(4) 分腿。双膝分开且上身后仰，表示对方是充满自信、愿意合作、自觉交易地位优越的人。

(5) 十指交叉、搂住后脑，则显示一种权威、优势和自信。

(6) 一手支撑着脑袋，则说明对方处于思考状态。

(7) 对方若频频弹烟灰或一根接一根地抽，往往意味着内心紧张、不安，借烟雾和抽烟的动作来掩饰面部表情和可能会颤抖的手，这十有八九是谈判新手或正在采取欺诈手段。

(8) 点上烟后却很少抽，说明对方戒备心重或心神不安。

演讲的肢体语言使用技巧

帮你少奋斗 30 年的肢体语言

4.4 电话沟通

电话是现代人工作、生活和人际沟通交往离不了的媒介，更是业务伙伴与顾客沟通、联系的重要工具，有时顾客会通过电话粗略地判断你的人品、性格，并决定见不见你。很多时候，一笔生意的成败、一场谈判的效果，可能就取决于一个电话。因此，如何让对方从你的电话声音中感受到你的热情友好，留下诚实可信的良好印象，期待见到你本人，学习和掌握基本的电话沟通技巧和礼仪是很有必要的。

4.4.1 电话沟通的准备

1. 电话形象：声音和语言

在双方面谈时，身体姿势、面部表情占谈话效果的55%。电话是双方不见面的一种沟通方式，你无法通过你的肢体语言来帮助自己传递情绪，只有在语言上下功夫。如果你的语言和声音尊重对方，礼貌热情，就会给对方留下良好的印象。这就是电话沟通最基本但也是最重要的要求。

无论是拨打电话还是接听电话，都可以反映出一个人或公司的形象。电话是公司对外交流的一个窗口。一个好的拨打、接听电话的过程，传递给对方的是一个好的印象，反之亦然，因此在电话方面无论是拨打还是接听，都应该特别注意言辞与语气。而且，成功的零售和推荐来自顾客对你和产品的认同与信任，所以，你在电话中的语言和声音，是否让顾客感觉到了被尊重、被关注，是你能否感染并打动顾客、赢得顾客信任的关键。

需要提醒的是，尽管对方看不到你的表情，但无论是拨打、接听还是转电话，在拿起电话前，都应该准备好微笑，让每一次电话沟通都带给对方开心和愉快，让每次沟通都有成效。

2. 打电话的时机

与人沟通要换位思考，关注感受。往对方家里打电话，应避开早晨8点钟以前、晚上10点钟以后；往单位打电话谈，最好避开临下班前10分钟。对方不方便接听电话，如在高速路上、吃饭时、有重要的事情时，都不适宜继续谈话。

4.4.2 打电话的技巧

1. 第一阶段：打电话前的准备事项

① 确认对方的电话号码、单位及姓名。
② 准备好纸、笔及相关资料。
③ 写下要说的事情及次序。

2. 第二阶段：打招呼（语言握手）

① 电话通后，要先通报自己的单位或姓名："您好，我是××公司的业务员××。"然后，确认对方的名字。
② 礼貌地询问对方是否方便之后，再开始交谈。
③ 如果自己打错了电话，礼貌的做法是发自内心地道歉，可以说："噢，电话打错了，对不起。"默不作声就放下电话会使对方不快。
④ 在给身份地位高的人士打电话时，直呼其名是失礼的，应说："您好，我是××，我想跟×先生谈谈××事情，不知是否方便？"

3. 第三阶段：讲述事由

① 讲述事由要简明扼要，声音和蔼，遵守5W1H原则：when（时间），where（地点），who（人物），what（事件），why（原因），how（怎么做）。

② 简单地重复一遍事由，既重复重点，也要听取对方所谈事情。

4. 第四阶段：结束通话

在通话结束前，表示谢意并道"再见"。如"李先生，谢谢您，再见！"

房产中介客服人员
打电话的礼仪和技巧

4.4.3 接电话的技巧

1. 第一阶段：打招呼（语言握手）

① 最完美的接电话时机是在电话铃响的第三声。如果你在第一声铃响后接起来，对方会觉得突然；如果你在铃响了很多次才接，对方多少有点不悦。

② 无论对方是谁，你都要让对方感到他得到了友好的接待，尽量使用礼貌用语，如"请""请稍等""谢谢""对不起""再见"等。

③ 告诉对方自己是谁，以免对方是误打，或再次询问而浪费时间。

④ 确认对方是谁时，要致意问候："对不起，请问您是哪位？……您好！"

⑤ 拨错号码是常有的事，接到拨错号码的电话，不能一声"错了"，然后重重地挂上电话，要语气温和地告诉对方："您打错了，这是××单位。"

2. 第二阶段：专心聆听并提供帮助

① 放下手头任何事情，左手拿听筒，右手做好记录准备，专心致志地听对方讲的事情。

② 电话旁边放有纸和铅笔，随时记下你所听到的信息。

③ 不要在接听电话的同时做其他事情，如吃东西、打字、阅读资料等；不要让任何事情分散你的注意力。否则是很不礼貌的，对方也很容易觉察到你心不在焉。

④ 如果电话要找的人不在或正在忙着其他事不能抽身，不要只告诉对方不在，或正忙，要告诉对方怎样帮助，让对方感到你乐于帮助。如："对不起，陈先生现在正在接另一个电话。""陈先生出去一会儿，请问我可以帮他留言吗？""我可以让他打电话找您吗？""您可以过五分钟后再打来吗？""如果您愿意的话，请留下您的姓名和电话号码，我让他打电话给您，您看行吗？"

⑤ 以请求或委婉的语气，不要以要求的方式让对方提供信息。不要说"你叫什么名字？"或"你的电话号码是什么？"，要说"请问我可以知道您的名字吗？""王先生有您的电话号码吗？"

⑥ 转接电话的过程中，要捂住话筒，使对方听不到这边的其他声音。

⑦ 重复和确认是电话沟通中非常重要的技巧之一。以避免误会，或不致遗漏重要的信息等，通话中提及的金额、日期、数字、人名、地址等信息是最好要再次确认。

⑧ 如果是顾客的抱怨电话，最忌争辩，最明智的做法就是洗耳恭听，让顾客诉说不满，一边认真琢磨对方发火的根由，找到正确的解决方法，用肺腑之言感动顾客。

⑨ 负责地回答所有问题，如遇不清楚的事情，或说其大意并请了解情况的人接电话。回答问题不能含糊不清。

3. 第三阶段：结束电话

① 在通话结束前，要让对方感受到你非常乐意帮忙，表示谢意并道"再见"；要等对方放下话筒后，再轻轻放下话筒。

② 在对方还在说话时就挂断电话是很不礼貌的。

关键术语

呼叫中心客服的
电话沟通技巧

陈述技巧　　应答技巧　　有效倾听　　有效提问　　闭合式提问　　开放式提问
非语言沟通　　电话沟通

复习思考题

1. 为什么说沟通时要做换位思考？
2. 通过网络查一下资料，沟通应遵循的一般原则有哪些？
3. 有效倾听的障碍有哪些？如何才能做到有效倾听？
4. 提问方式有哪些？如何才能做到有效提问？
5. 何为非语言沟通？为什么说非语言信号所传递的信息往往比语言信号所传递的信息更为真实？
6. 谈谈你遇到过的不符合电话沟通礼仪的情况。

自测题

1. 你了解身体语言吗

回答下面 8 个问题，测试一下你对身体语言的了解。

（1）当一个人试图撒谎时，他会尽力避免与你的视线接触。　　　　　　　　（对/错）

（2）眉毛是传达一个人的感情状态的关键线索之一。　　　　　　　　　　　（对/错）

（3）所有的运动和非语言行为都有其含义。　　　　　　　　　　　　　　　（对/错）

（4）大多数非语言沟通是无意识行动的结果，因而是个人心理活动的最真实流露。

（对/错）

（5）在下面哪种情况下，一个人最可能采用非语言沟通方式？（　　）

A. 面向 15～30 个人发表演讲　　　　　　B. 与另外一个人进行面谈

（6）如果你想表示离开，那你将采用什么样的动作？把它们写下来。

（7）下面哪些举动能使你给他人留下更好的印象？（　　）

A. 谈话中不使用手势　　　B. 避免较长的视线接触　　　C. 仅偶然地露出微笑

D. 上述所有动作　　　　　E. 不包括上述任何动作

（8）非语言沟通相对于口头沟通或书面沟通有许多优势，你能列出一些吗？

2. 你善于交谈吗

对下列题目作出"是"或"有时"或"否"的选择。

（1）你是否时常觉得"跟他多讲几句也没有意思"？（　　）

(2) 你是否觉得那些太过于表现自己感受的人是肤浅的和不诚恳的? (　　)

(3) 你与一大群人或朋友在一起时,是否时常觉得孤寂或失落? (　　)

(4) 你是否觉得需要有时间一个人静静地思考才能理清头脑和整理思路? (　　)

(5) 你是否只会对一些经过千挑百选的朋友才吐露心事? (　　)

(6) 在与一群人交谈时,你是否时常发觉自己在东想西想一些与谈论话题无关的事情? (　　)

(7) 你是否时常避免表达自己的感受,因为你认为别人不会理解? (　　)

(8) 当有人与你交谈时或对你讲一些事情时,你是否时常觉得很难聚精会神地听下去? (　　)

(9) 当一些你不太熟悉的人对你倾诉其生平遭遇以取得同情时,你是否会觉得不自在? (　　)

评分规则:

每题选"是"记3分,选"有时"记2分,选"否"记1分。各题得分相加,统计出总分。你的总分是＿＿＿＿＿＿。

22～27分:这表示你只有在极需要的情况下才会同别人交谈,或者对方与你志同道合,但你仍不会以交谈来发展友情。除非对方愿意主动频频跟你接触,否则你便总处于孤独的个人世界里。

15～21分:你大概比较热衷于与别人交朋友。如果跟对方不大熟悉,你开始会表现得很内向,不太愿意跟别人交谈;但时间久了,你便乐意常常搭话,彼此谈得来。

9～14分:这表示你与别人交谈不成问题。你非常懂得交际,善于营造一种热烈的气氛,鼓励对方多开口,使得彼此十分投合。

 案例题

【案例4-1】

名医劝治的失败

春秋战国时期,有一位著名的医生,他叫扁鹊。有一次,扁鹊谒见蔡桓公,站了一会儿,他看看蔡桓公的脸色,然后说:"国君,你的皮肤有病,不治怕是要加重了。"蔡桓公笑着说:"我没有任何病。"扁鹊告辞后,蔡桓公对他的臣下说:"医生就喜欢给没病的人治病,以便显示自己有本事。"

过了十几天,扁鹊又前来拜见蔡桓公,他仔细看看蔡桓公的脸色说:"国君,你的病已到了皮肉之间,不治会加重的。"蔡桓公见他尽说些不着边际的话,气得没有理他。扁鹊走后,蔡桓公还没有消气。

又过十多天后,扁鹊又来朝见蔡桓公,神色凝重地说:"国君,你的病已入肠胃,再不治就危险了。"蔡桓公气得叫人把他轰走了。

再过十几天,蔡桓公出宫巡视,扁鹊远远地望见蔡桓公,转身就走。蔡桓公很奇怪,派人去追问。扁鹊叹息说:"皮肤上的病,用药物敷贴就可以治好;皮肉之间的病,用针灸可以治好；在肠胃之间，服用汤药就可以治好；但是病入骨髓，那么生命已掌握在司命之神的手里了，医生是无能为力了。如今国君的病已深入骨髓，所以我不敢再去谒见了。"蔡桓公听后仍不相信。

五天之后，蔡桓公遍身疼痛，立即派人去请扁鹊，这时扁鹊已经逃往秦国躲起来了。不久，蔡桓公便病死了。

问题：
1. 从沟通角度分析扁鹊的失误。应该怎样改进其沟通策略？
2. 蔡桓公为何没有把扁鹊的话当作一回事？
3. 讨论医生讲究沟通技巧的重要性。

【案例4-2】

汤姆的一次紧张的面谈

汤姆是凯鲁克公司的一名资深职员，多年来勤恳工作，但一直未获晋升。最近经济形势不太好，有传闻说公司即将裁员。今天上午公司总裁史密斯先生突然召汤姆面谈。汤姆心中忐忑不安，觉得凶多吉少，难道是通知自己被解雇的消息？

走进史密斯先生宽敞高大的办公室，汤姆不由得呼吸短促起来，史密斯先生示意他在一张扶手椅中坐下。史密斯先生首先开口："汤姆，你在本公司已任职多年了吧？"

"是的，先生。"

"那么，你认为本公司近来表现如何？"

"我想——我想公司目前也许遇上了麻烦，但总会渡过难关的。"

"你在本公司最有价值的经历是什么，汤姆？"

"这个……这个……"汤姆一时不知如何作答。

"呵，汤姆，你今年快到45岁了吧？"

"是的。先生，我还可以为公司服务多年。"

"你和同事们相处得很好吧？"

"是的。当然，我们都是老同事了……"

"平时还去桥牌俱乐部吗？"

"怎么？您知道……您也喜欢打桥牌吗？总裁先生？"

"偶尔玩一玩，汤姆，你是否听到传闻，本公司即将裁员？"

"下面有一些风声——不过，总裁先生，这不会是真的吧？"汤姆的声音有些颤抖，扶手椅中的身体更加僵硬了，两只手神经质地紧紧抓住椅子扶手。

"汤姆，今天就谈到这儿吧。再见。"

"再见，先生。"

汤姆沉重的脚步声远去了。史密斯先生想："本来想提拔他任业务助理，现在看来他未必适合做管理工作，不过这倒是一名忠心耿耿的职员，还是让他在目前的岗位上一直干下去吧。"

问题：你认为汤姆在面谈时出于哪些原因表现得不够理想？具体体现在哪些地方？

【案例4-3】

帕卡伦公司的一次电话交谈

"您好！"

"您好！"

"请问是帕卡伦公司售后服务部吗？"

"是的。"

"请问您是……"

"我是哈里·罗尔斯。我能帮你做什么？"

"罗尔斯先生，我上星期买了贵公司生产的冰箱，今天早上发现它已不能制冷，存放的食品都变质了，气味实在难闻！"

"您肯定没有弄错开关或插销什么的吗？"

"当然！"

"噢……我想是压缩机故障……"

"您能让人来看看吗？"

"24小时之内维修人员到达。"

"我要求换一台新的冰箱！我已经受够了！"

"我公司的规则是先设法维修……"

"好吧，好吧……我把地址告诉你们……"

"请等一等，我去取纸和笔……好了，请讲。"

"本市西区阿佩尔路121号……你记下了吗？"

"当然。噢，先生，您怎么称呼？"

"威廉·詹姆斯。"

"詹姆斯先生，您将发现我们的维修工是一流的……"

"我更希望贵公司的产品是一流的。"

"好吧，再见。"

"再见，祝你走运。"

罗尔斯在电话留言簿上记下："维修部卡特先生：顾客电话，今天西区阿佩尔路121号冰箱故障，请速修理。哈里·罗尔斯"

问题：

1. 罗尔斯的电话交流中有哪些不妥之处？试举出6个方面的问题，并从案例中找出实例。

2. 总结一下打电话有哪些基本准则。

 游戏训练题

训练学生口头表达。

1. 让全班每个人都在纸条上写下一个题目，然后把纸条折好放进盒子里用力摇。请一个学生来抽题目,然后立刻上台就抽到的题目发表3分钟的演讲。

这个游戏会大大增加学生即席谈话的能力,使学生学会如何在短时间内,就一个题目去组织思路。

2. "接龙"是个训练即兴谈话的方法。先由一个学生开始讲故事,然后再由其他人继续接下去。举例来说,第一个学生可能这么开始:"有一天晚上,我正骑着自行车回学校。忽然发现前面有一群飞碟逐渐向我飞来。我非常惊慌,赶快下了车。这时,我发现一架飞碟降落在前面不远处,舱门打开,一个人向我走来……"

这时,终声响了,表示讲话的学生到此为止,接下去由第二个学生继续把故事讲下去。每个学生都接上自己的部分,往往故事的结局出人意料。

第 5 章

国际商务谈判

学习目标

通过本章的学习,学生应了解和掌握以下知识点:
◎ 国际谈判与国内谈判的共性特征
◎ 国际谈判与国内谈判的区别比较
◎ 美洲商人的谈判风格
◎ 欧洲商人的谈判风格
◎ 亚洲商人的谈判风格
◎ 大洋洲和非洲商人的谈判风格

实例

漫长的跨国收购谈判[①]

联想收购 IBM 的 PC 业务,经过长达 13 个月的谈判后最终达成一致。最初的谈判时间是 2003 年 11 月,联想组成了财务总监冯雪征领队的谈判队伍,飞往美国与 IBM 公司人员进行了第一次接触。按照联想副总裁乔松的说法,"那个时候主要是双方的摸底"。

2003 年 11 月到 2004 年 5 月,被看作是联想和 IBM 谈判的第一个阶段,联想谈判小组的主要工作是了解对方情况和提出有关收购的商业方案。联想集团副总裁王晓春透露说,联想的谈判队伍是在不断扩大的。在联想内部,收购所涉及的部门,包括行政、供应链、研发、IT、专利、人力资源、财务等部门都派出了专门小组全程跟踪谈判过程。每个小组由 3~4 名员工组成,总人数达 100 人。在内部谈判团队之外,联想还聘请了诸多专业公司协助谈判。例如,麦肯锡担任战略顾问,高盛担任并购顾问,安永、普华永道作为财务顾问,奥美公司作为公关顾问。

---

① 郭芳芳.商务谈判教程:理论·技巧·实务 [M].上海:上海财经大学出版社,2006.

2004年5月到12月初,从联想方面提出包括收购范围、收购价格、支付方式、合作方式等内容的商业方案开始,谈判进入了艰苦的实质性磋商阶段。一直到12月6日,长达13个月的收购谈判才最终达成协议。

随着经济全球化发展,不仅国家与国家之间的经贸联系不断加强,而且越来越多的企业的经营也在不断趋于国际化。形式多样的国际商务活动,包括不同国家经济主体相互之间商品和劳务的进出口、技术转让或设立独资企业或合资企业等,日渐成为企业经营活动,特别是以国际市场为主要舞台的跨国公司活动的主要内容。与国内商务活动一样,国际商务活动同样是建立在人与人之间交往基础之上的。有关研究显示,在商务活动过程中,销售人员、企业在各个地区的管理人员、律师及工程技术人员等,共50%的工作时间用于各种各样的商务谈判,其中大量的是与来自不同文化背景或不同国家的对手之间的谈判,即国际谈判。

国际商务谈判不仅在国际商务活动中占据相当大的比重,而且具有相当重要的地位。谈判的成功与否直接关系到整个国际商务活动的效果,关系到企业能否在一个新的海外市场建立必要的销售网络、获得理想的合作伙伴、获得进入市场的良好途径等。

国际商务谈判在表现出其重要性的同时,也不断向人们展示出其复杂性。一个国内谈判高手并不必然是一个成功的国际商务谈判专家。要想在国际商务谈判中取得满意的效果,必须要充分理解国际商务谈判的特点和要求。这不仅对那些以国际市场为舞台的企业经营者们来说是必要的,而且对所有参与国际商务活动且希望取得理想效果的人们来说,都是必要的。本章将阐述国际商务谈判的特点和要求,分析介绍一些典型国家和地区人们的谈判特点和风格。

5.1 国际商务谈判概述[①]

5.1.1 国际谈判与国内谈判的共性特征

国内商务谈判和国际商务谈判都是商务活动的必要组成部分。它们是企业发展国内市场和国际市场业务的重要手段。国际商务活动是国内商务活动的延伸,国际商务谈判则也可以视为国内商务谈判的延伸和发展。尽管国内商务谈判和国际商务谈判之间存在着十分明显的区别,但两者之间也存在着十分密切的联系,存在着许多共性。

1. 为特定目的与特定对手的磋商

国内商务谈判和国际商务谈判同样都是商务活动主体为实现其特定的目的而与特定对手之间进行的磋商。作为谈判,其过程都是一种双方或多方之间进行信息交流,"取"与"予"兼而有之的过程。谈判过程中所适用的大多数技巧并没有质的差异。

2. 谈判的基本模式是一致的

与国内商务谈判相比,国际商务谈判中必须要考虑到各种各样的差异,但谈判的基本模式仍是一致的。事实上,由于文化背景、政治经济制度等多方面的差异,谈判过程中信息沟

[①] 李扣庆. 商务谈判概论:理论与艺术 [M]. 上海:东方出版中心,1998.

通的方式、需要讨论的问题等都会有很大的不同，但与国内商务谈判一样，国际商务谈判也同样遵循从寻找谈判对象开始，到建立相应关系、提出交易条件、讨价还价、达成协议，直至履行协议结束这一基本模式。

3. 国内、国际市场经营活动的协调

国内商务谈判和国际商务谈判是经济活动主体从事或参与国际市场经营活动的两个不可分割的组成部分。尽管国内谈判和国际谈判可能是由不同的人员负责进行，但由于企业必须保持其国内商务活动和国际商务活动的衔接，国内谈判与国际谈判之间就存在着密不可分的联系。在从事国际谈判时，必须要考虑到国内谈判的结果或可能出现的状况，反之亦然。

5.1.2 国际谈判与国内谈判的区别

在认识到国际谈判与国内谈判的共性特征的同时，对于要取得国际商务谈判的成功而言，认识到这两种谈判的区别，并进而针对区别采取有关措施，是更为重要的。

国际谈判是跨越国界的谈判。如图5-1所示，谈判的根本区别源于谈判者成长和生活的环境，以及谈判活动与谈判协议履行的环境的差异。

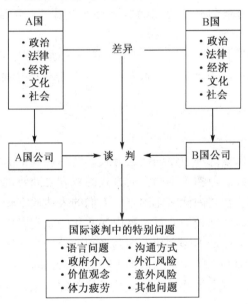

图5-1 国际谈判与国内谈判的差异

国内商务谈判双方通常拥有共同的文化背景，生活于共同的政治、法律、经济、文化和社会环境之中。在那里，谈判者主要应考虑的是双方公司及谈判者个人之间的某些差异。而在国际商务谈判中，谈判双方来自不同的国家，拥有不同的文化背景，生活于不同的政治、法律、经济、文化和社会背景之中，这种差异不仅形成了人们在谈判过程中的谈判行为的差异，而且还将会对未来谈判协议的履行产生十分重大的影响。比较而言，由于上述背景的差异，在国际谈判中，谈判者面临着若干在国内谈判中极少会出现的问题。

1. 语言的差异

国内谈判中，谈判双方通常不存在语言差异（谈判者通常均认同并能使用共同的官方语言），从而也就不存在由于使用不同语言而可能导致的相互信息沟通上的障碍。

但在国际谈判中，语言问题及由此而引起的其他问题始终值得引起谈判者的注意。即便是在使用同样语言的国家，如使用英语的美国和英国，在某些表达上仍旧存在着一定的差异。语言差异，特别是在两种语言中都有类似的表达但含义却有很大差别时，以及某种表达只有在一种语言中存在时，极其容易引起沟通上的混淆。在拟订谈判协议时，语言差异问题更值得予以深入分析和研究。

▶ 实 例 ◀

在中国，政府管理企业的方法之一是根据企业经营管理状况及企业规模等评定企业的等级，如"国家一级企业""国家二级企业"等，在美国则没有这种概念。某跨国公司总裁访问一家中国著名的制造企业，商讨合作事宜，中方总经理很自豪地向客人介绍说："我公司是中国二级企业……"此时，翻译人员很自然地用"second class enterprise"来表述。不料，该跨国公司总裁闻此，原本很高兴的兴致突然冷淡下来，敷衍了几句即刻起身告辞。在归途中，他抱怨道："我怎么可能同一个中国的二流企业合作？"可见，一个小小的沟通障碍，会直接影响到合作的可能与否。

美国商人谈及与日本人打交道时说："日本人在会谈过程中不停地'Hi''Hi'，原以为日本人完全赞同我的观点，后来才知道日本人只不过表示明白了我的意思而已，除此之外，别无他意。"

2. 沟通方式的差异

不同文化的人群有其所偏好和习惯的沟通方式。国际谈判中的双方经常属于不同的文化圈，有各自习惯的沟通方式。习惯于不同沟通方式的双方之间要进行较为深入的沟通，往往就会产生各种各样的问题。在高内涵文化国家，人们的表达通常较为委婉、间接；而在低内涵文化国家，直截了当的表达则较为常见。高内涵文化的谈判者比较注重发现和理解对方没有通过口头表达出的意思，而低内涵文化的谈判者则偏爱较多地运用口头表达，直接发出或接受明确的信息。来自这两种不同文化的谈判者在进行谈判时，很容易想象的结果是：一方认为对方过于粗鲁；而另一方则可能认为对方缺乏谈判的诚意，或将对方的沉默误解为对其所提条件的认可。

沟通的差异不仅表现为表达方式的直接或间接，还表现为不同国家或地区人们在表达过程中动作语言（人体语言）运用上的巨大差异。有些国家或地区的人们在进行口头表达的同时，伴随大量的动作语言；而另一些国家或地区人们则不习惯在较为正式的场合运用过多特别是身体动作幅度较大的动作语言。值得注意的是，与口头、书面语言一样，动作语言同样也表现出一定的地域性。同样的动作在不同的国家或地区可能出人意外地完全不同，甚至会有截然相反的含义。对动作语言认识和运用的差异，同样会给谈判中的沟通带来许多问题。

专栏

与外国人沟通中特别需要注意的礼仪

在外国人眼中，以下两点是他们最不能接受的某些中国人沟通方面的不良习惯。

1. 说话

许多中国人说话喜欢大嗓门，无论是在哪种公共场所，不管是在汽车、火车或飞机等公共交通工具上，还是在车站、码头或商店等场所，见到熟人打招呼或交谈就喜欢扯着嗓子大声嚷嚷。外国人对此很不能接受。在与外国人交往中，说话要轻，不能像高音喇叭一样，对其他人产生干扰，影响别人的正常活动。

在观看体育或文艺演出、出席会议或有重要面谈时，都需要及时关闭手机，以免影响他人。在上述重要的公共活动场合，手机铃声不断响起，旁若无人地大声接听是一种不文明的行为，很容易引起外国人的反感。在雅典奥运会的一场击剑比赛中，手机铃声不断响起，当时场上许多地方就响起了"中国人"的喊声，这种行为给中国人丢了脸。所以，在重要的社交场合及时关掉手机是基本的礼仪。

2. 吃饭

中国人好客，有客人在时更喜欢多点些菜。最后，吃不了就剩下，浪费掉。其实，世界各国凡是受过良好教育的人都倡导勤俭节约，都认为浪费是一种不文明行为。在与外国人交往中，用餐同样要注意节约，要体现出良好的教养。

要注意餐桌上的文明。俗话说，吃要有吃相，吃东西不要发出声音。如果满口含着饭菜咀嚼，还一边说话，不时张开嘴巴让别人看到满口的饭菜，在西方人看来是一种完全不能接受的行为。所以，当口中含满饭菜时，必须闭起嘴巴来咀嚼，想要说话也必须等到食物咽下以后再说。

3. 时间和空间概念的差异

大量研究表明，在不同国家或地区，人们的时间概念有着明显的差异。就谈判而言，有些国家或地区的谈判者时间概念很强，将严格遵守时间约定视为一种起码的行为准则，是尊重他人的表现。如在美国，人们将遵守时间约定看成是商业活动及日常生活中的基本准则之一。比预定时间更早到达经常被视为急于成交的表示，而迟到则会被看成是不尊重对方，至少也是不急于成交的表示。但在一些拉丁美洲和阿拉伯国家，如果这样去理解对方在谈判桌上的行为，则可能很难达成任何交易，因为那里的谈判者有着完全不同的时间概念。

空间概念是与时间概念完全不同的问题。在不同的文化环境中，人们形成了不同的心理安全距离。在与一般人的交往中，如果对方突破这种距离，就会使自己产生心理不适。有关研究表明，在某些国家如法国、巴西等国，在正常情况下人们相互之间的心理安全距离较短；而美国人的心理安全距离则较法国人长。如果谈判者对这一点缺乏足够的认识，就可能使双方都感到不适。

4. 决策结构的差异

谈判的重要准则之一是要和拥有相当决策权限的人谈判，至少也必须是与能够积极影响有关决策的人员谈判。这就需要谈判者了解对方企业的决策结构，了解能够对对方决策产生影响的各种因素。由于不同国家的政治经济体制和法律制度等存在着很大的差异，企业的所有制形式存在着很大不同，商务活动中的决策结构也有着很大的不同。以在国内商务活动中习惯的眼光去评判对手，通常就可能会犯各种各样的错误。如在有些国家，企业本身对有关事务拥有最终决策权；而在有些国家，最终决策权则可能属于政府有关主管部门，对方企业的认可并不意味着合同一定能合法履行。而同样是在企业拥有决策权的情况下，企业内部的决策权限分布在不同的国家或地区也会有很大差异。

在注意到不同国家企业决策结构差异的同时，尤其值得注意的是政府介入国际商务活动的程度和方式。政府对国际商务活动的干预包括通过制定一定的政策，或通过政府部门的直接参与，来鼓励或限制某些商务活动的开展。在通常情况下，社会主义国家政府对国际和国内商务活动的介入程度较高，但这并不等于是说资本主义国家的政府不介入企业的国际和国内商务活动。在工业化程度较高的意大利、西班牙及法国，某些重要的经济部门就是为政府所有的。当商务活动涉及国家的政治利益时，政府介入的程度就可能更高。20世纪80年代初跨越西伯利亚的输油管道的建设问题就充分说明了这一点。当时某一美国公司的欧洲附属公司与苏联签订了设备供应合同，但美国公司及其欧洲附属公司在美国和欧洲国家的政府分别介入的情况下，处于十分被动的局面。美国政府要求美国公司的附属公司不提供建设输油管道的设备和技术，而欧洲国家的政府则要求该公司尊重并履行供应合约。争议最终通过外交途径才得以解决。由于国际商务活动中可能面临决策结构差异和不同程度的政府介入，因而国际商务谈判可行性研究中的对手分析远比国内商务谈判中的有关分析复杂。在某些情况下，谈判者不仅要有与对方企业谈判的安排，而且要有与对方政府谈判的打算。

5. 法律制度的差异

基于不同的社会哲学和不同的社会发展轨迹等，不同国家的法律制度往往存在着很大差异。要能保证谈判活动的正常进行、保证谈判协议能够得以顺利实施，正确认识法律制度的差异是不可忽视的。与此同时，一个值得注意的现象是，不仅不同国家的法律制度存在着明显的不同，而且不同国家其法律制度得以遵照执行的程度也有很大不同。美国联邦沟通委员会前主席牛顿·米诺的一段戏言颇能帮助人们理解这一状况。根据他的看法，在德国，在法律之下所有的事都是禁止的，除非那些得到法律许可的；在法国，每件事都允许做，除非那些被禁止的；在意大利，所有的事都是可行的，包括那些被禁止的。表面看来，这段话显得有些混乱，但其所表明的一层意思却是很容易理解的，即不同国家的法律制度及法律执行情况有着很大的差异。在国际商务谈判中，谈判者需要遵守那些自己并不熟悉的法律制度，同时还必须要充分理解有关的法律制度，了解其执行情况，否则就很难使自身的利益得到切实的保护。

专栏

关系重心——侧重情感还是侧重理智

在处理人与人、人与事的关系方面，中西方的差异很大，主要表现在面对是非问题时中国人与西方人优先考虑的判断标准不同。我国学者曾仕强指出，中国人在处理这些问题的思维方式上有个排序，叫"情、理、法"，即遇到问题先从感情上去思考，其次才讲道理，最后考虑法律。事实上，我们比较倾向于对人不对事，人对了事情就对了。只要是好朋友，事情就好办得多。道理和法律是用来为感情服务的。越是向你强调"我这个人说话对事不对人"的，你就越难了解他的真实看法。欧美国家的人遇到上述问题时，思维方式的排序是反过来的，叫"法、理、情"，即对事不对人，人对了事情也不一定对，情是用来为法服务的。

在这样的背景差异下，东西方谈判者在处理特定问题上的态度迥然不同。比如在许多商务活动中，中国人对人际关系看得重，西方人则对环境制度条件看得重。我们遇到难题时的第一念头也许是"想想有没有认识的熟人"，没有熟人则创造条件也要拉上这种关系；西方人遇到同样的问题时第一念头也许是"我应当从法律中寻求什么帮助"，如果不知道怎么处置，他们会倾向于请教律师、专业人士。

我们对情感和理智的把握往往显现出游移不定的态度，实际上是对伦理道德和法律法规在调整人的行为方面的作用和看法认识不清的结果。理论上说，法律规章是调整人的行为的最低规范；而道德标准，是激励人的行为的最高要求。绝大多数人（无论是自然人还是法人），都是介于二者之间的，他们既没有违法，也没有达到道德所要求的最高境界。据媒体报道，山东一家长期排污的企业给环境造成了极大的污染，但是这家企业长期捐助困难儿童，政府在讨论要不要整顿关闭它时招来不同议论。就此，厉以宁指出：连法律都不能遵守的企业，当然谈不上道德。

如上所述，在处理是非、纠纷时，中国文化习惯性地回避从法律的角度考虑问题，而是着重于从伦理甚至从情感的角度考虑问题。中国人很重视道德、舆论等对人际关系的调节作用，然而对人际关系的认识和解释又是极其复杂、极不统一的大杂烩。西方人对于人际关系的处理倾向于简单化，对于人际纠纷的处置也习惯采用法律手段，而不甚简单地靠道德、良心的作用。

资料来源：张强．商务谈判学：理论与实务．北京：中国人民大学出版社，2010．

6. 谈判认识的差异

不同文化中人们对参与谈判的目的及所达成的合同的认识也有很大差异。如在美国，人们通常认为，谈判的首要目的也是最重要的目的是与对方达成协议。人们将双方达成协议视为一项交易的结束，至少是有关这一交易的磋商的结束；而在东方文化中如在日本，人们则将与对方达成协议和签署合同视为正式开始了双方之间的合作关系。对达成协议的这种理解上的差异直接关系到人们对待未来合同履行过程中所出现的各种变化的态度。根据完成一项交易的解释，双方通常就不应修改合同条件；而若将签署协议视为开始合作关系，则随着条件的变化,对双方合作关系作某些调整是十分合理的。

7. 经营风险的差异

在国内商务活动中,企业面临的风险主要是因国内政治、经济、社会、技术等因素变化而可能导致的国内市场条件的变化。在国际商务活动中,企业在继续面临这种风险的同时,还要面对远比这些风险复杂得多的国际经营风险,包括:国际政治风险,如战争、国家之间的政治矛盾与外交纠纷、有关国家政局及政策的不稳定等;国际市场变化风险,如原材料市场和产成品市场供求状况的急剧变化;汇率风险,如一国货币的升值或贬值等。国际商务活动中的这些风险一旦成为现实,就会对合作双方的实际利益产生巨大的影响,会对合同的顺利履行构成威胁。因此,谈判者在磋商有关的合同条件时,就应对可能存在的风险有足够的认识,并在订立合同条款时,即考虑采取某些预防性措施,如订立不可抗力条款,采用某种调整汇率和国际市场价格急剧变化风险的条款等。

8. 谈判地点的差异

在面对面的国际商务磋商中,至少有一方必须在自己相对不熟悉的环境中进行谈判,由此必然会带来一系列的问题,如长途旅行所产生的疲劳、较高的费用、难以便捷地获得自己所需要的资料等。这种差异往往要求谈判者在参与国际谈判时,给予更多的时间投入和进行更充分的准备工作。

5.1.3 国际谈判成功的基本要求

以上分析了国际商务谈判与国内商务谈判的异同。从这一分析中,很容易得出这样的结论,即国际商务谈判与国内商务谈判并不存在质的区别。但是,如果谈判者以对待国内谈判对手、对待国内商务活动同样的逻辑和思维去对待国际商务谈判对手、去处理国际商务谈判中的问题,则显然难以取得国际商务谈判的圆满成功。在国际商务谈判中,除了要把握在前面几章中所阐述的谈判一般原理和方法外,谈判者还应注意以下几个方面。

1. 要有更充分的准备

国际商务谈判的复杂性要求谈判者在谈判之前做更为充分的准备。一是要充分地分析和了解潜在的谈判对手,明确对方企业和可能的谈判者个人的状况,分析政府介入(有时是双方政府介入)的可能性及其介入可能带来的问题。二是研究商务活动的环境,包括国际政治、经济、法律和社会环境等,评估各种潜在的风险及其可能产生的影响,拟订各种防范风险的措施。三是合理安排谈判计划,解决好谈判中可能出现的体力疲劳、难以获得必要的信息等问题。

2. 正确对待文化差异

谈判者对文化差异必须要有足够的敏感性,要尊重对方的文化习惯和风俗。西方社会有一句俗语,"在罗马,就要做罗马人"(In Rome, Be Romans),其意思也就是中国的"入乡随俗"。在国际商务谈判中,"把自己的脚放在别人的鞋子里"是不够的。谈判者不仅要善于从对方的角度看问题,而且要善于理解对方看问题的思维方式和逻辑。任何一个国际商务活动中的谈判人员都必须要认识到,文化是没有优劣的;必须要尽量避免模式化地看待另一种文化的思维习惯。

从中国的酒桌文化看"中国式关系"

实例

有一艘国际邮轮在大海上航行到一半路程时,出现了严重的机械故障。当邮轮快要沉的时候,船长要求大家弃船逃生,转移到救生艇上。他到船舱里向游客解释了轮船目前遇到的紧急状况,要求大家马上跳到救生艇上逃生,但是等他解释完毕以后,居然没有一个人愿意这样做。

船长十分生气,懊恼地回到甲板上。大副见他一个人出来了,感到十分奇怪,了解情况以后,他自告奋勇地向船长请命,去说服那些游客。5 分钟以后,这些游客居然都自愿地跳到了救生艇上。船长感到十分奇怪,问大副是怎么完成这项使命的。

大副对船长说:"我对他们几个不同国家的人说了不同的话。"

我对美国人说:"你的船票包含了保险费,因为目前出现危险,你将得到巨额保险理赔。"

我对英国人说:"这是一件很有绅士风度的事。"

我对德国人说:"船长命令你,马上撤离到救生艇上去!"

我对法国人说:"难道你不想去品尝当地的美食了吗?"

我对伊拉克人说:"到救生艇上去,是真主的旨意。"

我对中国人说:"你年迈的父母亲还在家乡等你,你的子女盼你早日回家,你快上救生艇吧。"

这位大副的高明之处就在于,他熟练地运用了跨文化沟通的技巧,抓住了不同对象文化中最重要的价值观,有针对性地进行沟通说服,从而达到了目的。他知道,美国人看重个人利益,英国人看重绅士风度,德国人看重执行命令,法国人看重生活享受,伊拉克人看重宗教信仰,中国人看重孝道和家庭。

3. 具备良好的外语技能

谈判者能够熟练运用对方语言,至少双方能够使用一种共同语言来进行磋商交流,这对提高谈判过程中双方交流的效率,避免沟通中的障碍和误解,有着特别重要的意义。

国际贸易中的谈判技巧

5.2 美洲商人的谈判风格

5.2.1 美国商人的谈判风格

从总体上讲,美国人的性格通常是外向的、随意的。一些研究美国问题的专家,将美国人的特点归纳为:外露、坦率、诚挚、豪爽、热情、自信、说话滔滔不绝、不拘礼节、幽默诙谐、追求物质上的实际利益,以及富有强烈的冒险和竞争精神等。与此相适应,形成了美国商人迥异于其他国家商人的谈判风格。

1. 爽直干脆，不兜圈子

美国商人充满自信和优越感，在谈判桌上气势逼人。他们语言表达非常直率，往往说行就行，说不行就不行。美国商人在谈判中习惯于迅速地将谈判引向实质阶段，一个事实接一个事实地讨论，干脆利索，不兜圈子，不讲客套，对谈判对手的直言快语，不仅不反感，而且还很欣赏。

专栏

议程安排——先谈原则还是先谈细节①

中国人在谈判思维方面的习惯之一是"先谈原则，后谈细节"，这与西方人思维习惯有所不同。例如，美国人在参与世界事务中的典型观念是"先谈细节，避免陷入原则讨论之中"，因为时间资源的短缺和工作的快节奏不允许他们说话绕弯子。这种差异常导致中西方交流的困难。事实上，随着中国经济的高速发展，东部和沿海地区的生活工作节奏变得越来越快，人们说话也开始喜欢开门见山了。我们在这里并不刻意强调这些变化只是中美之间的差异；随着商业交往的增加，读者还会发现这些差异在不同的地间也存在着。

中国人喜欢在处理麻烦的细节问题之前先就双方关系的一般原则取得一致意见，把具体的问题安排到以后的谈判中，由双方的下一级部门或人员去谈判。研究表明，这种谈判风格在多数情况下可以为中方在以后的讨价还价中谋得有利的地位。

有些谈判者注意到，对于必须谈判的问题，可以寻求在一般性的交往中安排一些有利于双方沟通感情的活动，有效地把对一些问题的原则性看法传递给对方，为以后细节谈判打下基础。将"招呼"打在了前面，对推进后续的细节谈判能起到良好的作用。

美国人通常认为细节是问题的本质。细节不清楚，原则问题谈得再好，问题实际上没有得到解决，因而他们更愿意在细节问题上多动脑筋，对于原则性的讨论则比较松懈。大多数西方人都觉得原则只不过是一些仪式性的声明而已，只要没有对细节进行具体的规定，原则就是虚盘。由于中西方对谈判原则的重视程度不同，两种环境下的谈判结果截然不同，在中方的文化环境下，或者在中方可以控制局面的环境下，如果能坚持先谈原则，总体上对后续细节谈判的制约作用更大；反之，在异域文化环境下谈判，制约作用较小。

与中国打过交道的一些美国人谈判者已经感受到了中国人的谈判思维方式对西方人的制约。美国政府的智囊查尔斯·弗里曼警告西方外交界，在与中国人谈判时，一定要"坚持先谈具体而特定的细节，避免关于一般原则的讨论"。

美国人在经商过程中通常比较直接，不太重视谈判前个人间关系的建立。他们不会像日本人那样颇费心机地找熟人引荐、做大量公关工作以在谈判前与对方建立一种融洽的关系。有趣的是，如果在业务关系建立之前，谈判者竭力去同美国对手建立私人关系，反而可能引起他们的猜疑，认为或许是因为你的产品质量或技术水平不佳才有意拉拢他们，使他们在谈

---

① 张强. 商务谈判学：理论与实务. 北京：中国人民大学出版社，2010.

判时特别警惕和挑剔，结果是过分"热情"的谈判者倍感委屈，甚至蒙受损失。由此看来，公事公办的原则更加符合美国人的脾气。在美国人眼中，是良好的商业关系带来彼此的友谊，而非个人之间的关系带来良好的商业关系。在美国人的心目中，个人交往和商业交往是明确分开的。即使同对方有私人友谊，也丝毫不会减少美国人在生意上的斤斤计较。

尽管这样，要是认为美国人刻板，不近人情，那就误会了，美国人强调个人主义和自由平等，生活态度较积极、开放，很愿意结交朋友，而且容易结交。美国人以顾客为主甚至以产品为主，他们很努力地维护和老客户的长期关系，以求稳定的市场占有率。与日本人比较，美国人放在第一位的是商业关系；只有与对方业务关系稳定，在生意基础上彼此信任之后，生意伙伴之间才可以发展密切的个人关系。而且这种私人关系在经济利益面前是次要的，在商业决策中起不了很大作用。

2. 重视效率，速战速决

美国商业经济发达，生活节奏极快，造就了美国商人守信、尊重进度和期限的习惯。他们十分重视办事效率，尽量缩短谈判时间，力争使每一场谈判都能速战速决。

高度的时间观念是美国文化的一大特点。美国人的时间意识很强，准时是受人尊敬、赢得信任的基本条件。在美国办事要预约，并且要准时。约会迟到的人会感到歉疚、羞耻，所以一旦不能如期赴约，一定要致电通知对方，并为此道歉；否则，将被视为无诚意和不可信赖。强调效率是美国人时间观念强的重要表现。在美国人的价值观中，时间是线性而且有限的，必须珍惜和有效地利用。他们以分钟为单位来安排工作，认为浪费时间是最大的浪费，在商务活动中奉行"时间就是金钱"的信条。美国谈判者总是努力节约时间，他们不喜欢繁文缛节，希望省去礼节、闲聊，直接切入正题。谈判的时间成本如此受美国人重视，以至于他们常定有最后期限，从而增加了谈判压力。如果对手善于运用忍耐的技巧和优势，美国谈判者有时会做出让步，以便尽早结束谈判，转入其他商业活动。

对整个谈判过程，美国人也总是有一个进度安排，精打细算地规划谈判时间的利用，希望每一阶段逐项进行，并完成相应的阶段性谈判任务。对于某些谈判对手常常对前一阶段的谈判成果推倒重来的做法，美国谈判者万分头痛。他们那种一件事接一件事、一个问题接一个问题地讨论，直至最后完成整个协定的逐项议价方式被称为"美式谈判"。

3. 崇高能力，追求实利

美国商人在谈判活动中十分讲究谋略，以卓越的智谋和策略，成功地进行讨价还价，从而追求和实现经济利益。对此，美国商人丝毫也不掩饰。不过，由于美国商人对谈判成功充满自信，所以总希望自己能够战胜高手，即战胜那些与自己一样精明的谈判者。在这种时候，他们或许会对自己的对手肃然起敬，其心情也为之振奋不已。这反映了美国商人所特有的侠义气概。

美国人比较自由自在，不太受权威与传统观念的支配。他们相信，一个人主要是凭借个人努力和竞争去获得理想的社会地位。在他们的眼中，这是一个允许失败，但不允许不创新的社会。所以，美国人对角色的等级和协调的要求较低，更尊重个人作用和个人在实际工作中的表现。

这种个人主义价值观表现在美国企业决策上是常常以个人（或少数人）决策为特点，自上而下地进行，在决策中强调个人责任。这种决策方式与日本企业的群体决策、模糊责任相比，决策迅速、反应灵敏、责任明确，但等级观念森严，缺少协调合作。

美国企业崇尚个人主义、能力主义的企业文化模式，使好胜而自我表现欲很强的美国谈判者乐意扮演"牛仔硬汉"或"英雄"形象，在谈判中表现出一种大权在握、能自我掌握命运的自信模样。在美国人的谈判队伍中，很少见到大规模的代表团，除非谈判非常复杂，而且对公司的未来至关重要，代表团人数一般不会超过七人，甚至单独一个人也不奇怪。即使是有小组成员在场，谈判的关键决策者通常也只有一二人，遇到问题，他们往往有权做出决定，"先斩后奏"之事时有发生。但不要以为美国人的集中决策过于简单、匆忙，实际上，为了能干脆、灵活地决策，美国谈判者通常都会在事先做充分、详细而规范的资料准备。在谈判中，他们的认真、仔细绝不亚于他们的日本同行。

4. 重视契约，一揽子交易

美国是商业文明高度发达的国家，人口不断流动，无法建立稳固、持久的关系。人们只能将不以人际关系为转移的契约作为保障生存和利益的有效手段，所以形成了重视契约的传统。作为一个高度法制的国家，人们习惯于诉诸法律解决矛盾纠纷。在商业活动中，保护自己利益最公平、妥善的办法便是依靠法律，通过合同来约束保证。

力求达成协议是美国谈判者的目的，在整个谈判过程中都向着这个目标努力，一步步促成协议的签订。美国人认为双方谈判的结果一定要达成书面的法律性文件，借之明确彼此的权利和义务，将达成书面协议视为谈判成功的关键一步。美国人总是认真、仔细地签订合同，力求完美。合同的条款从产品特色、运送环节、质量标准、支付计划、责任分配到违约处罚、法律适用等无一不细致精确，以致显得冗长而烦琐，但他们认为正是包含了各方面的标准，合同才提供了约束力，带来安全感。作为双方的承诺，合同一旦签订，在美国谈判者心中极富严肃性，被视为日后双方行动的依据和制约，不会轻易变更或放弃。严格履行合同中的条款成为谈判结束后最重要的工作。与中国人重视协议的"精神"，认为合同的约束力与双方信任、友谊、感情和"合作精神"相联系不同，美国人更注重法律文件本身。

美国由其经济大国的地位所决定，在谈判方案上喜欢搞全盘平衡，一揽子交易。所谓一揽子交易，主要是指美国商人在谈判某一项目时，不是孤立地谈它的生产或销售，而是将该项目从设计、开发、生产、工程、销售到价格等一起洽谈，最后达成一揽子方案。

值得指出的是，美国文化中另一个鲜明特点对谈判者的影响也很巨大。这就是美国是个移民国家，社会人口构成非常复杂，几乎所有大洲都有移民及其后裔在美国社会中立足、发展，各民族的文化不断冲突，渐渐融合成美利坚文化的同时，又保留了一些各自的文化传统。正是这种丰富多彩和极富包容性、独立性的文化，使美国谈判者的文化背景也多种多样，如果对他们的行为抱着一成不变的看法，便显得片面了。这一点在其他移民国家，如加拿大、澳大利亚等国，也表现得很明显。

5.2.2 拉丁美洲商人的谈判风格

拉丁美洲是指美国以南的美洲地区，包括墨西哥、中美洲、西印度群岛和南美洲，共有30多个国家。大部分拉丁美洲国家由于历史上的原因，经济比较落后，经济单一化严重，贫富两极分化明显。虽然如此，但是拉丁美洲国家的商人都以自己悠久的传统和独特的文化而自豪，他们反对甚至痛恨那些发达国家商人趾高气扬、自以为是的态度，不愿意听教训式的谈话。他们总是希望对方能在平等互利的前提下进行商贸合作，他们希望对方尊重他们的人格，尊重他们的历史。

拉丁美洲商人的性格比较开朗、直爽，与处事敏捷的北美商人不同，拉丁美洲商人比较悠闲，比较恬淡。拉丁美洲国家的假期很多，如在秘鲁工作一年，可以请一个月的带薪假期。因此，往往在一笔生意商谈中，洽谈的人突然请了假，商谈不得不停下来，其他国家商人需要耐心等待洽谈的人休完假，洽谈才能继续进行。所以，同拉丁美洲人谈生意，必须放慢节奏。

在同拉丁美洲商人进行商务谈判的过程中，感情因素显得很重要。与之成为知己之后，你如果有事拜托他们时，他们会毫不犹豫地为你优先办理，并充分考虑你的利益和要求。这样，双方的洽谈自然而然地会顺利地进行下去。

在拉丁美洲，政变十分频繁，人们对此已经司空见惯，即便发生了政变，也不会紧张骚动，街上仍旧是平平静静的。政变对一般的商业交易几乎没有影响，不过，一旦涉及政府的交易，影响则不可轻视。

与北美商人相比，拉丁美洲商人责任感不强，信誉较差。在商务活动中，他们不遵守付款日期、无故延迟付款的事情是经常发生的。正如一位银行家所说的那样，给他们货款，他们是会付的，但由于生性懒散，不把当初约好的付款日期当回事。

由于拉丁美洲国家大多属于发展中国家，商品在国际上缺乏竞争力，因而造成国家的进口大于出口，外汇比较紧张。所以，拉丁美洲国家大多采取了奖出限入的贸易保护主义政策。就此而言，对于试图同拉丁美洲人进行商贸合作的外国人是非常不利的。

从拉丁美洲的对外贸易环境看，有一个明显的不利因素，那就是拉丁美洲国家复杂的进口手续。一些国家实行进口许可证制度，如果你没有取得进口许可证，千万不能擅自将货物卖给拉丁美洲商人并且积极发运，因为这可能意味着，你的货物无法再收回，即便允许你再运回，那么你也已经枉付了高额的运输费用，有时甚至超过货物本身的价值。随着时间的推移，拉丁美洲国家也逐渐认识到奖出限入政策的片面性，在广泛实行鼓励出口政策的同时，逐步放开对市场进口的限制。

拉丁美洲一些国家的商人，经常利用外商履约后收不到货款而惊慌失措的心理，迫使外商重新谈判价格，诱使外商压价。一些外商只好忍痛降低价格，直到符合了拉丁美洲商人的要求为止。鉴于这种情况，在同拉丁美洲国家商人交易时，可适当在交易价格上掺入些水分，以应付为回收货款而被迫降价造成的损失。

在拉丁美洲众多国家中，巴西人特别爱好娱乐，他们不会让生意妨碍自己享受闲暇的乐趣。因此，千万不要在狂欢节期间去谈判，否则你会被当作不受欢迎的人。巴西人重视个人之间的良好关系，如果他喜欢你，就会同你做生意。阿根廷人比大多数邻国的人显得更正统一些，非常欧洲化。阿根廷商人在商谈中与对方会反复地握手，并且不厌其烦。智利、巴拉圭、乌拉圭和哥伦比亚的商人非常保守，他们彬彬有礼，讲究穿着，谈判时一般总是着正式的西装，结领带，非常正规。秘鲁人和厄瓜多尔人大多不遵守约会时间。但作为外商，你千万不能入乡随俗，也不遵守时间，而应该认真遵守约会时间，准时出席。

5.3 欧洲商人的谈判风格

5.3.1 英国商人的谈判风格

英国人的性格既有过去大英帝国带来的傲慢矜持，又有本民族谦和的一面。他们很传统，在生活习惯上保留了浓郁的"古风"，如讲究服饰，尤其在正式场合，穿戴上有许多规矩约束，社交活动中也一丝不苟地遵循正式交往中的传统礼节。

言行持重的英国人不轻易与对方建立个人关系。即使本国人，个人之间的交往也较谨慎，很难一见如故。他们特别尊重"个人天地"，一般不在公共场合外露个人感情，也绝不随便打听别人的事，未经介绍不轻易与陌生人交往，不轻易相信别人或依靠别人。所以，初与英国商人接触，感觉总有一段距离，让人感到他们高傲、保守；但慢慢地接近，建立起友谊后，他们会十分珍惜，长期信任你。由此看来，英国商人对个人关系的态度与美国商人相似，习惯于将商业活动与自己个人生活严格分开，有一套关于商业活动交往的行为礼仪的明确准则；个人关系往往以完成某项工作、达成某个谈判为前提，是滞后于商业关系的。

英国是老牌资本主义国家，人们的观念中等级制度依然根深蒂固。在社交场合，"平民""贵族"依然区分明显。在阅读习惯上也十分有趣：上流社会的人看《时报》《金融时报》，中产阶层则看《每月电讯报》，下层人民多看《太阳报》和《每日镜报》。英国人比较看重秩序、纪律和责任，组织中的权力自上而下流动，等级性很强，决策多来自上层。在对外商务交往中，英国人的等级观念使他们比较注重对方的身份、经历、业绩及背景，而不像美国人那样更看重对手在谈判中的表现。所以，在必要的情况下，派较有身份地位的人参加与英国人的谈判，会有一定积极作用。

英国人的谈判风格不像美国人那样有很强的竞争性，他们的谈判稳健得多。他们不像德国人那样有详细周密的准备，但善于简明扼要地阐述立场、陈述观点，然后便是更多地表现沉默、平静、自信而谨慎。与英国人讨价还价的余地不大。在谈判中，有时英国人采取非此即彼的缺乏灵活性的态度。在谈判关键时刻，他们往往表现得既固执又不肯花大力气争取，使对手颇为头疼。在他们看来，追求生活的秩序与舒适是最重要的，而勤奋与努力是第二位的。所以，对物质利益的追求不激烈也不直接表现，愿做风险小、利润少的买卖；但如果在谈判当中遇到纷争，英国人也会毫不留情地争辩，除非对方有明显证据能说服他们，否则他们不会轻易认错和道歉。

5.3.2 德国商人的谈判风格

德国人总的特点是倔强、自信、自负，办事刻板、严谨、富有计划性，工作注重效率，追求完美，具有很强的竞争性。

德国人对商业事务极其小心谨慎，对人际关系也正规刻板，拘于形式礼节。特别是在德国北部，他们极喜欢显示自己的身份，对有头衔的人一定要称呼头衔，在交谈中避免用昵称、简称等不正式的称呼。在起初的几次会面中，德国人较拘谨和含蓄，甚至略显生硬，但不等于说他们没有人情味，实际上他们也很亲切，容易接近，只是需要时间来熟悉对方。一旦建立商务关系且赢得他们信任后，便有希望长期保持。因为德国人求稳心理强，不喜欢"一锤子"买卖。

德国人时间观念很强，非常守时，公私事皆如此。所以，迟到在商业谈判和交往中十分忌讳，德国人对迟到者几乎毫不掩饰他们的不信任和厌恶。勤奋、敬业是德国企业主的美德。在德国有许多中小企业，企业主一般既是所有者又是管理者，工作积极、一心一意、执着投入。德国人似乎缺少浪漫，他们很少像法国人那样尽情享受假期，还常常为工作不惜牺牲闲暇时光，但也正因为这种勤勉刻苦、自强不息，德国经济才能在第二次世界大战后迅速恢复和崛起。

德国人虽谨慎保守，但办事雷厉风行，考虑事情周到细致，注重细枝末节，力争任何事都完美无缺。在谈判前，他们要搜集详细的资料，准备工作做得十分周密：不仅包括产品性能、质量，还包括对方业务开展情况、银行资信及经营组织状况等都了解得很清楚；充分的准备使他们在谈判一开始便占据主动，谈判思维极有系统性、逻辑性。为此，对方也应有准备，尤其对产品技术等专业性问题能够随时应答德国人详细的质询；假如遇到一个事前不充分准备、谈判时思维混乱的对手，德国人会表示极大的不满和反感。

实 例

跨文化冲突案例：午休床的风波

在一家中德合资公司里，中德双方员工因为作息时间差异发生了冲突。德方出勤作息时间与中方有很大不同。德方午餐时间短，工作午餐非常简单，通常是一杯咖啡加一个三明治就可以解决了。德方认为白天工作紧凑，应该更加高效，不应在午餐等时间段浪费过多的时间。正因为午餐观念淡漠，德方经常午间召集项目会议，其中涉及很多中方人员，这一点引起中方的不满。中方不仅认为午餐非常重要，而且午休也很重要，对下午工作的效率提升非常有帮助。因此，在中方人员的办公室里，每人配备一张折叠午休床，供员工午后休息。中方认为，午间开会不仅扰乱了正常的午休，而且午间（通常指中午12点到下午2点）若有电话打到办公室，不仅对自己，也对办公室的其他成员造成干扰，让自己在办公室很难与其他同事相处。

这种工作方式的差异引起了双方极大的冲突。在项目初始阶段，德方人员经常不定时召集项目会议，随时更新项目进展。在召集中方人员开会的时候，大部分人员缺勤，理由是要午休。德方感到非常愤怒，会议的重要性竟然抵不上午休重要。另外，德方觉得中方的午休习惯是一种文化陋习，尤其是对午休床感到不可思议，当看到办公室全员同时躺到办公区域午休的场景，德方对此嘲笑不止。

有一次，矛盾的集中爆发点终于出现了。一位德方人员趁中方午休时间，悄悄地拿出相机，拍下了中方人员午休的场景，照片不仅在德方内部社交群里广泛传播，讨论并取笑午休及午休床事件，甚至在传播过程中不知道被谁上传到了国外社交媒体如脸书（Facebook）等，造成了极坏的影响。中方人员对此非常愤怒，要求德方人员立即删除所有照片，并向中方道歉。德国人固有的傲慢和固执此时也显露无余，他们认为这不是一件大事，删除照片没有问题，但是拒绝道歉。双方的矛盾争执不下，中方人员甚至以拒绝再与德方人员接触，要求撤换德方工作人员为要求，消极怠工，对项目工作的开展造成了极大的影响。

午休床风波持续发酵后，矛盾从白热化阶段到了冷暴力期。最终公司管理层出面，对双方进行耐心疏导，公司组织相关培训，聘请外部咨询公司经验丰富的咨询顾问，结合理论基础，指出针对这一事件双方做法不妥当的地方，并提出了改进方案。

"外来的和尚好念经"，经过"外脑"的助力，德方人员反应最快，主动给中方人员道歉，并主动提出了如下解决建议：第一，尊重中方人员的午休习惯，尽量不在午休时间安排会议；第二，不在午休时间打电话到中方股东相关人员，还对方一个安静的午休环境；第三，尊重文化差异，以后再遇到类似的文化差异现象，不急着自己下结论，尊重对方，并学会欣赏文化差异，不懂的请教外面顾问。

而中方人员也做了妥协如下：第一，午休时间可以不必两个小时那么长时间，半个小时到一个小时足够了，节省下来的时间可以同德方探讨业务，也可以进行会议安排；第二，午餐后抓紧时间休息，减少时间浪费。中方人员承认，午餐后总会看手机等娱乐一段时间后再午休，这段时间可以利用起来，减少无谓的时间浪费。

至此，午休床风波的冲突终于得到了解决。

资料来源：中山大学硕士学位论文《中德合资企业跨文化冲突管理策略研究：以AR公司为例》

德国人谈判果断，极注重计划性和节奏紧凑，他们不喜欢漫无边际的闲谈，而是一开始就一本正经地谈正题。谈判中语气严肃，无论是对问题的陈述还是报价都非常清楚明白，谈判建议则具体而切实，以一种清晰、有序和有权威的方式加以表述。诸如"研究研究""过段时间再说"之类的拖拉作风和模棱两可的回答常令德国谈判者不快。他们认为，一个国际谈判者是否有能力，只要看一看他经手的事是否很快而有效地处理就知道了。

德国工业极其发达，企业标准十分精确，产品质量堪称一流，德国人也以此为傲。对于购买的产品质量也自觉或不自觉地以本国产品为标准，强调自己的报价或方案可行，不大会向对方让步；即使让步，幅度一般也在20%以内，谈判余地比较小。但他们自己却很善于讨价还价，一旦决定购买某件商品，就千方百计地迫使对方让步，而且极有耐性，常在合同签订前的最后时刻还在争取对手让步。德国人强硬的谈判风格给人以固执己见、缺乏灵活性的印象。

因为宗教的影响，德国人极尊重契约，有"契约之民"的雅称。在签订合同之前，他们往往将每个细节都谈判到，明确双方权利、义务后才签字。这种100%的作风与法国人只谈个大概、有50%的把握便签字的风格大相径庭。也正因为如此，德国商人的履约率是欧洲最高的，他们一丝不苟地依合同办事，诚实可信的形象令人敬佩；同时，他们也严格要求对方，除非有特殊情况，否则不理会其贸易伙伴在交货和支付的方式及日期等方面提出的宽限请求或事后解释。

5.3.3 法国商人的谈判风格

法兰西民族天性乐观、开朗、热情、幽默，极富爱国热情和浪漫情怀。和作风严谨的德国人相比，法国人更注重生活情趣，他们有浓郁的人情味，非常重视互相信任的朋友关系，并以此影响生意。在商务交往上，法国人往往凭着信赖和人际关系去进行，在未成为朋友之前，他们不会同你进行大宗交易，而且习惯于先用小生意试探，建立信誉和友谊后，大生意便接踵而至。

法国公司以家族公司起家的较多，因此讲究产品特色，但不大重视以大量生产的方式来降低产品成本。法国人天生随意，抱有"凡事不勉强"的原则，故而不轻易逾越自己的财力范围，也不像日本人那样努力地做成大笔生意。法国公司组织结构单纯，自上而下的层次区别不多，重视个人力量，很少集体决策。从事谈判也大多数由个人承担决策责任，迅速决策。

法国人生活节奏感十分鲜明，工作时态度认真且投入，讲究效率，休闲时总是痛痛快快地玩一场。他们很会享受生活，十分珍惜假期，会毫不吝惜地把一年辛苦工作积存下来的钱在度假中花光，不愿像德国人那样因为业务需要而放弃一次度假。通常8月是法国人的假期，南部的海滩此时热闹非凡，不仅8月到法国开展不了什么业务，甚至7月末的生意也可能被搁置。和其他国家不同的是，热情的法国人将家庭宴会作为最隆重的款待。但是，不能将家庭宴会上的交往视为交易谈判的延伸；一旦将谈判桌上的话题带到餐桌上来，法国人会极为不满。

法国人不喜欢谈判自始至终只谈生意，他们乐于在开始时聊一些社会新闻及文化方面的话题，以创造一种轻松友好的气氛；否则将被视为"枯燥无味的谈判者"。

法国人偏爱横向谈判，谈判的重点在于整个交易是否可行，而不重视细节部分。对契约的签订，法国人似乎过于"潇洒"。在谈妥主要问题后便急于签约，他们认为具体问题可以以后再商讨或是日后发现问题时再修改也无关紧要。所以，昨天才签的合同到明天就可能修改的事便不足为奇了。法国人这种"边跑边想"的做法总让对手头疼，也影响了合同的履行。所以即使是老客户，和法国人谈判也最好尽量将各条款及其细节反复确认，否则难免有误会或改约、废约等不愉快的事发生。法国人不喜欢给谈判制定严格的日程安排，但喜欢看到成果，故而在各个谈判阶段，都有"备忘录""协议书"之类的文件，为后面的正式签约奠定基础。这样一来，也可拉住伙伴，促成交易。总的来说，法国人还比较注重信用，一旦合同建立，会很好地执行。

法国人十分热爱自己的语言和传统文化。在商务洽谈中多用法语，即使英语说得很好，他们也坚持用母语，并以此为爱国表现。假如对手能讲几句法语，是很好的交往手段。在处理合同时，法国人也会坚持用法语起草合同文本。有时对手不得不坚持用两种文字，并且商定两种文字的合同具有同等效力。

5.3.4 意大利商人的谈判风格

意大利与法国有许多共同之处。在商务活动方面，两国都是非常重视商人个人的作用。

所不同的是，意大利人的国家意识要比法国人淡薄一些。法国人经常以本国的优越性而自豪，而意大利人则不习惯提国名，却常提故乡的名字。

意大利存在着大量的商业机会，可以从那里购买或向那里销售各类产品。如果购买的产品正是他们的技术所生产的，这些产品一般都具有很高的质量。意大利人与外国人做生意的热情不高，而热衷于同国内企业打交道，因为他们觉得国内企业和他们存在共同性，而且产品的质量也是可以信赖的。由于历史和传统的原因，意大利人形成了比较内向的社会性格，不大注意外部世界，不主动向外国的风俗习惯和观念看齐。

意大利人特别喜欢争论，如果允许，他们会整天争论不休，特别在价格方面，更是寸步不让。但是，他们对产品质量、性能及交货日期等事宜都不太关注，虽然他们希望所购买或销售的产品能正常使用。这一点与德国人明显不同：德国人宁愿多付款来取得较好质量的产品和准确的交货日期，而意大利人却宁愿节约一点，力争少付款。

在意大利从事商务活动，必须充分考虑其政治因素。特别是涉及去意大利投资的项目时，更要慎重从事，先了解清楚意大利一方的政治背景；否则，如果遇到政局发生变动，就难免蒙受经济损失。

意大利的商业交往大部分都是公司之间的交往，而在这种交往中起决定作用的是代表公司出面的个人。所以，意大利商人个人在交往活动中比其他任何国家商人都更有自主权。

意大利商人也有明显的缺点，即常常不遵守约会时间，甚至有时不打招呼就不赴约，或单方面推迟会期。

5.3.5　俄罗斯商人的谈判风格

俄罗斯人以热情好客闻名，他们非常看重个人关系，愿意与熟识的人谈生意，依赖无所不在的关系网办事情。通常情况下，要与俄罗斯人做生意，需首先经人介绍与之相识，然后花一番工夫，培养彼此的信任感，逐渐接近他们，尤其是决策人员，才越有可能得到生意机会；反之，操之过急是得不到信任和生意的。可以这么说，俄罗斯人的商业关系是以个人关系为基础建立起来的，谈判者只有在建立起忠诚的个人友谊之后，才会衍生出商业关系，除非某家外国公司有足以骄傲的资本（先进的产品、服务或市场上独特的地位），才能跨越个人关系而直接加入商业活动。没有个人关系，一家外国公司即使进入了俄罗斯市场，也很难维持其成果。

俄罗斯人热衷于社会活动，拜访、生日晚会、参观、聊天等都是增进友谊的好机会。俄罗斯民族性格豪爽大方，不像东方人那样掩饰内心的感情。天性质朴、热情、乐于社交的俄罗斯人往往是非常大方的主人，晚宴丰富精美，并且长时间、不停地敬酒干杯，直率豪迈。他们比美国人有更近的人际距离，有大量的身体接触，如见面和离开时都要有力地握手或拥抱。应注意的是，在交往时不可太随便，要注重礼节，尊重双方的民族习惯，对当地风土人情表示兴趣等尤其能得到俄罗斯人的好感，这样最终可以在谈判中取得信任和诚意。

俄罗斯有很长的中央集权的历史。以前在高度计划的经济体制下，任何企业和个人都不可能自行出口或进口产品；所有的进出口计划都由专门部门讨论决定，并需经过一系列审批、检查、管理和监督程序。人们早已习惯于照章办事，上情下达，个人的创造性和表现欲不强，推崇集体成员的一致决策和决策过程等级化。尽管如今根据总统令执行"自由贸易"，但思想观念的适应仍存在一个过程。在涉外谈判中，还带有明显的计划体制烙印，喜欢按计划办事，一旦对方的让步与他们的原定目标有差距，则难达成协议。俄罗斯谈判者通常权力有限，也非常谨慎，缺少敏锐性和创新，经常要向领导汇报，这必然延长谈判中决策与反馈的时间。由于不重视个人才能的发挥，俄罗斯人总采取小组谈判形式，一方面等级地位观念重，另一方面又一直不明确到底谁负责这种情况，很大程度上缘于庞大的机构引发的权限模糊。现在虽然有较大变革，但尚未形成合理的经营机制。

俄罗斯人善用谈判技巧，堪称讨价还价的行家里手。尽管由于生产滑坡、消费萎缩和通货膨胀，经济亟待恢复，在谈判中他们有时处于劣势，如迫切需要外国资金、先进技术设备，但与他们打过交道的各国商人谁也不否认俄罗斯人是强劲的谈判对手，他们总有办法让对方让步。他们的谈判一般分为两个阶段。第一阶段先尽可能地获得许多竞争性报价，并要求提供详细的产品技术说明，以便不慌不忙地评估。其间，他们会采用各种"离间"手段，促使对手之间竞相压价，自己从中得利。这种谈判技巧使得他们总能先从最弱的竞争者那里获得让步，再以此要挟其他对手做出妥协。第二阶段则是与选中的谈判对手，对合同中将要最后确定的各种条款仔细斟酌。

5.3.6　北欧商人的谈判风格

北欧一般是指芬兰、挪威、瑞典、丹麦、冰岛。它们有着相似的历史背景和文化传统，都信奉基督教。北欧国家政局稳定，人们生活水平较高。

北欧商人是务实型的，工作计划性很强，没有丝毫浮躁的样子；凡事按部就班，规规矩矩。与其他国家的商人相比，北欧商人谈判时显得沉着冷静得多，喜欢有条不紊地按议程顺序逐一进行，谈判节奏较为舒缓。这种平稳从容的态度与他们反应机敏并不矛盾，他们善于发现和把握达成交易的最佳时机并及时做出成交的决定。

北欧商人在谈判中态度谦恭，非常讲究礼貌，不易激动，善于同外国商人建立良好的关系；同时，他们的谈判风格坦诚，不隐藏自己的观点，善于提出各种建设性的方案。他们喜欢追求和谐的气氛，但这并不意味着他们会一味地顺应对方的要求。实际上，北欧商人具有相当的顽固性和自主性，这也是一种自尊心强的表现。

北欧商人不喜欢无休止的讨价还价，他们希望对方的公司在市场上是优秀的，希望对方提出的建议是他们所能得到的最好的建议；如果他们看到对方的提议中有明显的漏洞，他们就会重新评估对方的职业作风和业务能力，甚至会改变对对方企业水平的看法，进而转向别处去做生意，而不愿与对方争论那些他们认为对方应该解决妥当的琐碎问题。另外，北欧商人的性格较为保守，他们更倾向于尽力保护他们现在所拥有的东西，因此他们在谈判中更多地把注意力集中在怎样做出让步才能保住合同上，而不是着手准备其他方案以防做出最大让步也保不住合同。

5.4 亚洲商人的谈判风格

5.4.1 日本商人的谈判风格

日本人谈判的方式不仅与西方人大相径庭,即使与亚洲其他国家的人相比,也差异很大。事实上,在许多国家,人们认为日本人是很难对付的谈判对象。但是,如果了解谈判风格中的文化因素,与日本人谈判中的困难将大大减少。在与日本人谈判之前,谈判者应了解与日本谈判代表建立良好的人际关系的重要性。一般而言,与日本人谈判最为关键的一点是信任。

日本人在谈判之际,他们会设法找一位与他们共事的人或有业务往来的公司来作为谈判初始的介绍人。日本人相信一定形式的介绍有助于双方尽快建立业务关系;相反,与完全陌生的人谈判则令人不自在。所以,在谈判开始之际,先认识谈判对象或至少由第三方牵线搭桥是较可取的方式。日本人往往将业务伙伴分为"自己人"与"外人"两类。因此成为谈判对方的"自己人",或在谈判之前与他们有过接触联系,是谈判的一大优势。

趣谈各国肢体语言的差异

日本人常想方设法地通过私人接触或其他形式建立起联系渠道。但若缺乏与对方接触的途径,他们则通过政府部门、文化机构或有关的组织来安排活动以建立联系。当然,在没有任何前期接触的前提下也可建立某种联系,只不过这种建立合作关系的方法不是最有效的。

为了建立关系,日本人经常采用"私人交往"的方式,即便当相互间是由普通的第三方介绍认识时也是如此。对他们而言,了解将要谈判的对象是绝对必要的。日本人只有在与对方相处感觉和睦融洽时才会开始讨论谈判事项。因此,他们常邀请谈判对方去饭馆或其他场所以期进一步了解对方。由于日本人认为"信任"是最为关键的因素,所以他们会提问有关公司建立时间、年销售额、公司信誉及政策、整体管理等问题,他们甚而有可能在会议开始时提问诸如"您在贵公司任职多久""您曾在哪个大学就读"等私人问题。在外国人看来,这似乎有些冒昧;但在日本,这一步往往是十分重要的。

在与日本人建立起良好的关系之后,谈判者必须意识到,正如亚洲其他国家一样,日本是一个等级森严的社会。在封建社会时期,人们自上而下被划为几个等级,由此产生了极为刻板的社会阶层,而社会阶层决定了人的社会地位。即使在今天,日本人在很大程度上仍然根据自身的"社会地位"(他们的年龄、头衔、所属机构的规模及威望)来决定自己的言行举止。外国人不受这些条条框框的限制,但了解高度等级化的日本社会如何运转,对促成谈判成功是十分有益的。

实 例

巴黎设计师在日本

一位日本女装连锁店的采购商,打电话给总公司在巴黎的一家服装工厂,要求派人到东京做秋装展示。过去几年,两家公司不断有生意往来。这家公司派了女设计师克丽丝汀去东京,到东京的第三天,公司安排好做展示。克丽丝汀想,既然长时间有往来,直接坐下来谈生意是不会有问题的。于是,客套话之后,克丽丝汀立即放幻灯片做服装展示,接着谈价钱,谈完价钱又谈如何促销。折腾半天后她发现,日本听众上自老板下至业务员,一个个都呆若木鸡,面无表情地看着她。经一阵沉默后,日本老板才开口,突如其来地问克丽丝汀许多问题:问她在哪里学的服装设计,过去的工作经验怎样,她念的时装学校怎么样,嗜好是什么,在巴黎公司工作多久等与生意无关的事情。由于话题转得太快,起初她还吞吞吐吐地不想说;之后,她想既然要聊,就有问必答吧。日本老板又跟她聊了些他们与法国公司关系如何得成功、两者合作的计划,以及法国公司派高级主管来访时如何陪他们走访日本乡间的一些琐事。最后,日本老板再三叮咛克丽丝汀要切记所谈的一切,等她回巴黎见到上司时一定会用得着。后来,她打电话回巴黎,把事情的始末一五一十地说给上司,并表示对洽谈的生意不觉乐观。你认为出了什么问题?

(1) 克丽丝汀对东京之行,准备不够充分,并且把事情的重要次序弄颠倒了。

(2) 日方的听众对克丽丝汀的展示说明感到无聊,所以日方老板改变话题。

(3) 克丽丝汀不该用幻灯片做服装展示,应该用活生生的模特。

在日本人的商业圈里,对对方的感激之情往往借助于馈赠礼品或热情款待对方等方式来表达。尽管具体方式不同,全体致谢仍是很普遍的形式。日本人也常在岁末或其他节假日私人间馈赠礼品。

一旦谈判双方建立起关系,实际谈判程序即变得容易。谈判人员所关心的问题从能否建立业务关系转向如何发展积极的业务关系。尽管价格、质量等都是极其重要的因素,但日本人更相信良好的人际关系所带来的长期业务往来。

日本人决策的步骤可概括为两大特性:自下而上,集体参与。西方的决策风格通常是"自上而下",一般由高层管理人员作详细的计划方案,下属人员则执行计划。日本人倾向于自下而上的决策制度。一旦他们开始一项方案,项目经理本人并不一定担任要职,要请示其上司批准或征询修改意见。这一体系的优点在于易于执行决定,因为有关人员都已对方案了如指掌。但用于决定方案的时间过长却是日本人谈判方式的一大缺点。许多外国谈判人员对迟迟不作决定的日方人员渐渐失去耐心。

谈判时,日本人总是分成几个小组,任何个人都不能对谈判全过程负责,也无权不征求组内他人意见单独同意或否决一项提议。这种全组成员连贯一致的态度主要是基于日本人的面子观念。任何提议决策只有在全组人员均认可后才能付诸实施。相对于类似的美国谈判团体,日本人在这一方面可谓占有明显的优势。在美国人的谈判组内,往往仅一人负责全组的工作,这人有权不征求组员意见即可接受或否决一项提议。无论最终决定如何,"自下而上"的决定方式和集体参与的风格令组员感觉到自身参与的重要性。最终决定由高层管理人员作出,但高层管理人员不会忽视下属人员的意见,并且当下属人员的意见未被其他成员接纳时,高层管理人员也经常会作出解释。

  日本人作出决策的过程较为缓慢,因而招致许多外国谈判人员的批评。造成这种状况的缘由之一源自一套称为"Nemawashi"(认同在先)的制度。按照这一制度,负责人与有关人员逐个进行讨论,以期得到各成员对方案或提议的认可,而与每个成员逐一讨论方案是相当花时间的。但这一制度也有优点,即在作最终决定时果断迅速,因为每个人在事先都已同意了该提议而无须再作解释。

  日本人决策较慢的另一原因是日本社会是一个集体观念很强的社会。任何决定都须得到每位有关人员的首肯。若决定有变,则每人均须得到通知并再次加以确认。由于日本人这种集体参与的谈判风格,他们可能会对对方谈判人员所定的截止期限置若罔闻,在对方的压力之下仍可能心平气和、沉着冷静。由于外国谈判者尤其是美国人喜欢限定截止日期,为了赶在规定时间之前达成协议,在与日本人谈判时,往往很容易形成为满足预先设定的谈判时间要求而在交易条件上作出较多让步的情形。

  日本人喜欢采用委婉、间接的交谈风格。他们喜欢私下,而不是在公共场合讨论事务。他们尤其不喜欢在公共场合发生冲突,因为这样很"丢面子"。采用 Nemawashi 方式,他们经常"关起门"来讨论问题,外国人应当了解这种特殊的方式。这是日本人为了不损害他们神圣的团体感而偏好的讨论方式。

  一旦日本人同意了一项提议,他们往往会坚持自己的主张。有时即使有新的更有利于他们的主张出现,也很难改变他们的原有看法。另外,日本人总是坚持不懈地想说服对方同意他们的主张,并作出让步。日本人这种"没商量"的态度正是出于前述的任一决定都应得到全体人员首肯的逻辑,这也增加了与日本人谈判的难度。

  日本商人喜欢使用"打折扣吃小亏、抬高价占大便宜"的策略吸引对方。他们为了迎奉买方心理,主动提出为对方打折扣,其实在此之前,他们早已抬高了价格,留足了余地,外商应当有所戒备,绝不可仅以"折扣率"为判定标准,应坚持"看货论价"。自己拿不准,可请行家协助;也可货比三家,择优而定。

5.4.2 韩国商人的谈判风格

  韩国是一个自然资源匮乏、人口密度很大的国家。韩国以"贸易立国",近几十年经济发展较快。韩国人在长期的贸易实践中积累了丰富的经验,常在不利于己的贸易谈判中占上风,被西方国家称为"谈判的强手"。

  韩国人十分重视商务谈判的准备工作。在谈判前,通常要对对方进行咨询了解。一般是通过海内外的有关咨询机构了解对方情况,如经营项目、规模、资金、经营作风及有关商品行情等。如果不是对对方有了一定的了解,他们是不会与对方一同坐在谈判桌前的;而一旦与对方坐到谈判桌前,那么可以充分肯定韩国人一定已经对这场谈判进行了周密的准备,从而胸有成竹了。

  韩国人注重谈判礼仪和创造良好的气氛。他们十分注意选择谈判地点,一般喜欢选择有名气的酒店、饭店会晤。会晤地点如果是韩国方选择的,他们一定会准时到达;如果是对方选择的，韩国人则不会提前到达，往往会推迟一点到达。在进入谈判地点时，一般是地位最高的人或主谈人走在最前面，因为他也是谈判的拍板者。

韩国人十分重视会谈初始阶段的气氛。一见面就会全力创造友好的谈判气氛。见面时总是热情打招呼，向对方介绍自己的姓名、职务等；落座后，当被问及喜欢喝哪种饮料时，他们一般选择对方喜欢的饮料，以示对对方的尊重和了解；然后，再寒暄几句与谈判无关的话题如天气、旅游等，以此创造一个和谐的气氛；而后，才正式开始谈判。

韩国人逻辑性强，做事喜欢条理化，谈判也不例外。所以在谈判开始后，他们往往是与对方商谈谈判主要议题。谈判的主要议题虽然每次各有不同，但一般须包括下列5个方面的内容：阐明各自意图、叫价、讨价还价、协商、签订合同。尤其是较大型的谈判，往往是直奔主题，开门见山。常用的谈判方法有两种，即横向谈判与纵向谈判。前者是进入实质性谈判后，先列出重要特别条款，然后逐条逐项进行磋商；后者即对共同提出的条款逐条协商，取得一致后再转向下一条的讨论。有时也会两种方法兼而用之。在谈判过程中，他们远比日本人爽快，但善于讨价还价。有些韩国人直到最后一刻，仍会提出"价格再降一点"的要求。他们也有让步的时候，但目的是在不利形势下，以退为进来战胜对手。这充分反映了韩国人在谈判中的顽强精神。

此外，韩国人还会针对不同的谈判对象，使用"声东击西""先苦后甜""疲劳战术"等策略。在完成谈判签约时，喜欢使用合作对象国家的语言、英语、韩国语3种文字签订合同，3种文字具有同等效力。

5.4.3 东南亚商人的谈判风格

东南亚包括许多国家，主要有印度尼西亚、马来西亚、新加坡、泰国、越南、菲律宾等国家。这些国家与我国地理距离较近，贸易机会十分频繁，交易范围非常广阔。

印度尼西亚是信奉伊斯兰教的国家，90%的人是伊斯兰教徒，他们有着十分牢固的宗教信仰。印度尼西亚人很讲礼貌，绝对不在背后评论他人。除非是深交，否则很难听到他们的真心话。在洽谈时，表面上虽然十分友好，谈得很投机，但心里想的却可能完全是另一套。但是，如果建立了推心置腹的交情，则往往可以成为十分可靠的合作伙伴。

印度尼西亚人还有一个突出的特点，那就是喜欢有人到家里来访问，而且无论什么时候访问都很受欢迎。因此，在印度尼西亚，随时都可以敲门访问以加深交情，使商谈得以顺利进行。

新加坡经济发达，其种族的构成，华人占绝大多数，约70%以上。新加坡商人也以华侨为最多，他们乡土观念很强，勤奋、能干、耐劳、充满明智，他们一般都很愿意与中国进行商贸洽谈合作。老一代的华侨还保持着讲面子的特点，"面子"在商务洽谈中具有决定性的意义；年轻一代的华侨商人虽已具备了现代商人的素质和特点，但依然保持了老一代华侨的一些传统特点：在洽谈中如果遇到重要的决定，往往不喜欢做成书面的字据；但一旦订立了契约，则绝对不会违约，而是千方百计去履行契约，充分体现了华侨商人注重信义、珍惜朋友之间关系的商业道德。

泰国是亚太地区新兴的发展中国家，在泰国控制着产业的也多为华侨，但泰国的华侨已经革除了和别的民族之间的隔阂，完全融进了泰国民族大家庭中。泰国商人的性格特点是，不信赖别人，而依靠家族来掌管生意；不铺张浪费；同业间能互相帮助，但不会结成一个组织来共担风险。假如外国商人要同泰国商人结成推心置腹的交情，那就要费一段很长的时间。但一旦建立了友谊，泰国商人便会完全信赖你，当你遇到困难时，也会给你通融。所以，诚实和富于人情味，在泰国商人那里也是被充分肯定的。

5.4.4 南亚商人的谈判风格

南亚共有7个国家：尼泊尔、不丹、印度、巴基斯坦、孟加拉国、斯里兰卡、马尔代夫。南亚的大部分国家原本是英属印度的组成部分，英属印度按居民的宗教信仰分为印度（印度教）和巴基斯坦（伊斯兰教），独立后的巴基斯坦由东、西两部分国土组成，1971年东巴脱离巴基斯坦成立了孟加拉国。所以，南亚商人的谈判风格以印度和巴基斯坦为代表。

1. 印度商人的谈判风格

印度是个古老的国度，印度人观念传统、思想保守。印度的企业家包括技术人员在内，一般不愿把自己掌握的技术和知识教给别人。印度社会层次分明、等级森严，这与他们古老的宗教教义有关，因此与他们打交道，要尊重这一点。

跟印度人建立良好的关系是开展商务往来的前提。因为印度人的疑心很重，一旦有了利害关系就会对对手处处设防、猜疑。要和印度人建立友好的商务关系，通常需要很长的时间。一旦你和印度商人建立了良好的关系，就可以开始谈判进程了。

印度人非常擅长讨价还价，通常在市场杀价方面是真正的专家。他们很重视利益，不会轻易放弃任何一个获益的机会。印度人在谈判时喜欢争辩，往往强词夺理，表现固执。与印度人谈判，要为强硬的、长时间的讨价还价会议做好准备，在开价时一定要留些余地。另外，印度人谈判最擅长的招数就是拖延时间，他们认为用此招可以充分消磨对方的意志，从而能够彻底探清对方的底牌。除非让他们感受到，再拖延时间的话会损失他们的利益，他们才会加快谈判的进程。印度人喜欢被赞美，在谈判时适时地赞美恭维，有利于推进谈判的进程。

在商务谈判中，一般谈判人员不愿作出需要负担责任的决定，遇到问题时也常常喜欢找借口逃避责任，谈判的重要议题都要由高层来作决定。印度的出口手续复杂，因此和印度人做生意，作为买方应尽量避免内陆交货，作为卖方应尽量避免目的地交货。

2. 巴基斯坦商人的谈判风格

巴基斯坦人绝大部分是伊斯兰教徒，在进行商务谈判时应首先了解这个国家的社会生活和风俗习惯，否则难免因小事而刺伤对方的自尊心，从而妨碍商业活动。

巴基斯坦人注重建立关系，包括与政府官员的关系。与巴基斯坦政府官员会面时，一定要做好各种准备：时常有助理和秘书跑进来要求签字，有电话打进来，或者朋友和亲戚路过拜访等打断对方精心准备的讲话。对此，最好保持镇定，不能表现出不耐烦。

按照巴基斯坦的商业习惯，由经理制定全部决策。一般来讲，经理从不下放任何权力。因此，如果经理工作非常忙或"出差了"，那么，无论对方的传真或邮件多么紧急，也不会有人回复。

此外，巴基斯坦人很友好、热情，他们喜欢公平交易，自由地讨价还价，所以与他们谈判一定要多花些时间。尽管讨论很激烈，也要保持微笑，这一点很重要。

5.4.5 阿拉伯国家商人的谈判风格

由于地理、宗教、民族等问题的影响,阿拉伯人具有一些共同的特点:以宗教划派,以部族为群,通用阿拉伯语(英语在大多数国家也可通用),信仰伊斯兰教,比较保守,有严重的家庭主义观念,性情比较固执,脾气也很倔强,不轻易相信别人。比较好客,但缺乏时间观念,表现在对来访者不管自己当时在干什么都一律停下来热情招待客人。阿拉伯人喜欢用手势或其他动作来表达思想。

阿拉伯人比较注重友情,与其谈判应注意先交朋友,后谈生意。阿拉伯人不希望通过电话来交易,当外商想向他们推销某种商品时,必须多次拜访他们。第一次、第二次访问时是绝对不可以谈生意的,第三次可以稍微提一下,再访问几次后方可以进入商谈。与他们打交道,必须先争取他们的好感和信任,建立朋友关系,营造谈判气氛,只有这样,下一步的交易才会进展顺利。

> **实 例**

不被重视的客商

法国人安瑞是在城市交通管制工程方面颇有名气的专家,一家沙特阿拉伯工程公司邀他到沙特阿拉伯,该公司负责营建部分政府工程。安瑞从来没在中东工作过,大部分的工作经验是在欧洲和北美洲。当安瑞到达工程公司总经理的办公室时,他被请到坐在地板上的一个坐垫上。总经理忙着招呼其他来访的人,当时他也清楚地看到安瑞。安瑞在靠墙的大垫上耐心地等。这一批客人中,安瑞是最后一位,他前面还有七位——这就是典型的阿拉伯人接待客人的方式。半个小时过去了,安瑞忍不住问秘书什么时候才能轮到他,秘书也弄不清楚。这期间,有许多人进进出出打断总经理接见的工作,安瑞开始感到不耐烦。很显然,总经理一点不在乎被他人打扰。一小时过去了,秘书才领着安瑞坐上总经理对面的那张椅子。他们用英文交谈,一阵子客套后,总经理把安瑞介绍给公司里的一个工程师小组,其中包括了总经理的"表弟"——公司的副总经理,美国麻省理工学院的毕业生。引见之后,安瑞就热心地用幻灯片简单报告,用的是英文,主题当然是道路规划问题。不久,安瑞发觉许多听众都表情茫然,这时他才想到,许多的专有技术名词和概念必须经过翻译才能使听众听懂。这一组人当中,似乎只有总经理的表弟听懂了简报。晚上回饭店休息,安瑞想起今天一连串的新鲜事儿,到底错在哪里?你认为最有可能的原因是下面哪一个选项?

(1) 沙特阿拉伯的商业主管根本没有优先次序的概念,谁先走进来就跟谁谈。
(2) 安瑞的简报事先没准备妥善,他的幻灯片图表资料不够充分。
(3) 安瑞应该请个翻译陪他一起去,因为他是法国人,他的英文有着很浓的法国口音。
(4) 沙特阿拉伯人从来就不慌不忙地谈生意,而且谁跟他关系近,就优先跟谁谈。

阿拉伯人做生意喜欢讨价还价,没有讨价还价就不是场严肃的谈判。无论小店、大店均可以讨价还价,标价只是卖主的"报价"。更有甚者,不还价即买走东西的人,还不如讨价还价后什么也未买的人受卖主的尊重。他们的逻辑是：前者小看他，后者尊重他。

阿拉伯人的生活深受伊斯兰教影响，他们希望与自己进行洽谈的外商对伊斯兰教及其历史有些了解，并对它在现代社会中的存在和表现表示出尊重。他们非常反感别人用贬损和开玩笑的口气，谈论他们的信仰和习惯，嘲弄他们在生活中不寻常的举动。

阿拉伯人在商业交往中，习惯使用"因夏拉"（神的意志）、"波库拉"（明天再谈）等词语作为武器保护自己，抵挡对方的"进攻"。例如，双方在商谈中订好了合同，后来情况有所变化，阿拉伯人想取消合同，就可以名正言顺地说这是"神的意志"，很简单地就取消了合同。而在商谈中好不容易谈出点名堂，情况对外商比较有利，正想进一步促成交易时，阿拉伯商人却耸耸肩说"明天再谈吧"，等到明天再谈时，有利的气氛与形势已不复存在，一切均必须从头再来。当外商对阿拉伯人的上述行为或其他不愉快的事情而恼怒的时候，他们会拍着外商的肩膀说"不要介意，不要介意"，让你哭笑不得。

在阿拉伯商界还有一个阶层，那就是代理商。几乎所有的阿拉伯国家的政府都坚持，无论外商同阿拉伯国家的私营企业谈判，还是同政府部门谈判，都必须通过代理商。如果没有合适的阿拉伯代理商，很难设想外商能在生意中进展顺利。在涉及重大生意时，代理商可以为外商在政府中找到合适的关系，使项目可以得到政府的批准；能使外商加速通过冗杂的文牍壁垒，还可以帮助外商安排劳动力、运输、仓储、膳宿供应，帮助外商较快地收到生意中的进款，等等。

5.5 大洋洲和非洲商人的谈判风格[①]

大洋洲包括澳大利亚、新西兰、斐济、巴布亚新几内亚等20多个国家和地区。居民有70%以上是欧洲各国移民，其中以英国和法国的移民后裔居多，多数国家通用英语。其中澳大利亚是大洋洲较发达也较为重要的国家。以下将以澳大利亚为例进行分析。

5.5.1 澳大利亚商人的谈判风格

（1）注重办事效率。通常，澳大利亚人和约好的客人第一次见面时，简短的寒暄后就着手进行商业谈判。澳大利亚人在商务谈判中很重视办事效率，他们派出的谈判人员一般都具有决定权，同时也希望对方的谈判代表同样具有决定权，以免在决策中浪费时间。他们极不愿意把时间花在不能作决定的空谈中，也不愿采用开始高报价然后慢慢讨价还价的做法。他们采购货物时大多采用招标方式，以最低报价成交，根本不予对方讨价还价的机会。

（2）具有较强的时间观。澳大利亚的普通员工一般都很遵守工作时间，不迟到、不早退，但也不愿多加班，下班时间一到就会立即离开办公室；但经理层的责任感很强，对工作也很热心。

（3）签约谨慎。澳大利亚人认为招待与生意无关，它们是两项活动，可以公私分明，所以与他们交往，不要以为在一起喝过酒生意就好谈了。恰恰相反，澳大利亚人在签约时非

[①] 李扣庆. 商务谈判概论：理论与艺术[M]. 上海：东方出版中心，1998.

常谨慎，不大容易签约；但一旦签约，也较少发生毁约现象。他们重视信誉，而且成见较重，加上全国行业范围狭小、信息传递快，如果谈判中有不好的言行就会产生广泛的不良影响。所以，谈判人员必须给他们留下美好的第一印象，才能使谈判顺利进行。

（4）精于谈判。澳大利亚人在谈判中擅长争辩；谈判者应该做好充分准备去面对澳大利亚人的质疑。澳大利亚人在谈判时的争辩是就事论事，并非挑衅或者敌意。和澳大利亚人有过谈判的人，很少会误解他们的对抗性行为。

澳大利亚人有的善于表达，有的不善言辞，这取决于他们的族裔背景。例如，希腊籍或者意大利籍的澳大利亚人，较其父辈来自英国、伊朗和北欧国家的人，会使用更多的肢体语言，更大声说话或者更常常打断他人的话语。澳大利亚人是典型的比美国人使用更少和更小幅度的手势的人。

5.5.2 非洲商人的谈判风格

非洲有50多个国家，绝大多数国家属于发展中国家，经济贸易不发达，加上各国内部的暴力冲突和外部战乱连年不断，天灾人祸，他们在经济上严重依赖大国。

（1）各地区商人谈判风格差异较大。按地理划分，非洲可分为北非、东非、西非、中非和南非5个部分。不同国家和地区的人在种族、历史、文化等方面的差异极大，因而他们的生活、风俗、思想等方面也各具特色。南非的经济实力最强，相对而言南非人的商业意识较强。尼日利亚的经济实力也较强，虽以农业为主，但石油储量丰富，工业发展很快。扎伊尔以农业为主，是重要的矿产国，其国民缺乏商业知识和技巧。坦桑尼亚、肯尼亚和乌干达三国位于非洲东部，形成共同市场，但商人缺乏经验，推销也不可靠，因此与这三国的商人洽谈时，不能草率行事。

（2）权力意识强。在非洲，利用采购权吃回扣的事屡见不鲜。去非洲做生意，经常需要以小恩小惠来取得各环节有关人士的信任和友谊，建立关系后才可能使交易进展顺利。非洲各国内部存在许多部族，各部族之间的对立意识很强，其族员的思想大都倾向于为自己的部族效力，对于国家的感情则显得淡漠。非洲各国的权力集中，他们通常派出有决定权的人负责谈判，以便做出决策。

（3）时间观念较差。非洲各部族具有浓厚的大家庭色彩。他们认为，有钱人帮没钱人是天经地义的。这种风俗使得很少有人愿去积极努力赚钱，大多数人都将希望寄托在家境富裕的族人身上。由此带来的后果就是非洲人工作效率低下，办事能拖就拖，时间观念较差。谈判时，他们很少准时到会，即使到了也很少马上开始谈论正事，往往要海阔天空地谈论一通。在与非洲商人进行商务谈判时要尽量照顾其无视时间的习惯。

（4）要特别重视书面合同的严密性。由于历史的原因，整个非洲的文化素质较低，有些从事商务谈判的人员对业务并不熟悉，加上非洲国家的法制不健全。因此与其洽谈时，应把所有问题及其细节都以书面确认，以免日后产生误解或发生纠纷。非洲人比较遵守书面的约定，对付款方式也比较规矩。

以上介绍的只是世界主要贸易国家或地区的主要谈判特点和风格，重要的是我们应从中悟其真谛。当然，随着当今世界经济一体化和通信的高速发展及各国商人之间频繁的往来接触，他们相互影响，取长补短，有些商人的国别风格已不是十分明显了。因此，我们既应了解、熟悉不同国家或地区商人之间谈判风格的差异，在实际的商务谈判中更应根据临时出现的情况而随机应变，适当地调整自己的谈判方式以达到预期的目的，取得商务谈判的成功。

关键术语

跨文化沟通　　高内涵文化　　低内涵文化　　美式谈判　　一揽子交易　　日式谈判　　认同在先　　文化冲突

名家论坛：各国商人谈判特点

复习思考题

1. 与国内商务谈判相比，国际商务谈判有哪些特殊性？
2. 高内涵文化的商人与低内涵文化的商人在一起谈判时会遇到什么障碍？
3. 举例说明不同国家的人们在时间和空间概念上的差异。
4. 对比分析美、日两国在谈判决策结构方面的差异。
5. 对比分析美、日两国在谈判关系的建立方面的差异。
6. 对比分析美、日两国在沟通方式方面有何异同之处。
7. 对比分析德、法、英、俄等国家的商人谈判风格的异同之处。
8. 简述阿拉伯人的谈判特点。

案例题

【案例 5-1】

王先生的环球商务旅行

王先生是京达进出口公司的业务经理，由于工作关系经常与外商接触。今年夏天，王先生又作了一次商务旅行，由印度、沙特阿拉伯抵欧洲，在英国逗留数日，越大西洋抵美国、巴西，后经日本回国。这次环球之旅给王先生印象最深的是各国交流习惯的巨大差异。

在日本，人们通常聚集在一起；在巴西，商人之间的身体距离很近，连对方的呼气都能感觉到；而在英国和美国，人与人之间的身体距离很大，一旦某人闯入你身体附近的"势力范围"，通常都会说"对不起"，尽管他离你还有数十厘米。

在阿拉伯国家，商人的时间观念弹性很大，迟到一两个小时或推迟几天是常见的事，商人只是将其笼统地归为"真主的旨意"；而在欧美国家，商人的时间观念通常很强。

在印度，商人在业务谈判之前总是花很长时间作一些社交性的讨论，迟迟不肯转入正题；而在美国，商人谈判时往往喜欢单刀直入，直奔主题。

在巴西，即使是夏天，商人也大多着深色服装；而在美国，商人着装则要随便得多。

在印度，点头往往意味着"不"或不同意，令外国人一时难以适应。

在日本，电话交谈时一般是打电话者先讲；而在美国，通常是接电话者首先报出部门、职务、姓名。

....

王先生回到公司后，在公司的内部通讯上将自己的上述发现整理发表出来，同事们读了都感到很有收获。

问题：

1. 在跨文化交流中时间和空间的使用通常可能传达哪些不同的信息？试各举两个例子加以说明。

2. 举出非语言交流的6个例子并说明其含义。

【案例 5-2】

被请到家里谈判

中国某公司与阿拉伯某公司谈判出口纺织品的合同。中方给阿方提供了报价条件，阿方说需研究，约定次日9:30到某饭店咖啡厅谈判。9:20，中方小组到了阿方指定的饭店，等到10点钟还未见阿方人影，咖啡已喝了好几杯了。这时有人建议"走吧"；有人抱怨"太过分了"。组长讲："既按约到此，就等下去吧。"一直等到10:30，阿方人员才晃晃悠悠地来了，一见中方人员就高兴地握手致敬，但未讲一句道歉的话。

在咖啡厅双方谈了一个钟头，没有结果，阿方要求中方降价。中方组长让阿语翻译告诉阿方：按约定9:20来此地，我们已等了一个钟点，桌上咖啡杯的数量可以作证，说明诚心与对方做生意，价不虚（尽管有余地）。对方笑了笑说："我昨天睡得太晚了，谈判条件仍难以接受。"中方建议认真考虑后再谈。阿方沉思了一下，提出15:30到他家来谈。

15:30中方小组准时到了他家，并带了几件高档丝绸衣料作礼品，在对方西式的客厅坐下后，他招来他的三个妻子与客人见面。三个妻子年岁不等，脸上没有平日阿拉伯妇女戴的面纱。中方组长让阿语翻译表示问候，并送上礼品，三位妻子很高兴，见过面后，就退下去了。这时，阿方代表说："我让她们见你们，是把你们当朋友。不过，你们别见怪，我知道在中国是一夫一妻制。我还有权按穆斯林的规定再娶一个，等我赚了钱再说。"中方人员趁机祝他早日如愿，并借此气氛将新的价格条件告诉对方。于是，他也顺口讲出了自己的条件。中方一听该条件虽与自己的新方案仍有距离，但已进入成交线。

中方组长很自然地说："贵方也很讲信用，研究了新方案，但看来双方还有差距。怎么办呢？我有个建议，既然来了您家，我们也不好意思只让你让步，我们双方一起让步如何？"阿方看了中方组长一眼，讲："可以考虑，但价格外的其他条件呢？"中方组长说："我们可以先清理然后再谈价。"于是双方又把合同的产品规格、交货期及文本等扫了一遍，确认、廓清和订正。阿方说："好吧，我们折中让步吧，将刚才贵方的价与我方的价进行折中成交。"中方组长说："贵方的折中是个很好的建议，不过该条件对我还是过高些，我建议将我方刚才的价与贵方同意折中后的价格进行折中，并以此价格成交。"阿方大笑，说："贵方真能讨价还价，看在贵方昨天等我一个小时的诚意上，我们成交吧！"于是，他的阿拉伯手握住了中方人员的手。

问题：
1. 如何看中方人员对对方迟到的处理？为什么对方未就迟到一事道歉？
2. 如何看阿方把中方请到家里的做法？
3. 通过双方的成交过程，评价中方的准备工作。

【案例5-3】

欧亚国际贸易公司

近段时间以来，总裁陈明德连续收到了欧洲、中非、东南亚各地分公司经理的抱怨。从接到的电话、电子邮件和便函及各次会议讨论来看，其焦点是，他们认为公司各项政策使得各地的分公司在当地竞争中处于越来越不利的地位，必须要考虑对公司的政策作出调整。

欧亚国际贸易公司是1990年在俄罗斯成长起来的一个比较年轻的食品贸易企业。苏联解体后，在俄罗斯和其他苏联加盟共和国内出现了经济的大幅度倒退，企业因为经济不能正常生产，国内企业所能提供的食品远远不能满足当地老百姓的需要。在这样的情况下，一位在西北某高校从事国际贸易教学的教师辞职下海，在俄罗斯创办了自己的企业——欧亚国际贸易公司。随着公司在俄罗斯业务的不断扩展，企业取得了迅速发展，在短短5年间，就在东欧其他国家（如白俄罗斯、罗马尼亚等地）设立了分公司；到2000年，公司已把业务延伸到南亚、印度尼西亚、非洲等地。

该公司之所以能取得如此快的发展，主要有这样几个原因。一是进入俄罗斯市场早，苏联解体后，当初国内有很多公司到俄罗斯做生意，但由于担心政局不稳，风险较大，没有大规模进入。欧亚国际贸易公司从一开始，就做大手笔，取得了先发优势。二是依托国内产品供应。食品业在中国较为发达，而且供过于求，价格较低，在前苏联和东欧地区有较强竞争能力。三是公司一直注重品牌和形象建设，当后来中国假冒伪劣产品充斥苏联市场时，该企业仍坚持初衷。

1995年以后，企业贸易进一步扩张到中国国内、南亚、印度尼西亚、非洲等地时，为了更好地培育竞争力，公司在中国国内设立了工厂，实现了生产、贸易一体化。这种组合一方面击垮了相当一部分竞争对手，但另一方面也带来了风险——不得不经常派一些无跨国工作经验的经理到陌生的地区去拓展业务。陈明德也意识到公司这种扩张模式的脆弱性和风险性。

欧亚国际贸易公司在经营活动中有一条原则，那就是要大量招当地员工：在公司全部约2 000名员工中，当地化的人员比例有的分公司达到70%，也有的只有45%。结果，由于各个分公司内部的员工来自中国、俄罗斯、东欧、东亚、南亚和其他国家和地区，少量还来自英国、荷兰、德国及法国，管理就成了很大问题。比如，尽管英语是公司的工作语言，某些职员仍不愿意使用英语，中国人、德国人、荷兰人及北欧国家的管理人员，能接受英语，但对于部分俄罗斯人、法国人和部分东欧人，则似乎不太愿意，还产生了一些摩擦。而且，来自不同地区的人在分公司内都希望增强自己国家员工的利益及生活习惯。为解决这个问题，欧亚贸易公司采取了一个策略：把高级主管派到超出他们各自民族利益的地区担任经理。例如，一个英国人主管印度尼西亚的工作；一个俄罗斯人主管罗马尼亚的工作。但这个策略遭到当地人的强烈反对，使主管工作难以开展。

陈明德彻夜思考这些问题，决定召开一个电话会议，让经理们就这些问题相互交流一下。他给各位经理5~10分钟时间提出自己的问题。讨论结果如下所述。

图库斯曼，南亚分公司经理（罗马尼亚人）：

在这里，虽然国内民众认为请喝酒、吃饭或送礼是贿赂或腐败行为，而且当地政府也要求公务员成为清廉、有教养的楷模，要求他们对自己的人民负责，事实上这些都是形式。如果我们真根据当地政府所要求的那样去考虑行动的话，将会继续输给在这方面比我领会得好的竞争者。行贿在这里可以看作"小费"，它意味着尊敬和感激，因为这些政府官员帮助了我们，作为回报，接受礼金是理所应当的。如果我们坚持强加原来在东欧地区的做法，可能问题会更加严重。

王仪，非洲地区经理（中国人）：

在我们所在地区，往往一个人就能决定是否签合同，而且通常是总统或内务部长或地区行政长官。他们不反对个人决策，但他们的决策更多出于政治考虑——生意会怎样影响以后的外交政策和国际关系，这些是不需要我们去谈判的。也许，我们需要更多的政府间合作，这比产品价格更重要。

贝特洛夫斯基，印度尼西亚地区经理（俄罗斯人）：

我们总是弄不懂这里客户真正所指所想，他们也不会简单告诉你。我们和这些客户做生意真是难适应。他们会同意任何事，但最后的决策总是等不来，谈了意向但实际真正签的合同却很少。我最困惑的是，不知道自己在谈判中的位置，不知道如何结束一笔生意。除非从朋友那儿听到消息，否则连我自己都不知道谈判结果如何。

喀梅隆，东亚地区经理（非洲人）：

我想谈我所面临的两个文化交流问题。一个是我的员工们不懂当地礼节。他们虽然会讲当地语言，但并不知道其中的细微差别，不懂手势和礼仪。另一个是政府如何决策往往不可捉摸。你不可能和有权决策的人打交道，因为事实上你不知道他是谁。通常，政府是一个由精明而严密的官僚阶层组成的特殊团体，你总是搞不清楚谁是真正的决策人。当然，这也有点像我们自己的做法。

陈明德也听到其他一大堆类似的陈述，接着便坐下来开始起草他的建议。

问题：欧亚国际贸易公司面临哪些内部文化冲突和外部挑战？应该如何调整它的对外沟通策略，使之和现实相符合？

第 6 章

商务谈判礼仪

> **学习目标**
>
> 通过本章的学习,学生应了解和掌握以下知识点:
> ◎ 礼仪的含义与作用
> ◎ 服饰礼仪
> ◎ 会面及名片礼仪
> ◎ 言行举止的礼仪
> ◎ 接待与签字仪式

6.1 礼仪的含义及作用

6.1.1 礼仪的含义

礼仪产生于原始宗教,是原始人类对大自然和神灵的崇拜形式。在当时条件下,人们对自然界和自身的一些现象无法作出解释,就把它们看作是大自然的恩赐与惩罚,是神灵的意志,于是开始对自然及神灵产生了敬畏,以求赐福和精神上的安慰,或免除灾祸。为了表示对这种崇拜的虔诚,就创造出了各种方式和程序,随即形成一整套的仪式和行为规范,这就是礼仪的起点。

礼仪,是礼和仪的总称。"礼"最初的意思是敬神。东汉许慎在《说文解字》中说:"礼,履也,所以事神致福也。"在敬神的基础上,礼的含义逐渐拓宽,引申为礼貌、尊敬,范围也扩及到人,于是产生了一系列对人表示尊敬的礼节、礼貌;同时,也包含了为表示敬意或为显示隆重而举行的仪式。随着社会的发展,"礼"又成为衡量社会行为和道德的规范及法则的总称。"仪"本意指法度、准则和规范，后来才有了仪式及礼节的含义。[①]

可见，礼仪是人类社会活动的行为规范，是人们在社交活动中应该遵守的行为准则。礼仪具体表现为礼貌、礼节、仪表、仪式等。礼貌是指人们在相互交往过程中表示敬重友好的行为规范；礼节是指人们在社会交往过程中表示致意、问候、祝愿等惯用形式；仪表是指人的外表，如仪容、服饰、姿态等；仪式是指特定场合举行的专门化、规范化的活动。

礼仪是人们在长期社会生活中形成的一种习惯。它是人类生存和发展的需要，是人们之间相互交流所产生的一定形式，久而久之，约定俗成，形成一定的习惯便是礼仪。

礼仪就其本身来说，其形式是物质的，体现在人的口头语言、书面语言、形体语言、表情语言、界域语言、服饰语言等诸多方面，作用于人们的感官。但礼仪的含义是精神的，意识的，反映不同的意识形态，它随着生产力的发展而发展，随着经济基础的变化而变化。今天礼仪规范已被列入正式的国际公约，成为各国正式交往中不可缺少的行为准则。

6.1.2 礼仪的作用

▶ 实 例[②]

据报道，一次，东北某省政府组织驻该省的外资金融机构的20余名代表考察该省的投资环境，整个考察活动是成功的。然而，给这些外资金融机构代表们留下深刻印象的，除了各市对引进资金的迫切心情及良好的投资环境外，还有一些令他们费解，同时也令国人汗颜的小片段。

在某开发区，在向考察者介绍开发区的投资环境时，不知是疏忽，还是有意安排，由开发区的一个副主任作英语翻译。活动组织者和随行记者都认为一个精通英语的当地领导一定会增强考察者们的投资信心。哪知，这位副主任翻译起来结结巴巴、漏洞百出，几分钟后，不得不换另外一个翻译，但水平同样糟糕。而且，外资金融机构的代表们一个个西装革履、正襟危坐，而这位翻译却穿着一件长袖衬衫，开着领口，袖子卷得老高。考察团中几乎所有的中方人员都为这蹩脚的翻译及其近乎随便的打扮感到难为情。外方人员虽然没有说什么，但下午在某市内考察，市里另安排了一个翻译时，几个外方考察人员都对记者说："这个翻译的水平还行。"其言外之意不言而喻。

考察团在考察一家钢琴厂时，主人介绍钢琴的质量如何好，市场上如何抢手，其中一个原因就是他们选用的木材都是从兴安岭林场中专门挑选的同一个品种，而且这个品种的树木生长缓慢。一位外资金融机构的代表随口问道："木材这么珍贵，却拿来做钢琴，环保问题怎么解决？"没想到旁边一位当地陪同人员竟说："中国人现在正忙着吃饭，还没顾上搞环保。"一时间，令所有听到这个回答的考察团中方人员瞠目结舌。事后，那个提问的外资金

---

① 刘昊. 商务谈判与技巧 [M]. 西安：西安地图出版社，2002.
② 周忠兴. 商务谈判原理与技巧 [M]. 南京：东南大学出版社，2003.

融机构的代表对记者说:"做钢琴用不了多少木头,我只是随口问问,也许他没想好就回答了。"虽然提问者通情达理,然而作为那位"率直"的回答者口中的"正忙着吃饭"的中国人,却不能不感到羞愧。

在某市,当地安排考察团到一个风景区游览,山清水秀的环境的确令人心旷神怡。外资金融机构的代表刚下车,一位中方陪同人员却把一个带着的或许是变质了的西瓜当着这些老外的面扔到了路旁。这大煞风景的举动令其他中方人员感到无地自容。

在商务交往中,礼仪的作用是显而易见的,主要表现为以下几个方面。

(1) 规范行为。礼仪最基本的功能就是规范各行行为。在商务交往中,人们相互影响、相互作用、相互合作,如果不遵循一定的规范,双方就缺乏协作的基础。在众多的商务规范中,礼仪规范可以使人明白应该怎样做,不应该怎样做,哪些可以做,哪些不可以做,有利于界定自我形象,尊重他人,赢得友谊。

(2) 传递信息。礼仪是一种信息,通过这种信息可以表达出尊敬、友善、真诚等感情,使别人感到温暖。在商务活动中,恰当的礼仪可以获得对方的好感、信任,进而有助于事业的发展。

(3) 协调人际关系。人际关系具有互动性。这种互动性表现为思想和行为的互动过程。如当你走路妨碍了对方,你表示歉意后,对方还你以友好的微笑;当你遭天灾人祸,朋友会伸出友谊之手援助你。人与人之间的互谅、互让、相亲相爱等,都是这种互动行为产生的效应,而这些互动行为往往是以礼仪为手段去完成行为的过程。

(4) 树立形象。一个人讲究礼仪,就会在众人面前树立良好的个人形象;一个组织的成员讲究礼仪,就会为自己的组织树立良好的形象,赢得公众的好感。现代市场竞争除了产品竞争外,更体现在形象竞争。一个具有良好信誉和形象的公司或企业,就容易获得社会各方的信任和支持,就可在激烈的竞争中立于不败之地。所以,商务人员时刻注重礼仪,既是个人和组织良好素质的体现,也是树立和巩固良好形象的需要。

6.2 商务礼仪

商务谈判实际上是人与人之间、组织与组织之间、国家与国家之间在经济上相互交往的一种活动。要在商务谈判中赢得优势,不仅需要依赖于自己的经济、技术实力和谈判技巧,而且还需要有高度的文明礼仪与修养。

我国素有"礼仪之邦"的美誉,深厚的礼仪积淀滋养了一批批谈判专家,历史上也留下了许多成功的范例,加之长期的国际商务交往,而今已经形成了一套约定俗成且比较规范的礼仪。

6.2.1 服饰礼仪

作为商务谈判者,必须熟悉着衣的基本礼节。因为不同民族及性别、习惯、年龄的差异,在服饰上也有很大的区别。在商务谈判中,服饰的颜色、样式及搭配等的合适与否,谈判人员的精神面貌如何,给对方的印象和感觉等方面都会带来一定影响。在商务谈判场合,穿着上一般选择灰色、褐色或者黑色等深色的服装,这些颜色会给人一种坚实、端庄、严肃的感觉。

两性奥秘试验:
着装形象对
异性的吸引力

从服饰的样式来看,在西方国家的交际场合,服饰大致可分为便服和礼服。我国没有便服和礼服之分。在正式、隆重、严肃的场合,男子的服装为上下同色同质的深色西装,女性则穿着西装套裙或西装。

除此以外,谈判者的发型、指甲、鞋袜,以及男性谈判者的胡须,女性谈判者的面、耳、颈等部位的修饰都构成服饰仪表的一部分内容,应加以足够的重视。男性谈判人员应当发型整洁成形,不凌乱、无头皮屑;每天剃须,口中无异味;鞋面清洁,鞋跟不过分磨损。女性谈判人员的发型应当简洁,不给人以妖艳之感;化妆应自然,并做到及时修补;戒指、耳环、项链等饰物不花哨;鞋应与服装相配,并保持整齐。

在进入谈判室时,应脱去大衣、帽子、风雨衣等外套,在室内一般不得戴手套和深色眼镜。在家中接待客商,也应注意穿戴齐整出来迎客,不得穿着睡衣、赤脚接待客人。

面试关之职场
小白形象篇:
服装礼仪

6.2.2 会面礼仪

会面时的礼节,有一整套的规范。怎么招呼与问候,包含着你的友善,传递着你对人的尊重。掌握了会面礼仪,将有助于你打开社交之门。毕竟,会面是正式交往的开始,这个头能否开好,至关重要。以下介绍几种常见的会面礼节。

1. 握手礼

握手是人们在社交场合不可缺少的礼节。握手除表示友好外,还有祝贺、感谢、慰问和鼓励的含义。

握手时,伸手的先后顺序是上级在先、主人在先、长者在先、女性在先。握手时间一般以3~5秒为宜。握手力度不宜过猛或毫无力度。要注视对方并面带微笑。要避免那些不当的握手方式(见图6-1)。

2. 鞠躬礼

鞠躬礼即弯身行礼,是表示对他人尊重和敬意而普遍使用的一种礼节。此礼既适用于喜庆欢乐或庄严肃穆的仪式,又适用于一般的社交场合。在日本,鞠躬礼是人们最常用的会面礼节。其弯身程度不同,所表示的尊敬程度也不一样。

3. 拥抱礼

拥抱礼是流行于欧美的一种会面礼节。行礼时,两人相对而立,各自右臂在上,左臂在下,右手环抚于对方的左后肩,左手环抚于对方的右后腰,胸部左倾而紧紧相抱,头部相贴,然后头部及上身向右倾而相抱,接着再次向左倾相抱,礼毕。

4. 合十礼

合十礼又称合掌礼,即把两个手掌在胸前对合,五指并拢向上,头略低。这种礼节,通行于南亚与东南亚信奉佛教的国家。

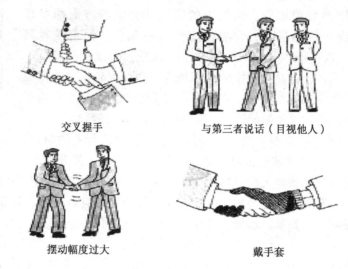

图 6-1　4 种不当的握手方式

其他如亲吻礼、吻手礼等会面礼节在商务中使用频率不高，不再一一介绍。

6.2.3　名片礼仪

1. 名片的准备

名片不要和钱包、笔记本等放在一起，原则上应该使用名片夹。

名片可放在上衣口袋（但不可放在裤兜里）。

要保持名片或名片夹的清洁、平整。

2. 接收名片

必须起身接收名片，并用双手接收。

接收的名片不要在上面做标记或写字。

接收的名片不可来回摆弄。

接收名片时，要认真地看一遍。

不要将对方的名片遗忘在座位上，或存放时不注意落在地上。

3. 递名片

递名片的次序是由下级或访问方先递名片，若是做介绍时，应由先被介绍方递名片。

递名片时，应说些"请多关照""请多指教"之类的寒暄语。

互换名片时，应用右手拿着自己的名片，用左手接对方的名片后，用双手托住。

互换名片时，也要看一遍对方职务、姓名等。

在会议室如遇到多数人相互交换名片时，可按对方座次排列名片。

会谈中，应称呼对方的职务、职称，如"×经理""×教授"等。无职务、职称时，称"×先生""×小姐"等，而尽量不使用"你"字，或直呼其名。

6.2.4 言行举止的礼仪

谈判者的举止包括在谈判过程中的坐、站与行走所持的姿态及面部表情、手势等身体语言等。在商务谈判中，对举止总的要求是适度。

1. 坐姿

坐时，应从椅子的左边入座。坐在椅子上不要转动或移动椅子的位置。坐下后，身体应尽量坐端正，并把两腿平行放好，如图6-2所示。交谈时，可根据话题调整上身的前倾度。坐久了，可轻靠椅背，但最忌半躺半坐或将两腿平伸。

图6-2　坐姿

2. 站姿

正确的站姿应该是两脚跟着地，腰背挺直，自然挺胸，脖颈伸直，须微向下，两臂自然下垂。在此基础上，可将足尖稍稍分开。女性可站丁字步，男性可将两脚自然分开，如图6-3所示。在正式场合，不宜将手插在裤袋里或交叉抱于胸前，更不要下意识地做小动作，否则不但显得拘谨，给人缺乏自信和经验的感觉，也有失仪表的庄重。

名家论坛：
商务谈判的
行为举止礼仪

3. 行姿

正确的走路姿势应是全身和谐具有节奏感，而且神采飞扬。男士行走时，上身不动、两肩不摇、步态稳健，以显示出刚健、英武、豪迈的男子汉风度。女性的步态应自如、轻柔而富有美感，以显示出女性的端

图6-3　站姿

庄、文静和温柔。具体来说，走时要挺胸，昂首，收腹，直腰，目光平视前方30米，有节奏地直线前进。

4. 微笑

在面部表情中，微笑是最具有社会意义的，是人际关系中最佳的润滑剂。它以友善、亲切、礼貌和关怀的内涵，沟通人与人之间美好的感情，传播愉快的信息，缩短人与人之间的距离，融洽交际气氛。俗话说"面带三分笑，生意跑不了"，谈判人员常常给予对方真诚的、自然的、亲切的微笑，有助于良好的人际关系的建立。

5. 手势

手势是体态行为中最具表现力的身体语言，人们在谈话时配以恰当的手势，往往能起到

表情达意的良好效果。谈判人员可适时运用恰当的手势,配合说话内容,但手势幅度不宜过大,频率不宜过高,不要过于夸张,要清晰、简单,否则会给人以不自重或画蛇添足之感。禁止使用以下手势:用手或手中的物件指着对方;谈话过程中乱拍桌子;兴奋时拍自己的大腿;交谈时抓耳挠腮、搔首弄姿;等等。

专栏

手势与文化含义

不同的文化背景,有着不同的手势习惯,也有不同的文化含义。

"OK"手势。"OK"手势是用拇指和食指连成一个圈而其余手指伸直的姿势。它在英语语系国家表示同意,但在法国则意味"零"或"无",而在日本可以用来表示钱。

"V"手势。"V"手势是把食指和中指伸出而构成的姿势。手掌向外的"V"手势,代表胜利,而手掌向内的"V"手势,就变成侮辱人的意思,带有骂人的含义,这在英国及澳大利亚非常普遍,在欧洲许多地方,这一手势还可以表示数目"二"。

竖大拇指。在美国、英国、澳大利亚和新西兰,这种手势有3种含义:一是搭便车;二是表示OK的意思;三是表示骂人的意思。在希腊,这种手势的主要意思是"够了!"意大利人数数,竖起拇指表示一,加上食指为二。

6. 交谈

商务谈判的过程无疑是交谈的过程。在商务谈判中,交谈并非只限于谈判桌前,交谈的话题并非只限于和谈判相关的问题,所以交谈中一定要注意以下有关的礼节。

第一,正确运用距离语言。谈判时,双方的距离一般在1~1.5 m。如果过远,会使双方交谈不便而难以接近,有相互之间谈不拢的感觉;如果过近,会使人感到拘束,而不利于表达自己的意见。美国心理学家霍尔在他的《无声的空间》一书中。将人们所处的空间划分为4个层次,如表6-1所示。

表6-1 人与人之间空间层次的划分

空间层次	距离	适用范围	与社交活动的关系
亲密空间	0.15~0.46 m	最亲密的人	社交不能侵犯这一区域
个人空间	0.46~1.2 m	亲朋好友之间	将社交活动按照适当的方式适时地进入这一空间,会增进彼此的情感与友谊,取得社交的成功
社交空间	1.2~3.6 m	凡有交往关系的人都可进入的空间	彼此保持距离,会产生威严感、庄重感
公众空间	大于3.6 m	任何人都可进入的空间	在此空间,看见曾有过联系的人,一般都要有礼节地打招呼;对不认识的人,不能长久地注视,否则视为不礼貌

第二,交谈时运用眼神要得当。在谈判桌上就一般情况而言,比较理想的做法是以平静的目光注视对方的脸和眼。

第三,交谈现场超过三个人时,应不时地与在场所有人交谈几句,不要只和一两个人说话,而不理会其他人,所谈问题不宜让他人知道时,应另择场合。

第四,交谈时,一般不询问妇女的年龄、婚姻状况;不径直询问对方的履历、工资收入、家庭财产等私生活方面的问题;不谈荒诞离奇、耸人听闻的事情,对方不愿回答的问题不要刨根问底,对方反感的问题应立即转移话题;不对某人评头论足,不讥讽别人;不随便谈论宗教问题。

第五,谈判中说话的速度要平稳适中。

第六,交谈中要使用礼貌用语,并针对不同国别、民族、风俗习惯,恰当运用礼貌语言。

6.2.5 接待与签字仪式

接待是欢迎客人来访所做的一整套工作。在商务谈判中,接待是一门艺术。在接待过程中态度热情,行为恰当,就会赢得信任,增进关系。现将商务谈判中的接待礼仪分述如下。

1. 迎送

在谈判中,对前来参加谈判的人员,要视其身份和谈判的性质,以及双方的关系等,综合考虑安排。对应邀前来谈判的,无论是官方人士、专业代表团,还是民间团体、友好人士,在他们抵离时,都要安排相应身份的人员前往迎送。重要的客商,初次洽谈的客商,要去迎接。

陪车时,应请客人坐在主人的右侧,小车的座位也有讲究:有司机时,后排右为上,左为次,中为三,司机旁边为四。若有两位客人,陪客坐司机旁边;车主当司机时,司机旁边为首,后排次序如上;车主为司机并有太太同坐时,太太应坐在车主司机的旁边,后排次序如上。

公务活动中领导
座次的安排

上车时,应为客人打开右边车门,主人从左侧车门上车,下车时主人先下,为客人打开车门,请客人下车。

陪客走路也有个顺序,一般是前右为上,应让客人走在自己右侧,以示尊重。若是三人行,中为上;若自己是主陪,应并排走在客人左侧,不能落后;如果自己是陪访随同人员,应走在客人和主陪人员后面。随同领导外出,一般应走在领导的两侧偏后一点或后面。

2. 宴请

宴请应选择对主客双方都合适和方便的时间,最好能先征得客人的同意。就我国来说,宴请一般以晚间较多。注意不要选择在对方重要的节假日、有重要活动或禁忌的日子。其地点的选择,一般来讲,正式隆重的宴请活动应安排在高级宴会厅,可能条件下,应另设休息厅,注意不要在客人住的宾馆设宴招待。

不论举行什么样的宴会,都应事先发出邀请,一般均发请柬,其优点在于礼节郑重,同时又能起到提醒客人和备忘的作用。请柬一般应提前1~2周发出,以便客人及早安排。一一般情况下，可根据实际发出口头邀请或电话邀请。

席位的安排，国际上的习惯是，以离主桌位置远近决定桌次高低，同一桌上，以离主人的座位远近决定座位高低，右高左低。

宴请程序及现场工作：主人应在门口迎接客人，主人陪同主宾进入宴会厅，全体客人就座，宴会即开始；吃饭过程中一般是不能抽烟的；吃完水果，主人与主宾起立，宴会即告结束；主宾告辞，主人送至门口。服务人员训练有素，服务应周到、得体。

接到宴会邀请，是否接受都应尽快作答，由于特殊情况不能出席，应尽快通知主人，并致歉意。出席宴会，身份高的可略晚抵达，其他客人应略早一些，在我国，也可正点或按主人的要求抵达。

专栏

宴请的4种常见形式

国际上通用的宴请形式有4种：宴会、招待会、茶会、工作进餐。每种形式均有特定的规格和要求。

形式一：宴会

宴会，指比较正式、隆重的设宴招待，宾主在一起饮酒、吃饭的聚会。宴会是正餐，出席者按主人安排的席位入座进餐，由服务员按专门设计的菜单依次上菜。按其规格又有国宴、正式宴会、便宴、家宴之分。

① 国宴。特指国家元首或政府首脑为国家庆典或为外国元首、政府首脑来访而举行的正式宴会，是宴会中规格最高的。按规定，举行国宴的宴会厅内应悬挂两国国旗，安排乐队演奏两国国歌及席间乐，席间主、宾双方有致辞、祝酒。

② 正式宴会。这种形式的宴会除不挂国旗、不奏国歌及出席规格有差异外，其余的安排大体与国宴相同。有时也要安排乐队奏席间乐，宾主均按身份排位就座。许多国家对正式宴会十分讲究排场，对餐具、酒水、菜肴的道数及上菜程序均有严格规定。

③ 便宴。这是一种非正式宴会，常见的有午宴、晚宴，有时也有早宴。其最大特点是简便、灵活，可不排席位、不作正式讲话，菜肴也可丰可俭。有时还可以自助餐形式，自由取餐，可以自由行动，更显亲切随和。

④ 家宴。即在家中设便宴招待客人。西方人士喜欢采取这种形式待客，以示亲切。且常用自助餐方式。西方家宴的菜肴往往远不及中国餐之丰盛，但由于通常由主妇亲自掌勺，家人共同招待，因而它不失亲切、友好的气氛。

形式二：招待会

招待会是指一些不备正餐的宴请形式。一般备有食品和酒水饮料，不排固定席位，宾主活动不拘形式。较常见的有以下几种。

① 冷餐会。此种宴请形式的特点是不排席位，菜肴以冷食为主，也可冷、热兼备，连同餐具一起陈设在餐桌上，供客人自取。客人可多次取食，站立进餐，自由活动，边谈边用。冷餐会的地点可在室内，也可在室外花园里。对年老、体弱者，要准备桌椅，并由服务人员招待。这种形式适宜于招待人数众多的宾客。我国举行大型冷餐招待会，往往用大圆桌，设座椅，主桌安排座位，其余各席并不固定座位。食品和饮料均事先放置于桌上，招待会开始后，自行进餐。

② 酒会。又称鸡尾酒会，较为活泼，便于广泛交谈接触。招待品以酒水为主，略备小吃，不设座椅，仅置小桌或茶椅，以便客人随意走动。酒会举行的时间亦较灵活，中午、下午、晚上均可。请柬上一般均注明酒会起止时间，客人可在此间任何时候入席、退席，来去自由，不受约束。鸡尾酒是由多种酒配成的混合饮料，酒会上不一定都用鸡尾酒。通常鸡尾酒会备置多种酒品、果料，但不用或少用烈性酒。饮料和食品由服务员托盘端送，亦有部分放置桌上。近年来国际上举办大型活动广泛采用酒会形式招待。自1980年起我国国庆招待会也改用酒会这种形式。

形式三：茶会

茶会是一种更为简便的招待形式。它一般在西方人早、午茶时间（上午10时、下午4时左右）举行，地点常设在客厅，厅内设茶几、座椅，不排席位。如为贵宾举行的茶会，入座时应有意识地安排主宾与主人坐在一起，其他出席者随意就座。

茶会顾名思义就是请客人品茶，故对茶叶、茶具及递茶均有规定和讲究，以体现该国的茶文化。茶具一般用陶瓷器皿，不用玻璃杯，也不用热水瓶代替茶壶。外国人一般用红茶，略备点心、小吃，亦有不用茶而用咖啡者，其组织安排与茶会相同。

形式四：工作进餐

工作进餐是又一种非正式宴请形式。按用餐时间分为工作早餐、工作午餐、工作晚餐，主客双方可利用进餐时间，边吃边谈问题。我国现在也开始广泛使用这种形式于外事工作中。它的用餐多以快餐分食的形式，既简便、快速，又符合卫生。此类活动一般不请配偶，因为多与工作有关。双边工作进餐往往以长桌安排席位，其座位与会谈桌座位排列相仿，便于主宾双方交谈、磋商。

3. 日程及谈判场地

作为接待一方的安排者，应主动将会见、谈判的时间、地点、双方出席人员及有关注意事项通知己方和对方。作为要求会见、谈判的一方也可主动向对方了解上述情况。

谈判地点的选择，一般由谈判者主方决定，但能征求对方的意见更好。比较科学的谈判地点的选择标准以地理位置优越为主，如交通方便，通风设施较好，生活设施良好，周围环境幽静，医疗、卫生条件具备，安全防范工作较好。

布置谈判会场，首先需要安静，其次要通畅。窗帘颜色的选用要合适，给人一种恬静温暖的安全感，不能给谈判者特别是客方一种沉闷的心理压力。

商务谈判时，双方应面对面而坐，各自的组员坐在主谈者的两侧，以便相互交换意见。商务谈判通常用长方形条桌，其座位安排见图6-4。根据图6-4（a）所示，若以正门为准，主人应坐背门一侧，客人则面向正门而坐，其中主谈人或负责人居中。我国及多数国家习惯把译员安排在主谈人的右侧即第二个席位上。如图6-4（b）所示，若为谈判长桌一端向前，则以入门的方向为准，右为客方，左为主方，其座位号的安排也是以主谈者的右边为偶数，左边为奇数。若是没有条桌也可用圆桌，其座位安排如图6-4（c）所示。

4. 签字

重要谈判达成协议后，一般要举行签字仪式。签字人视文件的性质由谈判各方确定，双方签字人身份大体对等。业务部门之间签署专业性协议，一般不举行这类签字仪式。

安排签字仪式，首先要做好文本的准备工作，及早对文本的定稿、翻译、校对、印刷、装订、盖章等做好准备，同时准备好签字用的文具。

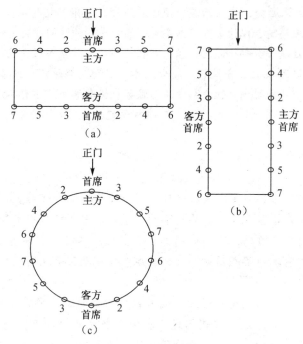

图 6-4 座位安排

参加签字仪式的，基本上是双方参加谈判的全体人员，人数最好相等。

签字位置，一般安排客方在右边，主方在左边。

政府间的签字仪式还要准备小国旗。

协议签订完毕，双方主要负责人应起立握手致意，对双方为达成协议所做的努力表示满意，并互祝为履行协议而继续努力。其他人员可鼓掌响应。

5. 馈赠

在商务交往中，相互赠送礼物是常有的事。选择礼品时，要看对象，要根据不同层次的人的不同需求而"投其所好"。要寓情于物，要将自己的感情通过礼品表现出来。另外，赠送礼品要顾及民俗与禁忌。它是一种由习惯而形成的大众心理。如中国人不喜欢以钟、鞋、伞、药、白布为礼，不少国家讲究送喜礼忌单数，而逢丧事馈赠忌双数等。

接受礼物时，适当的谦让是必要的。接受之后，则应表示感谢。中国人收礼后一般是客人走后才打开，西方人则习惯于当着客人打开包装并欣赏赞美一番。若知道是较珍贵的礼物，还是当面打开惊讶地欣赏一番为好。一般不宜问价钱。

国内企业、单位之间的商务交往都是在同一国人之间进行的。也就是说，都是在同一社会文化背景之中进行的。因而，虽然各地在仪式上有所差别，但在交往中还是比较容易理解和接受的，我国加入WTO后，社会交往进入"与狼共舞"的时代，由于各自生活在不同的社会文化背景之中，各自的民族文化、习俗及礼仪等差别就比较悬殊，所以要想在商务中应付自如，无失礼之虞，就必须学会和掌握一整套礼仪，并适当考虑谈判对方国家在风俗礼仪等方面的特殊性。

专栏

不同国家人们的馈赠风俗

类 别	风 俗
英国人	一般送价钱不贵但有纪念意义的礼品。切记不要送百合花，因为这意味着死亡。收到礼品的人要当众打开礼品
美国人	送礼品要送单数，且讲究包装，认为蜗牛和马蹄铁是吉祥物
法国人	送花不要送菊花、杜鹃花和黄色的花，不要送带有仙鹤图案的礼品，不要送核桃。因为他们认为仙鹤是愚蠢的标志，而核桃是不吉利的
俄罗斯人	送鲜花要送单数，用面包与盐招待贵客，表示友好和尊敬。最忌讳送钱给别人，这意味着施舍与侮辱
日本人	盛行送礼，探亲访友、参加宴请都会带礼品。接送礼品要用双手，不当面打开礼品。当接受礼品后，再一次见到送礼的人一定要提及礼品的事，并表示感谢。送礼品忌送梳子，切记不要送有狐狸、獾的图案的礼品，因为梳子的发音与死相近。一般人不要送菊花，因为菊花是日本皇室专用花卉

关键术语

礼仪　　商务礼仪　　服饰　　握手礼　　鞠躬礼　　拥抱礼　　合十礼　　名片
举止　　人际空间层次　　迎送　　宴请　　签字仪式　　商务馈赠

复习思考题

1. 为什么要重视和研究商务活动中的礼仪？
2. 对谈判者的服饰有什么要求？
3. 对谈判人员的举止有什么要求？
4. 人际空间距离可分为哪几个层次？各适用于什么范围？
5. 对客商的迎送和宴请要注意哪些问题？
6. 对谈判会场的座位安排有什么要求？
7. 签字仪式和礼物馈赠应注意哪些问题？

实训题

1. 体态练习

1) 站姿练习

靠墙壁站直，让脚后跟顶住墙，把手放在腰和墙之间，手应当刚好能放进去，而没有多余的空间。如果有很大空间，可以弯下腿，慢慢蹲下去，把手一直放在背后。这种方法能让你体会到正确体态的感觉。经过练习后，你会发现，你的手几乎插不进腰与墙之间的空隙了，那时的站姿是最美妙的。

2）行姿练习

可以把一本书放在头顶上，放稳之后再松手，接着把双手放在身体两侧，用前脚慢慢地、小心地从基本站立姿态起步走。这样练习走路姿态，关键是走路时要摆动大腿关节部位，而不是膝关节，步伐才能轻盈。

3）微笑练习

请对着镜子做下列练习。

眼睛：美好笑容的关键在于"眼"，将视线调整为半圆状送出，视线柔和，表情明快。

嘴唇：美好笑容中，口部表情为一大要素。在做到上面眼部表情之后，再将唇的两边略上提（称作CHEESE），即可做出给人好感的微笑。

2. 体态展示

请数位同学依次走上讲台并站立，教师和其他同学对其行走、站立和微笑等体态进行总结评价，指出不足之处。

3. 角色模拟

作为上海A公司的业务员，林先生去上海虹桥机场接从北京前来洽谈设备采购事宜的B公司总经理陈先生（男，50岁，高级工程师）、项目经理吴先生（男，36岁，哈佛博士后）和办公室主任张女士（女，30岁）。在顺利接到北京客人后，林先生首先向对方进行了自我介绍，北京公司的张女士也向林先生介绍了一行人。之后，林先生将一行人带到自己公司总经理安排的酒店。在酒店门口遇到了前来接待欢迎的公司经理周先生（男，45岁，高级工程师）、销售经理郑女士（女，36岁，高级营销师）和职员张先生（男，24岁）。林先生当即向双方进行了介绍，双方相互交换名片，周经理向北京来的客人表示了欢迎。

角色扮演要点：① 林先生向对方做自我介绍；② 林先生为谈判双方相互介绍；③ 周经理向北京来的客人表示欢迎；④ 双方交换名片。注意其中的个人礼仪，交往礼仪是否恰当。

数日后，北京客人离开上海，上海A公司经理周先生、销售经理郑女士、林先生及职员张先生一起分乘三辆车将北京客人送到机场，握手送别。

角色扮演要点：① 安排乘车座位次序；② 上下车礼仪；③ 北京客人向主人告别。注意乘车、握手告别礼仪。

 案例题

【案例6-1】

一场木炭交易谈判中的礼仪与服饰[①]

某年夏天，S市木炭公司经理尹女士到F市金属硅厂谈判其木炭的销售合同。S市木炭公司是生产木炭的专业厂，一直想扩大市场，因此对这次谈判很重视。会面那天，尹经理脸上粉底打得较厚，使涂着腮红的脸尤显白嫩，戴着垂吊式的耳环、金项链，右手带有两个指环、一个钻戒，穿着大黄衬衫。F市金属硅厂销售科的王经理和业务员小李接待了尹经理。王经理穿着布质夹克衫、劳动布的裤子，皮鞋不仅显旧，还蒙着车间的硅灰。他的胡茬儿发黑，更显苍老。

---

① 贾蔚，栾秀云. 现代商务谈判理论与实务 [M]. 北京：中国经济出版社，2006.

尹经理与王经理在会议室见面时，互相握手致意，王经理伸出大手握着尹经理白净的小手，但马上就收回了，并抬手检查手上情况。原来尹经理右手的戒指、指环扎到了王经理的手。看着王经理收回的手，尹经理眼中掠过一丝冷淡。小李眼前一亮，觉得尹经理与王经理的反差大了些。

双方就供货及价格进行了谈判，F厂想独占S厂的木炭供应，以加强与别的金属硅厂的竞争力，而S厂提出了最低保证量及预先付款作为滚动资金的要求。王经理对最低订量及预付款原则表示同意，但在"量"上与尹经理分歧很大。尹经理为了不空手而回，提出暂不讨论独家供应问题，预付款也可放一放，等于双方各退一步，先谈眼下的供货合同问题。王经理问业务员小李，小李没应声。原来他在观察研究尹经理的服饰和化妆，尹经理也等小李的回话，发现小李在观察自己，不禁一阵脸红，但小李没提具体合同条件，只是将F厂"一揽子交易条件"介绍了一遍。尹经理对此未做积极响应。于是小李提出，若谈判依单订货，可能要货比三家，愿先听S厂的报价，依价下单。尹经理一看事情复杂化了，心里直着急，加上天热，额头汗珠汇集成流，顺着脸颊淌下来，汗水将粉底冲出了一条小沟，使原来白嫩的脸变得花了。

见状，王经理说道："尹经理别着急。若贵方价格能灵活些，我方可以先试订一批货，也让你回去有个交代。"尹经理说："为了长远合作，我们可以在这笔交易上让步，但还请贵方多考虑我厂的要求。"双方就第一笔订单做成了交易，并同意就"一揽子交易条件"存在的分歧继续研究，择期再谈。

问题：结合案例，分析谈判双方在谈判的礼仪和服饰上有什么不妥之处。

【案例6-2】

一次漏洞百出的接待[①]

小张今年大学毕业，刚到一家外贸公司工作，经理就交给他一项任务，让他负责接待最近将到公司的一个法国谈判小组，经理说这笔交易很重要，让他好好接待。

小张一想这还不容易，大学时经常接待外地同学，难度不大。于是他粗略地想了一下接待顺序，就准备开始他的接待。小张提前打电话和法国人核实了一下来的人数、乘坐的航班以及到达的时间。然后，小张向单位要了一辆车，用打印机打了一张A4纸的接待牌，还特地买了一套新衣服，到花店订了一束花。小张暗自得意，一切都在有条不紊地进行。

到了对方来的那一天，小张准时到达了机场，谁知对方左等不来右等也不来。他左右看了一下，有几位老外比他还倒霉，等人接比他等得还久。他想，该不会就是这几位吧？于是又竖了竖手中的接待牌，对方没有反应。等到人群散去很久，小张仍然没有接到。于是，小张去问询处问了一下，问询处说该国际航班飞机提前了15分钟降落。小张怕弄岔了，赶紧打电话回公司，公司回答说没有人来。小张只好接着等，周围只剩下那几位老外了，他想问一问也好。谁知一询问，就是这几位。小张赶紧道歉，并献上一大束黄菊花，对方的女士看看他，一副很尴尬的样子接受了鲜花。接着，小张引导客人上车，客人们便拿着大包小包地上了车。

小张让司机把车直接开到公司定点的酒店，谁知因为旅游旺季，酒店早已客满，而小张

[①] 周晓琛. 商务谈判理论与实践 [M]. 北京：知识产权出版社，2004.

没有预订,当然没有房间。小张只好把他们一行带到一个离公司较远的酒店,这家酒店条件要差一些,至此,对方已露出非常不快的神情。小张把他们送到房间。一心想将功补过的他决定和客人好好聊聊,这样可以让他们消消气,谁知在客人房间待了半个多小时,对方已经有点不耐烦了。小张一看,好像又吃力不讨好了,心想以前同学来我们都聊通宵呢!小张于是告辞,并和他们约定晚上7点在饭店大厅等,公司经理准备宴请他们。

到了晚上7点,小张在大厅等,谁知又没等到。小张只好请服务员去通知法国人,就这样,7点半人才陆续来齐。小张想,法国人怎么睚眦必报,非得让我等。到了宴会地点,经理已经在宴会大厅门口准备迎接客人,小张一见,赶紧给双方作了介绍,双方寒暄后进入宴席。小张一看宴会桌,不免有些得意:幸亏我提前做了准备,把他们都排好了座位,这样总万无一失了吧。谁知经理一看对方的主谈人正准备坐下,赶紧请对方到正对大门的座位,让小张坐到刚才那个背对大门的座位,并狠狠瞪了小张一眼。小张有点莫名其妙,心想:怎么又错了吗?突然,有位客人问:"我的座位在哪里?"原来小张忙中出错,把他的名字给漏了。法国人都露出了一副很不高兴的样子。好在经理赶紧打圆场,神情愉快地和对方聊起一些趣事,对方这才不再板着面孔。一心想弥补的小张在席间决定陪客人吃好喝好,频繁敬酒,弄得对方有点尴尬,经理及时制止了小张。席间,小张还发现自己点的饭店的招牌菜辣炒泥鳅,对方几乎没动,小张拼命劝对方尝尝,经理脸露愠色地告诉小张不要劝,小张不知自己又错在哪里。好在经理在席间和客人聊得很愉快,客人很快忘记了这些小插曲。等双方散席后,经理当夜更换了负责接待的人员,并对小张说:"你差点坏了我的大事,从明天起,请你另谋高就吧。"小张就这样被炒了鱿鱼,但他仍不明白自己究竟错在哪里。

问题:本案例中小张究竟错在哪里?谈谈作为一名优秀的商务谈判人员,在整个商务谈判的过程中应该注意哪些基本的礼仪。

第7章

推销与推销人员

学习目标

通过本章的学习,学生应了解和掌握以下知识点:
◎ 推销的内涵及特征
◎ 推销人员的基本职责
◎ 推销人员的职业素质与能力
◎ 推销人员的基本礼仪
◎ 推销程序

引导案例

像马云一样地去做推销人员

1992年,马云和几个朋友一起成立了杭州第一家专业的翻译机构——海博翻译社。成立第一个月,翻译社的全部收入为700元,而当时光房租一个月就要2 400元。这时,几个合伙人都开始动摇,考虑把翻译社关门大吉。但是马云却表示,一定不能放弃,一定要坚持下去。

为了维持翻译社的生存,马云开始了他人生中第一次推销人员的生涯。在那个大热天里,他一个人背个大麻袋,从杭州跑到义乌、广州,去批发一些小商品,然后一个人背回来。后来,马云看到医药和医疗器材有比较大的利润可赚,于是又去卖医药和医疗器材。他每天在杭州城里,跑到各个大中小医院、私人诊所、赤脚医生那里,磨破了嘴皮子,向他们推销他的产品。马云已经不记得有多少人向他态度粗暴地呵斥过、辱骂过,但是他从来就没有退缩。马云的这段推销生涯持续了三年。

1995年,马云从美国西雅图回来后,毅然决定从事互联网的工作。他成立了中国第一家商业网站"中国黄页"。马云虽然名义上是总经理,实际上他干的就是推销人员的活。当时的中国人,根本没有互联网的概念;向企业老板们推销一种看不见摸不着的所谓"网站"，那些企业老板们都认为马云是个大骗子，一见马云上门来推销，唯恐躲之不及。

马云决定先从身边的朋友做起。他在杭州电子工业学院任教时，为了贴补家用，还在一些夜大做兼职，教国际贸易，夜大里有一些学生是中小民营企业的老板，因此马云借此机会认识了不少做企业的朋友。马云的"中国黄页"成立了，他开始做起电话推销人员，每天都给那些做企业的朋友打电话，一遍一遍地打，不厌其烦地向他们讲解互联网的好处，结果弄到后来，那些朋友一听到是马云的电话，就叫苦不迭。

中国黄页的第一个正式的付费客户，是当时的望湖宾馆的老板。马云为了拿下这个客户，真是跑断了腿，磨破了嘴，最后望湖宾馆的老板总算是给了马云一个面子，签下了这个单子，数额是2万元。中国黄页的第二个正式的付费客户是雅士达公司。为了拿下这个客户，马云连续数日不知疲倦地奔波，好说歹说，终于把这个单签下了，也是2万元。随后，马云又敲开了钱江律师事务所、杭州第二电视机厂等单位的大门。每一笔单都做得非常艰辛。但是，有付出就有回报，中国黄页在马云的努力下，终于开始起飞了。

正是在那个做推销人员的年月里锻炼出来的勇气、执着、能力、意志，才有了今天阿里巴巴的举世瞩目的辉煌成就。伟大的人，都是从那些艰辛的工作中成长起来的。

来源：http://club.1688.com/threadview/36764887.html 作者：尹高洁

从上面案例可以看出，马云创业也是从推销人员这个职业起步的。那么，推销工作到底是一个怎么样的职业，推销活动有哪些特征，推销人员承担着哪些职责，需要具备哪些素质能力，推销活动的一般过程又是怎样的，等等，这是每个人在选择从事推销工作时都不得不面对和思考的基本问题。

7.1 推销的内涵和特征

7.1.1 推销的内涵

在激烈竞争的市场环境下，任何企业要想生存和发展，不仅要生产出符合市场需要的产品，同时还必须大力加强推销工作。推销是现代企业拓展市场的利器，是促进产品从生产企业转移到消费者（用户），促进商品价值实现的有力保证，在企业经营活动中起着举足轻重的作用。

推销作为一种社会活动，是无处不见的。我们每一个人都亲身体验过与推销有关的活动。例如，在商店里买服装；听了朋友的劝告买了一块称心如意的手表；看了商场售货员演示一种新式切菜机而决定购买一台等。类似于以上的经历对于大多数人都是不陌生的。但是从推销角度看，上面所提到的有关推销的活动只是整个推销活动的一小部分。更具代表性，更能体现现代推销本质的推销活动应该是类似于下面的情形。

▶ 实 例 ◀

（1）马云在创业之初向企业老板们推销在"中国黄页"网页上建立自己企业的网站。

(2) 一个软件开发商在分析了某一顾客的需求后,向他推荐了一款新式的办公自动化系统。

(3) 某化妆品厂家的推销人员帮助某一百货公司设计了一个化妆品展销方案。

(4) 波音飞机制造公司的经销商,向某国航空公司提出正式建议,陈述购买波音777飞机可能给此航空公司带来的利润增长分析结果。

(5) 一家制药厂的新药推销人员向一位主治大夫介绍某种新药的治疗效果及使用中应注意的问题。

上述5个实例与前面例子所描述的推销活动有所不同,前面例子直接与消费者有关,这一组5个例子涉及的推销活动与商业、工业消费组织及专业人员等直接相关。尽管这些活动对于大多数人显得有些陌生,但它更能体现推销的本质。在一个市场经济发达的国家,面向专业人员或工业消费者的推销活动远远大于对日常消费品的推销。

这是因为:首先,工业品比消费品在技术成分上更为复杂,要有效地使用这些产品需要更多的知识;其次,工业品的购买对公司的运营往往有较重大的影响,工业品的购买过程涉及的人数众多,购买过程也相对较复杂,人们往往必须首先详细分析购买的意义,研究出可供选择的购买方案,方能最终作出购买决策。而这些工作往往都离不开专业推销人员。

如同谈判一样,推销也有广义、狭义之分。就广义而言,推销是一种说服、暗示,也是一种沟通、促进。在日常生活和工作中,每个人都在自觉或不自觉地进行推销活动。你也许曾为一份理想的工作而推荐自己,也许曾为加薪而游说上司,也许曾为推行某种理念而说服下属,这都是推销。从这个意义上讲,"人人都是推销人员""人的一生都在推销"。狭义的推销仅仅是指推销人员面向顾客进行的产品或服务的推销活动。本书所阐述的是狭义上的推销。但不管是广义的推销,还是狭义的推销,两者在本质上是一致的,都是通过沟通说服来满足双方需要。

现实生活中有人常常对推销的本质和推销人员的工作产生误会。一项调查表明,人们对推销人员的误解有:推销人员必须说谎才能成功,推销只对推销方有利,推销往往是一场骗局,有天分和头脑的人是不干推销这一行的。但是随着时代的发展,尤其是随着对传统营销观念富有挑战意义的经营哲学——市场营销观念的广泛影响和被接受,上述对推销及推销人员的错误看法已不再具有代表性。而且随着市场从卖方市场转向买方市场,推销的本质更充分地体现了出来,即现在意义上的推销是通过激活和满足顾客的需要,来达到交易双方长期互惠互利的目的。

有人认为市场营销就是推销,除了推销以外没有其他的市场营销活动了;另有人认为市场营销与推销完全不同,是各自独立的活动。这些看法都是不正确的。应该说,市场营销是引导产品从生产者到达消费者所实施的一切企业活动,亦即是为适应消费者需要而综合运用营销策略组合,最终获得最大利润的企业整体性经营活动。产品、定价、分销、促销四大因素构成市场营销组合,即俗称的4P,而促销又分为4种方式或4个次因素,包括人员推销、广告、营业推广、公共关系。本书说的"推销",即是人员推销,实际上是促销组合的一部分,是市场营销的一种功能。图7-1说明了推销与营销组合的密切关系。

综上所述,可以把推销定义为:企业推销人员说服和诱导潜在顾客购买某项商品或服务,从而满足顾客需求并实现双方互惠互利目标的活动过程。

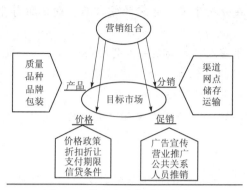

图 7-1　推销与市场营销的关系

7.1.2　现代推销活动的特征

要对现代推销活动的含义作比较全面的理解，至少要明确以下几点特征。

1. 推销的实质是满足顾客的需求

市场经济是消费者主权经济，生产者、经营者的经营活动能否成功，关键取决于其提供的产品和服务是否符合消费者的需求。市场营销的基本原理告诉我们，一切商业活动必须以更好地满足消费者的需求为出发点，而推销活动也不例外，也必须以满足消费者的需求为中心，在满足消费者需求的前提下获取推销活动的合理利润。从根本上讲，推销人员推销的不是产品，而是产品的使用价值与需求的满足。满足消费者的需求，还要考虑消费者需求的现实性，即消费者是否急需，是否有能力购买。所以推销人员在进行推销活动时，应该做到以下几个方面。

（1）寻找对产品使用价值有急切需求的顾客，并由此确定推销目标和计划。产品的使用价值是促使顾客购买的首要因素，寻找有急切需求的顾客是推销人员的重要任务。

（2）通过推销要满足顾客的主要需求。顾客的需求总是多种多样的，而其中有极少数需求是主要的，所推销产品的主要特点只有与顾客的主要需求相吻合才可能取得成功。

（3）通过推销要满足顾客的潜在需求。已经存在并已被顾客认识的需求是推销机会，但还没有被顾客认识的潜在需求更是推销的契机，推销工作要求推销人员具有前瞻性。成功的推销人员要善于发现顾客的潜在需求，通过说服、刺激与引导，促成购买。

2. 推销的核心内容是说服顾客

推销过程包括寻找顾客、接近顾客、推销洽谈、处理顾客问题、促成交易、交易反馈等环节，各环节相互制约、相互影响，最后形成交易。在这个过程中，推销的核心工作就是说服顾客。推销技巧看似多种多样，但只要我们抓住了说服顾客的要领，就可能会成功。因为说服顾客接受并购买特定的产品或服务并不是一件容易的事，要做到令对方心悦诚服、自觉自愿就更加困难，这就需要把推销的重点放在说服环节上。

4 个商贩的推销之道

推销工作的核心就是说服，说服力的强弱是衡量推销人员素质、水平的重要标准。怎样才能更有说服力？这不仅需要推销人员具备专业的知识、良好的口才，更重要的是要掌握说服别人的原则和技巧，要抓住对方切身利益展开说服工作，使顾客相信所推销的产品是顾客所需要的，由此产生认同感、信任感，才能达到推销效果。说服的过程是一个艺术的过程，不但要消除顾客对产品的顾虑、无知，更要增进顾客对产品的认同、信任，还要激发顾客对产品的购买欲望。不但要让顾客清楚产品的功能价值和附加价值，要与顾客拉近感情上的距离，还要达成心灵的沟通与理念的共识，这样才能促使顾客作出购买决策。

实 例

美国汽车推销大王乔·吉拉德曾讲过这样一个故事。

一次，一位中年妇女走进乔·吉拉德的展销室，说她想在这儿看车打发一点时间。闲谈中，她告诉乔·吉拉德她想买一辆白色的福特轿车，就像她表姐开的那辆，但对面福特轿车的推销人员让她过一小时再去，所以她就先到这儿来看看。她还说这是她送给自己的生日礼物："今天是我55岁的生日。"

"生日快乐，夫人。"乔·吉拉德一边说，一边请她进来随便看看，接着出去交代了一下，然后回来对她说："夫人，您喜欢白色车，既然您现在有时间，我给你介绍一下我们的双门式轿车——也是白色的。"

正谈着，女秘书走了进来，递给乔·吉拉德一打玫瑰花。乔·吉拉德把花送给那位中年妇女："祝您长寿，尊敬的夫人。"

她接过花，显得很感动，眼眶都湿了。"已经很久没有人给我送礼物了。"她说，"刚才那位福特轿车的推销人员一定是看我开了部旧车，认为我买不起新车。我刚要看车，他却说要去收一笔款，于是我就上这来等他了。其实我只是要想买一辆白色车而已，只不过表姐车的品牌是福特，所以我也想买福特轿车。现在想想，不买福特轿车也可以。"

最后，她在乔·吉拉德这儿买走了一辆雪佛兰轿车。

从上面案例可以看出，乔·吉拉德在说服顾客方面技艺高超，他在接待这位夫人时并没有采用劝她放弃买福特轿车而买雪佛兰轿车的推销诉求语言，而是巧妙地拉近感情，感化对方，同时在不经意间传递另一款汽车的信息，最终让这位夫人改变了原来买福特车的主意。

3. 推销的终极目标是实现互惠互利

互惠互利目标是指在推销过程中，推销人员要以交易能为双方都带来较大的利益或者能够为双方都减少损失为出发点，不能从事损害一方或给一方带来损失的推销活动。成功的推销应该能够照顾到双方的利益，任何有损于其中一方利益的销售行为都是不会长久的。推销人员在推销活动中要设法满足自己和顾客双方所追逐的目标，实现"双赢"，这是培养忠诚客户的要求，是顾客不重复购买的基础，也是取得顾客口碑传颂效果的条件。实现该目标应做到以下几点。

（1）认识到顾客的核心利益，找到双方利益的均衡点。善于认识顾客的核心利益，并与顾客加强沟通，在推销之前分析交易活动的结果能够给顾客带来的各种利益，因为不同产品带给顾客的利益会有差异，要在准确判断推销品给顾客带来的利益的基础上找到双方利益的均衡点，开展双赢推销活动。

（2）尊重顾客意愿，反对强制推销。推销活动要遵循现代营销的顾客导向和市场导向原则，充分尊重顾客的意愿，反对违背顾客意愿的强制推销。强制推销是使消费者感觉到某种压力而不得不接受的推销行为。强制推销的结果是使消费者感到不悦或反感，影响顾客满意和顾客忠诚，不利于生意的持续发展，属于推销的"短期行为"，因为消费者是聪明的、理智的，企业不能失去消费者，否则就会失去生命之源。推销人员必须学会理解人的本性，学会尊重顾客，设身处地为别人着想，照顾和体谅别人的感受，搞好人际关系，这对成功推销有非常大的帮助。

（3）坚持诚实守信，反对商业欺诈。诚信属于道德范畴，包括诚实和守信，主要内涵体现在两个方面：一是实事求是，销售货真价实的产品，不夸大，不欺骗；二是信守承诺，提供顾客急需的服务，不反悔，不敷衍。可以说，在现代推销活动中，诚信居于举足轻重的地位，双方是否有信用，是否诚实可靠，是决定推销成功与否的基础。

4. 推销既是产品交换与服务顾客的过程，又是信息反馈的过程

推销首要的功能是实现产品交换与服务顾客，表现为产品买卖、商务沟通、售后服务、客户关系的管理过程。通过推销活动，实现企业（产品）、顾客与推销人员三者之间的价值交换，这也是社会分工的必然结果。企业通过推销活动，实现产品功能价值，获得经营利润；顾客通过推销活动获得自己需要的产品，获得使用价值；推销人员通过推销活动实现自己的人生价值，获得薪酬或佣金，这是推销工作的动力所在。

同时，推销活动又是信息沟通与信息反馈的重要过程。一方面，推销工作需要将行业的、企业的、产品的相关信息传递给顾客，通过信息的传播、接收、加工、反馈、储存、处理等环节，实现推销人员与顾客的双向信息互动，加强顾客的有效认知，以促进销售；另一方面，推销工作也需要从顾客、行业甚至竞争对手那里反馈信息给企业，了解顾客需求变化及市场竞争状况，以便企业进行新产品开发和市场策略的决策。

5. 推销是一个既有吸引力又很有挑战性的行业

推销是一种神圣的工作，虽然也是比较艰苦的行业，但是能够成就大事业和实现自我价值。世界上很多大企业的老板或CEO都是从干推销起步的，华人富豪李嘉诚、王永庆等早年都是靠推销起家的。据统计，世界上90%以上的巨富是从推销人员干起的。推销工作前程远大且报酬丰厚，吸引了数百万人专门从事各种产品的推销工作，形成一支浩浩荡荡的推销大军。

实 例

乔·吉拉德曾连续12年荣登古斯尼世界纪录大全"全球销售第一"的宝座，其"连续12年平均每天销售6辆车"的汽车销售纪录至今无人能破。他曾为众多"世界500强"企业的精英传授经验，全球数百万人为其事迹所激励。然而谁能相信，35岁以前的他却诸事不顺，换过40余种工作，都以失败而告终。

日本明治保险公司推销人员原一平，被日本称为"推销之神"。谁会想到他当年进入明治保险公司时，连办公桌都是自备的，穷得连午餐都吃不起，没钱搭电车，只能走路上班，甚至晚上露宿公园。

华人企业家李嘉诚，16岁时到一家五金厂做推销人员，靠着一双铁脚板，走遍了香港的各个角落，凭着坚韧不拔的毅力，建立了自己的销售网络，赢得了顾客的信誉。后因看好塑胶业，又跳槽去推销塑胶商品，由于他勤奋又肯动脑筋，在塑胶商品推销中大显身手，20岁便被提升为业务经理，为日后进军塑料业和构建其庞大的企业帝国打下了坚实的基础。

同时，推销工作也具有很强挑战性。从"推销"本身的字面含义分析，推销就是通过"推"的方式，把自己的产品或服务"销"出去的过程，这是一个运动变化的过程，也是一个艰难、复杂的过程，"销"是该运动过程的目的和结果。从表面看来，推销是一件很平常的事情，一件很简单的事情，但事实上，随着市场经济的深入发展，我国市场上产品出现过剩现象，市场竞争日渐加剧，企业之间通过推销占领市场成为必然的选择，推销竞争白热化。

广州地推销售员的一天

从事产品的推销工作，有可能帮助一个刚起步的年轻人改善经济状况，构建事业发展的基础，实现自身的价值。但不是谁都可以做好推销工作的，它需要很高的综合素质和能力，特别是不怕苦、不怕累、积极上进、勇于创新的精神。而正确认识推销是投入推销行业、掌握推销技巧、提高推销技能的前提。

7.2 推销人员的职责和素质能力

7.2.1 推销人员的职责

在传统观念中，推销人员的职员就是销售产品，尽可能多地将产品推销给顾客，完成销售任务，实现利润。实际工作中，许多企业的管理者对推销人员职责的认识也是如此，所以在考核推销人员时，片面地以销售额和利润为指标，忽略了推销人员对企业所做的其他贡献。多数推销人员也没有认识到自己真正的职责，而仅仅以推销产品为工作目标，虽然有时取得了一定的推销业绩，但并没有好的综合效果。事实上，作为企业和消费者之间信息沟通的纽带，推销人员还承担着多方面的任务，虽然所推销的产品不同，工作内容有较大的差异，但其基本职责是相同的。详细了解这些职责，有助于企业管理以及推销人员自身发展。一般来说，推销人员的工作职责有以下几个方面。

1. 销售产品

企业生产是为了获得一定的利润，利润是企业维持正常运行的保证，也是推销人员生存的基础，而实现利润的途径是将所生产的产品及时地转移到消费者手中。企业雇用推销人员的主要目的就是完成销售任务，所以销售产品是推销人员最主要也是最基本的职责，同时也是履行其他职责的前提条件。如果推销人员完不成规定的推销任务，那么无论在其他方面表现得多么优秀，都无法进入优秀推销人员的行列，不会得到企业管理者的赏识。因此，企业在考核推销人员时，都会将推销业绩作为考核的主要指标，美、日等国的优秀推销人员俱乐部也都是以推销业绩作为入会标推的。因此，推销人员应加强自己各方面的训练，不断提高自己的推销水平和技巧，以取得更好的推销业绩。

2. 树立形象

企业形象直接影响顾客的购买行为。良好的企业形象可以使顾客对企业的产品产生信心，有助于企业产品的顺利销售，并使顾客成为企业产品的长期消费者。要想使企业在顾客心中产生良好形象，就必须使顾客对企业有所了解。消费者对企业的了解有多种渠道，但通过推销人员来了解是最直观，也是最深刻的。为此，推销人员在向顾客进行推销的同时，一定要注意在顾客面前树立企业的形象。

首先，推销人员要注重自己的个人形象。在顾客面前，推销人员代表整个企业，其给顾客留下的第一印象往往让顾客联想到企业。如果推销人员留给顾客的是一个良好的印象，不但能在推销过程中起很大的促进作用，引起顾客的注意，使顾客感到愉悦和好感，愿意与之成交，而且有助于企业形象的树立。相反，如果推销人员穿着粗俗不堪或外表不整洁，很难让顾客对你产生信任，甚至会产生厌烦心理，这种心理也会波及企业，对企业的用人机制及日常管理产生怀疑，进而对企业及其产品失去兴趣。

专栏

推销产品之前首先要推销自己

"推销产品之前首先要推销自己"，这是很多销售行家的经验。很多时候，产品并不显得很重要，推销人员才是至关重要的！因为人们往往首先接受推销人员，然后才会接受产品。推销人员一旦与客户建立信任关系后，卖出产品就不成问题了。推销自己，就是通过推销人员自身的个人形象和努力使自己被别人肯定、尊重、信任、接受的过程。

推销人员在拜访顾客前，一定要十分注意自己的个人形象：外表一定要整洁，如头发保持干净，胡须要及时修理，穿着要得体，符合自己的身份特点，不能太个性化，使别人难以接近。此外，言行举止要体现出个人良好的修养，一旦让顾客认为你是一个没有修养的推销人员，也就预示着你推销的失败，更谈不上树立企业形象。

其次，要有诚实的工作态度。诚实是为人的准则，也是推销人员获得顾客认同并保持长期关系的前提。诚实守信也是优秀企业所具有的企业文化的精髓，推销人员如果在推销过程中，如实讲述产品的特点，不隐藏产品的缺点，不夸大其词，不追求短期效益，则更能为顾客所接受。

最后，要为顾客提供满意的服务，满足顾客需求。让顾客满意是现代企业的经营宗旨，推销人员如果按企业宗旨办事，在推销过程中为顾客提供满意的服务，既能维系长期的客户关系，又在无形中树立了企业的良好形象。

3. 提供服务

推销服务就是企业和推销人员充分利用目前的各种条件，在推销过程中积极主动地为顾客提供各种技术性、业务性或事务性的服务，以保证顾客的需求得到充分满足。在激烈的竞争中，服务已成为企业产品的一部分，是产品功能的延伸，顾客在购买产品的同时，也购买了服务。所以，谁能给顾客提供更满意的服务，谁就能在推销过程中获得顾客的认同；通过服务，推销人员可以密切与顾客的供需关系，扩大商品销路，取得推销成功。随着竞争的日益激烈，产品在质量、技术和价格等方面的差异越来越小，服务作为非价格竞争的主要形式，已成为提高企业竞争力的重要因素，引起了企业的重视。所以，推销服务也就成为推销人员的主要职责之一。

推销人员所提供的服务主要包括售前、售中和售后服务3个方面。

（1）售前服务。主要是为顾客提供各种相关信息咨询，引导顾客的消费需求。潜在顾客都有一定的需求，许多顾客在满足自己需要的问题上，有时并没有确切的解决方案，特别是一些工业用户和一些技术含量较高的产品用户，对产品的质量、功能都不清楚，需要了解一些相关信息，需要有人为他们进行引导。所以，如何将顾客的潜在需求转化为对本企业产品的需求，是推销人员售前服务工作的重点。推销人员在了解顾客需求的基础上，要能够为顾客着想，尽可能多地为他们提供各种信息和资料，特别是产品说明书的编写一定要规范，并尽可能做得精美；同时，推销人员要耐心细致地回答顾客提出的各种问题，消除顾客的各种疑虑。

（2）售中服务。主要包括以下几个方面：一是做好推销说明的同时，为顾客办好各种相关手续，如合同、包装、托运等，这些行为可以使顾客减少精力和体力支出，也就减少了顾客的整体成本，让顾客得到更多的让渡价值，使他们感到物有所值或物超所值。如果是大型或操作复杂的产品，还要做好操作演示或进行使用的培训。二是建立顾客信息卡，将对企业有用的各种顾客信息保留下来，如顾客职业、收入，特别是对企业产品和服务等方面的意见，以便企业对工作不当之处及时调整。顾客信息卡是企业进行市场调研的第一手信息，也是企业同顾客保持联系的重要资料，也方便售后服务工作的开展。

（3）售后服务。产品交易的完成并不意味着推销过程的终结，售后服务工作仍是一个重要内容。在交易过程中，推销人员一般都会做出一定的承诺，对承诺的遵守程度直接反映企业和推销人员的信誉。售后服务包含很多工作，如及时交送货物、产品的安装调试、售后维修、零配件供应、出现问题进行索赔等，良好的售后服务对企业形象的树立大有帮助。

4. 建立关系

调查表明，吸引新顾客要比维系老顾客花费更高的成本。在激烈的竞争市场上，维系老顾客，培养顾客忠诚度，可以节省推销人员的时间和精力，保持稳定的市场份额，使推销工作能够持续开展下去。所以，建立稳固的业务关系和友善的人际关系，也是推销人员的重要职责。这要求推销人员在做好销售服务工作以外，还需做好以下工作。

（1）定期或不定期地访问顾客。开拓市场的事前访问与顾客购买后的事后访问，具有同等重要的意义。时间是关系的淡化剂，定期或不定期的拜访可以使顾客感觉到企业或推销人员对他的重视，通过访问交谈，一方面可以使推销人员与顾客之间的关系更加亲密，另一方面可以发现一些新的问题或在谈话中找到一些新的信息。

（2）如果没有时间进行拜访，可以定期或不定期地打个询问电话。通过电话询问产品在使用过程中是否出现异常，或表达出愿意经常沟通的愿望，对巩固客户关系也非常有效。

（3）在适当时期给老顾客发个电子邮件，或写一封信或寄一张感谢支持企业的贺卡，表达几句祝福的话语。这种定期的沟通会让顾客体会到企业或推销人员对他的关心。

（4）向老顾客赠送一些有意义的小礼品，让顾客每次看到礼品时都能想到企业或推销人员。

这几种方式不但可以维持长期的客户关系；同时，顾客还是一个免费的宣传员，会将企业的这种做法和行为反馈给亲朋好友，扩大推销人员和企业的影响范围，为以后开拓市场打下基础。

稳固的业务关系和友善的人际关系也是推销人员自己重要的资源。它可以提高推销人员自身的价值，提高企业管理者对推销人员的重视程度。如果企业解雇一个拥有很多客户关系的推销人员，实际上等于企业主动放弃了一部分市场，这是任何一个管理者都不愿意做的。

所以，稳固的业务关系也是推销人员拥有一个稳定的高收入职务的必要保证。

5. 搜集市场信息

市场信息就是企业在进行市场营销过程中，反映商品供求关系及市场供求变化的各种情况资料，它能够被企业所利用，为企业带来效益。市场信息包含的范围非常广泛，主要包括：市场需求及其变化趋势；商品价格及其变化趋势；技术进步及新产品开发情况；市场竞争状况及发展趋势；消费者特征、结构以及影响消费的各种因素与变化趋势，政治、环境对企业生产及营销的影响等。

企业在市场竞争中能否取得有利的地位，能否最终赢得竞争的胜利，在很大程度上取决于信息的获得程度。由于推销人员经常在外活动，与顾客接触的机会很多，是企业与顾客之间联系的纽带，具有获取信息十分有利的条件，所以企业的市场信息大多依靠推销人员来获得。而搜集市场信息也就成为推销人员应尽的职责之一。

大多数企业在对推销人员进行培训时，都会训练推销人员对市场信息的搜集，并对所搜集到的信息及时整理、分析后，迅速传回企业，作为管理者制定市场策略的重要参考材料。从另一角度说，推销人员本身也要认识到搜集市场信息的重要性，时时刻刻注意信息的搜集，因为信息对推销人员自己也是必不可少的，它能够使推销人员的工作具有针对性，提高推销的成功率。信息虽然在市场中广泛存在，但并非轻而易举就能获得，它需要推销人员仔细观察，事事留心。

7.2.2 推销人员的职业素质和能力

推销人员直接与广大顾客接触，他们既是企业的代表，更是顾客的顾问和参谋，他们要联系千家万户，要与千差万别的顾客打交道，所以他们必须具有良好的思想素质、业务素质及身体素质；同时，也必须具有一定的推销能力和必要的商务礼仪。只有这样，才能娴熟地运用自己的业务技巧，完成推销任务。

1. 推销人员的职业素质

人的素质是在社会实践中逐渐发育和成熟起来的。某些素质的先天不足，可通过学习和实践得到不同程度的补偿。推销人员不是先天就具备优秀的推销素质，而是依靠自身的不断努力去提高、去完善。

1) 思想素质

推销事业要求推销人员具有较高思想素质。思想素质包括以下3个方面。

（1）具有强烈的事业心和责任感。推销人员的事业心主要表现为：应充分认识到自己工作的价值，热爱推销工作，要有献身于推销事业的精神，对自己的工作充满信心，积极主动，任劳任怨，真心实意地为顾客服务。推销人员的责任感主要表现为：忠实于企业，忠实于顾客。本着对所在企业负责的精神，为树立企业的良好形象和信誉做贡献，不允许发生有损害于企业利益的行为。本着对顾客利益负责的精神，帮助顾客解决实际困难和问题，满足顾客的需求。

（2）具有良好的职业道德。推销人员单独的业务活动比较多，在工作中应有较强的自制力，不利用职业之便坑蒙拐骗顾客，不侵吞企业的利益。推销人员必须自觉遵守国家的政策、法律，自觉抵制不正之风，正确处理个人、集体和国家三者之间的利益关系，依照有关法律规范推销产品。

（3）具有正确的推销理念。推销理念是推销人员进行推销活动的指南。正确的推销理念要求推销人员在推销工作中要竭尽全力地为国家、企业着想，真心实意为顾客服务，把顾客需要的满足程度视为检验推销活动的标准。

2）业务素质

推销人员是否具有良好的业务素质，直接影响其工作业绩。推销人员应具备的业务素质是指其业务知识。业务知识主要包括企业知识、行业知识、产品知识、市场营销知识、购买心理知识以及推销、沟通、谈判等方面的知识。这方面内容在本书第12章"推销人员培训的内容"已有介绍，此处不赘述。

3）身体素质

推销人员应精力充沛、头脑清醒、行动灵活。而推销工作比较辛苦，推销人员要起早贪黑、要东奔西走，要经常出差，食住常无规律，还要交涉各种推销业务。这样不仅要消耗体力，还需要有旺盛的精力，这些均要求推销人员具有健康的体魄。

2. 推销人员的职业能力

推销人员所需要的职业能力通常包括观察能力、创造能力、社交能力、语言表达能力、应变能力、抗压能力等，可以说推销人员的能力要求方面基本上与前面讲过的谈判人员的能力相差不多，此处不赘述。

这里特别要强调一下"抗压能力"。推销工作本身的特点就决定了这是一个压力山大的职业，要求推销人员具备较强的抗压能力。这主要因为销售工作的挑战性，以及来自销售任务目标和竞争对手的压力，尤其是来自顾客异议和拒绝的压力。比如拜访陌生顾客，有些销售人员可能会感受到压力；遇到竞争对手或担心任务完不成可能会感受到压力；工作时间太长、工作环境艰苦、休息不够以及和家人在一起的时间太少也可能导致压力。

求职小伙展示
职场推销能力

优秀的推销人员在遇到困难和挫折时，他们总能够化解紧张的压力，保持积极乐观的心态。实际上，乐观也可以后天习得，你可以尝试让自己乐观起来，遇事想开一点，逐渐形成习惯。例如，你的推销被顾客拒绝了，你就应想到，既然选择了推销这个职业，被拒绝就是正常的，没有拒绝反而不正常。乐观的思维可引发积极的态度，帮助你化解压力和取得成功。

实 例

王女士适合做销售吗？

在2月底，我公司一同招聘进来的5位销售人员中，王女士无疑是被所有人看好的一位：她学的服装专业，很对口；语言表达能力强，口齿清晰，声音圆润，又写得一手漂亮的字；之前她曾在一家人才网络公司担任电话销售人员，自述业绩属于中上水平；她清秀美丽，是典型的江南女子形象；从提交的简历、面试交谈以及录用后的工作当中都可以得知她还是一位有上进心的、细节取向的团队成员。总之，大家一致觉得她非常适合做本公司的电话销售员。

起初，王女士的推销业绩进展还算不错，经过半个月的适应和在职培训之后开始销售，她在4月完成了3笔交易，虽然金额很小，但应该算是一个很好的起步。然而接下来的5、6、7、8月4个月当中，虽然经过各种指导、培训和她自己的努力，但她只完成了一笔交易。最终因为达不到公司的业绩考核标准而被辞退。大家都觉得很惋惜："一个各方面条件看上去这么好的人，怎么就不行了呢？不可思议。"

后来她去了一家保险公司做寿险销售，一个月后，也就是9月的一天，王女士回到我公司来开具"退工单"，闲聊了将近半个小时，但是她一直没有主动向我提起寿险，更不用说向我推销寿险。我终于明白她为什么以前销售不成功的原因了，于是说："王女士，你不适合做销售，或者至少可以说你在保险公司的一个月培训是失败的，因为你还是怕向我销售寿险会遭到拒绝，觉得会使你我的关系变味。"

3. 推销人员的基本礼仪

推销活动实际上是一种社交活动，注重和讲究推销礼仪，是推销人员应具备的基本素质。推销人员是沟通企业与顾客的友好使者，是企业文化的传播者，他们的一言一行、一举一动都代表着企业的形象，影响顾客、竞争对手、供应商、经销商等各种微观层次的社会公众。推销人员应本着文明礼貌、诚实守信、平等交往、相互尊敬的礼仪原则，建立良好的个人形象与和谐的买卖关系，为成功推销奠定良好的基础。

商务礼仪的内涵丰富，包括服饰、会面、名片、言行举止、接待、签字等方面的礼仪，由于大部分内容已在第6章商务礼仪中作了介绍，这里仅针对推销活动做一些补充。

（1）登门拜访。登门拜访是推销人员的一项十分重要的经常性的工作。推销人员拜访顾客前，应对拟拜访顾客的一些基本情况有所了解，应将访问时间、日期等通过电话进行预约，并严格遵守，如期而至，不得无故失约。还要注意尊重主人。推销人员到达拜访对象办公室或居室门前，应按门铃或敲门，等主人开门后，主动行握手礼，致以问候并进行自我介绍，经允许后进屋，主人点烟、倒茶时，应起身说"谢谢"，双手迎接。

（2）问候。推销人员每天都要接洽许多顾客，而接洽顾客的第一件事就是向顾客打招呼，恰到好处的问候可以使顾客易于接受其推销品。打招呼时，一定要亲切热情，应是发自内心的问候，而不仅是一种表面的形式，要真正从情感上打动顾客。打招呼时，应根据顾客的性别、年龄等特征，使用适当的称谓，并因时因地确定一个适宜的问候语。

（3）吸烟。推销人员最好不要吸烟，因为很多公共场所是禁止吸烟的，而且有些不吸烟的顾客（特别是女顾客）对吸烟者有厌恶情绪，从而影响推销人员对产品的推销。如果推销人员自身吸烟，客户不吸烟时，就不要在交谈时抽烟，以免因为吸烟而断送了本可达成的交易；如果推销人员吸烟，要走访的客户也吸烟时，可以主动地递上一支烟，要是客户首先拿香烟招待时，推销人员应该赶快取出自己的香烟递给顾客，并说"先抽我的"，要是已经来不及，应起身双手接烟并致谢。

（4）使用电话。推销人员除上门推销外，还有一些业务是通过电话洽谈所达成的。即使是上门推销，走访前可能也要先打电话给你的客户，约定交谈的具体时间等一些细节问题。推销人员在使用电话时，应主动说明自己的身份、目的，使用礼貌用语，讲话声音适度，打完电话应等对方挂断后，再轻轻地挂断电话。打错电话时，应向对方表示歉意。如果是接电话，应及时拿起听筒，无论是找自己还是别人，都应热情礼貌，不能冷言冷语或冷嘲热讽。

7.3 推销程序

"推销"既是一个商品交换"买"与"卖"的过程,又是一个"信息传递"的过程,同时也是一个"心理活动"的过程。

推销是商品交换过程,这是显而易见的。推销的直接目的就是把商品卖出去,从而获得盈利。在这个过程中,必须遵循市场经济规律,如价值规律、供求规律等。

推销是信息传递过程,这是从传播学角度来看待推销。这里把推销主体和客体的关系看成信息传递的关系,这是一个信息双向运动的过程。整个推销活动需要信息的传递、接受、储存、加工、反馈、整理。推销活动是信息交流的主要途径和渠道。

推销是心理活动过程,就是指推销必须把握顾客心理活动规律,才能更有效地施展推销技巧。研究推销,就必须研究消费心理,把握消费者心理过程的规律。推销过程是3种过程的统一。这3种过程相互交织在一起,按其各自的规律共同作用于这统一的过程。

尽管推销活动千变万化,但是大多数有效的推销都存在一定规律性。如果我们单纯从推销人员与顾客打交道的时间顺序来考察,推销程序可以分为以下几个阶段:推销对象的选择、顾客调查、约见、接近、面谈、顾客异议处理、成交、成交后跟踪,如图7-2所示。

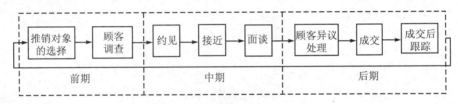

图7-2 推销的一般程序

这个过程分为:前期,包括推销对象的选择、顾客调查;中期,包括约见、接近、面谈;后期,包括顾客异议处理、成交及成交后跟踪。

综上所述,推销是一个合乎逻辑的过程。要想提高推销效率,就必须正确认识和掌握推销规律;否则,再高明的推销术也难以发挥作用。作为一个推销人员,无论推销过程多么艰难、多么随机和难以掌握,都应在明确推销规律并熟练把握推销基本技巧的条件下,随机应变,否则难以进行成功的推销。正如推销专家戈德曼所说:"切实领会带有规律性的基本原则的精神,并付诸实施,这比挖空心思寻找一些新奇而玄妙的信条来蛊惑人心要重要得多。"

关键术语

市场营销观念　市场营销组合　现代推销　顾客满意原则　职业素质　职业能力　推销礼仪　推销程序

复习思考题

1. 何为推销?现代推销活动有何特征?

2. 为什么说推销行业是个既有吸引力又很有挑战性的行业？
3. 你如何理解"推销人员推销的是产品的使用价值与需求的满足"这句话？请举例说明。
4. 你认为推销学的核心概念是什么？有人说推销学的核心概念是"说服"，你怎样看？
5. 销售产品是推销人员的唯一职责吗？为什么？
6. 推销人员如何建立稳固的业务关系和友善的人际关系？
7. 你如何理解"推销之前先要推销自己"这句话？
8. 一个合格的推销人员应该具备哪些职业素质和职业能力？
9. 推销活动的一般流程是怎样的？

 实训题

【实训7-1】

如何说服对方

某大学对若干名大学生做了以"推销"为主题的一项调查，关于"推销活动与推销人员"的某些观点如下。
1. 推销是一种工作，不是一种职业。
2. 为了推销成功，推销人员必须学会说谎与欺骗。
3. 推销活动只对推销人员有利。
4. 推销人员只为赚钱，而不顾其他。
5. 一名优秀的推销人员，必定是一位精于算计的人。

假如你是一名推销人员，正和一名完全同意上述否定推销活动的大学生谈话，试说服这位大学生。

【实训7-2】

自我推销

1. 演练内容
（1）问候。
（2）我是谁（基本情况：姓名、来自哪里、个人兴趣爱好、专长、家庭情况等）。
（3）自我推销设计：可推销自己的表情，推销自己的能力、愿望或一段难忘的经历。

2. 演练目的

国内外无数成功与失败的推销事例告诉我们，推销的成败主要不在产品的魅力，而在于推销人员本身的魅力。推销产品就是推销自己，因此演练首要目的就是通过自我推销演练，锻炼自己在公开场所面向大众推销自己的胆量和能力，这是成为一名成功推销人员的前提。

其次，通过自我推销演练，可加深学生之间的相互了解，为推销团队协调行动，进行良好合作奠定良好基础。

最后，通过自我推销演练，有利于授课教师迅速掌握全班学生情况，以便有针对性地、因人制宜地组织开展推销实践活动。

3. 演练步骤

首先，学生应按授课教师的要求，精心写好一份一分钟自我推销词，然后利用课余时间反复演练，达到内容熟练、神情自然时，再安排课堂时间让学生登上讲台进行一分钟自我推销演练。

具体步骤如下。

第一步，上台问候。跑步上台，站稳后先对所有人问好。注意展现热情，面带微笑。

第二步，正式内容演练，即自我推销演讲。注意音量、站姿、演讲顺序、肢体动作等。

第三步，致谢回座。对所有人说"谢谢"后才能按教师示意回到座位。

4. 演练具体要求

(1) 上讲台自我推销演讲神态、举止。(55分)

其中，声音大小10分，热情展现7分，面带微笑10分，站姿8分，语言表达10分，服装得体5分。

(2) 自我推销演讲词内容新颖、独特，顺序自然。(35分)

(3) 时间掌控。(10分)

5. 演练注意事项

(1) 精心进行一分钟自我推销演讲词准备。特别是要求学生干部督促学生反复演练，登上讲台时能达到内容熟练、神情自然。

(2) 注意掌控课堂纪律，控制笑声，确保自我推销演讲不受环境气氛影响，能自然地顺利进行。

(3) 上台演练必须指定顺序，一个接一个进行。自我推销演讲者提前在旁边准备，上台前向教师举手示意"报告，某某号学生准备完毕，是否可以开始"，听到教师"开始"指令后，跑步上台。结束时，听到教师"时间到，停"指令后，向所有人说"谢谢"再按教师示意从讲台的另一侧回到座位。

(4) 准备好计时工具，从演练人上台问好后开始计时，达到50秒时，给予举牌提醒，"还有10秒"，学生准备结束，时间到，停止演练，讲不足一分钟者须站足一分钟。

(5) 演练过程中教师可参考以下指令：

请第一位到位，下一位准备！

停，未跑步上台，精神不够，重来一次！

停，表情太严肃，没有激情，重来一次！

停，时间到，掌声鼓励。

 案例题

【案例7-1】

卖鞋的故事

有两位商人一起去非洲内陆某部落推销鞋子，当时的这个部落还十分落后，人们都习惯于光着脚走路，没有人穿鞋子。两个商人向部落居民卖鞋子，可是大家只是好奇地围观，根本不知道鞋为何物，更认识不到穿鞋的好处，并又认为还是光着脚方便，可以随意走路；穿上鞋不能够下水，还要经常换洗，挺麻烦的。

其中一位商人看到这里的人光脚走路，没有穿鞋子的习惯后，认为这里的人愚昧，没有开化、太落后，根本不需要鞋子，向他们卖鞋子根本没有市场。在这里待下去，白白浪费时间，是根本没有商业机会的，于是他就回去了。

另一位商人看到后却想：这里的人都没有穿鞋子，况且没有第二家商人卖鞋子，这是多么大的鞋子市场呀！如果所有的人都穿上我卖的鞋子，这将是我所做的最大一笔买卖。我一定留下来把鞋子卖给所有的人。于是他通过调查，认为他们和自己家乡的人是没有区别的，都是有着同样的基本需求和审美需求，只是没有认识到穿鞋子的好处罢了。他在部落里待了3个星期，发回了电报："这里的人不穿鞋，但有脚疾，需要鞋子；不过我们现在生产的鞋太瘦，不适合他们，我们必须生产肥一些的鞋。这里的部落首领不让我们做买卖，除非我们搞大市场营销。我们只有向他的金库里进贡一些，才能获准在这里经营。我们需要投入大约1.5万美元，他才能开放市场。我们每年能卖大约2万双鞋，在这里卖鞋可以赚钱，投资收益率约为15%。"于是这位商人就开始耐心地向部落的人讲解穿鞋的好处：不仅卫生，走路舒服不怕石子硌脚、不怕树枝和扎刺，而且十分美观。他先是向当地的土著首领免费赠送了一些鞋子。

当部落中有人穿了鞋子并亲身感受到了穿鞋的好处后，就自然而然地替商人向他周围的非洲人做了义务宣传。于是这位坚持留在非洲的商人开始做起了非洲最大的鞋子生意，获得了很大的经济效益。

问题：
1. 两位商人考察了同样的市场后却得出了完全不同的结论，你觉得原因在哪里？
2. 推销的本质是满足顾客需求，第二位商人是如何发现并满足当地人的需求的？
3. 第二位商人的做法体现了现代推销的哪些特征？
4. 有人说，"越是被一般人认为没有市场的地方，越是没有竞争对手，越是拥有巨大的市场潜力。"你认为对吗？我们能从本案例中得到什么启示？

【案例7-2】

不情愿的购买者

推销人员：先生，这套西服对您再合适不过了，您穿蓝色的看上去很高贵，而且这件式样也正是您这种工作所需要的。

顾客（犹豫地）：不错，是一件好衣服。

推销人员：当然了，您应该马上就买下它，这种衣服就像刚出炉的热蛋糕，您不可能买到更好的了。

顾客：嗯，也许，我不知道。

推销人员：您不知道什么？这简直就是为您定制的。

顾客：我希望你不要给我这么大的压力，我喜欢这件衣服。但我不知道我是否应当买别的颜色的衣服，我现在已有一套蓝色的了。

推销人员：照照镜子，难道您不觉得这件衣服给了您一种真正的威严气质？您知道您可以承受得了，而且您可以用信用卡付款。

顾客：我还不能确定，这得花很多钱。

推销人员：好的，但当您再回来时或许这种衣服已没货了。

问题：

1. 推销人员是否了解顾客的需求所在？如何了解顾客的需求？
2. 顾客的购买主权是否得到了尊重？推销人员的做法是否属于硬性推销？
3. 在该案例中，推销人员应如何帮助顾客从感性和理性两个方面去认识服装商品？

【案例 7-3】

推销人员小金的表现

远东贸易公司设置在一座楼房的六楼。某照明器材厂的推销人员小金按推销计划，手拿企业新设计的照明器材样品，兴冲冲地登上六楼，脸上的汗珠未擦一下，便直接走进了张经理办公室。正在处理业务的张经理被吓了一跳，"对不起，这是我们企业设计的新产品，请您过目。"小金说。

张经理停下手中的工作，接过他递过的照明器，请他坐下后，拿起照明器仔细研究起来。小金看到张经理对新产品如此感兴趣，如释重负，便往沙发上一靠，跷起二郎腿，一边吸烟一边悠闲地环视着张经理的办公室。

当张经理向他咨询电源开关为什么装在这个位置时，小金习惯性地用手搔了一下头皮。虽然小金做了较详尽的解释，但张经理还是有点半信半疑。谈到价格时，张经理强调："这个价格太贵，能否再降低一些？"小金回答："我们经理说了，这是最低价格，一分也不能降了。"张经理沉默了半天没有开口。小金却有点儿沉不住气，不由自主地拉松领带，眼睛盯着张经理，张经理皱了皱眉，"这种照明器的性能先进在什么地方？"金先生又搔了搔头皮，反反复复地说："造型新、寿命长、节能。"张经理托词离开了办公室，只剩下他一个人。

他等了一会儿，感到无聊，便抄起办公桌上的电话，同一个朋友闲谈起来。这时，门被推开，进来的不是张经理，而是办公室秘书。

问题：小金的推销过程存在哪些失礼之处？请根据情景资料逐一指出并进行简要分析。

第8章

顾客心理与推销模式

▶▶ 学习目标

通过本章的学习，学生应了解和掌握以下知识点：
◎ 顾客购买的心理活动过程
◎ 4种经典推销模式的特点
◎ 推销方格理论及运用

引导案例

遇上喜欢标新立异的顾客

一位年轻女士来到某商场服装柜台前，仔细观看挂在衣架上的几款阳光牌羊毛衫。少顷，她从衣架上取下一款红黄相间几何图案的羊毛衫，端详了一会儿，对促销员小王说："请问这件多少钱？""880元。"小王回答。"好，我要了！"那位女士把毛衣放在服务台上，边说边掏钱包。

在为她包衣服的时候，小王恭维了她一句："小姐真有眼力，很多人都喜欢这种款式。"那位年轻的女士听了小王的话，沉吟片刻，然后微笑着对小王说："抱歉，我不要啦。"没想到，小王一句恭维话反倒使顾客中止了购买，小王疑惑地问："怎么，您不喜欢？""有点。"她回答后准备离开。

小王立刻意识到，刚才那句恭维话可能是个错误，必须赶紧补救。趁她还未走开，赶紧问："小姐，您能否告诉我，你喜欢哪种款式的？我们这几款羊毛衫是专门为像您这样气质高雅的年轻女士设计的；如果您不喜欢，请留下宝贵意见，以便我们改进。"听了小王的话，她解释道："其实，这几款都不错，我只是不太喜欢跟别人穿一样的衣服。"

噢！原来这是位喜欢标新立异、与众不同的顾客。"小姐，请原谅。我刚才说很多人都喜欢您看中的这种款式，但由于质量好，价格高一点，所以买的人并不多，您是这两天里第一位要这种款式的顾客。而且，这种款式我们总共才进了5件……"经过一番努力，这位女士终于买走了那件羊毛衫。

在推销人员与顾客的接触和交往中，双方都会对对方产生一定的印象和看法，形成各自独特的心理状态。因此，对于推销人员来说，既要了解自己，更要了解顾客；既要了解自己的企业和产品，更要了解顾客心理活动的规律，自觉运用相关的推销理论和适当的推销模式，增强推销工作的科学性。

8.1 顾客购买心理

顾客购买心理是顾客在购买过程中的感觉、知觉、记忆、思维、情感、性格和能力的总和，是所推销产品、推销人员及整个买卖活动过程在顾客脑中的反映。

顾客从接触推销人员和推销产品到购买产品的具体心理过程分为3个阶段：认识过程、情感过程和意志过程。这3个过程又可细分为若干具体的阶段，如图8-1所示。

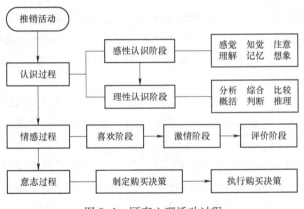

图8-1　顾客心理活动过程

8.1.1　顾客购买的认识过程

顾客对推销的认识过程是顾客对推销活动的质和量以及它们之间各个方面的联系的反映过程。这个过程是通过顾客的感觉、知觉、注意、记忆、想象以及语言活动、思维等心理机能活动来实现的。

1. 感性认识阶段

顾客对推销人员和产品的认识过程，是从感觉开始的。推销人员和产品作为客观存在的事物，通过推销活动的接触，直接作用于顾客的眼、耳、鼻、舌、身这些外部感觉器官，刺激顾客的视觉、听觉、嗅觉、味觉和触觉，传达给神经系统，引起神经系统的兴奋，再传入大脑皮层的神经中枢，形成对特定推销人员和产品的个别属性的反映，即感觉。

随着感觉的深入，神经中枢把感觉传递来的信息进行分析和综合，对推销人员和产品的各种属性作进一步的整体反映，就形成了知觉。从感觉到知觉，是顾客对推销人员和产品的感性认识阶段。在这一阶段中，顾客得到的只是对推销人员和产品的直观形象的反映。

顾客在同一时间内不能感知推销活动的一切现象，而只能感知其中的少数对象，这种对推销中的一定事物的指向和集中，就是注意。注意强化了顾客对推销活动的认识过程。

顾客在感知过程中所形成的对推销活动的反映，在神经组织中留下一定的影响或痕迹的保持，就是记忆。记忆使顾客把感知过的经验积累起来，深化了顾客对推销活动的认识过程。顾客的记忆与印象受较多因素的影响，会引发多种心理效应。

> 专栏

记忆引发的顾客心理效应

下列各种效应特别需要引起推销人员的注意和运用。

① 首因效应。首因是指推销人员或所推销的产品给顾客留下的第一印象，第一印象对顾客的认识所产生的影响为首因效应。第一印象在顾客对推销的记忆过程中具有不可逆转的作用，影响了顾客对推销认识的全过程。

② 近因效应。近因是指推销给予顾客在时间上最靠近、认识上最深刻、最容易记忆的印象。由于近因是在顾客的记忆时间里距离现在最短的、最新鲜的印象，因此不易淡忘而对顾客的认识有较大影响。近因往往是推销人员留给顾客的最后记忆，因而推销人员应重视"告别"时留给顾客的印象。

③ 刻板效应。是指由于顾客认识的惯性作用，使已经形成的印象在一般情况下是不易改变、相对固定地保留在顾客的记忆中，并由此而产生的影响。没有较强力度的外界刺激，是很难改变顾客已经形成的印象的。

④ 光晕效应。是指顾客在认识过程中，会按照某种逻辑思维对推销人员进行印象推理。如名人效应、从众心理等都是光晕效应的特例。推销人员要想给顾客留下好的难忘的印象，就必须研究顾客的逻辑推理原则与推理习惯，并在推销中加以应用。

想象是顾客对头脑中已经拥有的推销主要特征进行加工改造，从而创造新形象的过程。因此，想象具有超前性。推销介绍不能替代顾客的想象，但却可以创造各种条件去引导顾客的想象，调动顾客的想象力。如一位多功能吸尘器推销人员对顾客说："请好好想一想，使用这款吸尘器，你可以从繁杂的家务劳动中解脱出来，这样，你就可以有更多的时间和精力来关心你孩子的学习，辅导他（她）的作业，带他（她）外出散步，或者和家人一同享受生活的乐趣。"这位推销人员通过调动顾客想象力，编绘出一幅充满吸引力的未来情景。

2. 理性认识阶段

随着感性认识的深化，顾客对推销活动的认识逐步上升到思维阶段，即理性认识阶段。思维是理性认识阶段的主要表现，它是一个心理过程。它通过对感性材料的分析、综合、比较、抽象、概括、判断、推理等复杂的心理活动，使顾客获得对推销活动更全面、更本质的反映。

上述分析表明，顾客对推销的认识过程，是一个从感性到理性、从感觉到思维的过程。由此可知，所有的顾客购买所推销的产品都应该是思维的结果，是理性的行为，每一个购买行为都应该是理智的，经过周密思考和计划的。但是，在实际推销活动中，许多推销人员都会发现，顾客的购买行为并不都是理智的，在许多情况下，都是感情在发生作用。为什么呢？心理学分析表明，顾客购买产品的心理过程，既是一个认识的过程，又是一个情感的过程。

8.1.2 顾客购买的情感过程

情感也称情绪，是人的需要是否得到满足时所产生的一种对客观事物的态度和内心体验。情感过程是伴随着顾客对推销活动的认识过程而产生的具有独特个性特点和主观体验的一种心理现象，是顾客对推销活动的态度在感情上的反映。情感过程与认识过程一样，发端于推销活动的刺激，当刺激达到一定程度就会引起生理反应，从而产生喜、怒、哀、欲、爱、恶、惧等一系列情感体验，即情感。情感一般由"趋与避""强与弱""快乐与不快乐"等要素组成。

顾客对推销活动的情感过程，大体可以分为以下3个阶段。

① 喜欢阶段：顾客对推销人员和产品表示满意或不满意、爱或憎、喜欢或不喜欢的最初印象和情感阶段。

② 激情阶段：顾客对推销人员的服务和产品由喜欢而引起一时的强烈的购买欲望和购买热情的阶段。在这一阶段，部分顾客就可能采取购买行动；但对大多数顾客来说，还只是购买动机的形成。

③ 评价阶段：顾客在购买动机的驱使下，对推销人员和产品进行经济的、社会的、道德的和美的价值评估，如对推销人员的道德评估，对产品外形的美观与否、价格是否合理、市场上是否流行等评判。这时情感过程开始大量渗入理智的成分，通过评价，感情与理智逐步趋于统一。

在推销活动中及时注意和掌握顾客的情感过程，对成功地完成推销任务具有很大的帮助。

8.1.3 顾客购买的意志过程

意志过程是指顾客确定目标，并调节其行为，以实现预定目标的心理过程。意志过程具有明确的目的性和行为调节性，因此，意志过程可分为制定购买决策与执行购买决策两个阶段。

（1）制定购买决策。顾客购买决策的制定过程包括：购买动机的冲突及取舍，购买目的的确定，购买方式的选择，以及有关购买计划的制定。在顾客购买决策过程中，选择最适宜的购买目标是关键，顾客在选择购买目标时，一般是遵循需求满足最大化、需求与支付能力相平衡和利益最大化三大原则。

（2）执行购买决策。执行购买决策是意志过程的关键，顾客不但要为购买付出较多的智力和体力，还要克服购买过程中的各种困难与障碍，处理在决策阶段所没有预料到的新情况和新问题。

顾客的购买心理过程是认识过程、情感过程和意志过程的统一。推销人员应该按照顾客购买心理活动的不同阶段和特征，采取不同的推销技巧、策略和模式，以取得推销的成功。

8.2 推销模式

推销模式是指根据推销活动的特点及对顾客购买活动各阶段的心理演变应采取的策略,归纳出一套程序化的标准推销形式。推销模式的种类有很多,这里主要介绍爱达模式、迪伯达模式、埃德帕模式和费比模式等具有典型意义的推销模式。其中,爱达模式、迪伯达模式和埃德帕模式都是海因兹·姆·戈德曼根据自身推销经验总结出来的推销模式,其在《推销技巧:怎样赢得顾客》一书中详细介绍了这些模式。该书于1958年出版后,曾被译成18种文字在全球销售,成为推销学的经典。

推销模式来自推销实践,具有很强的可操作性,是现代推销理论的重要组成部分。但是,在推销实践中,由于推销活动的复杂性,市场环境的多变性,推销人员不应该被标准化程序左右,而应从掌握推销活动的规律入手,灵活运用各种推销模式。

8.2.1 爱达模式

爱达(AIDA)模式将顾客购买的心理过程分为4个阶段,即注意(attention)、兴趣(interest)、欲望(desire)、行动(action),用这4个阶段的第一个字母组合成国际上流行的推销模式——AIDA模式。其具体内容可表述为:一个成功的推销人员必须把顾客的注意力吸引或转移到其产品上去,使顾客对其推销的产品产生兴趣和购买欲望,促使顾客实施购买行为,如图8-2所示。该模式的4个步骤被认为是推销成功的四大法则。

图8-2 爱达模式

1. 引起顾客注意

所谓引起顾客注意,是指推销人员通过推销活动刺激顾客的感觉器官,使顾客对其所推销的产品有一个良好的感觉,促使顾客对推销活动及产品有一个正确的认识,并产生有利于推销的正确态度。

在推销活动中,推销人员面对的顾客有不少是被动的,甚至是有抵触情绪的。一般而言,在推销人员接近顾客之前,大多数顾客对推销人员和产品是麻木的,他们的注意力只放在自己关心和感兴趣的事物上。因此,推销人员必须尽其所能,想方设法吸引顾客的注意力,以便不被拒绝,如推销人员可以通过精心设计自己的形象、精辟的语言、得体的动作、富有魅力的产品和巧妙的提问等,来引起顾客的注意。

在推销活动中,要唤起顾客对推销产品的注意,推销人员必须营造一个使顾客与推销产品息息相关的推销环境,并让顾客感觉自己是被关注的中心,自己的需求和利益才是真正重要的,即在突出顾客地位的同时宣传了推销产品。这样,就可以强化推销品对顾客的刺激,使顾客自然而然地将注意力从其他事情上转移到推销活动上来。

2. 唤起顾客兴趣

兴趣是一个人对某一事物所抱有的积极的态度。对推销而言，兴趣就是顾客对推销产品或购买所抱有的积极态度。在推销活动中，顾客对产品产生的好奇、期待、偏爱和喜好等情绪，均可称为兴趣，它表明顾客对产品作出了肯定的评价。顾客由于对推销人员及其产品的兴趣而使其注意力更加集中。

唤起顾客兴趣在推销活动中起着承前启后的作用，兴趣是注意的进一步发展的结果，又是欲望的基础，兴趣的积累和强化便是欲望。如果推销人员在推销活动中不能设法使顾客对产品产生浓厚的兴趣，不仅不会激发顾客的购买欲望，甚至还会使顾客的注意力发生转移，致使推销工作前功尽弃。

唤起顾客兴趣的关键就是要使顾客清楚地意识到购买产品所能得到的好处和利益。推销人员可以通过对产品功能、性质、特点的展示及使用效果的演示，向顾客证实所推销的产品在品质、功能、技术等方面的优越性，以此来诱导顾客的购买兴趣。

3. 激起顾客的购买欲望

购买欲望，是指顾客通过购买某种产品或服务给自己带来某种特定的利益的一种需要。一般来说，顾客对推销产品发生兴趣后就会权衡买与不买的利益得失，对是否购买处于犹豫之中。这时候推销人员必须从认识、需要、感情和智慧等方面入手，根据顾客的习惯、气质、性格等个性特征，采用多种方法和技巧，促使顾客相信推销人员和推销的产品，不断强化顾客的购买欲望，即激起购买欲望。

激起顾客的购买欲望，就是推销人员通过推销活动的进行，在激起顾客对某个具体推销内容的兴趣后，努力使顾客的心理活动产生不平衡，使顾客产生对推销内容积极肯定的心理定式与强烈拥有的愿望，使顾客把推销内容的需要与欲望排在重要位置，从而产生购买欲望。推销人员可以通过向顾客介绍、提供一些有吸引力的建议、说明事实等方法，来达到激起顾客购买欲望的目的。

4. 促成购买

顾客一旦产生了强烈的购买冲动，采取购买行动就是自然而然的事了，这时推销人员不能掉以轻心，应该顺水推舟，速战速决，以免顾客受其他外界因素影响而改变态度。有时候，顾客会在最后关头突然变卦，这种事情时有发生，因为人的情绪是可以发生变化的。在这个成交阶段，推销人员可以使用一些技巧促使顾客采取购买行动，比如提醒顾客该款产品很畅销，如果现在不买，很可能以后会涨价，或者出现断货；或者告诉顾客现在是优惠期，马上购买会比较划算，过期享受不了价格优惠等，以便促使顾客立即采取购买行动。

▶ 实 例 ▶

列车上的推销

"大家看看啊，好玩的电陀螺，五颜六色，可以站在任何地方。出行旅游留个纪念，有小孩的给小孩，没有的给朋友的小孩带个礼物。"说着，乘务员把电陀螺放在了手指上，让乘客看；又把电陀螺放在纸盒的棱角上，它都能够站得很稳。

"新型的袜子，本产品采用高科技棉麻生产，不仅耐用，而且可以防止脚气。大家坐火车都有这种体会，看着别人把鞋脱了睡觉，而自己不敢脱，因为自己脚臭。本产品耐穿耐用，一般的袜子脚指头部分很容易磨破，而本产品前面部分采用双层耐磨棉麻料，并且不会因划伤而脱线。我给大家做个实验。"说着，乘务员拿起一个铁刷子，"这是一把铁刷子，在一般的袜子上划一下，袜子便会脱线，而本产品不会，大家看。"说着，便看见铁刷子在袜子面上划来划去，而袜子没有一点脱线。"并且本产品的透气性能相当好，不会因捂脚而产生脚臭及脚气，大家看。"乘务员又拿着打火机在袜子下面烤起来，火焰透过袜子窜了出来。乘务员这时候又把袜子发到乘客手里，让乘客实物感受，接着说："大家都以为这种产品的价钱很高吧，其实才10元钱一包，一包3双，平均每双也就3元多钱。我们列车是受该厂家委托做个宣传，该产品在北京华联、易初莲花等大型超市都有销售，价格是20元一双。大家何不抓住这个机会呢？"大家还在看着产品，有的只是在观望。

"这么好的产品，这么低的价格，男士只要少抽一包烟，女士只要少买一瓶化妆品。单独出门的男士现在是个机会，老婆不在场，没有人管；老婆在的话，也没有关系，10块钱也不会不给这个权利。大家抓紧时间行动啦。"听了乘务员幽默的话语，大家一阵笑声，很多人纷纷买了乘务员推销的袜子。

出远门选择乘坐列车是现代人喜欢的交通形式，列车上潜在顾客众多，且场地相对封闭，因此可以看作一个天然的推销产品的渠道。案例中乘务员在列车上的推销行为可以看作是对爱达模式的成功应用。

由于市场环境是千变万化的，推销活动也随之而复杂多变，所以推销4个步骤的完成时间不可能整齐划一，主要由推销人员的工作技巧和所推销的产品性质而定；4个步骤的先后次序也不必固定，可根据具体情况适当调整，可重复某一步骤，也可省略某一步骤。每一个推销人员都应该根据爱达模式检查自己的销售谈话内容，并向自己提出以下问题：能否立即引起顾客的注意；能否使顾客对所推销的产品发生兴趣；能否激起顾客的购买欲望；能否促使顾客采取最终购买行动。

爱达模式从消费者心理活动的角度来具体研究推销的不同阶段，不仅适用于店堂推销、柜台推销、会展推销，也适用于一些易于携带的生活用品和办公用品的推销，还适用于新推销人员以及对陌生顾客的推销。

8.2.2 迪伯达模式

迪伯达（DIPADA）模式与传统的埃达模式相比，被认为是一种创造性的推销模式。该模式的要诀在于：先谈顾客的问题，后谈所推销的产品，即推销人员在推销过程中必须先准确地发现顾客的需要和愿望，然后把它们与自己推销的产品联系起来。这一模式是以需求为核心的现代推销学理念在实践中的具体运用。

迪伯达模式将推销全过程概括为：发现（definition）、结合（identification）、证实（proof）、接受（acceptance）、欲望（desire）、行动（action）这6个阶段，如图8-3所示。迪伯达是上述6个英文单词第一个字母组合（DIPADA）的译音。

1. 发现顾客的需要和愿望

在实际推销活动中，发现顾客的需要和愿望是很难的，但推销人员在实践中可以运用市

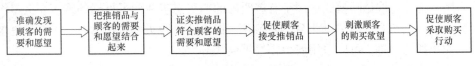

图 8-3 迪伯达模式

场调查与预测、建立信息网络、引导需求、推销洽谈等方法来发现顾客的需要和愿望。

2. 把顾客的需要与推销的产品结合起来

当推销人员在简单、准确地总结出顾客的需要和愿望之后,便应进入第二个阶段:向顾客介绍所推销的产品,并把产品与顾客的需要和愿望结合起来。这样就能很自然地把顾客的兴趣转移到推销产品上来,为进一步推销产品铺平道路。这一阶段是一个由探讨需要的过程向实质性推销过程的转移,是推销的主要步骤。推销人员可以通过企业整体营销活动迎合顾客的需求、说服顾客调整需求并使需求尽可能与产品结合、主动教育与引导顾客的需求等方法使所推销产品与顾客的需要相结合。

3. 证实推销的产品符合顾客的需求

推销人员仅仅告诉顾客所推销产品正是其所需要的,这是远远不够的,必须拿出充分的证据向顾客证实产品符合其需要和愿望,并了解顾客对所提供证据真实性的态度。这个阶段推销人员的主要任务是:通过真实的且顾客熟悉的人士对所推销产品的购买与消费所获得的利益,或展示有关部门出具的证据,或采用典型事例等,向顾客证实他的购买是正确的,推销人员的介绍是真实可信的。

4. 促使顾客接受所推销的产品

促使接受,是指推销人员经过自己的努力,让顾客承认产品符合顾客的需要和愿望。顾客接受才是推销活动的主要目的,因为顾客只有接受了产品,才会有可能购买。

迪伯达模式的第 5、第 6 个步骤的内容与爱达模式的第 3、第 4 个步骤相同,在此不再阐述。

迪伯达模式的特点是紧紧抓住顾客需要这个关键环节,使推销工作更能有的放矢,因而针对性较强。迪伯达模式比爱达模式复杂、层次多、步骤繁,但其推销效果较好,受到推销界的重视。迪伯达模式主要适用于老顾客及熟悉顾客、生产资料或无形产品的推销。

8.2.3 埃德帕模式

"埃德帕"是 IDEPA 的音译,IDEPA 是指 identification(结合)、demonstration(示范)、elimination(淘汰)、proof(证实)、acceptance(接受),IDEPA 是其英文的缩写。IDEPA 代表了埃德帕模式的 5 个主要步骤(如图 8-4 所示)。

图 8-4 埃德帕模式

从应用范围看,埃德帕模式适用于有着明确的购买愿望和购买目标的顾客,是零售行业推销较适用的模式。当顾客主动来到零售商店,提出他要购买哪些产品时,或者手里拿着购物清单"照单抓药"时,可以采用埃德帕推销模式。

埃德帕模式中 identification、proof、acceptance 三个步骤所应达到的目标和应采取的行动与迪伯达模式中的内涵基本相同,这里不再一一叙述。在该模式的操作过程中,有以下两方面的问题需要注意。

一是推销人员应为顾客示范合适的产品,力求有效结合顾客的需要。如果顾客带来进货清单,可按清单上所列品种示范,尽量让顾客参与其中。如果有新产品、潜在畅销产品、进销差价大的特殊品等,推销人员应主动为顾客示范,推销成功的概率也比较大。

二是适时淘汰不适合顾客的产品,主要指淘汰那些不适应顾客需要、与顾客愿望距离较大的产品。主动淘汰这一部分产品,实现产品优化,可以使顾客更容易买到合适的产品。在产品示范与商务沟通过程中,推销人员应尽量了解顾客进货的档次、数量和目标市场消费者的需求特点,做到示范和淘汰的产品都恰到好处。

8.2.4 费比模式

费比(FABE)模式是由台湾中兴大学郭昆漠教授总结出来的一种推销模式。FABE 的含义是指 feature(特征)、advantage(优点)、benefit(利益)、evidence(依据)。"费比"是英文 FABE 的音译,FABE 代表了费比模式的 4 个主要步骤,如图 8-5 所示。

图 8-5 费比模式

与其他几个模式相比,费比模式有一个显著的特点,即事先把产品特征、优点及能够带给顾客的利益等列选出来,印在宣传单上或写在卡片上,这样就能使顾客一目了然,更好地了解有关的内容,节省顾客疑问的时间,减少顾客异议的内容。正是由于费比模式具有重点突出、简明扼要的特点,在推销实践中显示出计划性和有效性,它受到不少推销人员的大力推崇。其主要内容和特点体现在以下几个方面。

1. 向顾客详细介绍产品的特征

介绍的内容包括:产品的性能、构造、作用、使用的简易及方便程度、耐久性、经济性、外观优点及价格情况等。如果是新产品,则应更详细地介绍;如果产品在用料或加工工艺方面有所改进,也应介绍清楚。如果上述内容复杂难记,推销人员可事先制作成宣传单或卡片,以便在向顾客介绍时方便将材料或卡片交给顾客。因此,提前制作好宣传单张或卡片成为费比模式的主要特色,也是该模式成功的关键。

2. 分析展示产品的优点

推销人员应寻找出推销产品区别于其竞争产品在外观设计、功能特点、使用方法、售后服务以及产地、品质、品牌、创始人等方面的独有的特征,进行差异化的推介说明,以便激发消费者兴趣和便于记忆。优势来源于比较,要么与过去比,要么与竞争产品比。潜台词和标志性词语是"与……相比……",其结论会因比较物的不同而不同。比如,与其他材质的手机相比,这款手机更耐磨、抗摔。

在产品展示过程中,要把产品的优点充分地挖掘,简明扼要地介绍给顾客,不要拖泥带水和面面俱到。如果是新产品,务必说明该产品开发的目的和背景、设计时的主导思想、开发意义以及相对于老产品的差别化优势等。当面对的是具有专业知识的顾客时,则尽量以专业术语进行介绍,并力求用词简练、准确。

3. 尽可能列举产品给顾客带来的利益

推销人员应在了解顾客需求的基础上,把产品所能带给顾客的预期利益,尽可能地讲清楚,给消费者一个购买的理由。不仅要讲产品实体、功能的利益,更要讲产品给顾客带来的内在的、形式的及附加的利益。在对顾客需求偏好了解不多的情况下,应边讲边观察顾客的专注程度与态度,在顾客表现关注的方面要特别注意多讲、细讲、多举例说明。

4. 以事实依据说服顾客购买

推销人员应以发生在身边的真实的数字、人证、物证、例证等作为有说服力的证据,解决顾客的各种异议与疑虑,使顾客相信购买该产品是正确的、明智的、合算的,从而产生从众的购买和消费行为。如顾客所认识的某人用了此产品效果如何,顾客所知道的某单位用了怎么样等,对消费者都非常具有说服力。

▶ **实　例** ◀

费比模式在洗发水推销中的应用

对顾客需求的调查:顾客的头皮屑特别多,在开会或用餐时常无意间搔抓,而致使头皮屑飘落四处,造成尴尬的场面。

特征(F):洗发水含有维生素原B_5。

优点(A):与其他洗发水比起来,去屑能力更强,且效果持久。

利益(B):头皮屑是困扰很多人的问题,但目前没有任何药物能持续有效地清除或减少头皮屑。如果您拥有了这种洗发水,不但能清除污垢、滋润头发,还能将头皮屑彻底洗净。那么,您在任何场合中都不会就头皮屑问题而烦恼了,当然会充满自信、顺风顺水、更受欢迎!

依据(E):提供产品专利授权书(物证),某明星代言或使用广告(人证)。

费比模式的应用具有广泛的适用性。对费比模式的成功运用,要把握好以下两个关键点。

一是在知晓顾客需求的基础上,把产品能够带给顾客的利益和好处向顾客说清楚,这样才能打动顾客。只有很好地识别顾客的问题和需求,才能有针对性地介绍产品的好处,在产品的特性和顾客的需求之间建立明显、直接和重要的联系。如果我们不能识别问题和需求,我们只能把产品的优点或所有可能的好处说清楚,从而寄希望于顾客能够在自身需求和产品间建立有效的联系。

二是灵活运用F、A、B、E之间的组合。虽然在介绍产品时要遵循F、A、B、E的顺序原则，但有时特殊情况下也可以省略某些环节。比如，对于专家型顾客可以只讲或多讲特性或依据，但对于普通顾客则不可以。因为专家型顾客对产品的特性、优势和利益都比较熟悉，自己可以建立起产品和需求的有效链接。对于大众熟知的产品（如日用品），则可以不讲特性和依据，因为大家普遍具备产品的基本知识，这时可以不讲、少讲特性，而多讲、重点讲优势和利益。

8.3 推销方格理论

推销方格理论是美国管理学家罗伯特·R. 布莱克教授和 J. R. 蒙顿教授的管理方格理论在推销领域的具体运用。他们曾以提倡"管理方格（managerial grid）"理论而闻名于世。他们将管理方格理论应用于推销学理论体系，形成一种新的推销技术理论，叫作"推销方格（sales grid）"。这种理论建立在行为科学的基础上，着重研究推销人员与顾客之间的人际关系和买卖关系。推销方格理论可以帮助推销人员更清楚地认识自己的推销能力，发现自己工作中存在的问题；有助于推销人员更深入地了解自己的推销对象，掌握顾客的心理特征；有助于推销人员深刻认识自己和推销对象的心理状态，恰当地处理与顾客之间的关系。推销方格包括推销人员方格和顾客方格。

8.3.1 推销人员方格

在具体的推销活动中，推销人员、推销对象和推销品是相互影响、相互制约的，两个主体更是处在相互作用之中，其中任何一个要素的变化，都关系到推销工作的成败。每一个推销人员在进行推销工作的时候，他心里至少装着两个明确的具体目标。一是努力说服顾客，希望与顾客达成有效的买卖关系，完成销售任务；二是尽心竭力迎合顾客，希望与顾客建立良好的人际关系，广交朋友。前一个目标关心的是"销售"，后一个目标关心的是"顾客"。不同的推销人员，追求这两个目标的心理愿望强度各不相同。有的人对两种目标有着同样强烈的热情；有的人则只注重销售、交易的成功，而轻视与顾客的长远关系；还有的推销人员注重追求人际关系目标，对于是否成交则不太关心。布莱克和蒙顿将上述两种不同的推销目标，用平面坐标系第一象限图来表示，这个图形就是所谓的"推销人员方格"，如图 8-6 所示。

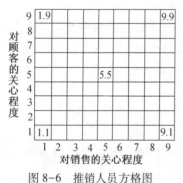

图 8-6 推销人员方格图

推销人员方格中纵坐标表示推销人员对顾客的关心程度，横坐标表示推销人员对销售的关心程度。纵坐标和横坐标的坐标值都是由 1 到 9 逐渐增大。坐标值越大，表示推销人员的关心程度越高。

推销方格中的各个交点，分别代表推销人员不同的推销心理态度。从理论上讲，推销人员的推销态度有 81 种之多，但由于两种相邻的心态之间的差别很小，布莱克和蒙顿把推销人员的心理态度分为 5 种基本类型，即事不关己型、顾客导向型、强力推销型、推销技巧型和解决问题型。

1. 事不关己型

即推销人员方格图中的（1.1）型。持有这种状况的推销人员既不关心顾客，也不关心销售。他们对本职工作态度冷漠，不负责任，没有明确的工作目标，缺乏成就感。他们的想法是：我只要把产品摆在顾客面前，要买就买，不买便罢，该卖的自然能卖出去，用不着我费力。他们对于顾客的实际需要漠不关心，对于企业的推销业绩也毫不在乎，其推销工作自然也不会有什么成果。

产生这种心理态度的主要原因，一是推销人员主观上不努力，缺乏进取精神；二是推销人员所在企业没有适当的激励措施和奖惩制度。因此，要改变这种推销态度，就要求推销人员严格管理自己，企业也要建立明确的奖惩制度，鼓励上进，鞭策后进。

2. 顾客导向型

即推销人员方格图中的（1.9）型。持有这种心理态度的推销人员只知道关心顾客，而不关心销售。他们认为，我是顾客的朋友，我要努力了解他，并对他的感受和兴趣作出反应，这样他就会喜欢我，这种私人感情可以促使他购买我的产品。这类推销人员过分顾及与顾客的关系，千方百计赢得顾客的喜爱，处处顺着顾客心意，总是迁就顾客，而忽视了企业的销售工作和企业的利益。他们的首要目标是与顾客建立和保持良好的人际关系，而无所谓成交与否。

这类推销人员可能是一位理想的人际关系学家，却不能说是一位成功的推销专家。在推销工作中，为了说服和影响顾客，推销人员必须与顾客进行面谈，难免会出现各种各样的异议。出现异议后，推销人员应该做出正确的判断，如果是出于顾客的偏见或误解，推销人员应该讲清道理，尽力说服，力促成交，而不能不顾具体情况，一味对顾客百依百顺。若明知成交障碍是出于顾客偏见或误解等原因，推销人员也不进行说服，而是承认既成事实，顺从顾客心理，这不是一位好的推销人员。

3. 强力推销型

即推销人员方格图中的（9.1）型。持有这种推销心理态度的推销人员只知道关心推销效果，而不管顾客的实际需要和购买心理。他们认为，既然由我负责向这位顾客推销，我就硬性推销，向他施加压力迫使他购买。这种推销人员一般都具有较高的成就感，把完成销售任务作为自己推销工作的重点，把提高推销业绩作为自己孜孜追求的目标。但在推销过程中，总是采用高压战略，千方百计说服顾客购买，常常向顾客发起强大的推销心理战，开展积极主动的推销活动，有时还对顾客施加购买压力。

对于这类推销人员，应该肯定其积极的工作态度，但由于其只顾推销而不顾顾客的实际需要，甚至不尊重顾客的人格，一旦让顾客对推销人员留下不良的印象，不但眼前的生意难以做成，还会断送与顾客的关系，损害企业的声誉。因此，这类推销人员也不是理想的推销专家。

4. 推销技巧型

即推销人员方格图中的（5.5）型。抱有这种推销心理态度的推销人员，既关心推销效果，也关心顾客。这类推销人员心态平衡，作风踏实，对推销环境心中有数，对推销工作充满信心。他们既不一味地取悦顾客，也不强行推销。他们往往采取一种折中的态度，推行一种切实可行的推销战术，稳扎稳打，力求成交。这类推销人员既不愿意丢掉生意，也不愿意失去顾客，四平八稳，和气生财。当与顾客发生异议时，他们就会采取折中立场，尽量避免出现不愉快的情况。这种推销心理实质上是在一种温和的气氛中巧妙地运用推销技巧，以达成交易，而并不是从顾客的角度出发去满足其需求。

从现代推销学角度讲，这种推销人员可能也会取得较好的销售业绩，但不一定是一位理想的现代推销专家。他们往往只照顾了顾客的购买心理，而不考虑顾客的实际需要。换句话说，这种推销人员常常费尽心机，说服某些顾客高高兴兴地购买了一些不该购买的物品，而对顾客的实际利益重视不够。

5. 解决问题型

即推销人员方格图中的（9.9）型。持有这种推销心理态度的推销人员对顾客和销售达到了极大的关心。满足顾客的需要是他们的中心工作，辉煌的推销业绩是他们的目标。他们的宗旨是，与顾客磋商以便了解他在当时情况下的所有需要，并用其产品满足顾客的需要，让顾客作出合理的购买决策，给顾客带来他们所期望从中获得的好处；在帮助顾客解决问题的同时，也完成了自己的推销任务。这种推销人员工作积极主动，但又不强加于人，他们善于研究顾客的心理，发现顾客的真实需求，把握顾客的问题，然后开展有针对性的推销。利用自己推销的产品或服务，为顾客解决问题，消除烦恼，同时也完成了自己的推销任务。这种推销人员既了解自己，也了解顾客；既了解推销品，也了解顾客的真实需求。他们把自己的推销工作与顾客的实际需要结合起来，最大限度地满足顾客的实际需要，同时取得了推销业绩。

这种推销人员是最理想的推销专家。他们不忘记自己的推销职责，也不忘记顾客的实际需要；在推销工作中积极进取，为顾客排忧解难。总之，这种推销心理态度是最佳的心理态度，处于这种推销心理态度的推销人员是最佳的推销人员。

8.3.2　顾客方格

推销人员不仅要认识自己的推销心理，努力培养良好的推销心理态度，而且还要善于洞察顾客的购买心理，因人而异地开展推销活动。顾客对推销活动的态度主要表现在两个方面，一是对待购买活动本身的态度；二是对待推销人员的看法与态度。当一位顾客考虑实际购买的时候，他心里至少装有两个目标：一是与推销人员讨价还价，希望以有利条件达成交易，完成购买任务；二是希望与推销人员建立良好的关系，为了日后的长期合作，可能会做出一定的让步。前一个目标所关心的是"购买"，后一个目标所关心的是"推销人员"。顾客的情况千差万别，在购买活动中，顾客追求上述两方面目标的心理愿望强度也是各不相同的。推销人员的态度影响到顾客的态度，顾客的态度也影响推销人员的态度，两者相互影响、相互作用。要进行成功的推销，推销人员不仅要学会用正确的态度对待顾客，而且也要学会如何应付各种不同态度的顾客。

依据推销方格，利用顾客所关心的两个目标建立起另外一个方格，这就是所谓"顾客方格（customer grid）"，如图8-7所示。顾客方格图中的纵坐标表示顾客对推销人员的关心程度，横坐标表示顾客对购买的关心程度。纵坐标和横坐标的坐标值都是由1到9逐渐增大，坐标值越大，表示顾客对推销人员或购买关心的程度越高。

顾客方格中的各个交点，表示顾客各种不同的购买心理态度，这些购买心理态度大致可分为5种基本类型，即漠不关心型、软心肠型、防卫型、干练型和寻求答案型。

1. 漠不关心型

即顾客方格图中的（1.1）型。持有这种购买心理态度的顾客，既不关心推销人员，也不关心购买行为。这种人一般都是受人之托，没有购买决策权；或者他们害怕承担责任，害怕引起麻烦，往往把购买决策权推给上级主管或其他人员，自己只做一些收集资料或询价等咨询性工作。由于这种人认为购买行为本身与己无关，他们对待购买工作既不敢负责，又不热心。他们视工作为麻烦，对成交与否漠

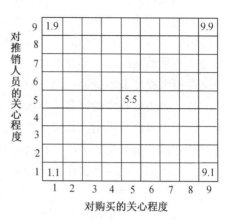

图 8-7　顾客方格图

不关心，更不愿意接触推销人员，这种类型的顾客最难打交道，也是最难取得推销效果的推销对象。

2. 软心肠型

即顾客方格图中的（1.9）型。持有这种心理态度的顾客，对于销售人员极为关心，而对于购买行为则不太关心。这种软心肠的顾客极易被推销人员说服，他们一般不会拒绝推销人员及其所推销的产品。这类顾客感情重于理智，重感情，轻理智。他们对于推销人员的言谈举止十分注意，对于购买决策却考虑不多。

产生这种购买态度的原因很多，可能是由于顾客同情推销人员的工作，也可能是出于顾客的个性心理特征。有的人天生就是软心肠，容易感情用事，宁肯花钱买推销人员的和气与热情，不愿花钱买气受。

3. 防卫型

即顾客方格图中的（9.1）型。这种防卫型的心理态度恰好与软心肠型购买心理态度相反。持有这种心理态度的顾客对其购买行为极为关心，而对于推销人员却极不关心，甚至对推销人员抱敌对态度。在这种购买者的眼里，推销人员都是不诚实的人，他们认为对付推销人员的最佳办法是精打细算，讨价还价。这种顾客本能地采取防卫态度，对推销人员表示拒绝或冷淡，对购买行为表示高度关心，处处小心谨慎，总想多占点便宜，绝不让推销人员得到什么好处。

这类购买心理态度的形成，一方面可能由于顾客生性保守，优柔寡断；另一方面可能是顾客曾经受过推销欺骗。他们拒绝推销人员，完全是出于某种心理，而不是不需要推销人员所推销的产品。因此，面对这种顾客，推销人员首先应该推销自己，而不急于推销产品或服务，以实际行动向顾客证明自己的推销人格，建立起顾客对自己的信任，才有可能收到较好的推销效果。

4. 干练型

即顾客方格图中的（5.5）型。持有这种心理态度的顾客，既关心自己的购买行为，也

关心推销人员的推销工作。这种类型的顾客比较理智冷静，能够以比较客观的态度看待推销人员和购买行为。这种顾客既尊重推销人员的推销人格，也竭力维护自己的购买人格；他们重感情，也重理智；他们愿意听取推销人员的意见，但又不轻信推销人员的允诺；他们所做出的每一项购买决策，都要经过全面的分析和判断；他们的购买行为不拘泥于传统的偏见，但又在很大程度上不受流行风气的影响。

持这种心理态度的顾客，一般都比较自信，甚至具有较强的虚荣心。他们总以为购买决策一定要由自己来做出，并且尽量避免受推销人员的影响。他们购买的东西也不一定是实际需要的东西，而只是为了抬高自己的身份，满足虚荣心。对待这种顾客，推销人员应该摆事实，出示证据，让顾客去作判断。

5. 寻求答案型

即顾客方格图中的（9.9）型。持有这种心理态度的顾客，既高度关心自己的购买行为，又高度关心推销人员的工作。这种顾客十分理智，不凭感情办事。他们在作出购买决策之前，就已经明确自己需要什么东西，并且了解市场行情；他们希望买到自己需要的东西，欢迎能够帮助自己解决问题的推销人员。也就是说，顾客事先知道自己的问题，只是需要寻求答案。这类顾客有自己的独立见解，不轻信广告宣传，不轻信推销人员的允诺，对推销人员的推销活动能进行客观分析，当机立断地作出购买决策。如遇到意外的问题，他们会主动要求推销人员协助解决，但不会提出无理要求。

这类顾客是最成熟的购买者。对待这类顾客，推销人员应认真分析其问题的关键所在，真心实意地为顾客服务，利用自己所推销的产品或服务，帮助顾客解决问题。如果推销人员已经知道自己所推销的产品不符合顾客的实际需要，推销工作应立即停止。

8.3.3 推销人员方格与顾客方格的关系

前面分别介绍了推销人员方格和顾客方格，并且具体分析了各种不同推销心理态度和购买心理态度。这些推销心态各有特点，一般来说，推销人员的推销心理态度越是趋向于（9.9）型，就越可能收到理想的推销效果。因此，每一个推销人员应该加强自身修养，努力学习，把自己训练成为一个帮助顾客解决问题的推销专家，既要高度关心自己的推销效果，又要高度关心顾客实际需要，用高度的事业心和责任感来对待自己的工作和顾客。

当然，解决问题型的推销人员无疑是理想的推销专家。但是，并非只有这种推销人员才能达到有效的推销。在某些特定的场合，处于其他各种心理态度的推销人员也可能取得成功，原因在于一方面推销人员方格图里有各种各样的推销人员，另一方面顾客方格图里也有各种各样的顾客。不同购买心理态度对推销心理态度也有不同的要求。因此，有效的推销，关键取决于推销人员心态与顾客心态的恰当搭配。例如（1.9）型的推销人员不能算是优秀的推销人员，但是如果他遇到一位（1.9）型顾客时，一个对顾客特别关心，一个对推销人员特别关照，这两位碰到一起，照样可以成交，收到预期的推销效果。

推销人员方格与顾客方格的关系可以用表8-1来表示。这是一个搭配图，反映了推销人员方格图与顾客方格图之间的内在联系。表中"+"表示可以有效地完成推销任务;"-"表示不能完成推销任务;"0"则表示介于两种情况之间,可能完成推销任务,也可能无法完成推销任务。

表 8-1 推销方格搭配图

推销人员方格	顾客方格				
	(1.1) 型	(1.9) 型	(5.5) 型	(9.1) 型	(9.9) 型
(9.9) 型	+	+	+	+	+
(9.1) 型	0	+	+	0	0
(5.5) 型	0	+	+	-	0
(1.9) 型	-	+	0	-	0
(1.1) 型	-	-	-	-	-

关键术语

顾客购买心理　认识过程　思维过程　情感过程　意志过程　感觉　知觉　注意　记忆　想象　首因效应　近因效应　刻板效应　光晕效应　推销模式　爱达模式　迪伯达模式　埃德帕模式　费比模式　推销方格　推销人员方格　事不关己型　顾客导向型　强力推销型　推销技巧型　解决问题型　顾客方格　漠不关心型　软心肠型　防卫型　干练型　寻求答案型

复习思考题

1. 顾客购买的心理活动可分为哪几个阶段?各包括哪些内容?
2. 简述 4 种典型推销模式的含义及适用范围。
3. 推销人员方格和顾客方格对推销工作有什么指导意义?
4. 根据推销人员方格理论,推销人员可分几种类型?各有哪些特点?
5. 联系实际谈谈如何才能成为一位解决问题导向型的推销人员。
6. 不同类型的推销人员与不同类型的顾客如何进行有效的搭配,才能取得好的推销效果?

实训题

以推销模式的应用为目的，基于自己的推销实践经历或观察，从4个经典推销模式中选取1个或多个，分别编写推销案例。

 案例题

【案例8-1】

数码产品卖场里，一对夫妇想给孩子买一台笔记本电脑，来到一台笔记本电脑前，以下是先后两个导购员与他们交谈的情景。

情景一

导购员A：是要买笔记本电脑吗？

顾客：是的。这台电脑有什么特点吗？

导购员A：嗯，采用钢质外壳，坚固抗震。便携性也非常好，总重还不到2.5千克。

顾客：还有其他什么特点吗？

导购员A：哦，整机预装了正版Windows最新的操作系统和其他常用软件，如暴风影音、360杀毒等。

顾客：哦，挺好的，不过我想知道的是……

导购员A：我知道您想说什么！价格不贵，才4 600元，你要现在真想买，还可以商量。

顾客：我是为孩子买的，他马上就要上初中了。

导购员A：哦，原来是这样。现在买，还可送原装电脑包等。我可以给你开单了吗？

顾客：哦，我考虑考虑。我要考虑到孩子的需要。

导购员A：那没问题。想起来了，现在购买还有一次现场抽奖活动，说不定能中奖。

顾客：哦，我们再转转看吧。

情景二

导购员B：是要买笔记本电脑吗？

顾客：是的。这台电脑有什么特点吗？（顾客心里想，我们对电脑也不熟悉，先随便问问看。）

导购员B：嗯，您很有眼光，这款电脑很有特点，可也不一定适合您。您对电脑有什么要求吗？

顾客：是这样的，我的孩子要上初中了，是作为礼物送给他的。一方面希望能促进他学习，另一方面不希望他浏览不良网页和沉溺于游戏。

导购员B：我明白了。那我向您推荐这款笔记本电脑。钢琴烤漆，有漫画图案，色彩鲜艳，与其他型号和品牌的电脑相比，更符合孩子的心理需求，很多孩子看见这款电脑后，都爱不释手，纷纷叫父母来买。如果你买回去，你儿子一定会喜欢得不得了，觉得你和其他父母不一样，你懂他、爱他。除此之外，我们这款电脑预装了绿色管理软件，能更好地屏蔽掉不良网站，使你的孩子免受不良信息的侵扰。还有更重要的是，我给你推荐的这款电脑有软件安装管理功能，换句话说，这个电脑上装什么软件和游戏，都是你说了算，益智怡情的游戏可以多安装些，不好的游戏没有得到你的允许，谁也装不上。因此，可以有效地避免你孩子沉溺于游戏。这两天报纸上还有这样的报道，因为沉溺游戏，孩子离家出走，真是让人担心。同时，这款电脑的性能能满足学习、工作要求。如果你把这款电脑搬回家，真是孩子高兴，你们也放了心。售价不到4000元，只有3800元，很划算，那我给你开票了？

顾客：好的，我们也没有时间再逛了。就它了！

问题：

1. 你认为导购员A推销失败的主要原因是什么？
2. 导购员B是如何运用FABE模式的？在第二个案例情景里，你能找出哪些是特性，哪些是优势，哪些是利益吗？请把表示优势和利益的标志性词语画出来。

【案例8-2】

我的故事——第一次打工经历

"五一"假期，我受广东省中山市某调味品公司南昌分公司的聘用，对该公司产品进行市场促销，协助该公司进行产品投放市场前期的推广准备活动。这是我人生中的第一份工作，因此当时的心情既兴奋又激动。由于产品是调味品，因此公司把推广的地点选择在农贸市场，因为农贸市场人群密度高，又是一般消费者——家庭妇女的具体消费点。我所负责的具体地点就在南昌市系马桩农贸市场。

由于是第一天上班，我对地点不熟悉，几经周折才找到。系马桩农贸市场给我的感觉是十分凌乱，但我想，乱不一定都是坏事，至少说明来往的人多，潜在的顾客流量大，市场潜力可开发程度理想，不正符合我们推广产品的需求吗？

要推广，总要了解和熟悉自己的产品。下面，我就先介绍自己将要推广的产品吧。

(1) 该产品在南昌是新上市产品，知名度不高。

(2) 该产品是更新换代调味品，第四代新品。第一代味精，第二代鸡精，第三代鸡粉，我现在所要推销的产品正是第四代新品。

(3) 该产品为超浓缩型，包装较精美，但分量少，价格比前三代调味品偏高。

(4) 最重要的是，现在市场上类似的产品形象已经在消费者心中根深蒂固，要让我将这个品牌顺利推广出去，取代主妇们的日常调味品确实需要一定的策略。

我一个人负责将所有货物搬到已租好的摊位，累得大汗淋漓。时间已经是上午十点了。看见别人的摊位前门庭若市，唯独我的摊位前无人问津。有的主妇经过摊位前也只是随便看看，更多的是在我的摊位前斜眼瞄了瞄海报。我知道今天的推广如果一味地站在摊位前，必定会无功而返，于是我开始实行我的推销方案：

首先，我尽力吆喝，吸引更多顾客对我的产品产生兴趣（中国人有个共性，当有一个人抬头看天，那么就有第二个，接着便有无数个），我的卖力吆喝引来了越来越多的围观者，这恰恰印证了我的观点是正确的。

然后，当顾客带着疑惑的眼光凑过来时，我不多说什么，就在已经煲好了的汤中加入我的调味品，给顾客品尝。这时候要看顾客脸上的表情，由于产品的质量确实很好，很多顾客在尝之后嘴角都上扬了，说明他们开始接纳我的产品了。我真切体会到质量是带来客户的最大源泉。

接着，我在顾客品尝的同时对顾客进行产品的口头介绍，以及应对他们提出的问题。顾客提出的问题五花八门，我一边回答，一边猜测他们的心理活动，判断他们可能的购买欲望，也就是充分运用察言观色的技巧。

总的来说，几乎所有的顾客心中都有一层顾虑，那就是该产品是否安全，毕竟他们过去没有见过。这时，我便告诉他们，南昌现在各个大型超市都有供货，如沃尔玛、洪客隆、百货大楼等都有此产品的销售专柜，利用现在的消费者依赖超市的心理做出如此解释，这提升了自己所推销产品的信誉度。

顾客最终购买的阻力涉及价钱的问题，由于价格偏高，很多顾客思量再三。我告诉他们，它的价格与品质相比仍是偏低的，加上现在处于市场推广阶段，产品以促销价进行酬宾让利活动，买一送一。品质的过硬加上酬宾让利活动，很多购买行为就达成了。

现在回想，打工的这段经历给我最大的感受是：在服务性行业里，微笑与忍耐是多么重要，坚强和信念同样不可舍弃。我的专业是市场营销，这份兼职我不能说做得很成功，但我学到的是在课堂上学不来的经验。其实整个推销过程，我充当的角色是顾客的参谋员、服务员，我想推销产品一定要让顾客乐意接受，现在的企业都讲究双赢，给顾客带来产品利益的同时，我们的利益也一并增长。

问题：

1. 请用爱达模式的4个步骤来解释案例主人公的推销行为。
2. 案例主人公在推销第一阶段大声地尽力吆喝，你觉得其吆喝的内容会是什么？请你演绎一番。
3. 爱达模式目前被公认为国际成功的推销模式之一，你觉得爱达模式在什么场景下更能有效地发挥功效？此推销模式的局限性体现在哪些方面？

【案例8-3】

广州牙膏厂销售人员的选拔

广州牙膏厂根据市场需要，开发出"国际香型，内含口洁素"的黑妹牙膏，在国内竞争激烈的牙膏市场上独辟路径，找准自己的位置，产品购销两旺，生产经营规模日益扩大。销售科负责该厂产品在全国各地的促销工作，包括产品销售合同签订、产品的广告工作、售后服务和营业推广活动的策划工作等。为了提高销售，销售科与厂部订立了承包合同，厂部依据销售额和销售货款回收率两大指标的完成情况对销售科进行考核；相应地，销售科也以这两个指标为主来考核销售人员的工作实绩。

随着产品销售量的不断增加和营销策略的不断变化，销售科感到人手紧缺，工作十分紧张，急需充实销售人员的队伍。为此，该厂却改变以前行政任命销售人员的办法。7月，该厂经过本人申请和业务考试，录用了赵某、钱某、孙某和李某等4名职工作为正式销售人员的候选人，到销售科进行为期半年的实习试用。目前，他们的实习期将满，销售科科长老萧正考虑从他们中选拔合适人员作为正式销售人员，从事牙膏产品销售工作。根据平时对他们的观察和厂领导、销售科人员及用户对他们的评价，对上述4位员工的个人素质和工作状况进行了初步的总结，以作为选出销售人员的依据。

1. 个人素质方面

赵某，是个刚进厂的小伙子。今年刚满22岁，大专毕业，精力旺盛，工作肯吃苦；但平时大大咧咧，做事粗心大意，说话总是带有一股"火药味"。

钱某，是为了照顾夫妻两地分居而从外地调进厂里的，今年34岁。他为人热情，善于交往，本人强烈要求做销售工作。

孙某，是市电视大学经济管理专业毕业生，今年25岁。她工作认真，稳重文静，平时少言寡语，特别是在生人面前，话就更少了。

李某，今年29岁，大学工商管理专业学生，他为人热情，善于交际，头脑灵活，但对销售工作缺乏经验。

2. 工作实绩方面

赵某，工作很主动大胆，能打开局面，但好几次将用户订购的牙膏规格搞错：用户要大号，他往往发给小号，尽管科长曾多次向他指出，他仍然时常出错，用户有意见找他，他还冲人家发火。

钱某，工作效率很高，经常超额完成自己的推销任务，并在推销过程中与客户建立了熟悉的关系。但他常常利用工作关系办私事，如要求用户帮助自己购买物品等。而且，他平时工作纪律性较差，上班晚来早走，并经常在上班时间接送孩子放学，销售科的人对此颇有微词，他曾找领导说情，希望留在销售科工作。

孙某，负责省内的产品推销工作，她师傅曾带她接触过所有的主要用户，并与用户建立了一定的联系，但她自己却很少主动积极地联系业务。有一次，她师傅不在，恰好有个用户要增加订货量，她因师傅没有交代而拒绝了这一笔业务。

李某，负责河北省产品推销工作，他经常超额完成推销任务，并在推销过程中注意向用户介绍产品的性能、特色，而且十分重视售后服务工作。有一次，一个用户来信提出产品有质量问题，他专程登门调换了产品，用户对此非常感动。尽管如此，但他却时常难以完成货款回收率指标，致使有些货款一时收不回来，影响了企业经济效益的实现。

老萧必须在月底之前做出决定：哪些人将留在销售科成为厂里正式销售人员，哪些人将不被录取。

问题：

1. 根据推销方格理论，赵某、钱某、孙某、李某各接近于哪一种类型的推销人员？
2. 如果你是销售科科长，根据4人的个人素质和工作实绩，你将怎样决定他们的去留？你的选拔依据是什么？

第 9 章

顾客开发

学习目标

通过本章的学习，学生应了解和掌握以下知识点：
◎ 寻找顾客的必要性
◎ 寻找顾客的方法与策略
◎ 利用手机移动端寻找准顾客
◎ 顾客资格鉴定

引导案例

把木梳卖给和尚

有一则故事，说一家著名的跨国公司高薪招聘营销人员，应聘者趋之若鹜，其中不乏硕士、博士。但是，当这些人拿到公司考题后，却都面面相觑，不知所措。原来，公司要求每一位应聘者在十日之内，尽可能多地把木梳卖给和尚，为公司赚得利润。

出家和尚，剃度为僧，六根已净，光头秃顶，要木梳何用？莫非出题者有意拿人开涮？应聘者作鸟兽散。一时间，原先门庭若市的招聘大厅，仅剩下 A、B、C 三人。这三人知难而进，奔赴各地，闯江湖，卖木梳。

期限一到，诸君交差。面对公司主管，A 君满腹冤屈，涕泪横流，声言：十日艰辛，木梳仅卖掉一把。自己前往寺庙诚心推销，却遭众僧责骂，说什么将木梳卖给无发之人是心怀恶意，有意取笑、羞辱出家之人，被轰出山门。归途之中，偶遇一游僧在路旁歇息。因旅途艰辛，和尚头发未剃，又脏又厚，奇痒无比。自己将木梳奉上，并含泪哭诉。游僧动了恻隐之心，试用木梳，刮头体验，果然解痒，便解囊买下。

B 君闻之，不免有些得意。B 君声称，卖掉 10 把。为推销木梳，不辞辛苦，深入远山古刹。此处山高风大，前来进香者，头发被风吹得散乱不堪。见此情景，自己心中一动，忙找到寺院住持，侃侃而谈：庄严宝刹，佛门衣冠不整，蓬头垢面，实在亵渎神灵。故应在每座寺庙香案前，摆放木梳，供前来拜佛的善男信女，梳头理发。住持闻之，认为言之有理，采纳了此建议，总共买下了10把木梳。

轮到C君汇报，只见他不慌不忙，从怀中掏出一份大额订单，声称不但已经卖出1 000把木梳，而且急需公司火速发货，以解燃眉之急。听此言，A、B两人啧啧称奇，公司主管也大惑不解，忙问C君如何取得如此佳绩。C君说，为推销木梳，自己打探到一个久负盛名、香火极旺的名刹宝寺。找到庙内方丈，向他进言：凡进香朝拜者无一不怀有虔诚之心，希望佛光普照，恩泽天下。大师为得道高僧，且书法超群，能否题"积善"二字刻于木梳之上，赠予进香者，让这些善男信女，梳却三千烦恼丝，以此向天下显示：我佛慈悲为怀，慈航普度，保佑众生。方丈闻听，大喜过望，口称阿弥陀佛，不仅将自己视为知己，而且共同主持了赠送"积善梳"首发仪式。此举一出，一传十，十传百，寺院不但盛誉远播，而且进山朝圣者为求得"积善梳"，简直挤破了脑袋。为此，方丈恳求自己急速返回，请公司多多发货，以成善事。

C君成功推销的奥妙在哪里？

顾客开发是推销的前期活动，而寻找准顾客是推销成功的关键之一，是开展推销活动的前提与基础。对于企业或推销人员来说，要想有效地开展推销活动，与各类推销对象最终达成交易，满足供需双方的利益需求，首先就要运用恰当的方法找到最好的销售机会，选择最有成交希望的推销对象。

9.1 寻找准顾客

9.1.1 寻找准顾客的必要性

寻找准顾客就是要寻找潜在可能的顾客。准顾客（prospect customers）是指有购买产品或服务的潜在可能性且有资格的人或组织。在推销活动中，推销人员面临的主要问题之一就是把产品卖给谁，即谁是自己的推销目标。一个尚未找到目标顾客的企业或推销人员，就开始进行狂轰滥炸式的推销，其结果只能是大炮打蚊子似的悲惨。所以，寻找准顾客是推销工作的重要步骤，也是推销成败的关键。

推销人员拥有顾客的多少，直接关系到推销业绩的大小。在当今的市场环境中，想要获得并且保持稳定的顾客群并非易事。第一，在同类产品的目标市场区域中，同行业的竞争者采取各种营销策略，千方百计地争夺顾客，顾客的"忠诚度"日益降低；第二，随着顾客消费知识的日渐丰富与市场法律环境的完善，顾客越来越懂得怎样更好地满足自己的各种需求和维护自己的合法权益，顾客变得越来越精明，越来越理性；第三，因产品生命周期的改变，多年的老客户的流失是经常的、不可避免的。由此可见，推销人员既要稳定老顾客，更要不断地开发新客户，以维持并壮大自己的顾客队伍。

寻找潜在顾客，推销人员首先必须根据自己所推销的产品特征，提出一些可能成为潜在顾客的基本条件，再根据潜在顾客基本条件，通过各种可能的线索和渠道，拟出一份准顾客的名单,采取科学适当的方法进行顾客资格审查,确定入选的合格的准顾客,并做出顾客分类,建立顾客档案,妥善保管。

并非每一位潜在客户都是符合购买条件的顾客,寻找顾客的过程实际上是一个筛选顾客的过程。推销人员在寻找到众多的潜在顾客以后,要对顾客群进行分析、筛选,剔除不符合基本条件的个人或组织,找出那些对推销品具有购买资格的准客户。这样,不仅使推销目标明确而集中,减少推销的盲目性,而且可以节约大量的时间和精力,提高推销成功率,达到事半功倍的效果。而不愿主动寻找顾客或寻找顾客不到位的推销人员,其付出的代价也将是很高的。

9.1.2 寻找准顾客的方法

新顾客开发的方法和策略很多,下面主要从推销人员寻找和选择准顾客的角度作些分析。有些方法和策略尽管与推销人员工作有着甚为密切的关系,但不是推销人员本身所能胜任解决的。例如,以做广告、举办展会等方式进入新市场、开发新的顾客渠道,属于企业营销管理决策者的任务,只有企业营销部门发挥组织力量才能承担(这方面的知识可以在市场营销学的课程中学到,此处不重复)。以下仅探讨推销人员自身能力和职责范围内的寻找准顾客的一些方法和策略。

1. 陌生拜访法

陌生拜访又叫地毯式访问法,俗称扫街、扫楼、扫地,是指推销人员在不太熟悉或完全不熟悉推销对象的情况下,普遍地、逐一地访问特定地区或特定职业的所有个人或组织,从中寻找自己的顾客。当然,陌生拜访的形式并非一定是面对面的拜访,给陌生顾客打电话、发传真、发(电子)邮件也是一样的。这种访问法是以"平均法则"为基础的,即推销人员所要寻找的顾客是平均地分布在某一地区或职业的所有人或组织当中的,如果推销人员的寻找是彻底的,那么总会找出一定数量的潜在顾客,其中会有一定比例的潜在顾客与推销人员达成交易。假如过去的经验表明,访问的10人中有1人会买某种推销品,那么50次访问会产生5笔交易。

采用陌生拜访法寻找顾客,推销人员首先应该根据推销产品的特征,进行必要的、科学的推销工程可行性研究,确定可行的、理想的推销范围,做好必要的访问计划。例如,到大中专院校推销大中专学生使用的书籍或其他文化用品;到医院、诊所等医疗机构推销药品、医疗器材等。

陌生拜访法适用于新人、新市场,它的优点有以下3个方面。① 推销人员可借机进行市场调查。这种访问方法使推销人员接触面比较广,能够较客观、全面地了解顾客的需求情况。② 可以扩大企业和推销产品的影响。推销人员寻找顾客的过程,也是传播推销信息的过程。通过陌生拜访法,推销人员可以广泛地接触顾客,进而广泛地传播企业和产品的有关信息,从而扩大企业和推销品的影响。③ 可以锻炼推销人员的意志,积累和丰富推销工作经验。面对众多的被访问者,可以培养推销人员坚韧不拔、吃苦耐劳和经受挫折的意志与精神,也有利于推销人员了解和研究各种类型、各个阶层顾客的消费心理与消费特点,便于推销人员积累丰富的推销经验。

陌生拜访法也有不足之处,主要表现在以下两个方面。① 成本高、费时费力,寻找客户的效率比较低。采用陌生拜访法寻找顾客,最大的缺点在于它的相对盲目性。推销人员通常是在不太了解或完全不了解被访问者的情况下进行的,尽管推销人员在事先可能做了一些必要的准备工作,但仍然避免不了很大程度的盲目性,并因此浪费大量的时间、精力及财力。② 容易造成推销人员和顾客的心理隔阂。由于在进行陌生拜访之前,推销人员一般不通知或难以通知对方,顾客常常毫无精神准备,感觉突然,从而对推销人员的造访心存戒心和冷漠,往往拒绝接见,从而给推销工作带来阻力,给推销人员造成精神负担和心理压力,影响推销工作的顺利进行。

因此,在拜访中准备些"小礼品",可以有效地减少被拒绝的概率,使自己变得更受欢迎。这些"小礼品"可以是公司的产品,也可以是其他小物件,还可以是一个"好消息""趣闻""笑容""赞美""关心"等。

2. 连锁介绍法

所谓连锁介绍法,就是指通过现有顾客的介绍引荐作用,开拓新顾客,即推销人员让老顾客帮忙介绍新顾客。一个优秀的推销人员在通过陌生拜访法建立起自己的基本顾客群体之后,一定要转而向老顾客要新顾客。比如,乔·吉拉德在每卖出一辆汽车之后,都会要求顾客把身边现在和将来有购车需求的人介绍给他。又如,知名的培训公司在培训完顾客后,都会要求顾客填写一个培训评价表,而这个表格的最后一项就是要求顾客推荐有同样培训需求的企业。

在西方推销学著作里,连锁介绍法常常被看作是最有效的寻找顾客的方法之一,甚至喻其为"推销王牌",这种说法不无一定的道理。因为连锁介绍法使推销人员单枪匹马的推销活动变成广大顾客本身的群众性活动,使推销工作具有坚实的群众基础,避免了推销人员主观判断的盲目性,可以赢得被介绍顾客的信任,推销的成功率较高。研究表明,由亲朋好友及其他熟悉的人向潜在顾客推销产品,影响力高达80%,向由现有顾客推荐的新顾客推销比向没有人推荐的新顾客推销,成交率要高3~5倍。

采用连锁介绍法寻找顾客,关键是推销人员要取信于现有顾客,树立真心实意为顾客服务的观点,千方百计地解决顾客的实际问题,使现有顾客对自己的推销人格和推销产品感到满意,真正赢得现有顾客的信任,从而取得源源不断的新顾客名单;否则,推销人员失信于现有顾客,现有顾客就不敢或不愿为推销人员介绍新顾客。

3. 市场咨询法

市场咨询法是指推销人员利用社会上各种专门的市场信息服务部门或国家行政管理部门所提供的咨询信息来寻找顾客的一种方法。这些专门的市场信息服务公司,专门从事市场调查和市场预测工作,收集各方面的市场供求信息,为社会上各行各业的推销人员提供市场咨询服务,便于推销人员利用咨询信息寻找顾客。例如,服装推销人员可以通过服装咨询业者来寻找顾客,婴儿用品推销人员可以通过育儿咨询业者寻找顾客等。

市场咨询业者能够为推销人员提供比较可靠的准顾客名单或潜在客户的"线索",而且市场咨询信息服务费与推销人员自己寻找顾客所需费用相比要低,可以节省推销费用开支。此外,国家有关行政管理部门,如工商、统计财税等职能部门以及各行业协会或商会等,也是理想的信息咨询单位。

需要强调的是,推销人员在获取准顾客信息时,不得侵犯公民个人隐私权,不得违反国家有关规定,要求他人出售或者提供公民个人信息。

4. 资料查询法

资料查询法是推销人员通过查阅各种现有的信息资料来寻找顾客的方法。可供推销人员查阅的资料主要有工商企业名录、统计资料、产品目录、工商管理公告、信息书报杂志、专业团体会员名册、电话簿等。

利用查阅资料的方法寻找顾客，可以减少寻找顾客的盲目性，节省寻找的时间和费用；同时还可以通过资料对潜在客户进行了解，为推销访问做好准备。但由于当今市场瞬息万变，一些资料的时效性较差，加之有些资料内容简略，信息容量小，使这种寻找顾客的方法具有一定的局限性。

5. 交叉销售法

交叉销售法就是销售人员与具有非竞争关系的产品销售人员结成合作伙伴，从合作伙伴那儿取得新的顾客名单。我们知道产品之间有两种关系：一种是替代性关系，即竞争性关系，如饮料和茶，华为手机和苹果手机等；另一种是非竞争关系，如宝马车和高尔夫会员卡。非竞争关系是互补关系，如茶叶和茶杯，汽车和汽油等。

具有非竞争关系的销售人员可以结成伙伴，交换顾客名单，迅速扩大销售对象。比如，信用卡销售人员经常和汽车销售人员交换名单，卖牙膏的销售人员和卖洗衣粉的销售人员一同开发超市、代理商等。

除以上介绍的几种常用的寻找顾客的方法外，还有一些其他的方法，如网络寻找法、个人观察法、宣传报道法、竞争寻找法等。每种方法都各有长短，推销人员应在实际推销活动中，结合实际，勇于创新，大胆摸索出一套高效率寻找顾客的方法为己所用。

9.1.3 利用手机移动端寻找准顾客

随着智能手机的电脑化功能运用，以及移动互联网的便捷使用，消费者的消费方式发生了很大变化，移动消费以迅雷不及掩耳之势成为百姓生活的一部分，移动端网络销售带来了前所未有的发展空间，"指尖营销"越来越普及。移动端网络销售形式较多，包括微信、微博、App 等，其中以微信销售最为典型。越来越多的推销人员开始利用手机微信移动端来寻找准顾客，以下阐述几种常用方式[①]。

（1）朋友圈刷广告。通过在微信朋友圈推送广告，来吸引对产品或服务感兴趣的准顾客。当然，这种方法在使用时应注意度的把握。经常有这样的例子，你每天在朋友圈刷广告，时间长了难免会引起朋友的反感，甚至把你拉黑。

（2）转发、积赞活动。经常见到一些新的店铺或产品在开业之初，商家会借助朋友圈的转发、积赞等来获取免费试用或领取赠品的活动，这种活动可以在短时间内极大程度地宣传企业或产品，还能寻找到较多的准顾客；这种活动既节省了广告的支出，也带来了较多的准顾客。当然，在免费试用环节要注意活动目的，不能因为没利润就降低产品质量或服务水平；对于赠送礼品的活动，要注意礼品的选用和设计要与产品有关。例如，某品牌智能手表经营者通过朋友圈的微信转发、近 100 个微信群讨论，实现了 3 000 多人转发，11 小时预订销售出 18 698 只 T-Watch 智能手表，订单金额 900 多万元。

---

① 庞爱玲. 移动端网络推销技巧分析. 焦作大学学报，2017（9）.

(3) 构建红包群发红包。构建红包群发红包的目的是构建一个人数较多的微信群，当人数达到一定程度时，店主会发××元红包，以吸引群成员。使用该方法时需要考虑参群的成员会是谁，他们参群的目的是什么（是不是仅仅为了领红包），有价值的群成员（准顾客）有多少，下一步如何利用，等等。

(4) 扫描二维码。通过扫描二维码，成为朋友甚至关注公众号，是寻找准顾客的一种很好的方法。例如，一些品牌利用美团外卖送货过程，把自己的二维码印刷在送货的包装上，让准顾客扫描二维码优惠或有礼品等来寻找更多的准顾客。

(5) 地理位置推送。利用微信"查看附近的人"或"向附近的人打招呼"，查找到周围的人，然后将相应的推销信息推送给附近用户，进行精准寻找。例如，K5便利店开张时，就是利用微信"查看附近的人"或"向附近的人打招呼"两个功能推送的。

(6) 利用微信公众号。微信公众号可以通过后台的用户分组和地域控制，实现精准的消息推送，来寻找准顾客。例如，某大型网店策划的"我画你猜"微信活动，每天微信推送一个图画给用户，用户猜中后在微信上回复就可能中奖，在兑奖过程中了解商家。

9.2 顾客资格鉴定

实际上，推销人员是在寻找准顾客或者说是潜在顾客，即有可能成为目标顾客的对象。但是，并非每一个潜在顾客都是合格的目标顾客。从潜在顾客到目标顾客，还需要进行顾客资格鉴定，也就是对顾客进行选择，看其是否具备准顾客资格。若具备资格，才能列入正式的准顾客名单中，建立顾客档案，作为推销对象；若不具备这一资格，就不能算一个合格的准顾客，也就不能将其作为推销对象。

专栏

顾客分类

按顾客的发展阶段划分，可以分为潜在顾客、准顾客、现实顾客和常顾客。

(1) 潜在顾客。是指可能购买产品或劳务，但尚未被列入准顾客的个人或机构（团体顾客）。潜在顾客可以转化为现实顾客，推销人员应通过各种努力去帮助实现这种转化。

(2) 准顾客。是指有意购买企业产品或劳务的个人或机构。准顾客需具备3个条件：他们可以从购买的产品或劳务中满足某种需要，同时具有相应的购买力和购买决策权。这3个条件缺少一个，其都不能成为准顾客。

(3) 现实顾客。是指已经或正在购买企业产品或劳务的顾客。企业应努力促使这类顾客增加其购买量，并促进其重复购买，力争使其变成经常购买企业产品或劳务的常顾客。

(4) 常顾客。也称经常购买的顾客，是指那些经常购买企业产品和劳务，以满足其需求的顾客。这类顾客的购买量常常要占企业销售额的七八成，是影响企业发展的关键因素。

决定推销活动能否成功的因素很多，但最根本的一点，是要看推销的产品能否与顾客建立起现实的关系。"MAN 法则"认为，作为顾客的人（man）是由金钱（money）、权力（authority）和需求（need）这三个要素构成的，即只要同时具备购买力、购买决策权和购买需求这三要素才是合格的顾客。现代推销学中把对某特定对象是否具备上述三要素的研究称为顾客资格鉴定。顾客资格鉴定的目的在于发现真正的推销对象，避免推销时间的浪费，提高整个推销工作效率。

实 例

推销人员小张干推销工作多年，经验丰富、关系户较多，加之他积极肯干，在过去的几年中，推销量在公司内始终首屈一指。谁知自从一位新推销人员小刘参加推销人员培训回来后，不到半年，其推销量直线上升，当年就超过小张。对此小张百思不得其解，问小刘："你出门比较少，关系户没我多，为什么推销量比我大呢？"小刘指着手中的资料说："我主要是在拜访前，分析这些资料，有针对性地进行拜访。比如，我对124名老顾客分析后，感到有购买可能的只有94户，根据以往经验，94户中有21户的订货量，问题不大，所以，我只拜访另外的73户，结果，订货率较高。其实，我的老顾客124户中只有57户订货，订货率不足50%，但是节省出大量时间去拜访新顾客。当然，这些新顾客也是经过挑选的，尽管订货概率不高，但建立了关系，时间一长，也就变成了质量好的老顾客，所以，表面看，我出门似乎比较少，关系户也没有你多，但相对来说，质量比较高，因此，推销的成功率可能就相对高些。"

9.2.1 顾客购买力鉴定

首先强调的是，顾客是否有购买力或筹措资金的能力，即顾客的支付能力。

支付能力是判断一个潜在顾客是否能成为目标顾客的重要条件。单纯从对商品的需求角度来看，人们几乎无所不需。但是，任何潜在的需求，只有具备了支付能力之后，才能成为现实的需求。因此，在对潜在顾客购买需求进行鉴定的同时，必须对其支付能力进行鉴定，以避免推销时间的浪费。

顾客支付能力可分为现有支付能力和潜在支付能力两类。进行购买力鉴定时，首先是鉴定顾客现有支付能力，具有购买需求及现有支付能力的顾客，是最理想的推销对象。其次应注意对准顾客潜在支付能力的鉴定。一味强调现有支付能力，不利于推销局面的开拓，掌握顾客的潜在支付能力，可以为推销提供更为广阔的市场。当准顾客值得信任并具有潜在支付能力时，推销人员应主动协助准顾客解决支付能力问题，建议顾客利用银行贷款或其他信用方式购买推销产品，或对其实行赊销（偿还贷款的时间不宜过长）。

支付能力的鉴定，对于个人或家庭，主要调查其收入水平；对于企业或单位，主要调查其经营状况，并可求助于银行的资信调查。但是，准确地鉴定顾客的支付能力并非易事，绝大多数顾客不愿向别人透露自己的财力状况，很多企业内部财务资料对外保密。因此，要搞好顾客支付能力鉴定，也需要推销人员做大量的多方面的工作，以便从各方面的资料中对顾客的支付能力作出推算。

总而言之，没有支付能力的潜在顾客，不可能转化为目标顾客。对推销人员来说，这是一个需要慎重对待的问题。譬如，在我国的消费市场上，高档轿车推销人员不会把低收入家庭作为推销的对象。注重准顾客的支付能力，可使推销人员减少许多不必要的损失。

9.2.2 顾客购买决策权鉴定

决定推销能否成功，还要看顾客是否有购买决策权。潜在的顾客或许对推销的产品具有某种需求，也有支付能力，但他也许没有购买决策权。了解谁有购买决策权无疑能节省推销人员的时间。推销要注重推销效率。向一个家庭或一个团体顾客进行推销，实际上应是向该家庭或团体的购买决策人进行推销，因此，顾客购买决策权的鉴定，也就成为顾客资格鉴定的一项重要内容。若事先不对潜在顾客的购买决策状况进行了解，不分青红皂白，见到谁就向谁推销，很可能事倍功半，甚至一事无成。

在消费者市场中，消费一般以家庭为单位，而决策者常常是其中的一两位成员。而不同的家庭、不同的文化背景、不同的社会环境，使各个家庭的购买决策状况不尽相同。除一些大件商品或高档商品购买决策权比较集中外，一般商品购买决策权呈逐渐分散趋势，增加了对其进行鉴定的难度。尽管如此，正确分析准顾客家庭里的各种微妙关系，认真进行购买决策权鉴定，仍是非常必要的。

而对生产者市场或政府市场来说，购买决策权鉴定尤为重要；否则，潜在顾客范围太大，势必造成推销的盲目性。推销人员必须了解团体顾客内部组织结构、人际关系、决策系统和决策方式，掌握其内部主管人员之间的相对权限，向具有决策权或对购买决策具有一定影响力的当事人进行推销。唯有如此，才能有效地进行推销。

9.2.3 顾客购买需求鉴定

推销成功与否还要看顾客到底对推销产品是否有购买需求。若顾客不需要此推销产品，即便是有钱有权，也不会购买。顾客购买需求鉴定是推销人员对潜在顾客进行购买需求鉴定，即事先确定潜在顾客是否真正需要推销的产品或服务，鉴定内容通常围绕是否需要、何时需要、需要多少这3方面问题进行。

推销是建立在满足顾客某种需求的基础上的，所以推销人员必须首先了解所推销的产品是否能真正满足潜在顾客的需求。推销人员应该记住这样一句古老的经商格言："不要货回头，但要客回头。"顾客是否存在需求，是推销能否成功的关键。显然，如果推销对象根本就不需要推销人员所推销的产品或服务，那么，对其推销只会是徒劳无功。不可否认，实际生活中存在通过不正当方式推销，把产品卖给了无实际需要的顾客。这种做法不是真正意义上的推销，任何带有欺骗性的硬性或软性推销方式，强加于人的推销，不符合推销人员的职业道德规范，违背了推销的基本原则。它只会损害推销人员的推销人格，败坏推销人员的推销信誉，最终堵死推销之路。

顾客的购买需求既多种多样，又千变万化，同时，需求又是一个极富弹性的东西。因此，要想准确把握潜在顾客的购买需求，并非轻而易举之事，需要推销人员凭借丰富的推销经验和运用有关的知识，进行大量的调查研究，了解潜在顾客的购买需求，主要靠推销人员的眼勤、耳勤、手勤，善于积累和分析运用信息资料，善于观察和思考问题，善于接触顾客。

经过严格的鉴定之后，如果推销人员确认某潜在顾客不具有购买需要，或者所推销的产品或服务无益于某潜在顾客，不能适应其实际需要，不能帮助其解决任何实际问题，就不应该（或应该停止）向其进行推销。而一旦确信顾客存在需要且存在购买的可能性，自己所推销的产品或服务有益于顾客，有助于解决他的某种实际问题，就应该信心百倍地去推销，而不应该有丝毫犹豫和等待，以免坐失良机。

需要说明的是，需求是可以创造的。推销工作的实质，就是要探求和创造需求。科学技术的发展和新产品的大量问世，使得顾客中存在大量尚未被认识的需求；此外，顾客中往往也存在出于某种原因暂时不准备购买的情况。对属于这样两类情况的顾客，推销人员不应将其作为不合格顾客而草率除名。正是由于存在尚未被顾客所认识的需求，才为推销人员去大胆探求和创造顾客需求提供了用武之地，也正是由于顾客中存在某种困难，才有赖于推销人员去帮助顾客改善生产和生活条件并解决其潜在的问题。推销人员应勇于开拓，善于开拓，透过现象看实质，去发掘顾客的潜在需求。

当某一潜在顾客存在购买需求时，推销人员还必须进一步了解其购买时间和购买需求量，以便从推销时间和费用等多方面进行权衡，合理安排推销计划。

推销之前先进行顾客资格鉴定，实际上就是强调新顾客开发工作的重点性和针对性，提高推销人员的工作效率。推销人员可以根据"二八法则"对自己的时间和精力进行安排，就是以80%的精力去对付20%的重点推销对象（A类顾客），以20%的精力去对付80%的次要推销对象（B类和C类顾客），即在新顾客开发中贯彻"确保重点，照顾一般"的原则。

专栏

"二八法则"

"二八法则"是意大利经济学家维尔弗雷多·帕累托提出的，他发现经济现象虽然整体分割的比例不一定都是2:8，不过却常具有2:8的不平衡性。即是说，常见的经济现象存在着"关键的少数和次要的多数比率约为2:8"这个规律。这个规律被称为"二八法则"。例如，根据国外的统计资料，23%的男性成年人消费啤酒总量的81%，16%的家庭消费了蛋糕总数的62%，17%的家庭购买了79%的即溶咖啡。即约20%的消费者消费了产品总量的80%，其余80%的消费者的消费只占消费产品总量的20%。因此，选择性推销是现代推销活动最具建设性的发展之一，也是推销人员充分利用时间的有效方法。

顾客资格鉴定虽然始于推销工程正式开始之前，却必须在寻找顾客获得准顾客名单之后才能进行。同时，顾客资格鉴定又不仅仅是事先研究，而是贯穿于整个推销过程中的一项重要工作，这是此项研究的特殊之处。推销人员应根据自己的实际情况，制定一些具体的鉴定标准，随时根据所定标准对推销对象进行全面的鉴别，一旦发现问题，立即采取措施或停止推销。对于经鉴定合格的顾客，推销人员应尽一切努力，消除推销障碍，帮助顾客解决实际问题，促成交易。

关键术语

顾客开发　　准顾客　　陌生拜访法　　连锁介绍法　　市场咨询法　　资料查询法
交叉销售法　　顾客资格鉴定　　MAN 法则　　二八法则

复习思考题

1. 寻找准顾客的必要性和意义是什么？
2. 寻找准顾客的方法有哪些？各有何特点和适用范围？
3. 寻找准顾客的各种方法中，你认为哪些方法比较适合你个人的特点？你还能提出一些新方法吗？
4. 如何利用手机移动端寻找准顾客？
5. 顾客资格鉴定包括哪些内容？为什么接近顾客之前要进行顾客资格鉴定？
6. 为什么说推销工作的实质就是要探求和创造需求？

案例题

【案例 9-1】

刘伟如何寻找他的潜在顾客

刘伟是淮海大学管理学院的三年级学生。刚刚接受了一份太阳岛度假村俱乐部的暑期工作。刘伟第一次参加销售会议，女经理谭园在阐述她对销售人员的希望。

谭园：我知道当你们被聘时就已经知道需要做什么。但是，我还想再次就有关事情做进一步说明。现在你们的第一项工作是销售阳光岛会员卡。每一张会员卡价值为 2 万元人民币。如果你们有什么问题可以直接提问。

刘伟：每一笔买卖我们可以提取多少佣金？

谭园：每销售一张会员卡，你可以拿到其会员卡价值的 10%，也就是 2 000 元。会员卡赋予会员很多权利，包括每年可以到太阳岛度假村免费入住 2 天，届时可以享受度假村的桑拿浴与健身，可以获得两份免费早餐。若会员平时到度假村度假的话，住宿、餐饮、娱乐、健身等都可以享受 50% 的优惠折扣。而且，你还可以从会员的所有费用中提取 5% 报酬。

刘伟：那么，我可以获得双份的报酬了。

谭园：不错。你销售得越多，提取的佣金就越高。

刘伟：我到哪里去寻找太阳岛度假村的会员呢？

谭园：你完全可以自己决定如何做。但是，寻找潜在顾客是你成功的关键。根据以往的经验发现，每 10 个你找到的潜在顾客中，你将会与其中的 3 个顾客面谈，最后与一个顾客成交。还有问题吗……可以从你的亲朋好友开始。

问题：
1. 刘伟应集中于哪一个目标市场？
2. 刘伟应该怎样寻找潜在顾客？
3. 刘伟应如何制订访问计划？

【案例9-2】

吉拉德的推销术

汽车推销大王乔·吉拉德在将汽车卖给顾客数星期后，就从客户登记卡中，找出对方的电话号码，开始着手与对方联系："以前买的车子情况如何？"

白天打电话，接听的多半是购买者的太太，她大多会回答："车子情况很好。"吉拉德接着说："假使车子振动厉害或有什么问题的话，请送回我这儿来修理。"并且请她提醒她的丈夫，在保修期内送来检修是免费的。

同时，吉拉德也会问对方，是否知道有谁要买车子？若是对方说有位亲戚或朋友想将旧车换新的话，他便请对方告知这位亲戚或朋友的电话号码和姓名，并请对方拨个电话替他稍微介绍一下。且让对方知道如果介绍的生意能够成功，对方可得到25美元的酬劳。最后，吉拉德没有忘记对对方的帮助再三致谢。

吉拉德认为，即使是质量上乘的产品，在装配过程中也会发生莫名其妙的小差错，虽经出厂检验也难免有疏漏，这些毛病在维修部修起来并不难，但对顾客来说就增添了许多麻烦。把车子卖给顾客后，对新车是否有毛病的处理态度和做法如何，将会影响顾客向别人描述时的角度和重点。他可能会说"我买了一辆雪佛兰新车，刚购回来就出毛病！"但在你主动征询对方对车子的评价，及时发现毛病并免费维修好，顾客就会对别人说："吉拉德这个人挺够意思，时时为我的利益着想，虽然车子出了点毛病，他一发现就马上给我免费修好了。"

问题：
1. 吉拉德是用什么方式来寻找准顾客的？
2. 吉拉德急着给顾客打电话询问车子的状况，是否会引起对方对所购产品质量的怀疑？假如出现这种情况，你认为应怎样处理？
3. 吉拉德为什么明知买主白天不可能在家，却偏偏在这时候打电话到顾客家里去？这里的奥秘何在？

【案例9-3】

谁出卖了我的个人信息

朱女士在今年9月12日生下宝宝，之后就不断有生产婴幼儿产品的公司打来电话"嘘寒问暖"，最多一天可接到三四个推销电话。朱女士说，这些人不仅打搅了她的休息，电话铃声还老把宝宝吵醒，实在是烦透了。

不过，朱女士的反感并不能阻挡这些推销人员卖力地打来电话，他们被拒绝后照样孜孜不倦地继续打来。一次，对方细致地询问朱女士和孩子的身体状况，孩子有没有回奶，喂是母乳还是奶粉，十分周到体贴。她起先还以为是医院打来的电话，没想到最后对方开始推销起了奶粉，朱女士这才恍然大悟。更奇怪的是，这些公司似乎都知道宝宝多大了——宝宝刚出生，就有人来推销喜蛋，做手印脚印或者做胎毛笔，但宝宝满月后这些人就不来电话了，而是换成拍满月照的公司，现在宝宝两个月大，就有人来推销百天照。"不知道这些人有什么能耐，不仅知道我家电话，连我宝宝多大，需要什么样的服务都搞得一清二楚。"

显然，朱女士屡被骚扰的原因是个人资料被这些公司获得。但朱女士表示，除了在医院建卡登记过资料外，她没有向任何人泄露过资料。她记得某保险公司、业务员曾无意中透露说，这些资料都是从朱女士生产所在的医院买来的，而且医生会把资料重复卖给不同的保险公司和妇幼保健品公司。

随后，记者试图与这位保险公司的员工取得联系，仅始终未能打通电话。记者又以朱女士丈夫的身份，询问一家推销满月照的公司他们的资料究竟从何而来，对方表示资料都是老板给他们的，具体哪里来的不知道。最后，记者以经营婴儿照相业务公司的名义给朱女士生产所在的沪上某知名医院打去电话，要求"建立长期业务关系，购买孕妇资料"，但遭到拒绝，对方表示孕妇资料是绝对保密的。

朱女士生产所在的该医院办公室相关负责人表示，医院有严格规定，不允许泄露产妇资料，因此绝对不会是该医院工作人员所为。她表示，孕妇的资料管理有多个环节，社区的卫生服务中心、负责建卡的地段妇幼保健院都有孕妇产检的有关资料，所以不清楚究竟是哪个环节"出卖"了朱女士的信息，但是人们"往往把事情推给医院"。

该负责人表示，行业里的确也有这样的通病存在，医院之前对相关的情况曾进行过调查，也查到过一些类似的孕妇名单，但可以肯定的是，"我们医院拿不出这么全的资料"。该负责人强调医院一直有严格规定，同时也不允许婴幼儿产品公司的推销人员进入医院半步。对此，市卫生局相关负责人同样表示，卫生局有明确规定，禁止医院将病人资料向外泄露传播。

问题：
1. 文中描述的现象是通过什么方式找到顾客的？下一步如何开展推销工作才能不引起顾客的反感？
2. 现实生活中，你接到过莫名其妙的电话推销或短信推销吗？你对此的态度是怎样的？

第10章

推销接近与洽谈

学习目标

通过本章的学习，学生应了解和掌握以下知识点：
◎ 接近顾客前的准备工作
◎ 约见顾客的方式与技巧
◎ 正式接近顾客的方法与策略
◎ 推销洽谈的方法与技巧

引导案例

一位推销人员急匆匆地走进一家公司，找到经理室敲门后进屋。

推销人员（以下简称推）：您好，李先生。我叫李明，是佳美公司的推销人员。

曲经理（以下简称曲）：我姓曲，不姓李。

推：噢，对不起。我没听清楚您的秘书说您姓曲还是姓李。我想向您介绍一下我们公司的彩色复印机……

曲：我们现在还用不着彩色复印机。即使买了，可能一年也用不上几次。

推：是这样。不过，我们还有别的型号的复印机，这是产品介绍资料。（将印刷品放到桌上，然后掏出烟与打火机）您来一支？

曲：我不吸烟，我讨厌烟味，而且这个办公室里不能吸烟。

这是一次失败的推销访问，问题很多。第一，推销人员事先未做好顾客探察工作，也未作事前约见。一定要记住对方的姓名与职务，即使事先不知道，当面请教也比瞎猜好得多。第二，推销人员未做好推销前的充分准备，是推销一开始就失败的主要原因。第三，从根本上讲，推销人员不懂得人员推销的基本原则，是推销失败的根本原因。

在确定了准顾客之后，推销人员便可开始接近准顾客，进行推销访问。接近顾客是推销的中期活动，它包括约见准顾客、接近准顾客及与准顾客的面谈。由于种种原因，一些推销对象很难接近，常令推销人员"扑空"。因此，为了有效地接近访问对象，推销人员要做的第一件事，就是约见准顾客。

10.1 约见准顾客

从前，推销人员大多采取挨门挨户的推销方式，随时随地登门造访。但是，在现代社会里，推销环境、推销工具和推销对象都发生了巨大的变化，推销方式必然要不断改进。现代人生活节奏快，办公楼大门森严，有些顾客很难接近。接近不了顾客，还谈什么推销？因此，为了成功地接近顾客，推销人员应该事先进行约见。

所谓约见，或称商业约会，是指推销人员事先征得顾客同意接见的行动过程。作为接近的前奏，约见实际就是接近过程的开始。它既是接近准备的延续，又是接近过程的前奏，只有通过约见，推销人员才能成功地接近准顾客，顺利开展推销面谈。

10.1.1 约见准顾客的意义

约见是整个推销过程中的一个环节，在实际推销工作中，推销人员如忽视了约见这一必要环节，将造成整个推销工作不能正常进行，甚至完全失败。约见的意义主要表现在以下几个方面。

1. 约见有助于推销人员成功地接近顾客

在许多情况下，接近顾客并不是一件困难的事情。但是，由于社会上对推销人员的一些偏见，有的顾客不甚欢迎推销人员来访，不希望外人干扰自己的日常工作，这也是出于一种自我保护的意识。对于主动上门的推销人员总是存有一定的戒心。所以，若事先约见顾客，获得当面推销的机会，本身就是成功推销的开始。从实际推销工作的要求来看，事先约见顾客，求得顾客的惠允，既可以表示尊重顾客，又可以赢得顾客的信任和支持。实质上，约见是推销人员推销自己、推销产品、推销观念、推销购买建议的开始。顾客接受约见，意味着顾客已初步接受了推销人员的推销。

2. 约见有助于推销人员顺利地开展推销面谈

通过事先约见，可以使顾客就约会的时间和地点作出适当的安排，对推销人员的推销建议也会有自己的考虑，为进一步的推销面谈铺平道路。约见的时候，推销人员应该实事求是，说明本次推销会见的意义，让顾客注意这次访问，甚至看作是至关重要的头等大事。事先约见顾客，让顾客积极参与推销谈判，可以形成双向沟通，有助于宾主双方的相互了解，增强说服力，提高准顾客购买决策的认可程度。

3. 约见有助于推销人员客观地进行推销预测

客观地推销预测，就是要根据客观事实，根据顾客的初步反应，来预测未来推销活动中可能发生的各种情况。例如，如果顾客约定单独会见，可能说明对此十分重视。顾客约定下班后在家中商谈，则可以想象准顾客本人及其家人和朋友可能在场参加讨论，或者说明这位顾客的家庭民主作风，或者说明他本人没有最后的购买决策权。无论通过什么方式约见顾客，只要推销人员善于察言观色，就可以根据顾客的外表、口气、声调、眼神、表情等来预测顾客的个性。

4. 约见有助于推销人员合理地利用推销时间，提高推销效率

对推销人员来说，时间是极为宝贵的。通过约见，制定一个节奏合理的推销日程表，增加推销工作的计划性。推销活动是一个有机的整体，每一项推销计划和推销行动都必须考虑对推销人员、推销对象和推销环境及其他有关要素的影响。若推销人员不事先约见顾客，盲目地制订访问计划，就完全可能与被访问准顾客的工作计划发生冲突。

10.1.2 约见顾客的前期准备

推销人员在做好了顾客资格审查工作后，虽然有了一份比较可靠的潜在顾客名单，但还不能立即与名单上的顾客见面，因为盲目地约见顾客，而不为即将开始的推销活动做好心理、手段等方面的充分准备，在与顾客实际接触的过程中就会遇到一些没有预料到的问题，推销人员就难以达到其接近顾客的预期目标。因此，在实际接触顾客之前，必须有一个准备阶段。就其实质而言，这一准备过程应该是审查的继续和深化。

这里所指的顾客，不仅包括陌生的顾客，也包括熟悉的顾客，不仅仅指消费者个人，还包括各类团体顾客（企事业单位等）。由于顾客不同，具体的调查内容也就有所不同。约见顾客前的准备内容，通常应包括顾客的一般情况、团体顾客的生产经营状况、财务状况、购买行为及其组织情况、关键部门和关键人物的情况，还有熟悉顾客的一些基本情况的补充等。

1. 接近个人顾客前的准备内容

（1）一般情况。包括顾客的姓名、性别、年龄、民族、籍贯、出生地、文化程度、职务（称）、工作单位和居住地及其联系方式、个人兴趣爱好、经济收入状况，以及宗教信仰等。

（2）家庭成员情况。消费者个人的购买决策在相当程度上受到家庭的影响，为此，推销人员应尽可能详尽地了解顾客的家庭状况及其成员的个人特征，包括家庭各主要成员的所属单位、职业、职务、职称、收入状况、家庭成员的价值观念、特殊偏好、购买与消费时所受的参考群体的影响等个性资料。

（3）需求内容。包括顾客的购买动机，对产品或劳务需求的详细内容，需求所具备的特点，各种需求的重要性程度，顾客所具备的实际购买能力，购买的决策权限范围，购买行为在时间、地点、方式上的特点和规律等。

2. 接近团体顾客前的准备内容

（1）一般内容。包括团体顾客的全称或简称、所属的行业、团体顾客的所有制形式、经营体制、隶属关系、顾客所在地点及其交通状况，还包括团体顾客的内部机构等一系列情况。

（2）生产经营状况。包括团体顾客的生产经营规模、成立的时间和演变情况，目前的法人代表和某些决策人物的姓名、电话号码、传真号码，甚至包括法人代表和主要决策者的家庭住址等一般情况。

（3）经营的范围、具体的产品及财务情况。包括所生产经营的具体的产品大类和产品项目的数量，生产经营的能力及发挥的水平，设备水平、技术水平及技术改造方向，产品结构调整情况及其执行情况，产品的主要销售地及市场反映情况，竞争状况及产品定价的目标、策略等。

（4）组织状况。近期及远期的组织目标、规章制度、工作程序、组织机构的设置、职权划分情况、人事情况和人际关系及主要领导人的作风等。

（5）购买行为情况。团体顾客的购买行为方面的情况包括：一般情况下由哪些部门发现需求或提出购买申请，由哪个部门与机构对需求进行核准与说明，由哪个部门与机构对需求及购买进行描述及选择供应商，选择的标准是什么？团体顾客目前有几家供应商？供求双方的关系及发展前景如何？这些情况需要推销人员进行深入的了解。

（6）关键部门与关键人物情况。对在组织购买行为与决策中起关键作用的部门和具体的人员等有关情况，推销人员应重点了解。

总而言之，在推销人员约见顾客前，只要时间和条件允许，应尽可能多地收集顾客信息，据此进行推销预测，以便设计出各种可行的推销方案。

推销人员在约见顾客前可以参考表10-1检查核实自己的前期准备工作。

表10-1 约见顾客的前期准备表

（1）顾客是谁 　　顾客的姓名、职务 　　顾客的特点、习惯、爱好 　　顾客的问题、愿望、要求（包括顾客本人、他所在的部门和公司） 　　其他重要问题（如谁有决策权等）
（2）顾客需要些什么 　　顾客的态度 　　顾客的阻力 　　顾客的反对意见 　　顾客主要的购买动机 　　顾客的购买方针、政策
（3）我能提供些什么 　　产品的特色与优势 　　产品与顾客需要的结合点 　　其他服务项目
（4）我应怎样进行推销 　　洽谈要点（怎样洽谈） 　　注意力、兴趣、欲望、购买行为 　　其他方式 　　特殊点
（5）我要达到什么目的 　　拜访的目的（推销、促成顾客购买、影响、介绍情况） 　　前后两次业务洽谈的联系（如有） 　　观察与思考

10.1.3 约见顾客的方式

推销人员要达到约见顾客的目的，不仅要考虑约见的对象、时间和地点，还必须认真地研究约见顾客的方式与技巧。现代商务活动常见的约见方式有以下几种。

1. 电话约见

电话约见是目前约见顾客的主要方式之一。电话约见具有方便、经济、快捷的优点，使顾客免受突然来访的干扰，也使推销人员免受奔波之苦。但电话约见也存在明显的缺点，由于电话约见只闻其声，不见其人，顾客往往处于主动地位，而推销人员则处于被动地位，因而容易遭到顾客的推托或拒绝。

胡歌教你在职场中如何"电话约见"客户

在运用电话约见顾客时，推销人员应讲究电话约见的技巧。电话约见，重点应放在"话"上。打电话时，推销人员应事先设计好开场白，做到通话时间精短，语调平稳，出言从容，口齿清晰，用字贴切，理由充分。切忌心浮气躁，语气逼人，尤其在顾客借故推托、有意拖延约见之时，更需平心静气，好言相待，否则强行求见，反而适得其反。同时，在约定与顾客会面的时间和地点时，要采取积极、主动、商量的语气，给顾客以充分的选择余地，不强人所难。

专业的电话约见，常分为6个步骤。

① 问候对方。称呼对方的姓名及职务，以表达你的敬意。

② 自我介绍。简单明了地介绍自己和公司，并提及公司的业务。

③ 感谢对方。诚恳地感谢对方能抽出时间接听电话，让客户感觉你把他们当成重要人物来对待。

④ 说明拜访理由。以自信的态度，清晰地表达出你的拜访理由，让客户感觉出你的专业性及可依赖性，以引起顾客的注意。

⑤ 约定拜访时间。进一步提出选择性的约定时间供对方选择，这样不易遭到顾客的拒绝且仍占主动地位。

⑥ 结束通话。再次感谢对方，并进一步强调约定的时间，弄清约见的地点，然后快速地结束通话。

电话约见可以用短信或微信作为辅助方式，即在通话结束后，把与顾客约见的时间、地点等关键信息以短信或微信方式发给顾客，以避免口头沟通时因口误或对方误听而出现差错。当然，如果是熟悉的顾客或重复约见，也可以直接通过短信或微信联系。不过，如果是初次约见顾客，一般不宜把短信或微信作为单独的约见方式。

2. 当面约见

当面约见是指推销人员与顾客当面约定见面的有关事宜。这是一种较为理想的约见方式。推销人员可以利用在某些公共场合如展销会、订货会、社交场所、推销途中与顾客的不期而遇等，借机与顾客面约，也可以到顾客的单位、家中去面见顾客。若因顾客忙于事务或一时不能决定，需和有关人士商量之后再作商谈时，推销人员可顺势约定时间再谈。

但是，当面约见常常受地理因素所限，不能对所有的顾客当面约见，并且推销人员与顾客素不相识时，容易遭到顾客的拒绝，使推销人员处于被动局面，影响推销工作的进一步展开。特别是当面约见团体顾客的关键人士时，事前必须成功地突破客户的一些"关口"，如公司入口处的服务人员、秘书、助理等。因此，推销人员在具体使用当面约见这一方法时，需察言观色，随机应变，灵活运用一些技巧，以保证约见工作的顺利完成。

▶ **专　栏** ◀

应对"看门人"的技巧

秘书、助手、前台人员等人常常是公司关键人士的"看门人"，起到一种"防护屏障"的作用，使其领导免受各种干扰。推销人员因常遭到"看门人"的阻碍而无法实现当面约见公司关键人士的目的。如何跨越"屏障"，顺利通过"看门人"这一关呢？

（1）简单明了、干脆利落地介绍自己，切忌拖泥带水，这样会让对方感到你和约见对象很熟悉，因而不便阻拦。例如："您好，我是海星公司的吴国飞，请问冯经理在吗？"

（2）回答对方的反问要简单明了，并显示其重要性，不要作详细的解释和说明，以防对方继续盘问，也使其不敢轻易阻拦。例如，秘书问："请问你找冯经理有什么事吗？"推销人员答："我有一桩要紧的事情，这关系到你们公司几千万元的生意，必须面见冯经理。"

（3）用简短、抽象性的字眼或较深奥的专有名词说明来意，让对方认为您的拜访很重要而不敢轻易挡驾。

（4）利用合适的赠品和恰到好处的赞美接近"看门人"，以便联络感情，融洽气氛，以利于"看门人"愿意为你引荐或转达你的来意，从而达到当面约见关键人士的目的。

3. 信函约见

信函约见是指通过约见信函的寄出与反馈达到预先约定顾客的目的。随着现代邮政事业的发展，信函往来非常便捷。常见的约见顾客的信函方式主要有个人信件、单位公函、会议通知、请帖、便条等。

信函约见不仅具有简便快捷、费用低廉的优点，还可以免受当面约见顾客时的层层人为阻碍，可以畅通无阻地进入顾客的工作地点或居住地。但这种方式也有一定的局限，如信函约见的时间较长，不适于快速约见；许多顾客对推销约见信函不感兴趣，甚至不去拆阅。这样，推销人员花费较多的时间和精力撰写的约见信函杳如黄鹤，一去不得复还，信息反馈率低。另外，若双方素不相识，突然函约，往往使对方莫名其妙，不愿接受约见。推销人员运用信函约见时，应讲究信函内容和信函形式的技巧。

1) 书写信函的技巧

书写信函要以顾客受益为导向，文字表述要简易明畅，重点突出，层次分明，文句生动，表达恳切，以理取信顾客，以情感化顾客，以趣打动顾客，从而引起顾客对约见信函的注意和兴趣，并予以合作，从而达到约见顾客的目的。

2) 诱导阅信技巧

在现代社会里，顾客会经常收到各种各样的商业信函，对于这种司空见惯的信件，一些顾客丝毫不感兴趣，不予拆阅。这样，内容再生动的约见信函也达不到预期的目的。对此，推销人员可以在信函的形式上诱导顾客拆阅。

① 在可能的情况下，应选择和设计一个最佳的顾客收信日期，如节日、生日、发工资日等。切记最好不要让顾客同时收到账单（如水费单、电费单、通信费单等）和你的约见信件。

② 不要使用公司统一的印刷信封。推销人员应使用普通信封，使顾客无法凭此信封判断它的类型，从而诱导顾客拆阅信件。在条件允许的情况下，推销人员可以自己设计一些富有特色的约见信封，以引起顾客的注意和兴趣。

③ 在信封上，不要盖"邮资已付"的标志。应按一般信件贴邮票，必要时还可考虑使用挂号信，这样更能吸引顾客拆阅信件。

4. 委托约见

委托约见是指推销人员委托第三者约见顾客，也称托约，受托人与推销对象之间有一定的社会联系或社会关系，如师生、同事、亲朋好友、邻居等，以便取得推销对象的信任与合作。委托约见可以借助第三者与推销对象的特殊关系，克服客户对陌生推销人员的戒备心理，便于排除推销障碍，获得推销对象的真实信息，有利于进一步开展推销工作。但是委托约见易使顾客产生非正式商谈的感受，导致顾客重视程度不够。另外，受托人的数量和范围也限制了这一方法的运用。

5. 广告约见

广告约见是指推销人员利用各种广告媒体，如广播、电视、报纸、杂志、邮寄、路牌等将约见的内容广而告之，以达到约见顾客的目的。在约见对象不太具体、明确或者约见顾客太多的情况下，采用这一方式广泛约见顾客比较有效。也可在约见对象十分明确的情况下，进行集体约见。广告约见具有覆盖面大、节省推销时间、提高约见效率的优点，但也具有针对性较差、费用较高的局限性。

6. 网上约见

网上约见是推销人员利用互联网与顾客在网上进行约见和商谈的一种方式。网络业的迅速发展，为网上交谈、约见、购物、联络情感提供了便捷的条件，加快了进行有效的网上推销的进程。网上约见具有快捷、便利、费用低、范围广的优点；但网上约见受到推销人员对网络技术和客户的网址或电子信箱等信息的掌握程度等方面的局限。因此，推销人员要学习并掌握有关的网络知识，利用现代化的高科技推销工具开发自己有效推销的潜能，提高推销的科技含量。

10.2 接近准顾客

10.2.1 接近准顾客的基本要求

完成约见顾客的工作之后，推销活动便进入了接近顾客的阶段。由于约见的准顾客、约见的时间和约见的地点等不同，所以推销人员所采用的接近技巧应该具有针对性，决不能千篇一律。不同的顾客因为性格不同，受教育程度不同，经历、地位不同，待人处事的方法也会有所不同。同样一种接近技巧，用在不同的顾客身上，用在不同的时间、不同的地点，都会产生截然不同的效果和反应。所以对推销人员来说，要善于因人、因时、因地而宜，运用不同的接近方法，使顾客通过接近感到有必要继续进入面谈。

如同在谈判的开局阶段一样，在刚开始推销时花一些时间去营造一个温馨而友好的氛围是十分必要的。一声热情的问候、一个友好的微笑都有助于建立一个走向推销成功的良好开端。接近顾客的目的在于引起顾客的兴趣和热情。对于顾客来讲，他们的时间是很宝贵的，他们常常是非常重视对推销人员的第一印象，集中注意力倾听推销人员的开场白，以此来确定是否有必要与推销人员继续合作。

10.2.2 接近准顾客的方法

要达到接近特定的准顾客，推销人员必须能够熟练运用一定的接近方法。常用的接近方法有以下几种。

1. 介绍接近法

介绍接近法是指推销人员通过自我介绍或由第三者推荐介绍而接近顾客的一种方法。介绍接近法既是较好的寻找顾客的方法，也是很好的接近顾客的一种方法。介绍接近法通常有两种形式。

（1）自我介绍。自我介绍是指推销人员通过自我介绍的方法达到接近顾客的目的。在实际推销活动中，一般采用口头形式或书面形式进行自我介绍。由于单一的口头介绍往往不太容易引起顾客的注意和兴趣，效果不明显，所以口头介绍与书面介绍往往同时使用，即推销人员见到顾客后，除了进行必要的口头自我介绍之外，还要主动出示能证明自己身份的有效证件，如名片、单位介绍信、工作证、身份证、委托书等，以便消除顾客的疑虑。

（2）他人介绍。他人介绍是指推销人员通过与顾客熟悉的第三者的介绍来达到接近顾客的一种方法。介绍人的介绍可以缩短推销人员与顾客的心理距离，比较容易引起顾客的注意和信任。接近顾客时，推销人员只需递上介绍人的便条或信函或一张名片，或者只需要介绍人的一个电话或者介绍人当面的一句话，便可接近顾客。一般情况下，介绍人与顾客之间的关系越密切，介绍的作用就越大，推销人员也就越容易达到接近顾客的目的。因此，运用这一方法来接近顾客，关键在于推销人员能否找到与顾客关系较为密切的第三者充当自己的介绍人。

2. 产品接近法

产品接近法又称实物接近法，是指推销人员直接利用所推销的产品引起顾客的注意和兴趣，从而顺利转入推销洽谈的接近方法。这一方法主要是通过产品自身的魅力与特性来刺激顾客的感官，如视觉、听觉、嗅觉、触觉等，通过产品无声的自我推销，来吸引顾客，引起顾客的兴趣，以达到接近顾客的目的。

但是，这一方法的运用存在一定的局限性，它不仅要求产品必须是有形的实物产品，以刺激顾客的感官，引起顾客的注意和兴趣，而且要求产品具有独特的魅力和明显的差别优势，并且要求产品具有质量优良、不易损坏、精美轻巧、便于携带的特点。

一位美国推销人员贺伊拉说："如果你想勾起对方吃牛排的欲望，将牛排放到他的面前固然有效，但最令人无法抗拒的是让他听到煎牛排的'嗞嗞声'，他会想到牛排正躺在黑色的铁板上'嗞嗞'作响,浑身冒着油,香味四溢,不由得咽下口水。"这一推销至理名言告诉人们,利用产品自身独特的魅力刺激顾客的需求欲望,可以达到较好的推销效果。

3. 利益接近法

利益接近法是指推销人员利用顾客求利的心理,强调推销品能给顾客带来的实质性利益而引起顾客的注意和兴趣,以达到接近顾客目的的一种方法。

顾客之所以购买产品,是因为它能给自己带来一些实质性的利益或提供解决问题的办法,如增加收入、降低成本、提高效率、延年益寿等。而在实际推销活动中,许多顾客并不太了解推销品所蕴含的显性利益或隐性利益,又不愿主动询问这方面的问题,妨碍了顾客对推销品利益的正确认识。推销人员若能及时解释这些问题,将有助于顾客正确地认识推销品的利益,引起顾客的注意和兴趣,增强购买欲望,达到接近顾客的目的。

实 例

急功近利是现代人的通性,迅速地告诉客户推销会给他带来哪些重大利益,是引起客户注意、达到接近目的的一个好方法。如:

"您知道一年只花几块钱就可以防止火灾、失窃吗?"保险推销人员开口便问客户,客户显得有点莫名其妙。推销人员紧跟一句:"有兴趣投保吗?"

某地一家涂料厂的推销人员这样告诉客户:"本厂生产的涂料每千克20元,可涂4平方米的墙面,粉刷20平方米只用5千克就够了,还花不到100元钱。"

一位锅炉推销人员对准顾客说:"你使用我们制造的高效节能锅炉,你厂的能耗将比现在减少30%。"

推销人员在运用这一方法时,要实事求是地陈述推销品的利益,不可夸大其词,无中生有,欺骗顾客,否则会失去顾客的信任,带来不良的后果。另外,推销品的利益要具有可比性,使顾客认识到它比市场上同类产品具有明显的优势,能给自己带来更多、更好、更实际的利益。

4. 问题接近法

问题接近法也称询问接近法,是指推销人员直接向顾客提出有关问题,以引起顾客的注意和兴趣,从而达到接近顾客的一种方法。这一方法符合现代推销的原理,现代推销是推销人员不断帮助顾客发现需求方面的问题,进而分析问题,寻找最终解决问题的办法的过程,强调把顾客需求与所推销的产品有机地联系起来。运用这一方法的关键是要发现并适时地提出问题,问题要明确具体,有的放矢,切中要点,针对性强。问题接近法通常与其他接近顾客的方法结合起来,融会贯通,灵活运用,才能收到满意的接近效果。

实 例

一位保险推销人员向客户推销一种少儿险时说:"您知道目前一个小孩从出生到上大学要花费多少钱吗?"引起了客户的注意。

某公司推销人员对客户说:"只要您回答两个问题,我就知道我的产品能否帮助您装饰您的产品。"这实际上也是一个问题,并且常常引出这样的回答:"你有什么问题?"

美国有一位图书推销人员采用下述问题接近客户:"如果我送给您一套有关提高个人品位的书籍,您打开书发现内容十分有趣,您会读一读吗?""如果您读了之后非常喜欢这套书,您会买下吗?""如果您没有发现其中的乐趣,您把书重新塞进这个包里给我寄回,行吗?"这三句开场白简单明了,使客户几乎找不到说"不"的理由,从而达到了接近客户的目的。后来这三个问题被该图书公司的全体推销人员所采用,成为标准的接近方法。

推销人员发现了顾客的需求问题,并适时地通过一系列恰当的提问,不仅启发顾客认识到了自己所存在的需求,帮助顾客寻找解决问题的办法,而且又介绍了自己的推销品,将顾客需求与推销的产品有机地联系起来,从而实现成功接近顾客的目的,推动交易的顺利达成。

5. 馈赠接近法

馈赠接近法是指推销人员通过赠送礼品,来引起顾客的注意,进而达到接近顾客的目的的一种方法。把礼品作为推销人员和顾客之间传递感情、沟通思想的媒介,对于拉近彼此的距离,形成融洽的商谈气氛具有重要的作用。推销人员运用赠品来接近顾客,须注意以下问题。

① 通过调查,了解顾客的嗜好和需求,按照投其所好的原则来选择赠品,确定赠送礼品的内容和方式。

② 明确赠品的性质。赠品只能当作接近顾客的见面礼和媒介,而不是恩赐顾客的手段。

③ 礼品的类型和金额必须符合国家有关法律法规和纪律规定,价值不宜太大;否则,馈赠就变成了贿赂,属违法行为。

④ 赠品最好是与推销品或本企业有联系的物品,使赠品既是接近顾客的媒介,又是企业与推销品的宣传品,起到双重的作用。

实 例

美国一家人寿保险公司事先寄给准顾客一封信,信中附一张广告回函,上面写着:"请将此函寄回本公司,即赠送古罗马银币。"信发出后的效果很好,公司不断收到回信。于是,推销人员拿着古罗马银币,一一走访这些回函的准顾客:"我是某某人寿保险公司的业务员,我将你需要的古罗马银币送来给你。"对方对这种希望得到的馈赠和免费的服务当然欢迎。一旦推销人员进了大门,就可以逐步将对方引入人寿保险的话题,开展推销活动。

6. 赞美接近法

这是推销人员利用赞美之词博得客户好感以达到接近目的的方法。人的天性都是喜欢别人赞美的,赞美是融洽人际关系的最好方式之一。在现实生活中每个人都有值得赞美之处,推销人员应善于发现对方的"闪光点",恭维一番,缓和气氛,使对方打开心扉。

实 例

日本"推销之神"原一平先生有一次去拜访一家商店老板。
"先生,您好!"
"你是谁呀?"
"我是明治保险公司的原一平,今天我刚到贵地,有几件事想请教您这位远近闻名的老板。"
"什么?远近闻名的老板?"
"是啊,根据我调查的结果,大家都说这个问题最好请教您。"
"哦!大家都在说我啊!真不敢当,到底什么问题呢?"
"实不相瞒,是……"
"站着谈不方便,请进来吧!"

就这样原一平轻而易举地过了第一关,也取得了准客户的信任和好感。赞美几乎是百试百灵,没有人会因此而拒绝你的。推销人员的赞美对象可以是顾客周围的环境,如办公环境、居住环境等,也可以是顾客的外表、知识、修养、品质等。但不论赞美顾客的哪一个方面,都应本着尊重顾客的原则,讲究赞美的方式和方法,真心实意、态度诚恳、语气真挚、切合实际地对顾客值得赞美的方面加以赞美,使顾客在一种自然亲切的气氛中接受赞美。切勿将赞美歪曲为巴结、卖弄、溜须拍马等不良的做法。

7. 请教接近法

请教接近法是指推销人员利用慕名拜访顾客或请教顾客的理由来达到接近顾客目的的一种方法。这种方法体现了敬重顾客、满足顾客自尊的心理需求为原则的推销思想,在实际应用中的效果较好,尤其是对那些个性较强,有一定学识、身份和地位的专家型顾客,这种方法更为奏效。

请教可以是推销品经营方面的问题,也可以是人品修养、个人情趣等方面的问题。但不论请教什么方面的内容,推销人员都应本着谦虚诚恳,多听少说;赞美在前,请教在后;请教在前,推销在后的思想。

除以上介绍的接近顾客的方法外,还有调查接近法、震惊接近法、表演接近法、好奇接近法、搭讪与聊天接近法等。在各种接近顾客的方法中,并没有严格的、绝对的区分,也不可能有统一的、固定的模式。这就要求推销人员在实际推销活动中,不断积累,不断创新,并将接近顾客的方法与目标顾客的特点相结合,加以灵活运用,创造性地开展推销工作,方可产生良好的推销效果,取得显著的推销业绩。

10.3 推销洽谈

推销人员在成功地接近准顾客之后,就应该迅速转入推销洽谈。又叫推销谈判、推销面谈。在整个推销过程中,推销洽谈是一个关键性的阶段,是极其重要的环节。如果说,推销约见和推销接近的目的是引起准顾客的注意及兴趣,那么,推销洽谈就是使准顾客由对推销产品的兴趣上升到强烈的购买欲望。能否说服准顾客,实现交易在很大程度上取决于推销洽谈是否成功。因此,掌握推销洽谈技巧,是推销人员顺利完成推销任务的重要条件。

推销洽谈是一个循序渐进的过程,一般包括5个步骤,即:准备—开局—报价—磋商—成交。这实际上就是一个推销人员与顾客的谈判过程。在这个过程中,需要推销人员运用大量的谈判策略与技巧,才有可能促成交易。这方面的知识,前面谈判部分已介绍,此处不再重复。

推销洽谈的方法主要有提示法和演示法。提示法着重于语言介绍的方式进行推销洽谈,演示法则着重于非语言的方式进行推销洽谈。

10.3.1 提示法

提示法是指推销人员用语言形式直接或间接、积极或消极地提示顾客购买推销品的一种方法。提示法又分为直接提示法、间接提示法、积极提示法、消极提示法、明星提示法、联想提示法和逻辑提示法7种。

1. 直接提示法与间接提示法

直接提示法是指推销人员运用口头语言的形式直接劝说顾客购买推销品的方法。这一方法将推销人员对推销品信息的直接陈述与建议顾客立即采取购买行动的动议提示相结合,直截了当,开门见山,有利于节省时间,提高推销效率。因此,直接提示法是目前使用最多、应用范围最广的一种推销洽谈方法。

应用直接提示法应注意以下问题。

(1) 突出推销重点

不仅要重点提示推销品与众不同的主要特色和优势,而且要把顾客的主要需求与购买动机与推销品的优势特征相结合,并直截了当地向顾客进行提示性陈述,以满足顾客需求,解决顾客问题。如果忽视顾客需求。盲目提示推销品的特点,就难以激发顾客的购买欲望。

▶ 实 例 ◀

对于想购买便宜货的准客户,推销人员应着重于价格提示。例如,"这件衣服昨天还是正价,今天开始搞店庆促销,减价40%,十分优惠,欲购从速!"

对于注重产品性能和质量的准客户,推销人员就可直接提示。例如,"您要寻找的正是这种产品,这种产品保证质量,使用方便,厂家实行三包,符合你们的要求,存货不多,需要的话请立即购买。"

对于求名心重的准客户,推销人员则可提示:"本产品是获奖优质产品",并出示获奖证明。

对于犹豫不决或购买信心不足的准客户,推销人员则可以提示客户:"这种款式刚刚流行,试一试。"待客户试穿后又可以说:"大小肥瘦就像为您量身定做的一样,太好了,还犹豫什么!"

(2) 内容真实可靠

在推销人员向顾客进行提示时，要实事求是、有根有据地陈述推销活动的有关信息，做到真实可靠，不蒙骗顾客，以赢得顾客的信任、支持与合作。

(3) 提示的内容易于被顾客理解与接受

要做到有效地提示，推销人员不仅要根据顾客的特点，有针对性地运用不同的提示语言，而且要善于运用各种方式和技巧，对推销品及顾客利益进行生动形象的描述，以突出产品特色与优势，加深顾客印象。另外，运用直接提示法时，要尊重顾客的个性，切勿冒犯顾客。

间接提示法是指推销人员采用间接的信息传递与接收方法向顾客传达推销品的重点信息，以间接劝说顾客购买推销品的一种方法。

推销人员的直接提示容易使顾客产生一种心理压力，似乎顾客不驳倒推销人员的观点就必须购买推销品。这种心理压力，有可能使顾客在推销洽谈中故意制造一些推销障碍。为此，推销人员要运用各种道具、事例虚构一个推销提示对象作为向顾客传递有关推销信息的中间媒介体，利用虚构的对象对顾客进行间接提示，使顾客感到是通过中间媒介体，使顾客觉得除了推销人员这么说之外，还有其他人也这样认为，从而减少顾客购买的心理压力，缓和顾客对推销人员及推销活动的紧张的冷战心理和对立情绪，增加顾客对洽谈介绍的信任力度。

▶ 实 例 ◀

一位洗衣机推销人员，为了消除购买者的疑虑，使对方从不同的产品比较中增加对自己的推销产品的信心，说："您提到某某牌洗衣机，请您向购买了该牌子洗衣机的用户了解一下，也许您就明白是怎么一回事了。"这位推销人员并没有直接去批评竞争对手，又不与准客户争论，而是让准客户自己去联想，自己作出购买决定。

2. 积极提示法与消极提示法

积极提示法是指推销人员从积极的角度，用肯定的、正面的明示或暗示来提示顾客购买推销品后可以获得的正面效益等，从正面调动顾客心理活动的积极因素，从而促使顾客购买。

消极提示法是指推销人员运用反面的、消极的、否定的暗示法提示顾客注意不购买推销品，可能会带来的反面效应或产生的消极作用，从而激发顾客的购买动机，达到促使顾客购买的推销洽谈方法。

同一个提示内容，既可以从积极方面去提示也可以从消极方面去提示。一般来说，积极提示可产生正效应，消极提示则产生负效应。请看下面的例子。

"欢迎各位乘坐本公司高级游览车观光，我们保证大家会感到既舒适又安全！"

这是积极提示舒适安全的提示方法，一般会收到明显的效果。换一种说法，效果可能完

"欢迎您乘坐本公司高级游览车观光,我们保证大家不会感到不舒适,也不会发生意外事故!"

这就是消极提示,客户听了这些话,也许会产生不舒服和发生事故的可怕联想,从而会拒绝此类旅游服务。

但消极提示法的作用并不一定都是消极的,在某种特定推销环境中,有时也可以产生积极的心理效应,间接刺激了准客户的购买动机。

"先生,请允许我看看您的汽车轮胎。哎呀,不太妙哇!这轮胎已经不行了,还是赶快换掉吧!要不然会出事的。"

这是十分明显的消极提示。它帮助准客户发现问题,提示了问题的严重性,引起准客户的高度重视,为了防止事故,准客户很自然就接受推销人员的意见。

无论积极提示还是消极提示,都可以给客户较大的心理震撼,都可以提示客户的购买动机从而达到推销洽谈的目的。推销人员在运用这两种提示法时,要根据不同的客户、不同产品、不同需求状况灵活应变,真诚地、实事求是地提示,避免虚假提示,失去客户的信任。

3. 明星提示法

明星提示法是指推销人员借助一些有名望的自然人、法人或其他团体组织购买、使用推销品的事例,来劝说顾客采取购买行为的一种提示方法。例如,"我厂生产的防寒服是国家赴南极考察队员的首选产品""某某品牌饮料是中国奥委会指定专用饮品"。这一方法主要是利用顾客普遍存在的崇尚权威、崇拜偶像、迷信名望的心理来进行洽谈提示,使社会名流们的消费行为成为顾客购买与消费的参照楷模,对顾客的消费心理与行为起到了较好的引导与影响作用,产生良好的"晕轮效应"。

利用名流进行洽谈提示,不仅成本高,而且若选择不当,不仅不会对顾客产生积极效应,反而会产生明显的负效应,出现明星边际效益递减的状况。因此,运用明星提示法应注意以下问题:所提示的明星在一定的区域有较高的知名度和美誉度,为顾客所知晓、所认同;所提示的明星与推销品之间有一定的内在联系,以增强推销洽谈的感染力与说服力;所提示的明星与推销品之间要存在真实的关系,不能弄虚作假,欺骗顾客。

▶ 实 例

化妆品的推销面谈

一位化妆品推销人员在向一名中年妇女推销。

推销人员取出一瓶润肤膏:"这种润肤膏可防止皮肤干裂。您有兴趣吗?"

准顾客拿过润肤膏,审视着包装说明。

推销人员:"如果希望随着年龄的增长皮肤仍然柔嫩的话,您就要使用润肤膏了。这种牌子的润肤膏效果很好。您打开盖子看看。"

准顾客拧开润肤膏瓶盖。

推销人员:"您看,膏体幼滑,气味幽香,最适合像您这种身份的女士了。影星×××就长期使用它,她40多岁了看起来还像个青春少女。"她掏出一些照片,"喏,这里还有许多使用过这种润肤膏的女士们的照片。看看,她们个个都光彩照人。"

准顾客一边看着照片,一边在思量。

推销人员:"我看,您用这种润肤膏最合适不过了。"

准顾客:"好吧,我先买点试试。"

推销人员把润肤膏递给对方,收款:"以后需要可随时来找我。"

4. 联想提示法

联想提示法是指推销人员通过向顾客提示或描述与推销有关的情景,使顾客产生某种联想,进而刺激顾客购买欲望的洽谈方法。例如,一位推销天蓝色瓷砖的推销人员的一句话打动了顾客:"您把这种天蓝色的瓷砖铺在浴室里,每当您洗澡的时候,就有种置身大海的感觉。"在这一方法中,推销人员向顾客勾画出梦幻般的情景,让顾客去想象,使产品更具有吸引人的魅力,从而达到强化顾客购买欲望的良好效果。联想提示法要求推销人员善于运用语言的艺术去表达、去描绘,避免刻板、教条的语言,也不能采用过分夸张、华丽的辞藻,这样,提示的语言方能打动顾客,感染顾客,让顾客觉得贴切可信。

▶ 实 例 ◀

空调推销人员与客户的一次交谈

空调公司的推销人员正在拜访一位家庭主妇。

推销人员:"您好!我是××空调公司的业务员。您一定还记得曾在我们公司的一次新产品展示会上填过一张客户调查表。如果我没弄错的话,您有意向在今年5月购置空调。"

家庭主妇:"哦,是的。当时的确是这样打算的。但我现在又在犹豫是否有这个必要。"

推销人员:"夏天眼看就要到了,您一定还记得去年夏天的炎热。如果装上空调,就不一样了。您想,当您的先生和孩子从外面挥汗如雨地回来,就能享受一片清凉,那该多惬意啊!"

家庭主妇:……

5. 逻辑提示法

逻辑提示法是指推销人员利用逻辑推理来说服顾客购买推销品的一种洽谈方法。它是通过向顾客摆事实、讲道理来启发、引导顾客进行分析、思考与判断,使顾客逐步认识到推销品的功能、效益等,心悦诚服地信任推销品,从而采取购买行为。这种方法尤其适用于具有理智购买动机的顾客。

实例

一位营业员在向顾客推销电视机时这样说道:"这台电视机售价仅 2 000 元,寿命却长达 1 万小时,这样,您每小时看电视只需要 2 角,而现在看电影每小时平均需要 30 元左右,且不说电视机使用起来非常方便。"

案例中电视机的销售人员在说明电视机的物美价廉、使用方便时,并没有笼统地去讲,而是运用比较分析、事实罗列的思维方式,采用算账的办法来启发、引导顾客去分析与判断,而且最后一句话"且不说电视机使用起来非常方便",巧妙地把最后部分的理由留给顾客自己去推理、去判断,从而使顾客在理性的分析判断中,对推销活动的理解是科学的、发自内心的,从而自觉地、心悦诚服地信任推销品,并乐于购买它。

10.3.2 演示法

在现代推销环境里,推销产品种类越来越多,信息越来越复杂,越来越难以引起客户的认知和记忆。推销人员如果完全利用口头语言来传递全部推销信息,很难被客户完全理解,倒不如借助一些展示工具来加深消费者的理解和认知。演示法通常包括以下几种方法。

1. 产品演示法

产品演示法是指推销人员通过直接演示推销品,向顾客传递推销的有关信息,进而劝说顾客购买推销品的洽谈方法。这一方法的运用,把产品本身作为传递信息的媒介,向顾客传递更生动、具体、形象、真实、可靠的推销信息,避免了信息传递过程中的遗漏与歪曲,并且能全面刺激顾客的感觉器官,顾客从中可以获得较为全面的产品信息,有利于顾客正确认识推销活动,并接受推销品。

2. 文案演示法

文案演示法又被称为文字、图片演示法,是指推销人员通过演示有关推销产品的文字、图片资料来劝说客户购买推销产品的洽谈方法。特别适用于用语言不便简要说明或难以说明的产品相关信息,如产品的设计原理、工作原理、统计数据、价目表、生产许可证、质量鉴定书、获奖证书、新闻报道等,都可以制作成彩页,甚至是 PPT 文件,通过展板、横幅或 PPT 投影设备而向客户说明。

采用文字、图片演示法最大的优点在于生动形象,既准确可靠又方便省力,还可以使推销对象理解容易、印象深刻。使用这一方法应注意以下 3 个方面。

(1)文案的准确性与及时性。推销人员要保证资料的可靠性、真实性和新颖性,随时修正、补充、更新有关的演示资料。

(2)文案设计与推销主题一致。文案的制作和设计创作上要力求与推销主题思想一致,还要精美以能吸引客户注意;文案要能充分展示推销产品的特点,给客户以强烈的刺激。如文字的放大特写、图片的色调结构等,要收到大反差衬托的效果。

(3)文案要依据不同客户特征而有变化。文案的设计要注意目标市场客户的特点和不同的洽谈环境,从而准备不同的演示资料。

3. 音像演示法

音像演示法，又叫多媒体演示法，是指推销人员通过录音、录像、电影、音响等现代声像工具，生动形象地传递大量的推销信息，制造真实可信的推销气氛，充分调动客户的情感，增强推销说服力和感染力的方法。在许多生产资料推销、批发和国际贸易中，已经广泛采用这些先进的音像演示方法，进行贸易洽谈。它具有很强的说服力和感染力，是一种新颖而有效的演示方法。例如，泰国的旅游、珠宝业就制作了介绍旅游景点和项目，以及宝石开采、加工等的电影短片。

使用这一方法应注意：要根据推销洽谈的实际需要，搜集、制作、整理有关的影视资料；要掌握有关音像设备的操作和维修保养技术，能熟练地演示推销资料；要辅之以广告宣传等促销手段，实施综合性的推销策略。

推销洽谈的方法很多，尤其是现代科学技术的发展与信息传递技术的普及，为推销人员提供了更多的洽谈方法与手段。在实际推销洽谈中，推销人员要根据实际情况灵活选择洽谈方法，不断开拓创新，设计更加新颖、高效的推销洽谈方法。

关键术语

推销接近　产品接近法　利益接近法　问题接近法　介绍接近法　馈赠接近法　赞美接近法　请教接近法　直接提示法　间接提示法　积极提示法　消极提示法　明星提示法　联想提示法　逻辑提示法　产品演示法　文案演示法　音像演示法

复习思考题

1. 约见顾客前要做好哪些方面的准备工作？
2. 约见顾客有哪些具体的方法？各有什么利弊？
3. 接近顾客的方法有哪几种？除了教材中提到的，你还能说出其他方法吗？
4. 推销面谈的提示法和演示法各包括哪些具体内容？
5. 举例说明间接提示法和消极提示法的应用。

案例题

【案例 10-1】

原一平的一次约见

有一次，一家公司总经理约保险推销人员原一平于某天某时去他办公室洽谈。原一平应约赴会，那天来到总经理办公室门前，一边与女秘书打招呼一边脱大衣，他以为预先约定的会面肯定没有问题，岂料女秘书挡驾说：

"总经理交代过，今天上午有急事，不能会见任何客人。"

原一平辩解说:"是总经理亲自打电话约我来的。"

"对不起,他今天确实有特急事务。"女秘书的话也不容置疑。

"如果总经理确实忙,那你就让我进去1分钟,我只向总经理问候一声,证明我依约来了立即就走。"

"那好吧,就给你一分钟。"秘书说着,拉开总经理室大门:

"请!"

原一平进入总经理室时,总经理正背对门口坐在安乐椅上。他听到有人进来,就把椅子转了过来:"呵,早上好!原先生,请坐。"原一平站着向总经理问候了几句,转身就告辞。总经理感到惊奇,满腹狐疑地问:"怎么刚进门就要走了?"

原一平说:"您的秘书小姐只给我1分钟。真抱歉,时间到了,我不得不告辞了。明天上午八时,我再来拜访吧!"说着就开门离开。

也许这位总经理早把自己邀请别人的事忘得一干二净。但原一平明白,作为一个推销人员要信守诺言。

第二天早上,原一平又依约而来,他得到了女秘书和总经理的热情接待,并顺利成交了一笔生意。

问题:

1. 假如秘书小姐坚决不让原一平进入总经理办公室,你认为原一平又应该怎么做才恰当?
2. 如果原一平借进入办公室之机就向那位总经理推销,将会出现什么样的可能效果?
3. 你是否觉得会有比原一平更好的处理方法?什么方法?好在哪里?

【案例10-2】

两次推销接近的比较

销售员甲:

销售员:刘经理您好!我今天向您推荐我们的一个新产品。

刘经理:你好。请坐。

销售员:我向您推销一种新产品,并提供一个样品。

刘经理:那么怎么卖呢?

销售员:400元一斤。

刘经理:太贵了,北方市场不好卖。

销售员:质量好啊。

刘经理:你先把样品放在这儿,这几天较忙,过几天再联系吧。

销售员:谢谢,再见。

刘经理:再见。

销售员乙:

销售员:刘经理,您好。

刘经理：你好。

销售员：我是东方饮料有限责任公司的业务代表××，这是我的名片。（双手呈上）今天我想向您介绍一种我们公司的新产品。

刘经理：让我先看一下名片。东方饮料有限责任公司，请坐。

销售员：谢谢。这是我们的新产品，您看一下。

刘经理：好好。

销售员：这是我们公司的简介。

刘经理：挺漂亮的。

销售员：我们的公司成立于1994年，现在年产量达到了30万吨，最近我们从国外引进了一套新的生产线，开发出了新的产品。

刘经理：从哪个国家引进的？

销售员：从德国引进的。并且我们请了多名专家研究开发，才推出这一新产品。上市以后，市场反应相当不错。北京市场我们还没有开始做。今天找您来就是想跟您商量一下，怎样把北京市场做起来，看您有没有这个意思？

刘经理：嗯，看起来你们的产品还不错。我听了你的介绍后，对你们的产品也很有兴趣，能不能介绍一下，你们作为供应商，对批发商都有哪些服务？

销售员：我们的服务是多方面的，比如广告、促销、设计；如果我们通力合作，一定会收到很好的效果。

刘经理：那你先把样品和公司介绍材料留下来，我呢，过一两天跟其他几位采购经理一起研究一下。好吧？

销售员：好的！

刘经理：研究以后，我们再给你一个明确的答复。

销售员：那您什么时候能给我们一个消息呢？

刘经理：今天是周二，嗯……我下周一给你一个答复吧！

销售员：好的，那么下周一我再到您的办公室等您的消息。

刘经理：好的。

销售员：谢谢您，再见。

刘经理：再见。

问题：请对上面两个销售员在推销接近中的表现及结果进行评价。

【案例10-3】

无敌化妆品推销人员

那是一个平静的傍晚，我和男友约好在某百货大厦门口见面。众所周知，百货大厦的一楼大多都是化妆品专柜。我一直不明白为什么化妆品专柜要设置在一楼，可经历了下面这件事后，我深深地领会了百货大厦的苦心。

我的男友如果按照我指定的时间准时出现的话，这将是一个平凡的傍晚。但是我先到了，在大门口站着等了大约10秒之后，我就开始走近那些化妆品专柜。当然，我只是看看，以打发等候的时光。走了好几个专柜，服务小姐都很有耐心地问我：有什么需要帮忙的吗？我可以给你介绍一些新季产品哦。来看新出的眼影怎样？今季最流行的……

以我横行街头这些年的经验，对这些友好甚至是甜蜜的问候是很有免疫力的，我不打算买任何胭脂眼影或者护肤品，所以只是友好地报以一笑。

我心情平静地从一个熟悉的专柜走向一个新的化妆品专柜，是一个从没听说过的品牌。我还没走到该柜台，那个专柜的小姐就远远地用一种仰慕的眼神迎着我，这种眼神不是我自以为是的猜测，因为它已溢于言表："小姐，你的打扮很独特。围巾、手镯很有品位，这件上衣一定很贵吧，你的腿真细耶……我看你在那边走了很久。"她并没有说她有新季眼影。

然后她继续说："你不是本地人吧？你是学服装设计的吗？"

"哦，不是。"我腼腆地笑笑。"哦，你真会打扮，恰到好处，很适合你。本地人很少有这样打扮的。"她好像忘了她的化妆品推销工作，全心全意地赞美我。我只是一个平凡人，面对这些像松了闸一样的溢美之词，乐得有些手足无措，但是又不想显得自己那么在意，就随便拿起她柜台上的眼影盒——结果，出事了！

"啊，你果然很有品位。这是我们刚推出的颜色，今天才第一天上市哦。试试看吧。"我正想住手背上涂，她阻止我说："一定要试妆，才看得出效果的。"我还想推脱，她马上善解人意地冲我笑笑："没关系，反正你也是在等人嘛。"于是我坐下来。

为了让这个眼影有效果，她要我试试她们新出的无痕粉底。为了让粉底上妆，再顺便试试她们专为夏天设计的控油润肤霜，上好眼影之后，她甚至说："哦，天哪，我想除了你之外，没有人更适合这个颜色的眼影了。只是脸色不太好，最好试试这个胭脂。"于是上完胭脂之后，她又让我试了她们最新的晶莹唇彩及睫毛膏。

"好棒呀，你果然很适合我们的新季产品。漂亮极了，不买太可惜了。"不难想象，面对她这样的殷勤，如果甩手而去也实在是铁石心肠的人才做得出来。如果这时我男友来了，厚一厚脸皮我就走了，可他没来。于是我只好挑了眼影和唇彩让她计价，她一边计价一边说："睫毛膏不是很好吗？润肤霜也很适合你的肤质哦，还有胭脂，一起买的话可以给你打八折。"

即使打八折，我兜里的钱还是不允许，我狠狠心摇头。突然，她两眼泛起泪光一样地看着我："马上到八点了，我今天是试用期的最后一天，如果销售额不够的话……就算是帮帮忙吧，我按内部员工价给你打七点五折，还可以送你赠品，好不好？"

这时候，我男友不知死活地从门那边冲进来，大喊大叫："找了你半天了。"我还没开口，那个专柜小姐立马迎着他来一句："这是你男朋友啊？咦？很像黄晓明嘛。你们可真般配。"

不用说，最后，我男友拿起账单，屁颠屁颠奔往收银台，临走不等那位专柜小姐说话，他还扬起手："下次再来，下次再来。"那天我买了：三盒眼影、两盒胭脂、一支睫毛膏、一支日霜、一支晚霜、一支眼霜、三支唇彩，还有一管去死皮膏。总价人民币2 633元，被列为最严重浪费的一次购物活动。

问题：
1. 如果你是一位消费者，你乐意接受销售人员怎样的赞美？
2. 如果销售人员向顾客推荐的产品不是案例中的顺序，结果会怎样？
3. 在推销接近阶段和推销洽谈阶段，销售人员分别使用哪些方法？

第 11 章

顾客异议处理与成交

▶▶ 学习目标

通过本章的学习，学生应了解和掌握以下知识点：
◎ 正确对待顾客异议
◎ 顾客异议的常见类型及处理原则
◎ 顾客异议产生的原因
◎ 处理顾客异议的方法与技巧
◎ 推销人员在成交过程中存在的心理障碍
◎ 成交的基本策略与方法

顾客异议是推销活动中的必然现象。从接近客户、推销面谈直至成交签约的每一个阶段，顾客都有可能提出异议。推销人员只有正确地认识并妥善地处理异议，才能最终说服顾客，促成交易。正确对待和妥善处理顾客异议，有效地实现成交并做好成交后跟踪工作是推销人员必备的基本功。

专栏

美国国际投资顾问公司总裁廖荣典有个很有名的百分比定律，他认为如果一个销售人员拜访了10名顾客，只在第10名顾客处获得200元订单，怎样看待前9次的失败与被拒绝呢？那么你应该知道：你之所以赚200元，是因为你会见了10名顾客才产生的结果，并不是第10名顾客才让你赚到200元；而应看成每个顾客都让你做了20元（200元÷10＝20元）的生意。因此，每次被拒绝的收入是20元。当你被拒绝时，想到这个顾客拒绝了我，等于让我赚了20元，所以应面对微笑，然后深深地鞠一个躬，以示感谢他给你带来的20元收入。

日本日产汽车推销王奥程良治也有类似的说法。他从一本汽车杂志上看到，据统计，日本汽车推销人员拜访顾客的成交比率是1/30；换言之，拜访30人之中，就会有一个人买车。此项信息令他振奋不已。他认为，只要锲而不舍地连续拜访了29位之后，第30位就是顾客了。最重要的是，他觉得不但要感谢第30位顾客，而且对先前没买的29位更应当感谢，因为假如没有前面的29次挫折，怎会有第30次的成功呢？

11.1 顾客异议的产生

顾客异议是指顾客对推销品、推销人员、推销方式或交易条件产生的任何怀疑、抱怨、否定或提出的反面意见。推销人员必须正确地对待并妥善处理顾客异议才有可能促成交易，实现推销的目标。

11.1.1 正确对待顾客异议

许多推销人员，在面对顾客异议时，常会感到挫折与恐惧。实际上，如果我们从另外一个角度来体会异议，就会揭示出它的另一层意义：根据客户提出的异议，能判断客户是否有需要；能了解客户对你的建议接受的程度，迅速修正你的推销战术；能获得更多的信息。异议的这层意义，印证了"推销是从客户的拒绝开始的"这句话。要处理好顾客异议，推销人员首先要学会正确地认识和对待顾客异议。

1. 顾客异议是推销过程中的必然现象

推销人员与顾客分别代表着不同的利益主体，当顾客用自己的利益标准去衡量推销人员的推销意向时，大多数人会产生否定的反应。顾客提出异议是推销介绍的必然结果，是推销活动中的必然现象。一些成功的推销人员甚至认为，顾客提出异议，正是推销洽谈的目的与追求的效果。因为，只有当顾客开口说话，提出反对购买的理由时，推销人员才有可能进行针对性的介绍与解释，才是推销活动的真正开始。因此，作为推销人员，不要害怕顾客提反对意见，而应欢迎并理解顾客异议，虚心听取顾客的不同意见、看法，认真分析顾客异议产生的原因，为妥善处理异议提供依据。

2. 顾客异议既是推销的障碍，也为成交创造了机会

顾客对推销人员或推销产品等提出异议，当然为进一步推销设立了障碍，但如果没有这些障碍的出现，推销人员始终只能唱独角戏。顾客一旦发表了异议，推销便进入了双向沟通阶段。因为顾客提出的异议可能是在告诉你，我对你的产品或服务，已经发生了兴趣，但我还需要更进一步地了解商品的功能与价值，才能做出最后的决定。推销人员可以抓住这个机会，做更详细的说明，把产品的功能、特征及商品的使用价值解释得更清楚。所以说，顾客提出异议是表明推销已向成交跨进了一步，使推销有了进一步发展的基础。因此推销人员既要看到顾客的异议为推销工作设置了障碍，也应看到解决顾客异议就可成交的前景。

3. 科学地预测顾客异议

顾客异议是可以事先预测的。为了有效地处理顾客异议，推销人员在推销准备阶段，不仅要有应付顾客异议的心理准备，而且要根据自己的经验和对顾客的了解情况，尽可能地预测顾客可能提出的异议，并设计出处理异议的方法与对策，做好应对顾客拒绝的具体准备工作。

4. 推销人员应当认真分析顾客异议

顾客的异议有真有假，异议的内容更是多种多样的。不同的顾客会有不同的异议，同一内容的异议又会有不同的根源。因此，推销人员要善于深入细致地观察、分析、判断顾客对推销活动的各种外在反应，把握顾客的心理活动状态，正确认识顾客异议的具体内容，区别、判断不同的异议根源，这样，才能够有的放矢地处理好顾客异议。

5. 推销人员应欢迎与尊重顾客异议

推销人员应欢迎顾客提出异议，始终虚心地听取顾客陈述异议，认真地分析顾客异议的性质与原因，并根据顾客异议修改推销计划与策略。即使原因在顾客，甚至顾客无理取闹，推销人员也要本着"顾客总是有理"的思想，奉行"避免与顾客争辩"的原则，不能与顾客争吵。

11.1.2 顾客异议的类型

顾客异议是多种多样的，常见的顾客异议大致有以下几种，如图 11-1 所示。

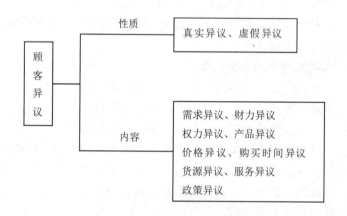

图 11-1 顾客异议类型图

1. 按性质划分的异议

1）真实异议

真实异议是指客户提出的异议是有事实依据的，因而是真实有效的。比如，某客户告诉推销人员，该企业流动资金暂时不足，没有能力购买推销品，或者是购买推销品需总经理批准。如果实际情况的确如此，这些异议都是真实的、有效的。推销人员可以从真实的客户异议中获取对推销有用的情报，详细分析，结合具体情况妥善处理。

2）虚假异议

虚假异议是指客户提出的异议是违反客观事实的，因而是虚假的、无效的。比如，某客户账户上有很多存款却说因没有钱而不购买推销品，明明他有权决定是否购买推销品，却说需等总经理批准，这些话与客观事实不符，因此这些异议都是虚假的、无效的。

虚假异议通常是客户不想购买的一种推托之词。对虚假异议推销人员要做具体分析，要找出虚假异议后面的真实原因，根据不同情况分别处理。

2. 按内容划分异议

1）需求异议

需求异议是指顾客认为产品不符合自己的需要而提出的反对意见。当顾客对你说:"我不需要"或"我已经有了"之类的话时,表明顾客在需求方面产生了异议。顾客的需求异议,存在两种可能:一是顾客确实不需要或已经有了同类产品,在这种情况下推销人员应立刻停止推销,转换推销对象;二是这只是顾客想摆脱推销人员的一种托词。面对这种可能,推销人员应运用有效的异议化解技巧来排除障碍,从而深入开展推销活动。

2）财力异议

财力异议是指顾客以支付能力不足或没有支付能力为由而提出的一种购买异议。如顾客说"产品确实不错,可惜无钱购买""如能在资金上通融一下,我们还是很想进货的"等。财力异议往往有真实与虚假之分,推销人员要善于分析,加以区别、判断,采取妥善的办法处理。

3）权力异议

权力异议是指顾客以自己无权决定购买产品为由提出的一种异议。如顾客说"领导不在,我做不了主""这个事情不属于我们管理的范围,实在很抱歉"等。权力异议也有两种情况:一是真实的异议,即顾客确实无权购买;二是虚假的异议,即顾客以无权购买为借口,拒绝购买。

4）产品异议

产品异议是指顾客对推销人员推销产品的质量、式样、设计、结构、规格等方面提出的异议。这类异议,也可以分为两种情况:一是推销品本身确实存在某种缺陷,这要求推销人员及时收集市场信息并反馈给生产企业,以生产出适销对路的产品;二是顾客想通过产品异议了解更多的产品信息,这种异议带有一定的主观色彩,表明顾客对这种产品的了解还不够,推销人员一定要先对产品有充分的认识,然后才能用适当的方法去消除顾客的异议,满足顾客的需求。

5）价格异议

价格异议是指顾客认为价格过高或价格与价值不符而提出的反对意见。在推销过程中,推销人员最常碰到的就是价格方面的异议,这也是顾客最容易提出来的问题。一般来说,顾客在接触到推销品后,都会询问其价格。因为价格与顾客的切身利益密切相关,所以顾客对产品的价格最为敏感,一般首先会提出价格异议。即使推销人员的报价比较合理,顾客仍会抱怨:"你这价格太高了。"在他们看来,讨价还价是天经地义的事。当然,顾客提出价格方面的异议,也是表示顾客对产品感兴趣的一种信号,说明顾客对产品的其他方面,如性能、质量、款式等比较满意。因此,推销人员应把握机会,可适当降价,或从产品的材料、工艺、售后服务等方面来证明其价格的合理性,说服顾客接受其价格。

6）购买时间异议

购买时间异议是指顾客自认为购买推销产品的最好时机还未成熟而提出的异议。如"我们还要再好好研究一下,然后再把结果告诉你""我们现在还有存货,等以后再说吧"等。购买时间异议是一种来自顾客本身的异议,是顾客心理活动的一种表现,不同阶段的购买时间异议,说明顾客有不同的异议原因。若顾客在推销活动开始时就提出时间异议,则应视为是一种搪塞的表现,是顾客拒绝接近的一种手段;若顾客在推销活动进行到一定程度之后或推销活动即将结束时,才提出购买时间异议,大多表明顾客的其他异议已经很少或不存在了,只是在购买的时间上仍有一点顾虑和犹豫,属于有效异议,推销人员此时要运用适当的方法与策略,消除顾客的购买时间异议,促成交易的达成。

7) 货源异议

货源异议是指顾客自认为不应该购买某推销人员所推销的或所代表的企业的产品而提出的异议。如"很抱歉,这种产品我们有固定的供货渠道"。货源异议的产生,大多是由于顾客对推销人员本人或对其所代表的企业与产品的不信任造成的,如怀疑推销人员的信用、怀疑推销企业的信誉与实力、怀疑推销品的功能等。

8) 服务异议

服务异议是指顾客对购买推销品能否获得应有的、良好的售货服务表示不信任或担心而提出的一种异议。售货服务包括售前服务、售中服务和售后服务,其中售后服务是推销服务的重点,服务异议大多源于售后服务,如"空调坏了怎么修呀?到哪里去找你们呀?""这种洗衣机有没有免费送货上门服务?"等。

9) 政策异议

政策异议是指顾客对自己的购买行为是否符合有关政策的规定而有所担忧进而提出的一种异议,也称为责任异议。推销人员在进行推销准备时,应该对有关政策有所了解,在实际推销活动中能有的放矢地解决顾客的政策异议方面的问题。若顾客因不了解有关政策而提出无效的政策异议,则推销人员只需把有关政策说清楚、讲明白,便不难解决顾客异议;若属于有关政策明确规定不能购买的情况,推销人员则应该立即停止推销活动,切不可欺骗顾客。

实 例

请指出下列顾客异议的类型,并说明异议划分的标准。

(1) 顾客:"这个皮包的设计、颜色都非常棒,令人耳目一新,可惜皮子的质量不太好。"

(2) 顾客:"这个金额太大了,不是我马上能支付的。"

(3) 顾客:"我们一直都是从顺达公司购买,我们没有理由中断和他们的购销关系,转而购买你们公司的产品。"

(4) 顾客:"我们老板不在,我不能做主。"

(5) 顾客:"给我15%的折扣,我今天就下订单。"

(6) 顾客:"连你(推销人员)都不会用,更别说我了,我还是不买了,太复杂了。"

(7) 顾客(一中年妇女):"我都这把年纪买这么高档的化妆品干什么,一般的护肤品就可以了。"

11.1.3 顾客异议产生的原因

形成顾客异议的原因有很多,有顾客方面的,也有推销人员方面的;有推销环境方面的,也有推销产品方面的。有些异议的产生是必然的、可预料的,而有些异议的产生是偶然的、突然的。很多情况下,引起顾客异议的原因是多方面的、多种因素的,并且各因素之间互相联系、互相影响,使得顾客异议的原因变得难以捉摸。

顾客异议的原因虽然错综复杂,但推销人员要积极地去深入研究这些原因,为消除顾客异议探寻有效的方法。从现代推销环境来说,顾客异议产生的原因主要有以下几种。

1. 来自顾客方面的异议原因

1) 顾客的无知与固执

顾客的无知往往是产生需求异议、产品异议、价格异议的根源。如果顾客的文化水平偏低,往往对新技术产品的购买、消费不太了解,或者产品专业性很强,顾客对该产品有关方面知之甚少,容易导致异议。同样,如果顾客没有认识到推销产品所带来的益处或没有意识到自身的需求,没有意识到自己目前的状况需要改变,安于现状,固守原有的购买内容、购买方式与购买对象而不思更改,也会产生顾客异议。

推销人员对于无知或固执的顾客,应从关心与服务顾客的角度出发,对顾客进行有关产品购买、消费方面的知识启蒙与普及工作,通过通俗易懂的形式使顾客认识与发现自身需求,对顾客需求进行启发、引导与教育,以便有效地消除顾客异议。

2) 顾客的购买经验与成见

顾客在以往的购买活动中积累了一定的经验。如产品经验、价格经验等。既有成功的经验,也有失败的经验。顾客往往会根据自己的经验进行购买决策。当推销活动和顾客成功的购买经验不相符合或者与失败的购买经历类似时,顾客异议就会产生。顾客往往对失败或不愉快的购买经历印象深刻,并有可能产生成见。成见是一种不依真理判断的倾向。当许多失败或不愉快的购买经历共同指向某一特定商品或推销人员时,成见就会得到强化。成见也会因顾客负面信息的累积而强化。比如有的人以为进口货就是好,一见国产的商标就摇头;有的人认为推销人员是为了推销商品,只会骗人,推销人员的话他一句也听不进去;还有的人发现产品某一个小缺点,就得出不能用的结论。推销人员在推销过程中,遇到这类顾客,首先应针对顾客的认识观进行观念的转化与耐心的解释工作,客气地提出顾客的经验并不总是合理的,要具体问题具体分析,不要有成见;然后再解答他的问题。要注意不要和顾客辩论,不要与顾客顶撞,要各抒己见,不强加于人。

3) 顾客缺乏支付能力

如果顾客缺乏支付能力,即使有很旺盛的购买欲望也会提出各种购买异议或直接拒绝购买。对此类顾客,推销人员可在不损害己方利益的前提下,适当让步,可以按延期付款、分期付款或赊销等结算方式达成交易。

4) 顾客的自我表现

在买方市场条件下,顾客处于优势地位,有些顾客自高自大,经常会在推销人员的推销介绍之后,提出一些似是而非的异议,借以显示自己的能言善辩、见多识广、消息灵通、反应机敏、成熟老练等,或者想以此从心理上对推销人员施加压力,以达到对自己更加有利的交易目的。出于这种目的的顾客异议一般是无效异议,推销人员应以博大的胸怀与包容精神对待这类顾客。

5) 顾客有比较固定的采购关系

在长期的生产、经营活动中大多数顾客都有比较稳定的购买渠道,团体顾客尤其如此。一般情况下,顾客在面临新的交易伙伴时,必然会考虑原有采购关系的协调问题。除非推销人员的推销活动能够给他带来更多、更好的利益，否则顾客是不愿冒险随便丢掉长期以来建立的固定的业务合作关系的。

6）顾客的私利与社会不正之风

受社会不正之风的影响，一些存有私心的人有时会利用职权之便对推销设立障碍，企图索取额外的回扣与好处费，导致一些交易商借机销售假冒伪劣产品。这些违反市场经济规律和国家法律的行为，会增加推销的难度。对此种顾客异议，推销人员一方面要遵守国家有关的法律和规章制度，另一方面应在现行政策允许的范围内灵活推销。

7）顾客的偶然因素

在推销过程中，由于一些顾客方面的偶然因素，如身体欠佳、情感失落、家庭失和、人际关系紧张、晋升受挫等原因，造成顾客心情不好，当推销人员向顾客做推销介绍时，顾客有可能不能有效地控制自己的情绪，从而不停地向推销人员提出异议，以此作为发泄情感和寻求心理平衡的一种方式。推销人员在推销过程中应细心观察，及时判断，如果顾客情绪低落或起伏较大，最好停止推销，下次再来。总之，应尽量回避由于偶然因素造成顾客异议的推销环境。

2. 来自推销方面的异议根源

1）产品不能满足顾客需要

在推销过程中，如果推销产品的3个层次（即核心层、形式层和附加层）的任何一个部分不能令顾客满意，存在着不能满足顾客需求的因素，或者推销品本身并不具有比竞争对手产品更多的特色与优势等因素都可能导致顾客异议，成为推销的障碍。例如，顾客需要的是高品质的产品，而推销人员推销的却是一般性的产品；顾客需要的是价格便宜、质量要求不太高的产品，而推销人员推销的却是极品等。

如果产品质量不能满足顾客需要，推销人员应尽量强调产品的适用性，向顾客说明产品的性价比并适当提供售后服务保证；如果顾客嫌价格贵，则要强调产品的质量，强调产品给顾客带来的利益。

2）推销信息不足

在推销过程中，推销人员没有让顾客获得足够的信息，使顾客感到因信息不足而难以决策，进而提出各种异议。对于这种情况，推销人员必须掌握大量的有关信息，并选择恰当的信息传递方式，向顾客提供充分的推销信息和具有较强说服力的推销证据，克服因推销信息不足所带来的顾客异议。

3）推销人员无法赢得顾客的好感或信任

在推销活动中，很多时候由于推销人员无法赢得顾客的好感或信任，甚至使顾客产生反感，结果导致异议产生。比如推销人员的举止不符合推销礼仪，做了夸大其词的陈述，使用太多的专业术语，引用不当的调查资料及推销人员姿态太高，处处让顾客词穷等都可能无法赢得顾客的好感，甚至会使顾客产生反感。这就要求推销人员要注意自己的言谈举止，尽量赢得顾客的好感。再有某些企业的推销人员曾经对顾客采取了不负责任的推销态度，如没有很好地履行合同，缺乏信用，甚至愚弄与欺骗顾客等，严重损害了自身的商业信誉，结果顾客提出了有关推销信誉方面的异议。此时除了耐心解释以外，更重要的是以实际行动并假以时日争取顾客的信任，或者采取一些商业担保的形式来消除顾客的疑虑与误解。

4）展示失败

在推销的过程中，推销人员常常利用展示来吸引顾客，增强说服力。如果展示失败，则会立刻引起顾客的质疑。例如，推销人员为了说明产品坚固，可能会踩在产品上面或者把产品往地上摔，如果此时产品被踩碎或摔坏，顾客将不会相信该产品的坚固性。这就要求推销人员在产品展示之前，一定要做好准备工作。

11.2 处理顾客异议的时机与方法

顾客异议是成功推销的障碍。推销人员只有处理好顾客异议，消除顾客为成交设置的障碍，才能取得成功。要处理好顾客异议，推销人员对异议要有正确的看法和态度，还应在认真分析顾客异议的基础上，选择处理顾客异议的恰当时机，掌握处理顾客异议的策略与方法。

11.2.1 处理顾客异议的时机

优秀的推销人员懂得何时回答顾客的异议。美国专家通过对几千名推销人员的研究，发现好的推销人员所遇到的顾客严重反对的比率只是差的推销人员的 1/10。这是因为，优秀的推销人员对客户提出的异议不仅能给予一个比较圆满的答复，而且能选择恰当的时机进行答复。推销人员对顾客异议答复的时机选择有以下 4 种情况。

1. 提前处理

推销人员完全有可能预先揣摩到客户异议并抢先处理的。因为客户异议的发生有一定的规律性，如推销人员谈论产品的优点时，客户很可能会从最差的方面去琢磨问题。有时客户没有提出异议，但他们的表情、动作及谈话的用词和声调却可能有所流露，推销人员觉察到这种变化，就可以抢先解答。因为这样，推销人员可以争取主动，先发制人，避免纠正客户的看法，或反驳客户的不同意见，也避免了与客户发生争执。另外，在推销产品时，不仅向客户介绍推销产品的特点和优势，也向客户说明该产品的不足之处和其使用注意事项。这样做，通常会使客户感觉到推销人员没有隐瞒自己的观点，能客观地对待自己的推销产品，从而赢得客户的信任。

▶ 实 例 ◀

有一次，沙拉王公司创办人哈里·雷蒙斯向顾客推销一种切食物的机器。他在快速而轻易地切割三四种食物后，看着顾客说："看过示范的人经常问我，他们买了这种机器后能不能像我这样处理食物？"

"坦白说，不可能。你们绝对不可能像我这样巧妙使用。这不是吹牛，而是事实，因为我每天都要操作这玩意儿好几小时，瞧我用起来多轻松自如。说实话，我之所以熟练是因为我已成了专家。"

2. 即时处理

一般而言，除了顾客出于偏见、恶意等原因而提出的一些无端的异议、虚假的异议外，对其他异议推销人员都应及时回答。这样，既可以促使顾客购买，又是对顾客的尊重。顾客都希望推销人员能够尊重和听取自己的意见，不回避问题，并做出满意的答复。推销人员若不能及时答复顾客所提出的问题，顾客就会采取拒购行动。因此，在推销实践中，推销人员应视具体情况，立即答复那些需要立即答复的顾客异议，及时排除推销障碍，促进交易的顺利达成。立即答复顾客异议，要求推销人员具有丰富的知识、敏捷的思维、灵活应变的能力、善辩的口才和一定的临场经验。

3. 推迟处理

在推销过程中，推销人员对于顾客的某些异议不做及时回答可能会危及整笔交易；而对有些异议，推销人员如果不量力而行，企图立即做出答复，则可能会葬送整笔交易。因此，对于顾客提出的某些异议，如果推销人员认为不适合马上回答的，可采用推迟处理的办法加以解决。

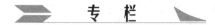
专栏

推迟处理顾客异议的几种情况

在推销过程中，对于下列几种情况，推销人员可以推迟处理顾客的异议。

（1）如果推销人员不能当即给顾客一个满意的答复，应当暂时搁下，推迟处理。比如，当顾客提出了涉及复杂的技术细节而推销人员又回答不了异议时，就需要请有关的技术人员来解答，这样的回答才具有更强的说服力；对于那些马上答复没有足够把握的顾客异议，推销人员也要推迟处理，以便给自己留出更多的时间来进行思考，筛选出最佳的处理方案。

（2）如果推销人员认为马上答复顾客的异议会影响你阐明推销要点或影响你的推销方案的实施，最好不要马上回答，应推迟处理。

（3）如果推销人员认为没有必要当即反驳顾客异议，可以推迟答复。这样做的目的是尽量避免同顾客发生冲突，也是为了不使顾客认为推销人员对他的观点总是持否定态度，还可以是推销人员出于策略上的考虑，有意等待适当时机再予以答复。

（4）如果顾客提出的异议有可能会随着业务洽谈的进行而逐渐减少或消除，推销人员可以不马上处理顾客异议。这样，既可以减少不必要的争执，又可以节省时间，体现了推销人员在安排推销策略上的高明之处。

（5）如果顾客的异议与推销人员将要谈到的某个问题有关，可以不即时回答。可以说："请稍等一下，下面我将要谈到的问题会说明这一点。"

4. 不予处理

许多时候，推销人员不必对顾客的反对意见逐一加以反驳，因为这不会影响推销工作，没有反驳的必要。以下异议就没有必要回答：无法回答的奇谈怪论；容易造成争论的话题；废话；可一笑置之的戏言；异议具有不可辩驳的正确性；明知故问的发难；等等。销售人员不回答时可采取以下技巧：沉默；装作没听见，按自己的思路说下去；答非所问，悄悄扭转对方的话题；插科打诨幽默一番，最后不了了之。总之，在推销过程中，推销人员不需要对顾客所有的异议一一答复，而应具体分析，区别对待，处理那些真实的、有价值的、对推销工作有帮助的顾客异议；否则，有问必答，有求必应，难免会节外生枝，引起不必要的麻烦或纠纷，从而影响整个推销工作的顺利进行。

11.2.2 处理顾客异议的方法

1. 但是法

但是法又称间接反驳法，是指当顾客产生异议时，推销人员先附和异议，然后根据有关的事实与理由来间接否定顾客异议的一种方法。这种方法一般适用于由于顾客的无知、偏见、缺乏经验或推销信息不足而产生的异议。在使用但是法时，先不直接反驳顾客的异议，而是先附和顾客的异议，陈述异议的合理性或者仅仅是把顾客异议简单地重复一遍，拉近与顾客之间的心理距离，然后用"但是""如果"等含有转折意义的词对顾客异议进行反驳处理。其表现形式为"是的……但是……""是的……然而……"或"对……如果……"这种语气比较委婉，容易被顾客接受，能够缓解顾客的对抗心理，产生良好轻松的推销气氛。有时也可以通过重复顾客的异议进行处理。推销人员先用疑问的语气重复顾客的异议，再把问题推给顾客，让顾客接着陈述异议，在充分了解异议以后，再进行"是的……但是……"处理。

实 例

潜在客户："这个金额太大了，不是我马上能支付的。"

销售人员："是的，我想大多数的人都和您一样是不容易立刻支付的，如果我们能配合您的收入状况，在您发年终奖金时，多支一些，其余配合您每个月的收入，采用分期付款的方式，这样您支付起来一点也不费力了。"

在实际运用中，但是法也有一定的局限性，表现为3个方面：一是肯定顾客异议中的合理成分，也就限定了自己处理异议的回旋余地；二是推销人员对顾客的异议先行附和，可能会削弱异议处理的说服力，可能会强化顾客坚持异议的心理，甚至会刺激顾客产生更多的异议；三是这种方法要求推销人员先行附和，再间接反驳，如果运用不当，可能会令顾客感到推销人员故意玩弄技巧，回避矛盾，进而对推销人员产生反感，认为其不可靠，从而增加推销的难度。

所以，在运用但是法处理顾客异议时，应注意以下几个方面。

1) 只肯定顾客异议中明显的合理成分

这就要求推销人员思维敏捷，能够进行发散思维。当顾客提出异议时，推销人员能够联想到顾客异议背后的各种因素，先行肯定异议中的合理成分。在先行肯定时，要为以后的反驳留有充分的回旋余地，尽量不要削弱反驳的力度；再运用发散思维从顾客可能接受的新的角度、新的内容及重点重新开展推销工作。

2）要让顾客感觉到你的真诚

推销人员在先行附和时，一定要让顾客感觉到你的真诚。也就是说，推销人员的肯定一定是发自内心的，理由要充足，不能让顾客感觉你是在有意讨好顾客，溜须拍马。这样只会让顾客产生逆反心理，不利于拉近与顾客的心理距离，不利于推销气氛的营造。

3）注意转换词的选择

在但是法中，可以使用的转折词有很多，比如"虽然""不过""然而""除非""诚然""（但是）如果"等。由于"但是"听起来显得生硬，让人觉得不太舒服，所以在实际推销活动中，推销人员应针对不同的顾客选用不同的转折词，尽量做到语气委婉，转折自然，更好地消除顾客的不满情绪。

4）选好反驳重点

在充分了解顾客及其异议信息的基础上，要选择好反驳的重点。在选择反驳重点时，要学会发散思维，能够从新角度、新层面向顾客传递新信息。反驳重点不宜太多，要注意"是的"与"但是"内容的平衡，但一定要有力度。

2. 反驳法

反驳法和但是法相比，省略了先行附和部分，直接根据确切的客观事实和相关材料对顾客提出的异议进行直接反驳，有时也叫直接反驳法。运用直接反驳法最大的好处就是可以增强推销的说服力，可以有效地节省时间，提高推销效率。当异议产生于顾客对产品的错误理解时，这种方法既有效，又得体。

实 例

顾客："这房屋的公共设施占总面积的比率比一般的要高出不少。"

销售人员："您大概有所误解，这次推出的花园房，公共设施占房屋总面积的18.2%，一般大厦公共设施平均占19%，我们要比平均少0.8%。"

反驳法是推销人员直接反驳顾客意见，对抗的味道较浓，所以不宜在初次交谈时运用；如果初次交谈时运用，极易使顾客自尊心受到伤害，甚至会激怒顾客，使顾客产生对抗的第一印象，破坏了推销的气氛，容易使推销陷于困境，甚至导致推销失败。即使在交谈一段时间以后运用时，也应注意以下两个方面。

1）反驳理由要充足，做到有理、有据、有节

推销人员可以用摆事实、讲道理的方法对顾客的异议进行澄清和解释，也可以借助相关材料证明等进行反驳，反驳的理由要充足可信。在进行反驳时，最好只提供反驳信息，尽量少进行评论，做到有理、有据、有节。

2）应当始终维持良好的推销气氛

在运用反驳法处理顾客异议时，推销人员应该关注顾客的情绪反应，考虑顾客的心理承受能力，注意良好推销气氛的维护。推销人员一方面要明白：反驳的只是顾客的看法、意见或提供的信息，而绝不是顾客的人格，更不是顾客的全部。另一方面，也要知道顾客有时会把人和问题联系在一起，所以在反驳顾客异议的过程中，不仅要关心推销的结果，更要做到态度友好真挚，用词委婉，语气诚恳，既有效地反驳顾客的异议，又不冒犯顾客，使顾客感

到既消除了心中的疑虑，又增加了新的知识。

3. 太极法

太极法又称转化法、利用法、反戈法，是指推销人员巧妙地把顾客的异议转化成顾客购买理由的一种方法。这种方法能够消除异议，并且使对方很难再问下去。

实 例

经销店老板："你们把太多的钱花在做广告上，为什么不把钱省下来，作为进货的折扣，让我们的利润高一些？"

推销人员："就是因为我们投下大量的广告费用，客户才会被吸引到指定地点购买指定品牌，不但能节省您销售的时间，同时还能促进其他产品的销售，增加了你们的利润！"

太极法是一种比较有效的顾客异议处理方法。它一方面能够使推销人员正视顾客异议，不回避异议，有利于建立良好的合作关系，而且可以调动顾客的积极性，化顾客异议中的消极因素为积极因素，化推销障碍为推销动力，达到较好的推销功效。此外，太极法用顾客之矛攻顾客之盾，直接转变顾客的观点，对顾客的冲击力较强，可以使顾客无法再提出新的异议，促使推销进入成交阶段。日常生活上也经常碰到类似太极法的说法。例如，主人劝酒时，客人说不会喝，主人立刻回答说："就是因为不会喝，才要多喝多练习。"又如，想邀请女朋友出去玩，女朋友说心情不好，不想出去，可说："就是因为心情不好，所以才需要出去散散心！"这些异议处理的方式，都可归类于太极法。

太极法的不足表现为：推销人员直接利用顾客的异议进行转化处理，会使顾客认为推销人员比较圆滑，是个模式化的家伙，感到自己好像被人利用、愚弄，可能会引起顾客的反感甚至恼怒，导致推销失败。因此，采用这一方法处理顾客异议时应注意以下几个问题。

一是推销人员在运用太极法时，应做到态度诚恳热情，方式得当，语言要自然，特别是要注意非语言信息的传递，以保持良好的推销气氛；切不可傲慢，洋洋得意。

二是推销人员应正确区分异议中的合理部分。在运用太极法中，顾客的异议是利用、转化的基础，推销人员肯定顾客异议的客观性、合理性时，其目的是利用异议中正确的部分和积极的因素。因此，推销人员不能不加分析地对顾客异议的内容一概加以肯定，而应在分析与判断的基础上，只肯定顾客异议中的正确部分与积极因素，利用顾客异议本身的矛盾去处理异议。

三是向顾客传递正确的信息。推销人员在运用太极法时，应该正确分析影响推销的各种环境因素，分析影响顾客购买的各项因素，向顾客传达客观的、真实的、预测正确的信息；而不能为了推销产品，不负责任地向顾客传递虚假信息，误导顾客，蒙骗顾客。

实 例

有一年，美国某地某苹果基地种植的苹果由于受冰雹、霜冻等自然灾害的侵袭，果皮上出现了点点斑痕，卖相不好。虽然该苹果没有受到污染，内在品质好，口感脆甜，但是在当年的销售过程中遇到了麻烦，销售情况不佳。水果批发商布朗先生面对这种情况很着急，一时想不出办法。经过几天的思索，终于有了办法。于是，他在店门口竖立一个醒目的大招牌，上面写着："苹果上应该有斑痕，因为那是下冰雹时碰撞的痕迹。它说明这些苹果都生长在寒冷的高山上，而寒冷的高山才能生产出这般香甜爽口、清脆多汁的上等苹果。货量有限，欲购从速。"创意一出，布朗的顾客络绎不绝。

4. 询问法

这是指推销人员通过对顾客的异议提出询问来处理异议的一种策略和方法。在推销过程中，出于种种原因顾客经常会提出一些虚假的异议。有的异议是信手拈来的，无关紧要；有的异议甚至与顾客的真实想法完全不一致；有时连顾客本人也无法说清楚有关异议的问题。在这种情况下，顾客异议的性质、类型与真假很难分析判断，这时就可以利用询问法，排除障碍，处理顾客真实的异议。利用询问法处理异议，一般可按"测定—了解—求证—处理"的顺序来处理。测定指通过重复顾客异议，然后问有没有其他异议，其主要目的就是找出顾客真实的主要异议。如顾客说："卖你们的产品不赚钱。"这时推销人员可以说："你关心的是利润问题，除此之外还有没有其他问题？"了解是指通过询问了解顾客异议背后真正的疑虑。如推销人员可以问："您能举个例子吗？""您能说得具体一点吗？"求证则是为了确保双方都了解真正的疑虑所在，推销人员可以通过问"您真正想知道的是……对不对？"进行求证。最后，在了解真正疑虑的基础上进行有针对性的处理。

实 例

顾客："卖你们的产品不赚钱。"
业务员："你关心的是利润问题，除此之外还有没有其他问题？"
顾客："我的货架没有位置放你的新产品！"
业务员："唔……，你担心货架的空位不足！不知还有没有其他的？"
顾客："另外是天气，现在对饮料来说，天气是太冷啦！"
业务员："你同时担心天气太冷，饮料不太好卖……不知还有没有其他？"
顾客："没有其他。"
业务员："高老板，你刚才提到3个疑虑——利润，货架的空位及天气，不知哪一个是最重要呢？"
顾客："唔！我想是天气吧！"
业务员："这几天是有些冷，不过这只是气温临时下降，过几天还会热起来。再说，我们的产品保质期较长，如果到天气彻底凉的时候还有没卖完，我们负责收回。"

询问法的优点表现为：推销人员通过询问可以进一步了解顾客，找到顾客的主要疑虑，为进一步推销奠定基础，同时也提高了推销的效率；在运用询问法时，常常带有请教的含义，这样在获取顾客更多异议信息的同时，又可以使推销保持良好的气氛；通过询问，推销人员掌握了推销交谈的主动权，为制定下一步的推销策略争取了时间。因此，询问法是一种被广泛应用的处理顾客异议的方法。

询问法的局限性表现为：在运用询问法时，顾客常常处于被动地位，在推销人员的一再追问下,顾客可能会产生逆反心理,甚至产生抵触推销的情绪,这样就破坏了推销的气氛;在运用询问法时,推销人员的不断询问也可能会引发顾客更多的思考,结果可能会使顾客产生更多的异议。

顾客也不可能完全表达清楚产生异议的真实根源,推销人员也没有必要或不可能完全了解顾客异议的最终根源。因此,运用询问法处理顾客异议时应注意以下方面。

一是推销人员应当在顾客充分了解产品或服务的有关信息后,再进行询问。如果顾客在未充分了解产品或服务信息时就提出异议,推销人员应积极引导顾客了解产品或服务,此时不宜一再追问。

二是顾客的异议有多种多样,推销人员应该只针对重要的以及与成交有关的顾客异议进行询问。对于那些次要的、对推销成交无关的或者是无效的顾客异议,则不应该进行询问,可采用忽视法处理。应该只对那些不询问就不能充分了解顾客真正的疑虑以及不询问就不能达成交易的顾客异议进行询问,同时追问也要适可而止。

三是推销人员在询问时应讲究推销礼仪。推销人员应注意询问的姿态、手势和语气,应避免使顾客产生心理压力。例如,不能居高临下,不能用严厉的语气追问顾客,距离顾客不能太近,追问的问题不应涉及顾客的个人隐私等;对于顾客不愿或不想回答的问题,推销人员不可反复穷追。总之,在询问时,要使顾客感到受尊重和被请教,只有这样,顾客才能说出异议的根源;推销人员在顾客回答询问后,应适时、灵活地运用各种面谈技术消除顾客异议,促使顾客购买。

5. 补偿法

当顾客的异议部分正确时,推销人员可以利用补偿法进行处理。因此,当顾客理智地提出一些有效的、真实的购买异议时,推销人员应客观地对待顾客异议:先肯定顾客的异议,后通过摆事实讲道理的推销使顾客认识到购买的利益,在理智上与情感上都获得平衡。这样,推销人员在传递产品优点的同时,又承认了产品的不足。顾客在接受正反两方面的信息后,会认为推销人员比较诚实可靠,会相信产品的优点,也会相信长处大于短处、优点多于缺点,顾客就会购买,这就是补偿法的实践依据。在实际运用补偿法时,也会经常使用"是的……但是",有时也可以把补偿法看作是但是法的一种。

▶ 实 例 ◀

顾客:"你看,××公司的笔记本只有两千克,你们的笔记本却有两点六千克。"

推销人员:"你们的工程师在外面工作,笔记本是他们工作的工具,非常重要。他们希望重量能够轻一些,尺寸小一些。您觉得除了重量之外还有什么指标比较重要呢?"

顾客:"除了重量,还有可靠性和坚固性,当然还有配置,如CPU速度、内存和硬盘的容量。"

推销人员:"您觉得哪一点最重要呢?"

顾客:"当然最重要的是配置,其次是可靠性和坚固性,再后来是重量。但是重量也是很重要的指标。"

推销人员:"每个公司设计产品的时候,都会平衡各个方面的性能。如果重量轻了,一些可靠性设计可能就要牺牲掉。例如,如果装笔记本的皮包轻一些,皮包对笔记本的保护性就会弱一些。根据我们对客户的研究，我们一直将可靠性和配置放在优先级较高的位置，这样不免牺牲了重量方面的指标。事实上，我们的笔记本采用铝镁合金，虽然铝镁合金重一些，但是更牢固。而有的笔记本为了轻薄，采用飞行碳纤维，但坚固性就差一些。基于这种设计思路，我们笔记本的配置和坚固性一直是行业界最好的。您对这一点有问题吗？"

补偿法的优点表现在：避免了争吵和对顾客的伤害；立足于事物的两重性，使推销活动更具有辩证法的特点，表现了推销人员诚恳的态度和为顾客着想的服务精神，能够形成良好的人际关系与推销气氛；推销人员一方面肯定了顾客的异议，另一方面通过摆事实讲道理使顾客知晓购买的利益，在情感上与理智上都获得平衡；在推销人员的积极推销下，突出了产品的优点及推销活动能为顾客带来的实际利益，增强了推销的说服力，获得了较好的推销效果。

补偿法需要首先承认与肯定顾客异议，然后提出产品的补偿利益所在。由于不同的人对产品优点和缺点的重要性评价不同，推销人员认为无关紧要的不足，顾客可能认为是产品的重大缺陷。所以在肯定顾客异议时，可能会引发顾客对推销产品的误会，助长顾客对异议的坚持，对购买失去信心，导致推销失败。因此，在运用补偿法时应注意以下两方面。

1）推销人员在承认肯定顾客异议时，只肯定其中真实有效的部分

在决定运用补偿法之前，推销人员必须对顾客异议进行分析。只有当顾客属于理智购买型且提出的异议属于有效的、真实的异议时，才可使用补偿法。

2）推销人员用于补偿的部分最好是产品的最强优势

一般来说，顾客不会要求产品十全十美，因为那意味着价格高昂。只要顾客认为用于补偿的利益大于产品的不足部分，就会接受产品。所以在运用补偿法时，要向顾客展示产品最强的部分，并且要提高顾客对补偿部分的价值评价。

6. 忽视法

忽视法就是对顾客提出的某些异议不予理会。推销人员对顾客的反对意见，经过仔细分析后，如果认为顾客的反对意见只是为了反对而反对，或为了表示自己的见解高人一等，或仅仅是顾客为了拒绝推销的一种借口，这时就可以采取不理会的态度，不要在这方面浪费太多的时间。这些异议不是真正的反对意见，即使消除了这些异议，也不会真正达成交易。推销人员可以对这些异议装作没有听见，也可以托词说回头再讨论。随着业务的进展，顾客就很有可能不再坚持了，所以不会影响推销活动。

实 例

销售人员拜访经销店的老板时，老板一见到您就抱怨说："这次空调机的广告为什么不找王××来拍？而找李××，若是找李××的话，我保证早就向您再进货了。"

碰到诸如此类的反对意见时，您不需要详细地告诉他，为什么不找李××而找王××拍的理由。因为经销店老板真正的异议恐怕是别的原因，您要做的只是面带笑容，同意他就好。

但是，对顾客的反对意见采取不理会的态度一定要谨慎，否则对推销人员的业务将是很不利的。这种方法不应经常针对某一顾客，因为当顾客再度提起先前的反对意见时，就表明

他已经对你的产品产生了浓厚的兴趣,他的反对意见可能就是实质性的问题。如果推销人员不理不睬,或者不能回答他的提问,就更容易激起顾客的怒气,即使以前想买的产品现在也不准备买了。

有些顾客的反对意见属于一种偏见或成见,这些不合逻辑和带有感情色彩的反对意见,单靠讲道理是消除不了的。有时顾客甚至会有意给推销人员出难题,迷惑推销人员,把推销工作引向歧途。对于这类反对意见,推销人员就不必试图去说服顾客,而应该采取不理会的态度;也可以先和顾客讨论别的问题,把顾客的注意力引开,就可以避免与顾客纠缠不清了。

客户无法拒绝的推销话术

处理客户异议的6种方法(动漫)

11.3 成交的策略与方法

成交是整个推销过程中最关键的阶段。它决定了从寻找顾客到处理异议的一系列活动最终是否能取得预期的成果。在成交阶段,推销人员的核心任务就是促使顾客采取购买行动。没有成交,推销人员所做的一切努力都成为徒劳。因此,一个优秀的推销人员应该具有明确的推销目标,千方百计地促成交易。

11.3.1 顾客的成交信号

多数情况下,顾客不会主动请求购买,而是推销人员在恰当的时机主动请求顾客购买。推销工作进行到一定程度,顾客可能会产生浓厚的需求欲望,并逐步下定购买决心。顾客会或明或暗地通过语言信息或非语言信息表露出购买的意向。这时,推销人员要捕捉到这些成交信号,抓住时机,促成交易。成交信号是指顾客在接受推销的过程中有意或无意流露出来的各种成交意向,可以把它理解为一种成交暗示。成交信号的表现形式十分复杂,常见的有以下几种。

1. 语言信号

语言信号是指在推销人员与顾客的交谈过程中,顾客的某些语言流露出来的成交信号。如:顾客询问交货时间、付款条件、交易方式等具体事宜;对产品质量及商品加工问题提出具体要求;询问有关售后服务问题,如关于维修、退换等条件等。在顾客的这些言谈中,尽管没有明确提出成交,但已比较明确地流露出成交的意向了。例如:

"如果更换这种设备,需要停机多长时间?"
"是否可以分期付款?"
"如果我们购买,你们是否能帮助我们培训操作人员?"

"如果我们购买10吨，折扣是多少？"
"你们公司最早可以在什么时候交货？"
"对这种产品，你们公司的服务有何保障？"
"你们一年有几次上门服务？"
"要是过两天降价怎么办？"
"使用贵公司产品，还需要增加其他辅助设备吗？"
"不错，这种产品适合我们的需要。"
"别人也曾建议我购买一件这样的产品。"
"要买150件，得多少钱？"

2. 行为信号

行为信号是指在推销人员向顾客的推销过程中，顾客的某些行为中表现出来的成交信号。例如：

顾客认真阅读推销资料，比较各项交易条件；顾客非常专心地研究推销人员带去的样品或资料；要求推销人员展示产品，并对所展示的产品表示认真关注，甚至亲手触摸，试用产品；有签字倾向动作，如顾客出现找笔、摸口袋、靠近订货单、拿订货单看等。

3. 表情信号

表情信号是指在推销人员向顾客的推销过程中，顾客的面部表情和体态中所表现出来的一种成交信号。例如：

情感由冷漠、怀疑、深沉变为自然、大方、随和；顾客对推销人员的介绍点头表示同意，并流露出赞许的眼色；微笑地表示赞成推销人员的意见；顾客表现得很轻松，并专心倾听你的说明；顾客拿起笔来，在记事簿上记录推销人员的介绍要点；身体姿势不像访问初期那样规矩板正，开始放松，自如活动；面部多流露高兴、生动的表情等。

4. 事态信号

事态信号是指在推销人员向顾客的推销过程中，形势的发展和变化所表现出来的成交信号。例如：

顾客要求看销售合同书；顾客接受推销人员的重复约见或主动提出会面时间；顾客的接待态度逐渐转好；在面谈中，接见人主动向推销人员介绍企业的有关负责人或高级决策人。这些事态的发展都已比较明显地表现出顾客的成交意向。

顾客开始与推销人员套关系时：

顾客征求其他人意见。访问的顾客是一位总经理，谈到一定程度，拿起电话打给供应处长："徐处长，你过来一下，有事要商量。"

访问的顾客是一位采购科科长,谈到一定程度,拿起电话打给总经理:"李总,您有时间吗?我和高技术公司的王先生要到您那儿去一下。"

5. 异议信号

顾客异议也能透露出成交信号。有时顾客虽然有购买意图,但仍会提出一些异议或疑问。这些异议或疑问不同于访问初期的排斥与异议,它们很可能是一种信号,说明对方有达成交易的意向。例如:

"这种材料真的能承受那么大的压力吗?"

"你能保证使用你的设备,制成品的质量保持一致性吗?"

"看来,你的产品在包装和外观造型上还要作进一步改进。"

"快速编辑功能计算机就可以实现,复印机上我看不必具有这种功能。减少这一功能,复印机的价格还可以降下来。那样,我们还可以考虑把你们的产品作为选购目标之一。"

"你能保证我随时都可以找到你吗?假如贵公司再换一位推销人员,你所做出的承诺还能保证兑现吗?"

11.3.2 成交的基本策略

为了更有效地促使顾客采取购买行动,推销人员必须掌握成交的基本策略和方法。成交策略是对成交方法的原则性规定,是推销人员在促进成交的过程中必须遵守的活动准则;成交方法则是用来解决成交中实际问题的各种特定方法。成交的基本策略有以下几种。

1. 及时主动地促成交易

在现代交易中,顾客通常处于一种优势地位,不愿主动提出成交,更不愿主动明确地提示成交。但是,顾客的购买意向总会有意或无意地通过各种方式表现出来。因此,推销人员必须善于观察顾客言行,善于捕捉这些稍纵即逝的成交信号,抓住时机,及时促成交易。成交信号一般取决于推销环境和推销气氛,取决于顾客的购买动机和个人特性。

2. 克服成交心理障碍,保持积极的成交态度

在推销过程中,推销人员除了要妥善处理顾客异议,还要克服自身的成交心理障碍。成交心理障碍,主要是指各种不利于成交的推销心理状态。

在成交过程中,气氛往往比较紧张,推销人员容易产生成交心理障碍,阻碍了成交。比如担心成交失败等,尤其是推销新手,遇到异议时便会心情紧张,举止失态,以致说话词不达意。出现这种情况,成交就难以实现。推销人员的态度是面谈成功的基础,只有坚定自信,保持积极的成交态度,加强成交心理训练,才能消除各种不利的成交心理障碍,顺利达成交易。

推销人员正确的成交态度主要包括以下几个方面。

1) 正确对待成败

推销人员在经历了几次失败的推销之后,担心成交失败的心理障碍就越为严重,在推销中易产生急躁情绪,表露出急于求成的心情,这反会引起顾客的疑心,直接影响着顾客购买的决策，导致心态上的恶性循环。世上没有常胜将军，胜败乃兵家常事。商战与兵战一样，即使是最优秀的推销人员，也不可能使每次推销面谈都能达到最后成交的目的。要清楚地认识到这一点，推销人员就能鼓起勇气，不怕挫折、不惧失败，坦然地面对不同的推销结果。正是这种坦然、平静的心态，使推销人员取得心理上的优势。

推销的成功来自推销人员的坚持不懈

2）自信

有的推销人员有着不同程度的职业自卑感，认为推销工作低人一等。这种自卑感对推销工作有着极大的负面影响。只有充分了解自己工作的社会意义和价值，才能为自己的工作感到自豪和骄傲，才会激发出努力工作的巨大热情和力量。因此，推销人员应加强职业修养，增强职业自豪感和自信心，战胜自己，克服职业自卑感。

3）主动

有的推销人员认为顾客会自动提出成交要求，或认为顾客在面谈结束时会自动购买推销产品。所以，在推销过程中总是被动地慢慢等待。前面已经分析过，绝大多数顾客即使具有购买意向，也都采取被动态度，需要推销人员首先提出成交要求。推销人员必须充分地认识这一点，否则就会错过成交时机。因此，推销人员只要有机会，就应该大胆主动地提出成交要求，并适当施加成交压力，积极促进交易。

3. 留有一定的成交余地

留有一定的成交余地，就是要保留一定的退让余地。因为任何交易的达成都必须经历一番讨价还价，很少有一项交易是按卖方的最初报价成交的。顾客从对推销产品发生兴趣到做出购买决定，需要经过一定的时间过程。所以，若推销人员在成交之前就把所有的优惠条件全盘端给顾客，当顾客要你再做些让步才同意成交时，你就没有退让的余地了，使自己在成交时处于被动地位。因此，为了最后促成交易，推销人员应该讲究成交策略，遇事多留一手，不到万不得已，不轻易亮出王牌。例如，在成交的关键时候，推销人员可进一步提示推销重点，加强顾客的购买决心，"我们的产品还有 5 年的免费保修服务呢！"

再说，即使成交不能实现，推销人员也应为顾客留下一定的购买余地，希望以后还有成交的机会。因为顾客的需求总是在不断变化的，顾客今天不接受推销人员的推销，并不意味着顾客永远不接受。一次不成功的推销之后，推销人员若能留下一张名片和商品目录，并诚恳而礼貌地对顾客说："如果今后您需要什么的话，请随时与我联系，我很愿意为您服务。在价格和服务上，还可考虑给您优惠的条件。"这样，推销人员就会经常发现一些回心转意的顾客。

4. 把握成交时机，随时促成交易

推销人员必须机动灵活，随时能发现成交信号，把握成交时机，随时准备成交。一个完整的推销过程，要经历寻找顾客、推销接近、推销面谈、处理异议和签约成交等不同阶段，但并不是说每一次成交都必须严格地、不可缺少地经过每一阶段。这些不同的阶段相互联系、相互影响、相互转化。在推销的任一阶段，随时都可能成交。一旦成交时机成熟，推销人员就应立即促成交易。机不可失，时不再来。有的推销人员虽然善于接近和说服顾客，但是抓不住有利的成交时机，常常是功亏一篑。

把握成交时机，要求推销人员具备一定的直觉判断力。具备了这种特殊的职业灵感，才能及时有效地做出准确无误的判断。一般来说，下列 3 种情况可能出现促成交易好时机：一

是重大的推销异议被处理后；二是重要的产品利益被顾客接受时；三是顾客发出各种购买信号时。

5. 谨慎对待顾客的否定回答

事实证明，推销的成功率极低，有人估计为8%，而第一次推销就被顾客拒绝的概率则更大。但是，一次被拒绝并不意味着推销的失败，推销人员可以通过反复的推销努力，达成最后的成交。推销人员中有句老话：推销的成功是从被拒绝开始的。说的就是要谨慎对待顾客的否定回答，不能因为顾客拒绝就放弃努力。

前面已经分析过，顾客拒绝成交实为成交异议，它既是成交的障碍，又是成交的信号。推销人员应认真分析顾客拒绝成交的各种原因，运用有关的方法和技术处理促成交易。推销人员不应把顾客的一次拒绝看成成交的失败，那会失去许多成交的机会。在推销过程中，推销人员应及时提出成交的要求，对顾客施加成交的压力，促使其提出成交异议，谨慎对待、处理顾客的否定回答，利用成交异议来促成交易。

总而言之，在成交过程中，推销人员要认真讲究成交的策略，在坚持一定的成交原则的同时，要适时灵活地运用相应的成交技术和成交方法。只有这样，才能成功地促成交易，完成推销任务。

11.3.3 成交的方法

推销人员除了要掌握成交的基本策略，还要掌握具体的成交方法。常用的成交方法主要有以下几种。

1. 直接请求成交法

直接请求成交法是指在推销人员接到顾客的购买信号后，用明确的语言向顾客直接提出购买的建议，以求成交的方法。一般来说，推销人员和顾客经过深入的洽谈，双方就主要问题已达成一致，这时，推销人员向顾客主动提出成交的请求，如："既然已没有什么问题，我看咱们现在就把合同订下来吧。"

下列几种情况下适于使用直接请求成交法。

1）已经建立了良好人际关系的老顾客

推销人员了解老顾客的需求，而老顾客也曾接受过推销产品。因此，老顾客一般不会反感推销人员的直接请求。推销人员可以轻松地对老顾客说："您好！昨天刚有新货运到，您打算要多少？"

2）发出购买信号的顾客

若顾客对推销产品有好感，也流露出了购买意向，可一时又拿不了主意，或不愿主动提出成交要求，推销人员可以用直接请求成交法来促成顾客作出采取购买决定。

▶ **实　例** ◀

一位家庭主妇对推销人员推荐的家用电热水器很感兴趣，反复询问它的安全性能和价格，但又迟迟不作出购买决定。这时推销人员可以用直接请求成交法帮助她作出购买决定，"这种电热水器既实用又美观，价格上可以给您九折优惠，买下它吧，您一定会感到满意的。"

3）需提醒考虑购买问题的顾客

有时候顾客对推销产品表示兴趣，但思想上还没有意识到成交的问题。这时，推销人员在回答了顾客的提问，或详细介绍完推销产品之后，可以接着说："清楚了吗？您看什么时候给您送货？"或者说："产品的质量我们实行'三包'。请您填一下订单。"其实，这样的请求并非一定就是要马上成交，而只是集中顾客的注意力，让顾客意识到该考虑是否购买。

这种方法运用的关键是"火候"的把握。推销人员对最后的成交很有把握，顾客也感到顺理成章，这时，运用直接请求成交法才是最恰当的时机。

直接请求成交法的优点是：可以充分利用各种成交机会，有效地促成交易；可以节省时间而提高推销工作效率。

直接请求成交法的缺点是：可能对顾客产生成交压力，破坏成交气氛；可能失去成交控制权，造成被动局面；若推销人员滥用此法，可能引起顾客反感，产生成交异议。

2. 假定成交法

假定成交法是指推销人员假定顾客已经接受推销建议，只需对某一具体问题做出答复，从而要求顾客购买的一种成交方法。这种方法回避了是否购买的问题，只就有关具体问题与顾客商议。

实 例

一位老顾客走进商品批发部，推销人员基本可以断定他是来进货的，因此把前边的一系列工作都省略掉了，直接进入成交阶段，手持订货单向顾客发出一系列问题。但其中没有一个是"买与不买"的问题。"这次准备开点什么货？""毛毯给您开了30条，您看可以吗？""这里有新进的保暖内衣，要不要给您开1件？""明天发货您看可以吗？"如果顾客没有异议，把上述问题填入订货单，生意也就做成了。

在下列情况下，推销人员可以假定顾客已经接受了推销建议：
① 购买频率较高的老顾客，成交只是数量和时间问题；
② 顾客对推销人员的演示流露出比较满意的表情，没有提出明确的购买异议；
③ 顾客以不同方式发出了成交信号，购买决定已在内心形成；
④ 经过推销人员的努力，顾客已经对推销产品产生了兴趣和好感；
⑤ 顾客接受了推销人员的行动提示。

假定成交法的优点是：可节约推销时间，提高推销效率；可减轻顾客的成交心理压力。使用此法，推销人员是暗示成交，不是明示成交，尽量避免直接施加成交压力，把推销提示转化为购买提示，可适当减轻或消除顾客的成交心理压力，以利于成交；还可以把顾客的成交意向直接转化为成交行动，促成交易。

假定成交法的局限性有以下两个方面。

第一，不利于妥善处理顾客异议。使用这一方法，推销人员主观假定顾客已经接受推销建议；主观假定顾客没有任何异议；主观假定顾客已经形成购买决定，可能会使顾客觉得推销人员自以为是,从而提出一些无关异议或虚假异议,直接阻碍成交。

第二,容易引起顾客的反感。使用这一方法是推销人员把顾客的暗示反应看作明示反应、把成交信号看作成交行为,如果根据主观的和片面的判断做出错误的假定,就会引起顾客的反感,导致顾客拒绝成交,从而使推销人员丧失主动权。

3. 选择成交法

选择成交法是指推销人员向顾客提供几种可供选择的购买方案,并要求顾客立即做出抉择的成交方法。选择成交法是推销人员在假定成交的前提下,提供可供挑选的购买方案。先假定成交,后选择成交,顾客无论做出何种选择,导致的结果都是成交,是假定成交法的应用和发展。

实 例

实例1 一个水泥厂的推销人员问建材公司的经理:"给您送10吨还是20吨?现在就发货还是下个月再发?"

实例2 推销人员:"我今天带来两套课程,一套是关于营销的,另一套是关于人力资源管理的,这两套课程,您比较喜欢哪一套?"

顾客:"如果对我的工作有帮助的话,应该是这个实战营销吧。"

选择成交法,使顾客的思维重点放在了数量、质量、型号等方面的选择上,而不是买与不买的抉择上。推销人员直接假定成交,假定顾客一定要购买推销产品,然后向顾客提供产品目录或服务,让顾客选择购买目录,达到成交的目的。当然,无论顾客要"10吨"还是"20吨",都是直接达成交易。

选择成交法具有许多优点,主要有以下两个方面。

第一,可以减轻顾客的成交心理压力,营造良好的成交气氛。推销人员把成交选择权交给顾客,让顾客在一定的成交范围内做出自己的选择,这有利于让顾客主动参与成交活动,减轻心理压力,创造良好的成交气氛。

第二,有利于推销人员掌握成交主动权,留有一定的成交余地。采用这一方法,推销人员把选择权交给了顾客,而将成交权留给了自己;顾客在成交范围内做出选择,选来选去,结果都是成交。成交选择权使顾客无法拒绝成交方案,这就给推销人员留下了成交余地。

选择成交法的缺点是:选择成交的前提是假定成交,推销人员的成交假定本身就是成交压力,适当的成交压力有利于促成成交,而过高的成交压力则是成交的异议,可能浪费推销时间,降低推销效率。若推销人员没抓住时机,没适当地限定顾客选择成交的范围,则会使顾客滥用成交选择权,浪费了推销时间,错过了成交时机。

4. 小点成交法

小点成交法是指根据顾客的心理活动规律,利用成交的次要问题来间接促成交易的一种成交技巧。通常,顾客在重大的成交问题面前,往往比较慎重,比较敏感,顾虑重重,难以作出购买决定;而在一般的成交问题面前,则比较马虎,比较果断,比较容易作出购买决定。小点成交法正是利用了顾客这一心理活动规律,避免直接提示重大的成交问题,直接提示较小的成交问题。先小点成交,后大点成交,先就成交活动的具体条件和具体内容达成协议,再就成交本身达成协议,最后促使成交实现。

▶ 实 例 ◀

实例1 某快递产品销售人员到某外贸企业去送货并顺便推销快递业务。收件人王小姐在听完快递业务介绍后,自言自语道:"价格倒是挺便宜,我们也有需要,只是怕速度跟不上,没我们现在合作的快递公司速度快。"销售人员一听,马上接着说:"这样好了,以后您寄件的时候,我会在运单上注明延误免收运费,给您一个切实的时效承诺。这是我的名片,如果寄件时请打我公司为客户提供的'800'免费收件电话,我(我们)将以最快速度前来收件,并提供方便的售后(查询)服务。王小姐,您看这样行吗?如果没有其他问题,我们就这么定了?"

实例2 某办公用品推销人员到某办公室推销纸张粉碎机。办公室主任在听完产品介绍后摆弄起样机,自言自语道:"东西倒很适用,只是办公室这些小青年毛手毛脚,只怕没用两天就坏了。"推销人员一听,马上接着说:"这样好了,明天我把货运来时,顺便把纸张粉碎机的使用方法和注意事项给大家讲讲。这是我的名片,如果使用中出现故障,请随时与我联系,我们负责修理。主任,如果没有其他问题,我们就这么定了?"这位推销人员没有直接提示购买决策本身的问题,而是提示纸张粉碎机的使用和修理问题,避开了重大的成交问题,使办公室主任轻松地接受了成交。

小点成交法的优点是:可创造良好的成交气氛,减轻顾客的成交心理压力。推销人员直接提示顾客成交内容和成交条件,直接提示非敏感问题,可将顾客注意力集中到小问题,减轻顾客的心理压力,有利于推销人员主动作出成交尝试,保留一定的成交余地,始终保持成交主动权,有利于推销人员合理利用各种成交信号,有效地促成交易。

小点成交法的缺点是:不正确的提示成交小点,会分散顾客的成交注意力;小点成交法使用不当,可能浪费时间,拖长成交过程;有时可能引起顾客误会,产生成交纠纷。如果推销人员回避了顾客提出的一些重要问题而在次要问题上与顾客达成协议,顾客也许认为推销人员在重要问题上已经默认了,从而造成误会,酿成纠纷。

5. 从众成交法

从众成交法是指推销人员利用顾客的从众心理,促使顾客立刻购买推销产品的方法。顾客在购买产品时,不仅会考虑自身的需要,还会顾及社会规范,服从社会的某种压力,并以大多数人的行为作为自己行为的参照。从众成交法正是利用了人们的这种心理,营造了一种众人争相购买的气氛,促成顾客迅速作出购买决策。

▶ 实 例 ◀

实例1 "这是今年最流行的款式,您穿上一定漂亮。我们昨天刚进了10套,今天已经卖出了3套。"

实例2 "今年保暖内衣销得最好,各大商家都在上货,您可别错过这个机会。"

实例3 推销饮水器的推销人员这样对他的推销对象说:"×经理,这种冷热饮水器目前在一些大城市非常流行，特别适合于大公司的办公室使用。既方便、实用，又能增添办公室的豪华气派和现代感。与贵公司齐名的××公司、××公司等，办公室里就换上了这种饮水器。"

从众成交法的优点是：可以增强推销人员的成交说服力。顾客之间的相互影响和相互说服力，有时会比推销人员更具说服力；有利于推销人员促成大量成交；有利于推销人员给顾客一种压力与紧迫感，促使顾客尽快下决心购买。

从众成交法的缺点是：不利于推销人员正确地传递推销信息。因推销人员把顾客的注意力吸引到有多少人购买产品上了，不利于推销信息的传递，不利于及时反馈有关购买信息；若遇到了个性较强、喜欢表现的顾客，会起到相反的作用。

6. 机会成交法

机会成交法也叫无选择成交法、唯一成交法、现在成交法、最后机会成交法。这种成交法是通过缩小顾客选择的时空来达成交易的。

机不可失，时不再来。再想不通的顾客也会适时地把握机会，获取最大的利益。机会成交法可以用经济学中的供求理论来解释。当推销人员提出某个产品供给不多了，如果顾客有购买意向，就应该抓住时机赶快购买。

机会成交法的优点是：从理性方面讲，通过机会提示，提高了顾客不成交的机会成本，从而促使顾客作出购买决定；从感性方面讲，当顾客面临机会时，会产生紧张心理，造成成交的紧迫感，从而促使顾客尽快达成交易。

机会成交法的缺点是：机会成交法类似于最后通牒，在限制顾客的同时，也限制了推销人员回旋的余地。如果由于某种原因，推销人员违背了最后机会的承诺，顾客就会产生被愚弄和被欺骗的感觉，会使推销失去信誉。

实 例

欲 擒 故 纵

某日美国西雅图的一家百货商店积压了一批衬衫。这一天老板在散步时，看见一家水果摊前写着"每人限购一千克"，过路的人争先购买。百货商店老板由此受到启发，回到店里，让店员在门前的广告牌上写上"本店售时尚衬衫，每人限购一件"，并交代店员：凡购两件以上的，必须经经理批准。第二天，过路人纷纷进店抢购，进办公室找经理特批超购的大有人在，于是店里积压的衬衫销售一空。

除了上述介绍的常用的几种成交方法以外，还有许多其他的成交方法，如优惠成交法、试用成交法、保证成交法等。在推销实践中，推销人员应根据具体情况灵活应用各种成交方法。

关键术语

顾客异议　　产品异议　　虚假异议　　但是法　　反驳法　　太极法　　询问法

补偿法　　成交信号　　直接请求成交法　　假定成交法　　选择成交法　　小点成交法　　从众成交法

复习思考题

1. 什么是顾客异议？你是如何看待顾客异议的？
2. 顾客异议都有哪些类型？它产生的原因有哪些？
3. 如何处理顾客异议？
4. 什么是成交？成交的基本策略有哪些？
5. 怎样识别成交信号？成交信号有哪些具体的表现形式？
6. 成交的方法有哪些？各种方法有何特点？实际应用中应注意哪些问题？

实训题

【实训11-1】

对顾客异议的自我测试

以下购买产品的异议属于哪一种？列出你对每一个异议的回答。

1. 对汽车：现在买不起，等降价后再说吧。
2. 对复印机：我需要和办公室人员商量一下。
3. 对人寿保险：我感到相当健康。
4. 对吸尘器：这个产品比你们竞争对手的产品要贵。
5. 对除草机：产品资料先放这儿，我过几天再考虑。
6. 对计算机：我们通常购买联想公司的。
7. 对手机：我现用的手机很好，没必要换。
8. 对房屋：当我能自己卖出时，为什么我要付房产代理人佣金？
9. 对推销人员：算了，连你也不明白，我不买了。
10. 对推销人员：给我10%的折扣，我今天就给你下订单。
11. 对鞋：这种鞋设计太古板，颜色也不好看。
12. 对牙膏：嗯，听起来不错，但我店里现在有7个品牌的牙膏了，没地方放你的高露洁牙膏了。

【实训11-2】

请分析说明下列表述分别属于哪种成交的方法。

1. "我现在可否为您制作购货订单？"
2. "要是您同意，我们可以在这期杂志上就给您预留一个版面。您是愿意从本月就开始做广告呢，还是从下月开始？"
3. "这款手机卖得很'火'，我不能保证过几天还有货。"

4. "内置式与外接式硬盘,您更喜欢哪一种?"
5. "当机器运到您那里后,我很乐意前去为您安装调试。"
6. "您还有其他需要解决的问题吗?如果没有,是不是请您将合同签了?"
7. "这一款SUV汽车,近几年都是销冠,您单位也有不少人已买了,您就买一款吧!"
8. 推销人员:对您来说,长途驾车时稳定和安全最重要,是吗?
潜在顾客:(点头表示同意。)
推销人员:您是否认为这款汽车的节能效果显著?
潜在顾客:是的,我已经注意到了这一点。
推销人员:您提到您的妻子会喜欢这辆车的外观和内部装饰,是吗?
潜在顾客:毫无疑问,是这样的。
推销人员:您希望用什么样的方式支付?

【实训11-3】

如何争取订单

假设你是一家营销研究事务所的老板,你有着营销学硕士的教育背景,而且有3年的从业经验。4个星期前,计划在"国庆"黄金周期间进行促销的一家商场负责人找到你,透露出他们有意想委托你做本次促销活动的策划。他们来到你的事务所之前也曾经联系过几家营销研究公司,但由于他们要价太高,都未达成协议。根据你所了解的情况分析,你的事务所很有竞争力,而且你也知道这笔生意将给你的事务所带来不错的收入,你也很想揽下这单生意。

请问:你该如何去争取这笔生意?列举并描述这种情况下你会使用的两种成交方法。

 案例题

【案例11-1】

推销情景比较

情景一

小王:您好,请问是刘总吗?
客户:是的。请问什么事情?
小王:刘总,您好,我是赛富通的小王,今天特意打电话给您,是想告诉您一个能够提高您公司销售业绩的方法,我想您有兴趣了解一下。
客户:那你们是做什么的呢?
小王:我们是专业为企业做网络营销解决方案的。
客户:这个啊!现在没钱做,以后再说吧。
小王:好的,再联系。

情景二

小张:您好,请问是刘总吗?

客户：是的。请问什么事？

小张：刘总，您好，我是赛富通的小张，今天特意打电话给您，是想告诉您一个好消息。

客户：什么好消息？

小张：我们公司最近推出一项非常畅销的产品，我相信对您一定有用。

客户：我看还是算了吧，我们公司最近亏损严重，没钱做。

小张：刘总，您真会开玩笑。以您的经营智慧和策略，生意不好都不可能啊。

客户：哪里！现在生意不好做啊！

小张：正因为生意不好做，才需要新产品和新的营销模式呀！现在很多企业对于生意不景气，都感到非常棘手。如果因为公司亏损而不去用新的营销模式，那业绩不是会更差吗？如果能够重新改善产品的结构，把不畅销的产品处理掉，多一些新的低成本的销售渠道，这样对您来说不是更有机会吗？我相信您也不愿意看到这样一直亏损下去，对吗？

客户：那你们有什么新的产品和好的方法呢？

问题：

1. 对上面案例中小王和小张的表现作出你的评价。
2. 当客户以"公司亏损/不景气/没钱做"等理由拒绝你时，你有哪些策略可以应对？

【案例11-2】

销售经理的"慧眼"

我大学刚毕业时在一家汽车销售公司做实习。一天，公司待客大厅来了一个客户，是个30多岁的女士，当时我离门口最近，主动上前招待并倒茶。销售经理走过来，和我一起坐下来和这位女客户交谈。从谈话中我们得知，女客户是某运输车队的，工程即将开工，打算买一批车，这次先买5台，看看使用情况后再决定订购下一批。经理"关切"地询问她提到的工程，寒暄几句后，就直奔"敏感区域"——价格。

销售经理报出了价，同时说有现货。这位女客户听到经理报价后脸上马上起了变化，然后说Y公司（代理另外一个汽车品牌的经销商，在当地很有实力）报价多少多少，意思是说同档次的车，我们报价要高。销售经理没有直接否认她的意见，轻描淡写地提到上个月我们销售给某集团公司10辆车也是这个价格；同时强调如果能订下来，马上可以办手续提车。之后大概又交谈了一小会，然后和其他用户通常的做法一样，到展场看车，对着车问了些配置问题，然后离开了。

在我看来，这绝对是大客户了。对销售经理的表现，我觉得太不够"热情"和"主动"了，这单生意没看到什么"希望"。我把我的疑虑委婉地告诉了销售经理，下面是我们的一些对话。

我：这个大客户，不知道下次什么时候还来？

经理：很快会来的。三天之内，你就可以看到了。

我：不会吧？她走的时候没有说一定要在我们这买啊，而且感觉她的购买欲望不是很强烈。

经理：这单是跑不掉了的！

我：很难吧，她说Y公司给她的价格比我们更低。和她谈得最多的就是价格，可见价格对她来说是最重要的因素。

经理：道理显而易见。她是想压我们的价，用另一个竞争对手来制约我们的价格。

我：是的。但是，她从头到尾好像都没有问过我们的质量和配置，价格应该就是她唯一考虑的了，而我们比Y公司没有价格竞争优势。

经理：因为她是行家，熟悉我们的车的配置，也熟悉Y公司代理的车的配置。她绝对知道两者之间的差异。而且，我敢肯定她更青睐我们的车！记得我询问过她的工程情况吧？在那样的工况下，我们的车比Y公司的车优势更加明显。

我：那她怎么没提到呢？

经理：因为如果她提出来，明显我们的车才是她们最需要的，这就等于在我们面前的议价能力削弱了，所以说她是行家。

我：原来是这样。经过您这么一说，这单我也觉得有把握了。

经理：还有一个原因，就是我们有现车。这是非常重要的砝码之一。刚才问了她工程开工的时间和周期，所以我敢说她三日内一定会再回来的。

我：那我们是不是要跟踪，多给她电话联系？

经理：目前来说，完全没必要。她会主动联系我们的，而且会带上比她级别更高的领导来谈的。就只这个单来说，静观其变，耐心等两天好了，它跑不了的。

果然，不到三天，就在后天的下午，这个女客户就来了，而且带上了她公司的车队长和老板。

这个单，顺理成章地成交了。从这次销售实战中我收获了很多。做销售是一个双赢的过程，也是一个斗智斗勇的过程。

问题：
1. 销售经理是如何捕捉客户的成交信号的？
2. 你对双方在交易中的表现有何评价？

【案例11-3】

杨过的推销技巧

杨过是一个工业用阀门、密封圈及密封剂的推销人员，他正在拜访某石油公司的采购部经理武林，希望他能使用××牌密封制品来防渗透。杨过刚和武经理讨论完商品的特色、优点、利益，也说明了公司的营销计划和业务开展计划，他感觉到快大功告成了。以下就是他们二人的推销情景对话。

杨过：让我来总结一下我们刚才谈到的内容。您说过，您喜欢由于快速修理所节省下来的费用，您也喜欢我们快速反应而节省的时间，最后一点我们的服务实行三年保修。对吧？

武经理：是的，大概是这样的。

杨过：武经理，我提议，让我派人来这里帮您解决这些阀门的渗透问题。您看，是让我们的人这个星期五来呢，还是下星期一来？

武经理：不用这么快吧！你们的密封产品到底可不可靠？

杨过：武经理，非常可靠。前年，我们为国内最大的某石油公司做过同样的服务，至今我们都未接到返回修理的请求，您觉得我们可靠吗？

武经理：我想还行吧。

杨过：我知道您经验丰富，在这个专业领域是行家，而且您也认同这是个对你们厂正确的、有益的服务，既然如此，让我安排一些人来吧：您看，是这个星期五，还是下星期一？

武经理：杨过，我还是拿不定主意。

杨过：一定有什么原因让您至今犹豫不决，您不介意我问吧？

武经理：我不能肯定这是否是一个正确的决策。

杨过：就是这件事让您烦恼吗？

武经理：是的。

杨过：只有您自己对自身的决策充满自信，您才可能接受我们的服务，对吧？

武经理：可能是吧。

杨过：武经理，让我告诉您我们已经达成共识的地方。由于能够节省成本，您喜欢我们的快速修理服务；由于能得到及时便捷的维修服务，您喜欢我们快捷的服务回应；而且您也喜欢我们训练有素的服务人员及时服务所做的担保。是这些吧？

武经理：没错。

杨过：那什么时候着手这项工作呢？

武经理：杨过，计划看起来很不错。但我这个月没有钱，可能要到下个月我们才能做这项工作。

杨过：没问题，武经理。我尊重您在时间上的选择，下个月5日我再来这里，确定维修工人动身的时间，您看好吗？

武经理：可以。

问题：

推销人员杨过使用了哪些成交方法？效果如何？

实战演练要求：

请认真研究推销人员杨过展开推销的过程，然后运用所学的推销知识展开分析。在此基础上，推销活动兴趣小组可利用课余时间，既可以自己设计推销对话，展开推销，也可以直接模仿他们的推销对话，分角色进行演练，力争做到神态自然、扮演逼真，最后推选优秀代表在课堂上进行模拟表演。

 测试题

学习完本章，完成本书（附录B 推销能力测试），测测你是否具备专业推销人员的能力。如果得分高于90分，说明你至少在理念上达到优秀推销人员的要求；如果得分低于80分，你该反思你的学习效果了。

第 12 章

推 销 管 理

学习目标

通过本章的学习，学生应了解和掌握以下知识点：
◎ 推销人员的招聘、选拔与培训
◎ 推销人员的日常业务管理
◎ 推销人员的绩效标准与考评方法
◎ 推销人员的报酬制度与激励方法
◎ 推销的组织结构、规模设置及控制方式

引导案例

人才招聘中的特殊面试

人才招聘是企业心中永远的痛！HR 经理抱怨最多的就是招聘难。招聘到一个不适合公司的人才，企业绩效没上去，而员工也在抱怨公司埋没人才。为了招到合适的人才，许多企业在进行招聘的标准流程之外，增加了一些特殊面试的环节。

日产公司——请你吃饭

日产公司认为，那些吃饭迅速快捷的人，一方面说明其肠胃功能好，身强力壮；另一方面他们往往干事风风火火，富有魄力，而这正是公司所需要的。因此，对每位来应聘的员工，日产公司都要进行一项专门的"用餐速度"考试——招待应聘者一顿难以下咽的饭菜，一般主考官会"好心"地叮嘱你慢慢吃，吃好后再到办公室接受面试，那些慢腾腾吃完饭者得到的都是离开通知单。

壳牌公司——开鸡尾酒会

壳牌公司组织应聘者参加一个鸡尾酒会，公司高级员工都来参加，酒会上由这些应聘者与公司高级员工自由交谈。酒会后，由公司高级员工根据自己的观察和判断，推荐合适的应聘者参加下一轮面试。一般那些现场表现抢眼、气度不凡、有组织能力者才能得到下一轮面试的机会。

假日酒店——你会打篮球吗

假日酒店认为,那些喜爱打篮球的人,性格外向,身体健康,而且充满活力,富于激情,假日酒店作为以服务至上的公司,员工要有亲和力及饱满的干劲,并且朝气蓬勃,一个兴趣缺乏、死气沉沉的员工既是对公司的不负责,也是对客人的不尊重。

美国电报电话公司——整理文件筐

先给应聘者一个文件筐,要求应聘者将所有杂乱无章的文件存放于文件筐中,规定在10分钟内完成。一般情况下,这项工作不可能完成,公司只是借此观察员工是否具有应变处理的能力,是否分得清轻重缓急,以及在办理具体事务时是否条理分明。那些临危不乱、作风干练者自然能获高分。

统一公司——先去扫厕所

统一公司要求员工有吃苦精神及脚踏实地的作风。凡来公司应聘者,公司会先给你一个拖把叫你去扫厕所,不接受此项工作或只把表面洗干净者均不予录用。他们认为,一切利润都是从艰苦劳动中得来的;不敬业,就是隐藏在公司内部的"敌人"。

成功的推销,离不开推销人员的推销策略与技巧,但推销人员的任何活动都只是企业整体营销战略和策略的一个组成部分,接受企业管理部门正确的指导与安排,也是成功的推销所不可缺少的。企业的推销管理,是整个企业管理的重要组成部分,是达到推销目标的一种手段。推销管理包括推销人员的招聘、选拔、培训、考评、激励、组织、控制等内容。

12.1 推销人员的招聘、选拔与培训

12.1.1 推销人员的招聘

推销人员可以来源于企业内部,也可来源于企业外部。招聘主要有以下4种具体途径。

1. 内部招聘

销售经理千万不要忽视本公司的生产及科研部门提供新销售人员的可能性。这些新人给公司带来的好处是明显的:他们熟悉公司的生产及政策;他们的工作习惯和潜能已被领导层知晓;他们有可能被提升为销售经理,能振奋整个公司职员的精神。

但是,如果利用不好,这种内部招聘也会带来诸多弊端,如内部职员引荐录用的人多了,容易形成小帮派、小团体和裙带关系网,牵一发而动全身,从而造成内部管理上的困难。

2. 公开招聘

公开招聘就是面向社会,向公司以外的一切合适人选开放,按照公平竞争的原则公开招聘销售业务人员。

(1) 通过人才交流会招聘。各地每年都会组织大型的人才交流见面会。用人单位为此花一定的费用在交流会上摆摊设点,以便应聘者前来咨询应聘。如各地几乎每年都举办春秋

两季人才交流会，还举办特殊专题（如营销、中小企业）人才交流会和外资企业人才招聘会。这种招聘方法的主要优点是可公事公办，按标准招聘，可直接获取应聘人员有关资料，如学历、经历、意愿等，根据需要招聘紧缺人才。这种招聘会对象集中，节省时间和经济成本。

（2）利用媒体广告招聘。在报纸媒体上发布招聘广告是企业传统的招聘形式。这种途径操作便捷，又便于保存和查询，且报纸发行量较大，信息扩散面大，可吸引较多的求职者，备选比率大，并可使应聘者事先对本企业情况有所了解，减少盲目应聘。通过这一途径招聘业务人员也会存在以下几个问题：招聘对象来源、数量不稳定，质量差别较大；招聘广告费用较高，并有不断上涨的趋势；广告篇幅拥挤狭小，千篇一律，内容单调；广告位置不醒目，各类广告混杂在一起，使招聘广告效果不佳。

（3）通过网络进行招聘。由于信息技术和互联网的发展，越来越多的企业通过互联网招聘人才。这种方式成本低，可以长期持续招聘。一部分企业通过专业人才招聘网站招聘人才，付给少量费用。全国性的大型招聘网站有智联招聘、前程无忧、中华英才等，每个省份和每个地级市也有自己的官方人才网站。目前更多的企业通过自己企业的网站招聘人才，这样可以随时招聘，但也存在招聘信息不能及时到达的问题。

3. 委托招聘

委托招聘就是委托一些专门机构负责推荐、招聘人才，主要有以下几类。

（1）职业介绍所。许多企业利用职业介绍所获得所需要的销售人员。一般认为，职业介绍所介绍的求职者，大多数是能力较差、不易找到工作的人。不过，如果有详细的工作说明，让介绍所的专业顾问帮助筛选，既能使招聘工作简单化，也可以找到不错的人选。

（2）人才交流中心。这是政府劳动人事部门或企业设置的常年人才市场，负责人才储备、人才的介绍与推荐，乃至人才招聘及社会人才的管理。北京、上海、广州、深圳等一、二线城市的人才交流中心都有大量的人才储备。

（3）行业协会。行业组织对行业内的情况比较了解，他们经常访问、接触行业内厂家、经销商、销售经理和业务员，往往拥有行业人才需求与供给的资源，如中国市场协会、各省市行业市场研究会、专业俱乐部等，企业可请它们代为联系或介绍销售人员。

（4）公司客户。公司在开展业务过程中，会接触到顾客、供应商、代理商、非竞争同行及其他各类客户人员，这些人员都是销售人员的可能来源。

（5）猎头公司。猎头公司是掌握高素质人才信息并与高素质人才有密切联系的专业人才经营公司。他们的主要任务是掌握高端人才信息并建立人才资料库，为企业引荐高端人才并收取费用。企业通过猎头公司推荐人才需要付出较高的费用。

4. 校园招聘

校园招聘是指企业到大专院校或职业学校挑选销售人员的方式。通过这种渠道招聘销售人员有以下几个优点：① 能够比较集中地挑选批量的销售人员，从而节约成本；② 大学生受过良好的专业基础知识和综合素质教育，为今后的人才培训奠定了基础；③ 大学生往往因为刚刚参加工作，对销售工作充满了热情，一般较为积极主动；④ 从薪金上，招聘应届大学生比招聘具有销售经验的销售人员代价要小些。

12.1.2 推销人员的选拔程序

1. 填写申请表

申请表有两个目的：一是收集基本信息，二是协助面试。

2. 面试

面试能显露出申请人那些难以用其他选拔方式评估的特征。才能、交谈的能力、仪表、性格、动机和心理素质，在面试中都变得一目了然。在面试的时候要注意销售经理不要说得太多，说话多的应是申请人。

为了鼓励申请者说话，销售经理应问一些非限制性的问题。例如："为什么你离开目前的职位？""你对销售这个职业有什么看法？""你生活中发生的最重要的一件事是什么？还有没有其他也很重要的事？""你工作的目标是什么，你将如何实现这个目标？"通过提问内容的设计，招聘测试人员便能对应聘者的学习能力、价值取向、认知接受能力等有一个比较全面的认识，了解其是否符合要求。

> **专栏**
>
> **面试指南**
>
> 面试的形式因公司或者主持人的不同而不同，下面是一些推销职位面试时的常见问题。
> - 请自我介绍。
> - 按你的理解描述销售过程。
> - 你最近所读的有关销售或个人发展方面的书是什么？
> - 谈谈过去一年中你成交量最大的一次销售。你是如何做成的？
> - 你最大的优势是什么？你最大的缺点是什么？
> - 你曾在工作中碰到的最棘手的问题是什么？你是怎样处理的？
> - 你认为目前（以前）的雇主怎么样？
> - 你对你最后一个雇主的最大贡献是什么？
> - 向我推销这支铅笔（烟灰缸、手机或灯泡）。
> - 我为什么要雇用你？
> - 你为什么离开目前的职位？
> - 你对销售这个职业有什么看法？
> - 你生活中发生的最重要的一件事是什么？还有没有其他也很重要的事？

3. 测试

测试可用来评估多种情形下的能力，包括文化测试和心理测试两个方面。

文化测试主要考查应聘者的文化基础知识和专业基础知识水平。对文化测试要贯彻实事求是的原则，对于确有相当学历或由本企业选拔出来的符合条件的职工，也可以减少考试的科目甚至免试。

心理测试包括智力、才能、性格和兴趣等测试。智力测试运用最广，它对于确定申请者是否有足够的智商进行工作是有帮助的。才能测试是为了估测申请者已有的销售知识。假设遇到了一个销售方面的问题，有才能的人应该知道怎样去处理它。性格测试是为了估测个人有哪些多方面的性格特征。兴趣测试是想弄清申请者是否有兴趣做销售人员，有兴趣的人就有可能成为成功的销售人员。但兴趣测试也可能使结果混乱。

4. 体检

对业务考试合格、企业准备录用的人，录取前还需对其进行身体检查，以决定其是否能承担繁重的推销工作。

12.1.3 推销人员的培训

无论是对新录用的推销人员还是原有的推销人员都应进行培训。通过培训，新录用的推销人员可了解和掌握本企业产品推销的基本知识与基本技能，并逐步成为一个合格的推销人员。通过培训，原有的推销人员能够适应新形势的需要，并不断提高他们的业务能力，使之能更好地完成推销任务。

1. 培训的内容

一般来说，推销人员的培训包括以下几个方面。

（1）企业知识。关于本企业的历史、现状及发展趋势等方面的内容。其中，企业的发展历史、过去取得的辉煌业绩及历史上典型的人物或故事；企业现在的社会地位、经济实力、管理水平、人才状况、企业文化、规章制度和决策程序；企业的愿景、使命及未来的发展目标、发展战略等，都应让推销人员充分了解。

（2）行业知识。关于企业所在行业的基本情况。如：本行业对国民经济建设及地方经济发展的作用，本行业基本的经济特征，行业前景；主要竞争对手的状况及其竞争产品，本企业在竞争中的优劣势，主要竞争对手的推销策略；本行业顾客的基本特征，包括顾客的年龄特征、收入水平、消费习惯、地理分布等。

（3）产品知识。在对推销工作已有感性认识的基础上，由企业各专业工程师系统地介绍有关产品的性能、加工工艺、质量等级、检测手段、使用方式及维修保养、成本构成、商标设计意图等情况，并提供相应资料与证据。对于有关企业产品知识，推销人员要牢记在心，在顾客面前应是该产品的行家里手，能解答顾客提出的有关产品的任何问题；同时，也能介绍有关竞争对手的产品情况。

（4）市场营销知识。推销人员都应掌握有关市场营销的知识，包括市场调查、市场分析、市场定位、市场方案优选、市场营销战术组合因素决策的方法，尤其应重点掌握市场学中关于产品定价策略。

一般应由企业营销管理方面的主管领导介绍企业产品的市场销售情况，包括市场占有率、市场销售增长率、市场销售利润率、市场竞争力等；讲解企业市场营销策略及其意图，介绍整体市场营销及其促销活动的开展情况，包括广告及宣传的安排等。

（5）心理方面的知识。推销人员应掌握关于消费心理、购买心理和社会心理等心理方面的知识。在一般理论学习的基础上，可以由老推销人员介绍有关本企业产品的购买者的特殊心理状态、心理认识过程、顾客需要特点及顾客购买动机类型等，以利于新录用的推销人员更快地进入角色。

（6）推销知识。推销人员应熟练地掌握推销程序、推销方式、处理异议与解决难题的方法，学会制订推销计划，编写推销报告，进行推销分析等方面的知识，了解推销职业道德规范和推销礼仪常识。

（7）其他知识。例如，经济学、法律、语言沟通、商务谈判、社交礼仪等方面的知识。

2. 培训方法

根据各个企业的经营规模和市场发展情况，可以采取不同的培训方法。

1）"师傅带徒弟"法

这是指派新录用的推销人员在现场跟随有经验的推销人员一起工作的一种传统培训方法。此法的优点是可使新录用的推销人员深入到现场实际工作环境中，在师傅的指导下边干边学，有针对性地进行训练，容易收到好效果。这种方法的重要特点之一是"我怎么做，你就怎么做"。这是现场环境等条件所造成的必然结果。在许多情况下，由有能力尤其是有突出推销能力的人负责现场指导，能起到积极的作用。

2）企业集中培训法

这是指企业采取的办培训班、研讨会等形式对推销人员进行集中培训。许多大型企业运用正规的课堂讲授方法，让专业教师、有经验的推销人员将其学问和聪明才智传授给受训人员。此法优点是时间短、费用低、见效快、节省人力，便于互相启发提高，不强迫受训人员过早地投入现场工作；缺点是缺乏实践和切身体会，不易引起受训人员的足够重视。

3）学校代培法

由于企业内部培训力量有限，为适应商品经济的发展，有必要把一批优秀的推销人员送到经济院校进行重点培训与深造。委托代培需要花费一定经费，为使投资效益较好，选送人员应有相当的专业知识和实践经验。这种培训方式是使推销人员在知识水平和专业技能上迅速得到相当程度提高的好办法。

4）模拟法

这是指一些由受训人员直接参加的、具有一定真实感的训练方法。其具体形式较多，"扮演角色""比赛"等就是其中的一些常用方法。"扮演角色"模拟法是由受训者扮演推销人员进行推销活动，由有经验的推销人员扮演顾客。例如，有的企业让受训者处理过去销售中遇到的难以处理的情况，用以进行基本角色扮演的训练。"比赛"模拟法用得比较多，如有效地安排时间的比赛，内容涉及推销过程中的一些实际问题：旅行时间、等待时间、洽谈时间、选择潜在顾客、掌握达成交易的时机等。

12.2　推销人员的考核与激励

12.2.1　推销业务管理

推销业务管理一般包括日常推销业务管理、推销人员的绩效考核、推销组织设计、销售队伍管理、信用与账款管理等诸多方面。其中，日常推销业务管理是整体推销过程管理的基础环节，也是企业推销工作走向规范和高效的基础环节。以下首先阐述日常推销业务管理。

1. 填写推销日报表

1）填写推销日报表的作用

推销日报表是推销人员每日销售活动的当日小结，也是制订次日销售活动计划的基础，其中包含次日销售活动计划的内容。推销日报表是企业规范销售活动过程管理的重要工具，也是推销人员实现自我管理的一种重要方法。它的主要作用体现在以下几个方面：① 帮助企划、市场部门了解市场需求、竞争者情报、顾客意见等市场信息；② 便于主管掌握推销人员在业务过程中的效益、质量，并及时指导；③ 推销人员可以通过推销日报表自我评价推销目标达成率并分析得失，总结经验；④ 推销日报表是销售效益分析、销售统计的原始资料；⑤ 能反映不同阶段的推销工作状况。

2）推销日报表的内容

（1）拜访活动栏。主要填写日期、推销人员姓名、组别、天气状况、当日销售目标、工作时段及内容安排。

（2）客户栏。主要填写客户姓名、地址、电话、联系人、拜访时间、拜访事由、主要事项。

（3）工作情况及业绩栏。主要内容为推销性质（开拓、回访、理货、补货或收款）、送货品种、数量、金额、结款方式等。

（4）客户销售或使用情况栏。主要记录库存、上柜、缺货、货物陈列等情况。

（5）市场情况栏。主要记录客户或消费者评价、意见反馈及竞争者情况。

（6）小结栏。简要总结当日工作业绩、感受、存在问题及对策，提出次日工作计划及建议。

3）推销日报表的填写要求

推销日报表的内容因企业、产品、市场的不同有所差异，在内容及要求上因企业而异。但管理规范的企业一般要求相关业务人员每日填写，以使推销工作有计划、有规范，便于跟踪检查和管理。一般而言，一份推销日报表应满足一些基本要求：包含推销工作的主要任务项目；反映客观推销业绩或工作成果；反映工作过程的主观努力和客观工作量；简单，易于填写；格式化，便于统计、比较；反映推销人员的工作日期、地域；反映市场信息等。

2. 建立客户资料卡

客户资料卡是推销人员对客户进行管理的重要工具，它记录了客户的基本情况及与公司的业务往来情况。一个客户建立一个独立的客户资料卡，以便分析掌握客户业务发展情况，做到心中有数、有的放矢。可以建立纸质卡或者电子卡。

客户资料卡主要包含以下内容。

（1）客户档案栏。包括客户名称、地址、电话、联系人、账号、税号、法人代表、经营状况、结算规定等，有时还包括信用额度、信用期限等内容。

（2）业务往来栏。按日期填写历次货物送（退）的品种、数量、价格、销售奖励、结算方式、结款额、应收账款额和累计账款额。

（3）客户建议栏。填写客户对公司的要求、建议及公司的处理情况。

（4）评价栏。对客户在信用保证、销售能力、发展潜力、对公司支持度等方面进行综合评价，有的公司还定期对客户进行评级，如惠普的4A、3A、2A客户评定。

通过客户资料卡的管理，推销人员可以了解目标市场的业务发展情况、客户生意发展情况，从中发现潜力客户或优质客户并进行重点关注，进而培养成为公司的重点客户，为公司销售业绩的提升提供保障；同时也可以发现问题客户并进行及时处理和矫正，以避免大的销售风险，如账款风险等。所以，客户资料卡的建立和管理对总结业务经营成果、发现问题和解决问题、发展良好客情关系、保证货款回收等都具有重要意义，是企业提高经营绩效的一项重要工作。推销人员要认真填写客户资料卡，以保障资料的客观性和分析结果的准确性。

3. 填写推销周报、月报表并及时进行分析处理

推销周报、月报表的作用在于及时总结每周、每月推销人员的工作情况与工作成果，为销售主管提供了解市场信息、开展业务管理的依据，也是对推销人员的工作成效进行监督管理的工具。通过对周报、月报表的研究分析，总结成功经验，找出问题所在，为下一步工作计划和应对策略的实施提供依据。

推销周报、月报表的填写是建立在详细的推销日报表及客户管理卡基础之上的，其主要内容是阶段性工作成效的回顾总结、业绩汇总、工作方法分析、计划完成率（市场目标完成率、销售额目标完成率、毛利润完成率、回款率）分析等，它为上级主管领导的推销管理工作提供了有力的管理依据。

同时，推销周报、月报表的填写还能够使推销人员清楚自己的业务开展情况，促使推销人员有的放矢，更加有效地开展工作以完成销售目标。因为每一位推销人员都希望自己的推销周报、月报表能够内容充实，让领导看起来满意，让自己满意。对推销人员来讲，推销周报、月报表的填写既是一种工作压力，同时也是一种激励动力。

12.2.2 推销人员的绩效考核

推销人员的绩效考核是推销业务管理的重要内容，它为企业薪酬与激励制度的实施提供了依据。

1. 绩效考核的必要性

（1）销售绩效考核是决定推销人员薪资水平的依据。推销的业绩决定了推销人员的佣金或奖金的多少，这是推销人员收入的主要部分，体现了多劳多得的分配思想。

（2）销售绩效考核是对推销人员进行奖励、提升的依据。推销人员是否优秀，取决于推销人员的综合业绩的表现，业绩的好坏是企业奖励、提升优秀推销人员的有力证明。

（3）销售绩效考核是对推销人员进行管理监督的依据。推销人员掌握公司产品和资金的流动，其工作具有非常大的灵活性和弹性，所以推销人员是需要进行监管的，而考核恰恰就是对推销人员进行有效监管的有力工具。

（4）销售绩效考核是了解推销人员培训需求的依据。推销人员需要全方位的培训，包括知识、方法、技能等方面，但针对推销人员或某个推销人员群体，究竟他们在哪方面比较欠缺，哪方面亟须优先培训，只有通过推销考核才能发现，才能找到培训的突破口。

2. 绩效考核的内容

对推销人员进行考核应该是全面的、具体的，其内容包括推销业绩、工作态度、客情关系、专业知识、团队协作等能力与效果的考核，其中推销业绩是最主要的考核项目。

（1）推销业绩考核。推销业绩考核包括推销人员个人的销售量、推销金额、回款率、毛利率、新客户开拓数、拜访客户次数、市场占有率等。在制定考核标准时，一定要考虑不同推销人员的差异，包括推销区域的市场发育状况差异、推销产品差异、基础客户的条件差异等，用设立考核系数的方式缩小个人及区域差异，避免两极分化。

（2）客情关系能力考核。客情关系能力考核包括现有客户数、解决客户问题能力、支持客户能力、管理客户能力及管理状况等。注意对不同类型的客户进行分别考核。

（3）专业知识及能力考核。专业知识及能力考核包括企业知识、产品知识、对市场的了解、对客户情况的掌握、对竞争者情况的分析、推销技巧及管理知识等。

（4）团队协作能力考核。团队协作能力考核包括对公司环境的了解，对公司的忠诚度，与同事友好相处、协调共事的能力，与主管及同事良好沟通的能力等。

（5）其他考核。其他考核包括业务形象、推销信心、语言表达、综合办事能力等。

3. 绩效考核的方法

绩效考核的方法很多，比较具有代表性的方法是横向比较法、纵向比较法和指标考核法。

1）横向比较法

这是一种把各个推销人员的销售业绩进行比较和排队的方法，把销售额进行对比，同时还要考虑推销人员的销售成本、销售利润、客户对其服务的满意程度等因素。这种方法有利于衡量推销人员业务工作的优劣。

2）纵向比较法

这是将同一推销人员现在和过去某时段的工作成绩进行比较的方法，比如对销售额、销售毛利、销售费用、新增客户数、流失客户数、客户平均销售额、客户平均毛利等数量指标的分析（如表12-1所示）。这种方法有利于衡量推销人员业务工作的改善状况。

表 12-1　某推销人员业绩纵向比较法（示例）

评价因素	2018 年	2019 年	2020 年	2021 年
1. 销售定额/元				
2. 销售额/元				
3. 销售达成率/%				
4. 销售毛利/元				
5. 销售费用/元				
6. 销售费用率/%				
7. 纯利润/元				
8. 访问客户次数				
9. 每次访问成本/（元/次）				
10. 客户平均数/户				
11. 新增客户数/户				
12. 流失客户数/户				

3）指标考核法

这是将考核的各个项目都配以考评指标，制作出一份考核比例表加以考核的定量考核方法。在考核表中，可以将每项考核指标划分出不同的等级考核标准，然后根据每个推销人员的表现按实际评分，并可对不同的考核指标按其重要程度赋予不同的权重，最后核算出总的得分，以评定其综合业绩（如表 12-2 所示）。

表 12-2　推销人员业绩指标考核法（示例）

评价因素	推销人员甲	推销人员乙	推销人员丙
指标1：销售量			
（1）权数	5	5	5
（2）目标/元	300 000	200 000	400 000
（3）完成/元	270 000	160 000	360 000
（4）效率（（3）/（2））	0.90	0.80	0.90
（5）成绩水平（权数×效率）	4.50	4.00	4.50
指标2：订单平均批量			
（1）权数	3	3	3
（2）目标/元	500	400	300
（3）完成/元	400	300	270
（4）效率（（3）/（2））	0.80	0.75	0.90
（5）成绩水平（权数×效率）	2.40	2.25	2.70
指标3：平均每周访问次数			
（1）权数	2	2	2
（2）目标/次	30	25	40
（3）完成/次	20	22	36
（4）效率（（3）/（2））	0.66	0.88	0.90
（5）成绩水平（权数×效率）	1.32	1.76	1.80
业绩合计	8.22	8.01	9.00
综合效率	82.2%	80.1%	90.0%

12.2.3　推销人员的报酬制度

建立合理的报酬制度，对于调动推销人员的积极性，提高推销工作效率和扩大市场占有率，有着重要作用。一般来讲，推销人员的报酬应该与其实际的工作量和工作效率相联系。推销人员的薪酬模式主要有薪金制、佣金制、基本薪金加奖金制3种。

1. 薪金制

薪金制是指实行每月给予推销人员固定的薪水。这种报酬形式主要以工作的时间为基础，与推销工作效率没有直接联系。

薪金制的优点有3个方面。第一，推销人员有安全感，在推销业务不足时不必担心个人收入。正在受训的推销人员及专门从事指导购买者使用产品和开辟新销售区域的推销人员，都愿意接受薪金制。第二，有利于稳定企业的推销队伍，因为推销人员的收入与推销工作并无直接关系，领取工资的原因在于他们是本企业的员工。第三，管理者能对推销人员进行最大限度的控制，在管理上有较大的灵活性。因为收入与推销工作效率不直接挂钩，所以根据需要在推销区域、客户、所推销的产品等方面进行必要的灵活调整时，矛盾一般也比较少。

薪金制的主要弊端是：缺乏弹性，缺少对推销人员激励的动力，较难刺激他们开展创造性的推销活动，容易产生平均主义，形成吃"大锅饭"的局面。

薪金制适用的情况是：企业希望推销人员服从指挥、服从工作分配；某些推销管理人员如企业的中高级推销管理人员，如果其付出的努力与推销结果之间的关系不密切时；需要集体努力才能完成的销售工作。

2. 佣金制

佣金制就是企业根据推销人员的工作效率来支付报酬。推销人员的工作效率常常是以产品销售量、销售额或利润额来表示。实行这种形式，推销人员的收入便是他们在既定时期内完成的推销额或利润额乘以一个给定的百分比，这个百分比称为佣金率。推销人员的收入主要取决于两个因素：一是在既定时期内完成的推销额或利润额；二是给定的佣金率。

佣金制的优点是：第一，能够把收入与推销工作效率结合起来，鼓励推销人员努力工作；第二，有利于控制推销成本；第三，简化了企业对推销人员的管理。为了增加收入，推销人员就得努力工作，并不断提高自己的推销能力，不能吃苦或没有推销能力则自行淘汰。

佣金制的不足是：第一，收入不稳定，推销人员缺乏安全感；第二，企业对推销人员的控制程度较低，因为推销人员的报酬是建立在推销额或利润额基础上的，因而推销人员不愿推销新产品，不愿受推销区域的限制，也不愿意干推销业务以外的工作；第三，企业支付给推销人员的佣金是一个变量，推销的产品越多，佣金也就越多，这样，推销人员往往只注意眼前销售数量的增长，而忽视企业长远利益，甚至出现用不正当的手段来推销产品的现象。

在实行佣金制时，既可采用毛佣金制，也可采用纯佣金制。两者的区别在于：采用毛佣金制，企业不负担推销费用，采用纯佣金制，由企业负担推销人员的推销费用。支付佣金的比率：可以是固定的，即第一个单位的佣金比率与第一百个单位的佣金比率都一样；该比率也可以是累进的，即销售额或利润额越高，其佣金比率越高；也可以是递减的，即销售量越高，其比率越低。

佣金制一般适用于：某种产品积压严重，需要在短期内削减库存，回收资金；某种新产品为了尽快打开销路，需要进行特别积极的推销。

总的来讲，这是一种过于粗放、简单而危险的薪酬模式，容易导致串货、乱价、不正当竞争等行为。

3. 基本薪金加奖金制

基本薪金加奖金制是上述两种形式的结合，即在支付推销人员基本薪金的同时，利用奖金（或佣金）来刺激推销人员的工作积极性。基本薪金给推销人员提供生活保障和体现其基本职位价值，它包括职位工资、职位津贴、住房补贴、电话补贴、交通补贴、误餐补贴、医疗补贴、保险、公积金、出差补贴等，构成了推销人员收入的主要部分；而奖金（或佣金）是拉开差距、鼓励优秀的收入项目，主要根据推销人员的业绩来计算和发放，计算比例和考核方式因企业而异。

这种报酬形式通常是以固定薪金为主，以奖金（或佣金）为补充，它尽可能地吸收了薪金制和佣金制的优点，又尽量避免了两者的缺点。这种形式既可以保证推销人员获得稳定的个人收入，具有安全感，又有稳定性，同时便于对推销人员的控制，还能起到激励的作用，求得在安全与激励之间的某种平衡。正因为如此，目前绝大部分企业实行这种薪酬模式。

但值得注意的是，企业必须处理好固定工资和佣金之间的比例关系，既要体现固定薪金带来的心理安全感，又要体现弹性佣金带来的挑战性和刺激感，以求得稳定和发展的平衡，追求企业销售工作的最佳绩效。

此外，年终红利制度、员工股份制度等都不失为很好的薪酬福利补充制度。在一些企业，年终红利和员工股份作为推销人员年终福利发放，具有很好的激励效果。总之，推销人员的薪酬没有固定模式，企业可以根据自身的产品特点、资源状况及推销目标灵活、机动地选择，重要的是因地制宜，整合制定，目的是既能激励销售队伍，又能为企业带来高绩效和高效益。

12.2.4 推销人员的激励

作为推销管理的一项重要内容，制定政策激励推销人员是一个企业推销部门主管的重要工作。正确的评价、适时的激励，对于提高推销人员的信心、激发他们的工作热情、挖掘推销人员的最大潜能和提升企业销售业绩都是至关重要的。

1. 推销人员激励的必要性

有些推销人员即使没有管理部门的督促也会尽心竭力工作，对于他们来说，推销是世界上最刺激且富于挑战性的工作，他们胸怀大志，积极主动，收入丰厚，具有工作动力。但是，对于大多数推销人员来说，推销是一项艰苦且具有压力的工作，需要鼓励和特别的刺激，才能使之工作取得佳绩。推销人员需要激励，其原因如下。

（1）工作的性质所决定。推销人员通常要独立工作，推销工作经常受到挫折，存在销量的压力。他们的工作时间是无规律的，还要经常离家在外，面临孤独和有压力的工作环境，他们常常因为无法赢得理想客户或失去好客户、大订单而失望，这个时候特别需要激励以激发推销人员的斗志。

（2）人性的弱点所决定。根据管理学的"X理论"，人的本性是懒惰的，人们不愿承担责任，一有机会就会逃避。大多数推销人员如果没有特别的激励，如金钱、荣誉和社会地位等，就会放松工作，回避困难，就不能发挥其最大潜能。推销人员需要不断的激励和鞭策，才能保持上进心。

2. 推销人员的激励方法

激励的核心是对推销人员的推销工作成果进行奖励。实践表明，最有价值的奖励是增加推销人员的工资，随后是职位提升、个人发展机会和作为某阶层群体成员的成就感。价值最低的奖励是好感与尊敬、安全感和表扬。换句话说，工资、有出人头地的机会和满足成就感的需要，对推销人员的激励最为强烈，而表扬和安全感的激励效果较弱。

1）目标激励法

目标激励是推销人员达成销售目标而进行奖励的方法。企业应制定的主要考核目标包括每年或每月销量目标、利润目标、访问客户的次数目标、开发新客户的目标、销售增长目标、订货单位平均批量目标等。目标能激励推销人员上进，是他们工作中的方向。为使目标成为有效的激励工具，目标必须同报酬紧密联系，推销人员达到目标就一定兑现奖励。目标激励的好处在于企业的目标分解为推销人员的目标，从而自觉行动，使他们看到自己的价值与责任，工作也增添了乐趣。所以，目标既是一种压力，也是一种动力。

2）榜样激励法

榜样的力量是无穷的。俗话说：拨亮一盏灯，照亮一大片。大多数人都不甘落后，但往往不知应该怎么干或在困难面前缺乏勇气。通过树立先进典型和领导者的宣传与示范，推销人员可以找到一面镜子、一把尺子和一条鞭子，为推销人员克服困难去实现目标、争取成功增添决心及信心。企业要善于运用国内外优秀推销人员成功的案例来激励他们，并要选拔本企业的优秀推销人员，使大家看得见、摸得着，从而激励整体素质的提高。如有的公司每年都要评出"冠军销售人员""优秀业务员""销售女状元"等，效果很好。

3）工作激励法

行为科学理论认为，对员工起激励作用的因素分为两类：一类是与员工工作直接相联系的，即从工作本身产生的激励因素，称作"内在激励"；另一类是与员工工作间接有关但不是工作本身产生的激励因素，称为"外在激励"，如工资、奖励、职业地位、表扬、批评、提升等。这两种激励都是必不可少的。工作激励首先是合理分配销售任务，尽可能使分配的任务适合员工的兴趣、专长和工作能力；其次是利用"职务设计"方法，即充分考虑到员工技能的多样性、任务的完整性、工作的独立性，并阐明每项任务的意义，使员工体验到工作和所负责任的重要性，从中产生高度的内在激励作用，形成高质量的工作绩效及对工作高度的满足感。工作激励的关键在于知人善任，发挥所能。

4）强化激励法

强化有两种：正强化和负强化。所谓正强化，是指对推销人员的业绩与发展给予肯定和奖赏；所谓负强化，是指对推销人员的消极怠工和不合理或不正确行为给予否定和惩罚。销售管理部门定期把上一阶段各项推销指标的完成情况、考核成绩及时反馈给业务主管及销售人员，通过奖勤罚懒激励推销人员不断努力，不断进步。

5）竞赛激励法

人都有好胜的本能，可以通过开展销售竞赛激发推销人员的竞争精神。因为推销是一项很具有挑战性的工作，每天都要从零开始，充满艰辛和困难，销售主管要不时地给推销人员加油或充电，开展销售竞赛是一种好形式，能够激发销售队伍的活力。竞赛奖励的目的是鼓励推销人员付出比平时更多的努力，创造出比平时更好的业绩。竞赛实施需要对竞赛主题、参赛对象、竞赛方法、入围标准、评奖标准、评审过程、奖品选择等各个方面进行深入细致的准备。

▶ 专栏

竞赛激励的组织实施

- 奖励设置面要宽，竞赛要设法让50%～60%的参加者有获得奖励的机会。
- 业绩竞赛要和年度销售计划相配合，要有利于公司整体销售目标的完成。
- 要建立具体的奖励颁发标准，奖励严格按实际成果颁发，杜绝不公正现象。
- 竞赛的内容、规则、办法力求通俗易懂，简单明了。
- 竞赛的目标不宜过高，应使大多数人通过努力都能达到。
- 专人负责宣传推动，并将竞赛进行实况适时公布。

- 要安排宣布启动竞赛的聚会，不时以快讯、海报等形式进行追踪报道，渲染竞赛的热烈气氛。
- 精心选择奖品，奖品最好是大家都希望得到但又舍不得自己花钱购买的东西。
- 有时应把家属也考虑进去，如奖励去海外旅行，则应把其家属也列为招待对象。
- 竞赛完毕，马上组织评选，公布成绩并立即颁发奖品，召开总结会。

6）文化激励法

文化激励法是利用企业文化的特有力量，激励组织成员向组织期望的目标行动。企业文化是企业长期形成的共同的价值观、信念、态度和行为规范，是企业行动的指南。企业文化无处不在，无时不有，它的影响是潜移默化的。企业应通过树立积极上进、团结协作的企业文化，来激发推销人员追求卓越的意志品质，并打造出优秀的团队精神。

在销售团队的文化内涵建设上，需要加强以下几点：建立共同愿景，形成团队的精神力量；加强相互沟通，培育协作精神；提倡同甘共苦，反对单打独斗的个人英雄主义；领导率先示范，提倡主动进取和创新精神；激励兼顾公平，注意激励的全面性、长期性；弘扬敬业精神，反对消极应对和敷衍了事。

12.3 推销组织与控制

推销工作需要借助一定的组织系统来实施，需要控制系统来检查企业资源投入和计划执行情况，诊断产生问题的原因，进而采取相应措施，以确保目标的达成。

12.3.1 推销队伍的组织结构

1. 区域型

区域型就是企业将目标市场划分为若干个销售区域，每个推销人员负责一个区域的全部销售业务。

这是一种最简单的推销人员组织形式，它具有以下特点。第一，有利于调动推销人员的积极性。由于一个区域仅有一个销售人员，其职责分明，任务明确。这样能激励推销人员努力工作，完成甚至超额完成所规定的工作任务。第二，有利于推销人员与顾客建立长期关系。由于每一个推销人员的销售范围固定，销售区域内与顾客的关系如何将直接影响推销效果，推销人员会自觉地关心顾客的需求，与顾客建立良好的关系，追求推销的长期效果。第三，有利于节省交通费用。由于每个推销人员的销售范围较小，交通费用自然也相对较少。

在拟订一组销售区域时，不一定是按照行政区划分，也可以根据某些原则来划分的。这些原则包括：应易于管理；其销售潜力应易于估计；可使出差时间减至最小限度；能为各销售代表提供足够的和相等的工作量及销售潜量。

销售区域范围大小一般根据销售工作量相等的原则来划分。按这一原则划分销售区域可为推销人员提供创造同样销售收入的机会。如果某区域在销售量上持续出现较大差异，则可以认为该区域推销人员在能力与努力方面存在差异。但由于不同区域顾客的密度是不相同的，所以销售潜量相等的地区在范围大小上是不一的。这样，分配到顾客密度小的地区的推销人员需要付出更多的努力才能获得同样大的销售量。其解决办法是给予该地区的推销人员额外的工作报酬，或作为一种奖励把工作能力强、资历较深的推销人员分配到顾客密度大的区域去。

2. 产品型

产品型就是企业将产品分成若干类，每一个推销人员或每几个销售人员为一组，负责销售其中一种或几种产品。

这种组织形式适用于产品类型较多，且技术性较强、产品间无关联的情况下的产品推销。在产品技术性强、生产工艺复杂的情况下，不同产品线的推销人员应有专门知识。对于相关联的产品应由同一个或同一组推销人员推销，以便于顾客购买。但这些条件并不是绝对的：当企业的产品种类繁多、相互间并无关联的产品被相同的顾客购买时，这种形式就会显示出较大的欠缺。

3. 顾客型

顾客型是指企业将其目标市场按顾客的属性进行分类，不同的推销人员负责向不同类型的顾客进行推销。

顾客的分类可依其产业类别、顾客规模、分销途径等来进行。这种组织形式的好处是推销人员易于深入了解所接触的顾客的需求状况及所需解决的问题，以利于在推销活动中有的放矢，提高成功率。其缺欠是当同一类型的顾客比较分散时，会增加推销人员的工作量，从而增加推销费用，影响推销绩效。因此，按顾客类型分派推销人员，通常适用于同类顾客比较集中时的产品推销。

4. 复合型

复合型组织结构是指当企业的产品类别多、顾客的类型多而且分散时，综合考虑区域、产品和顾客因素，按区域—产品、区域—顾客、产品—顾客或者区域—产品—顾客来分派推销人员。在这种情况下，一个推销人员可能要同时对数个产品经理或几个部门负责。

这4种形式都有其优缺点，既没有绝对最好也没有绝对最差。在企业的实际运行中，不同的企业可采用不同的组织形式，同一个企业不同时期也可采用不同的人员组织形式，甚至可以同时使用几种不同的组织形式。也就是说，企业必须以市场为导向去选择最适合的推销组织形式。

12.3.2 推销队伍的规模

选择了一定的推销组织形式，并不意味着推销组织建立已完毕。换句话说，企业一旦确定了推销组织形式，便要着手考虑推销队伍的规模。推销队伍是企业最具生产力和最昂贵的资产之一，因为推销人员人数增加就会使销售量和成本同时增加。

确定推销人员规模的方法主要有两种，即工作量法和推销额法。

1. 工作量法

这是一种最常用的方法。它根据推销人员对不同类型顾客的访问次数来计算所需要的推销人员的人数。其步骤有：

① 将顾客按销售量分成大小类别；

② 确定每类顾客每年所需的访问次数，这反映了与竞争对象公司相比要达到的访问密度有多大；

③ 每一类顾客数乘以各自所需的访问数便是整个地区的访问工作量，即每年的销售访问次数；

④ 确定一个销售人员每年可进行的平均访问次数；

⑤ 将总的年访问次数除以每个销售人员的平均年访问数即得到所需销售人员数。

假设某个公司估计全国有 1 000 个 A 类顾客和 2 000 个 B 类顾客；A 类顾客一年需访问 36 次，B 类顾客一年需访问 12 次。这就意味着公司需要每年能够进行 60 000 次访问的推销队伍。假设每个推销人员平均每年可做 1 000 次访问，那么公司需 60 个专职推销人员。

2. 推销额法

这种方法分 3 步：第一步，预测企业全年的销售额；第二步，根据有关统计资料计算每一位推销人员每年平均可达到的推销额；第三步，用企业全年的总销售额除以每位推销人员每年平均的推销额，便可求得企业推销人员的人数。推销额法比较简单，只是过于笼统，需要较可靠的统计资料，其关键在于对每位推销人员的平均推销额的估算。

12.3.3 推销控制

推销控制就是把企业各个环节的推销活动约束在推销方针和计划要求的轨道上，以求遵循最合理的途径实现计划目标。推销控制是完成企业推销任务所必不可少的一环。应该指出，整个推销控制活动并不是一个简单的、一次完成的工作过程。企业必须通过不同的控制方式全面掌握推销业务活动，保证推销活动沿着企业既定的目标顺利进行。

推销控制包括策略控制、过程控制和预算控制 3 种方式。

1. 策略控制

策略控制，是指企业管理高层检查、考核企业推销目标和策略是否与市场环境相适应，以保证推销计划总体的合理性。它包括：

① 企业目前主要市场状况，以及市场的特性与发展前景；

② 目标与策略是否适应国家的方针、政策及经济、技术发展状况；

③ 企业的主要竞争对手是谁，策略的针对性如何；

④ 企业能否调配足够的人、财、物力来完成计划任务，企业的资源调配是否恰当；

⑤ 从事推销活动的人员在数量、素质上是否合乎要求；

⑥ 企业的产品、定价、分销和促销四大因素的组合方式是否达到最佳等。

通过对以上各方面的检查、考核，就可以发现企业在整个推销目标和策略上存在的问题和发生的偏差，经过分析，对推销目标和策略进行必要的修正、调整，使推销活动沿着正确的轨道前进。

2. 过程控制

在实际推销过程中，常常会因各种情况的变化而使企业的推销目标不能得到正确的贯彻和落实。因此，企业销售管理者必须对推销过程进行经常的检查、监督，并采取相应的措施，以确保计划目标的实现。

过程控制通常是通过对推销业务记录的分析、市场占有率的分析、客户构成分析、销售费用分析来检查和监督销售量、销售收入和利润的完成情况。

3. 预算控制

预算控制是在资金、利润的目标基础上对推销活动的费用进行控制。预算是控制费用的有效办法，它迫使推销部门仔细研究并确定为完成预计目标而必须控制的费用水平。预算不仅可以防止费用超支，而且是检测推销成效的重要标准。

企业通过以上推销控制的 3 种方式，对推销活动进行全面的、全过程的严格控制。为使推销控制更加有效，企业须注意以下 3 个方面。

① 建立健全考核制度和考核标准，既要有专人来负责，确定考核的人员、时间、内容和各种定额标准，也要注意到不同业务、不同市场和不同人员的特殊性。

② 把控制工作的重点放在改进工作上。控制的根本目的在于发现问题，纠正偏差，使推销活动沿着正确的轨道运行。因此，针对问题、找出改进措施是推销控制的核心。

③ 充分利用现代化工具进行控制，提高控制水平。

关键术语

内部招聘　　公开招聘　　委托招聘　　校园招聘　　推销人员培训　　推销人员选拔　　推销业务管理　　推销日报表　　客户资料卡　　绩效考核　　薪金制　　佣金制　　基本薪金加奖金制　　目标激励法　　榜样激励法　　工作激励法　　强化激励法　　竞赛激励法　　文化激励法　　推销组织设计　　销售队伍规模　　推销控制

复习思考题

1. 推销人员的招聘途径有哪些？
2. 推销人员培训的内容和方法有哪些？
3. 推销队伍的组织结构有哪些形式？
4. 如何确定推销队伍的规模？
5. 如何对推销人员进行业绩考评？
6. 推销人员常用的绩效指标主要有哪些？
7. 推销人员的报酬形式和激励方法有哪些？

案例题

【案例 12-1】

推销明星为何"跳槽"

白秦铭在大学时代成绩不算突出，老师和同学都不认为他是很有自信和抱负的学生。他的专业是日语，毕业后被一家中日合资公司招为销售人员。他对这岗位挺满意，不仅因为工资高，而且尤其令他喜欢的是这家公司给销售人员发的是固定工资，而不是佣金制。他担心自己没接受过推销方面的训练，比不过别人，若拿佣金，比别人少多了会丢脸。

刚上岗位的头两年，白秦铭虽然兢兢业业，但销售成绩只属一般。随着他对业务熟练起来，又与那些零售商客户们搞熟了，他的销售额渐渐上升了。到第三年年底，他觉得可算是进入了全公司几十名销售人员中头20名之列了。到了第四年，根据与同事们的接触，他估计自己当属销售人员中的冠军。不过这家公司的政策是不公布每人的销售额，也不鼓励互相比较，所以他还不能很有把握认定自己一定是坐上了第一把交椅。

这一年，白秦铭干得特别出色。尽管定额比前年提高了25%，到了9月初他就完成了销售定额。他对同事们仍不露声色，不过他冷眼旁观，没发现什么迹象说明他们中有谁哪怕已接近完成了自己的定额。此外，10月中旬时，日方销售经理召他去汇报工作。听完他用日语做的汇报后，那位日本经理对他格外客气，祝贺他已取得的成绩。在他要走时，那位经理对他说："咱公司要再有几个像你一样棒的推销明星就好了。"他只微微一笑，没说什么，不过他心中思忖，这不就意味着承认他在销售人员队伍中出类拔萃、独占鳌头了吗？次年，公司又把白秦铭的定额再提高了25%。尽管一开始不如以前顺手，但他仍是一马当先，比预计的干得要好。他根据经验估计，10月中旬前肯定能完成自己的定额，不过他觉得自己心情并不舒畅。最令他烦恼的事，也许莫过于公司不告诉大家谁干得好谁干得坏，干好干坏都没个反应。他听说本市另外两家中外合资的化妆品制造企业都搞销售竞赛和颁奖活动，其中一家是总经理亲自请最佳销售人员到大酒店吃一顿饭；而且还有内部发行的公司通讯之类的小报，让人人知道每人销售情况，表扬季度和年度最佳销售人员。想到自己公司这套做法，他就特别恼火。其实，在开头他干得不怎样时，他并不太关心和在乎排名第几的问题，如今却觉得这对他越来越重要了。不仅如此，他开始觉得公司对销售人员实行固定工资制是不公平的，一家合资企业怎么也搞"大锅饭"？应该按劳付酬嘛！

一天，他主动去找了那位外国经理，谈了他的想法，建议改为佣金制，至少实行按成绩给奖金制。不料那位日本上司拒绝了他的建议，并且说："这是本公司的既定政策，本公司一贯就是如此，这正是本公司的文化特色。"第二天，令公司领导吃惊的是，白秦铭辞职而去，听说另一家竞争对手挖走了他。

白秦铭的离去说明了当前大多数企业都面临的一个问题，即应该如何留住人才，用好人才，充分调动其工作积极性。

问题：
1. 为什么白秦铭一开始对固定工资制感到满意，而后来又认为这种工资制度不合理呢？
2. 假如你是公司的经理，你应该采取何种措施留住优秀销售人员，并进一步调动他们的积极性呢？

【案例12-2】
三得利梅林食品有限公司是一家以生产饮料为主的合资企业，主要产品有三得利乌龙茶、三得利橙汁、安绮丝和身体运动饮料4个品种。图12-2是该公司的直销部架构。

第12章 推销管理

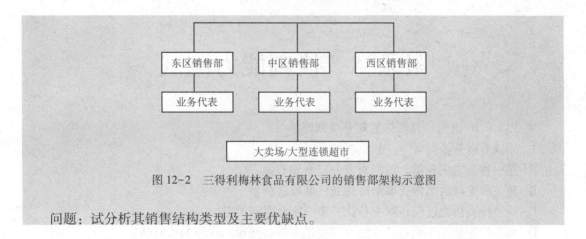

图12-2 三得利梅林食品有限公司的销售部架构示意图

问题：试分析其销售结构类型及主要优缺点。

附录 A 谈判能力测试

完成以下 10 道题，测测你是商务谈判好手吗？

1. 你认为商务谈判（　　）。

    A. 是一种意志的较量，谈判对方一定有输有赢

    B. 是一种立场的坚持，谁坚持到底，谁就获利多

    C. 是一种妥协的过程，双方各让一步一定会海阔天空

    D. 双方的关系重于利益，只要双方关系友好必然带来理想的谈判结果

    E. 是双方妥协和利益得到实现的过程，以客观标准达成协议可得到双赢结果

2. 在签订合同前，谈判代表说合作条件很苛刻，按此条件自己无权做主，还要通过上司批准。此时，你应该（　　）。

    A. 说对方谈判代表没权做主就应该早声明，以免浪费这么多时间

    B. 询问对方上司批准合同的可能性，在最后决策者拍板前要留有让步余地

    C. 提出要见决策者，重新安排谈判

    D. 与对方谈判代表先签订合作意向书，取得初步的谈判成果

    E. 进一步给出让步，以达到对方谈判代表有权做主的条件

3. 为了得到更多的让步，或为了掌握更多的信息，对方提出一些假设性的需求或问题，目的在于摸清底牌。此时，你应该（　　）。

    A. 按照对方假设性的需求和问题诚实回答

    B. 对于各种假设性的需求和问题不予理会

    C. 指出对方的需求和问题不真实

    D. 了解对方的真实需求和问题，有针对性地给予同样假设性答复

    E. 窥视对方真正的需求和兴趣，不要给予清晰的答案，并可将计就计促成交易

4. 谈判对方提出几家竞争对手的情况，向你施压，说你的价格太高，要求你给出更多的让步，你应该（　　）。

    A. 更多地了解竞争状况，坚持原有的合作条件，不要轻易做出让步

    B. 强调自己的价格是最合理的

    C. 为了争取合作，以对方提出竞争对手最优惠的价格条件成交

    D. 问：既然竞争对手的价格如此优惠，你为什么不与他们合作

    E. 提出竞争事实，说对方提出的竞争对手情况不真实

5. 当对方提出如果这次谈判你能给予优惠条件，保证下次给你更大的生意，此时你应该（　　）。

    A. 按对方的合作要求给予适当的优惠条件

    B. 为了双方的长期合作，得到未来更大的生意，按照对方要求的优惠条件成交

    C. 了解买主的人格，不要以"未来的承诺"来牺牲"现在的利益"，可以其人之道还治其人之身

D. 要求对方将下次生意的具体情况进行说明，以确定是否给予对方优惠条件

E. 坚持原有的合作条件，对对方所提出的下次合作不予理会

6. 谈判对方有诚意购买你整体方案的产品（服务），但苦于财力不足，不能完整成交。此时，你应该（   ）。

A. 要对方购买部分产品（服务），成交多少算多少

B. 指出如果不能购买整体方案，就以后再谈

C. 要求对方借钱购买整体方案

D. 如果有可能，协助贷款或改变整体方案。改变方案时要注意相应条件的调整

E. 先把整体方案的产品（服务）卖给对方，对方有多少钱先给多少钱，所欠之钱以后再说

7. 对方在达成协议前，将许多附加条件依次提出，要求得到更大的让步，你应该（   ）。

A. 强调你已经做出的让步，强调"双赢"，尽快促成交易

B. 对对方提出的附加条件不予考虑，坚持原有的合作条件

C. 针锋相对，对对方提出的附加条件提出相应的附加条件

D. 不与这种"得寸进尺"的谈判对手合作

E. 运用推销证明的方法，将已有的合作伙伴情况介绍给对方

8. 在谈判过程中，对方总是改变自己的方案、观点、条件，使谈判无休无止地拖下去。此时，你应该（   ）。

A. 以其人之道还治其人之身，用同样的方法与对方周旋

B. 设法弄清楚对方的期限要求，提出己方的最后期限

C. 节省自己的时间和精力，不与这种对象合作

D. 采用休会策略，等对方真正有需求时再和对方谈判

E. 采用"价格陷阱"策略，说明如果现在不成交，以后将会涨价

9. 在谈判中双方因某一个问题陷入僵局，有可能是过分坚持立场之故。此时，你应该（   ）。

A. 跳出僵局，用让步的方法满足对方的条件

B. 放弃立场，强调双方的共同利益

C. 坚持立场，要想获得更多的利益就得坚持原有谈判条件不变

D. 采用先休会的方法，会后转换思考角度，并提出多种选择等策略以消除僵局

E. 采用更换谈判人员的方法，重新开始谈判

10. 除非满足对方的条件，否则对方将转向其他的合作伙伴，并与你断绝一切生意往来。此时，你应该（   ）。

A. 从立场中脱离出来，强调共同的利益，要求平等机会，不要被威胁吓倒而做出不情愿的让步

B. 以牙还牙，不合作拉倒，去寻找新的合作伙伴

C. 给出供选择的多种方案以达到合作的目的

D. 摆事实，讲道理，同时也给出合作的目的

E. 通过有影响力的第三者进行调停，赢得合理的条件

以下是各题 5 个选项的得分。

表 A-1 选项各得分情况

题号	1	2	3	4	5	6	7	8	9	10
A	2	2	4	10	4	6	10	4	4	10
B	3	10	3	6	2	2	4	10	6	2
C	7	7	6	5	10	6	8	3	2	6
D	6	6	7	2	6	10	2	6	10	6
E	10	5	10	8	5	3	7	7	7	7

如果您得了：

95 分以上：谈判专家；

90～95 分：谈判高手；

80～90 分：有一定的谈判能力；

70～80 分：具有一定的潜质；

70 分以下：谈判能力不合格，需要继续努力。

附录 B 推销能力测试

国际著名的推销专家戴富瑞博士在台湾哈佛企业管理顾问公司培训推销人员时，设计了一套推销能力自我测试题，借以使推销人员了解自己的推销能力。希望您在 3 分钟时间内，在下列每题的 A、B、C、D 4 个答案中选择一个您认为最符合您情况的答案。

1. 假如顾客询问您有关产品的问题，您不知道如何回答，您将：
   A. 以您认为正确的答案，用好像了解的样子来回答
   B. 承认您缺乏这方面的知识，然后去寻求正确的答案
   C. 答应将问题转告给业务经理
   D. 给他一个听起来很好的答案
2. 当顾客正在谈论推销人员或您的推销行为，而且很明显他所说的是错误的时候，您应该：
   A. 打断他的话，并予以纠正
   B. 聆听，然后改变话题
   C. 聆听并指出其错误之处
   D. 利用质问以使他自我发现错误
3. 假如您对自己的推销工作有点泄气，您应该：
   A. 请一天假不去想公事
   B. 强迫您自己更卖力去做
   C. 尽量少拜访
   D. 请求业务经理和您一道出去
4. 当您拜访经常给您吃闭门羹的顾客时，您应该：
   A. 不必经常去拜访
   B. 根本不去拜访他
   C. 经常拜访并试图去改善与其的关系
   D. 请求业务经理换个人试试
5. 当您碰到顾客对您说"您的产品价格太贵了"的时候，您应该：
   A. 同意他的说法，然后指出一分价钱一分货
   B. 同意他的说法，然后改变话题
   C. 不同意顾客的说法
   D. 述说您强有力的论据
6. 当您回答顾客的相反意见之后，您应该：
   A. 保持沉默并等待顾客开口
   B. 变换话题并继续推销
   C. 继续举证，以支持您的结论
   D. 试行缔结

7. 当您进入顾客的办公室时,他正在阅读,他告诉您他一边阅读,一边听您的介绍,那么您应该:

   A. 开始您的推销说明

   B. 向他说您可以等他阅读完了再开始

   C. 请求合适的时候再来拜访

   D. 请求对方全身心地聆听

8. 您正用电话去约一位顾客以安排拜访时间,总机小姐把您的电话转给了他的秘书,秘书问您有什么事,您应该:

   A. 告诉他您希望和他商谈

   B. 告诉他这是私事

   C. 向他解释您的拜访将带给他公司莫大的好处

   D. 告诉他您希望同他讨论您的产品

9. 面对一个激进型的顾客,您应该:

   A. 客气

   B. 过分客气

   C. 证明他错了

   D. 拍他马屁

10. 应对一位悲观的顾客,您应该:

    A. 说些乐观的事

    B. 对他的悲观思想一笑置之

    C. 向他解释他的悲观思想是错误的

    D. 引述事实并指出您的论点是完美的

11. 在展示印刷的视觉辅助工具时,您应该:

    A. 交予顾客并在他阅读时解释销售重点

    B. 先推销辅助工具,然后再按重点念给对方听

    C. 把辅助工具留下,以待访问之后让他自己阅读

    D. 答应他把一些印刷物张贴起来

12. 顾客告诉您,他正在考虑竞争者的产品,并询问您对竞争者产品的意见,您应该:

    A. 指出竞争者产品的缺点

    B. 称赞竞争者产品的特征

    C. 表示知悉竞争者的产品,然后继续推销您自己的产品

    D. 开个玩笑以引开他的注意力

13. 当顾客有购买的征兆如"什么时候可以送货?"的时候,您应该:

    A. 说明送货时间并试做缔结

    B. 告诉他送货时间并试做缔结

    C. 告诉他送货时间并请求签订单

    D. 告诉他送货时间并等待顾客的下一个步骤

14. 当顾客有怨言时,您应该:

    A. 打断他的话并指责其错误之处

B. 注意聆听，虽然您公司错了，但有责任予以否认

C. 同意他的说法并将错误归咎于您的业务经理

D. 注意聆听，判断怨言是否正确，适时给予纠正

15. 假如顾客要求打折，您应该：

A. 答应回去时向业务经理要求

B. 告诉他没有任何打折了

C. 解释公司的折扣情况，然后热心地讲解产品的特点

D. 不予理会

16. 当零售店主向您说"这种产品销路不好"的时候，您应该：

A. 告诉他其他零售店销售成功的实例

B. 告诉他产品没有按照应该陈列的方法陈列

C. 很技巧地建议他产品销售的方法

D. 向他询问销路不好的原因，必要时将货取回

17. 在获得顾客的订单之后，您应该：

A. 谢谢他，然后离去

B. 略为交谈他的嗜好

C. 谢谢他并恭喜他的决定，简明扼要地再强调一下产品的特征

D. 请他到附近喝一杯

18. 在开始做推销说明时，您应该：

A. 试图去发现对方的嗜好并交换意见

B. 谈谈天气

C. 谈谈今早的新闻

D. 尽快地谈些您拜访他的理由，并说明他可获得的好处

19. 在下列情况下，哪一种是推销人员充分利用时间的做法：

A. 将顾客资料更新

B. 当他和顾客面对面的时候

C. 在销售会议上讨论更好的推销方法

D. 和推销人员讨论时

20. 当您的顾客被第三者打扰时，您应该：

A. 继续推销，不予理会

B. 停止推销并等待有利时刻

C. 建议在其他时间再拜访

D. 请顾客喝一杯咖啡

各项分值见表 B-1，请您把各项得分也填入表 B-1 的相应栏内。

表 B-1 推销能力测试分数表

题目	各项分值				您的得分
	A	B	C	D	
1	2	5	3	1	

续表

题目	各项分值				您的得分
	A	B	C	D	
2	1	3	1	5	
3	1	5	1	3	
4	1	1	5	3	
5	1	5	3	2	
6	2	1	2	5	
7	1	5	3	2	
8	1	1	5	2	
9	5	1	1	1	
10	3	2	1	5	
11	1	5	1	1	
12	1	3	5	1	
13	1	5	3	1	
14	1	2	1	5	
15	2	3	5	1	
16	1	1	5	2	
17	3	1	5	1	
18	3	1	1	5	
19	3	5	2	1	
20	1	2	3	3	

得分及如下所述。

100分：您是一位专业的推销人员；

90～99分：您是一位优秀的推销人员；

80～89分：您是一位良好的推销人员；

70～79分：您是一位普通的推销人员；

60～69分：说明您需要努力；

50～59分：说明您需接受推销培训；

49分以下：您该考虑重新选择更合适的职业了。

附录 C 《商务谈判与推销技巧》模拟试卷

试 卷 一

总分	题号	一	二	三	四	五	六
	题分	21	10	9	20	20	20
	得分						

一、单项选择题（每小题 1 分，共 21 分）

在下列每小题的四个备选答案中选出一个正确答案，并将其字母标号填入题干的括号内。

1. 你在报纸上看到一则出售房屋的广告，广告中要求有意购买者亲自去面谈。但是当你亲自出面时，却发现对方并非出售者本人，而是他指定的代理人。在这种情况下，你该怎么办？（　　）

    A. 指责对方缺乏诚信，拂袖而去　　B. 坚持与卖主本人谈判

    C. 问该代理人是否为全权代理　　D. 以边谈边看的方式与代理人进行谈判

2. 你手头有一批货物可供外销。你认为若能卖到 100 000 美元，则感到十分满足。某外商提议以 200 000 美元的现汇购买这批货物，此时，你最明智的做法是什么？（　　）

    A. 毫不犹豫地接受该外商的建议　　B. 告诉他一星期后再作答复

    C. 跟他讨价还价　　D. 还价 150 000 美元

3. 卖方对某成套设备的最低可接纳水平定为 620 万元，但他开价 720 万元，这表示他在整个谈判过程（假定整个过程分成四个阶段）中，他最大的减价数额为 100 万元。下面是四种让步方式，你认为哪一种较好？（　　）

    A. 13-22-28-37　　B. 25-25-25-25

    C. 83-17-0-0　　D. 43-33-20-4

4. 为巩固良好的客户关系或建立起稳定的交易联系，对老客户或大批量购买的客户，可适当实行价格折扣。请问这是哪种报价策略？（　　）

    A. 心理价格策略　　B. 价格分割策略

    C. 报价的时机策略　　D. 差别报价策略

5. 巴黎地铁公司的广告是："每天只需付 30 法郎，就有 200 万旅客能看到你的广告。"请问这是哪种报价策略？（　　）

    A. 心理价格策略　　B. 价格分割策略

    C. 报价的时机策略　　D. 差别报价策略

6. 如果与你谈判的是由几方组成的联盟，你的对策是要使联盟的成员相信，你与他们单个之间的共同利益要高于联盟成员之间的利益。这是（　　）。

A. 虚张声势策略 B. 各个击破策略
C. 制造竞争策略 D. 最后通牒策略

7. "我没有权力批准这笔费用，只有我们的董事长能够批准，但目前他正在国外。"推销人员的这种说法属于哪种谈判策略？（ ）
A. 权力极限策略 B. 政策极限策略
C. 财政极限策略 D. 先例控制策略

8. 在与对方谈判时，本方人员有的唱红脸，有的唱白脸。这是（ ）。
A. 制造竞争策略 B. 软硬兼施策略
C. 虚张声势策略 D. 最后通牒策略

9. 谈判过程中，对方实际上并不存在竞争对手，但谈判者仍可巧妙地制造假象来迷惑对方，以借此向对方施加压力。这是谈判策略中的哪种策略？（ ）
A. 软硬兼施策略 B. 制造竞争策略
C. 虚张声势策略 D. 最后通牒策略

10. 顾客约见的方式中最常用的方式是（ ）。
A. 电话约见 B. 当面约见
C. 信函约见 D. 委托约见

11. 创智培训公司在培训完顾客后，都会要求顾客填写一个培训评价表，而这个表格的最后一项就是要求顾客推荐有同样培训需求的企业。该公司这种寻找准顾客的方法叫（ ）。
A. 陌生拜访法 B. 连锁介绍法
C. 市场咨询法 D. 交叉销售法

12. 寻找准顾客的方法比较适用于新人、新市场，它的一个明显优点是可以锻炼推销人员的意志，积累和丰富推销工作经验。这种方法叫（ ）。
A. 陌生拜访法 B. 连锁介绍法
C. 市场咨询法 D. 交叉销售法

13. 利用慕名拜访顾客或请教顾客的理由来达到接近顾客目的的方法是（ ）。
A. 问题接近法 B. 介绍接近法
C. 赞美接近法 D. 请教接近法

14. 一位推销天蓝色瓷砖的推销人员在对顾客推销时说："您把这种天蓝色的瓷砖铺在浴室里，每当您洗澡的时候，就有种置身大海的感觉。"推销人员采用的提示方法是（ ）。
A. 直接提示法 B. 间接提示法
C. 联想提示法 D. 明星提示法

15. "联想电脑是中国奥委会指定专用电脑。"推销人员采用的提示方法是（ ）。
A. 消极提示法 B. 明星提示法
C. 逻辑提示法 D. 积极提示法

16. 推销模式中的爱达模式包括4个步骤，即引起顾客注意、（ ）、激起购买欲望和促成购买。
A. 发现顾客需求 B. 唤起顾客兴趣
C. 证实产品符合需求 D. 列举产品带给顾客的利益

17. 顾客说："别人的价格比你的便宜。"这是属于哪种异议？（   ）
   A. 产品异议   B. 价格异议
   C. 权力异议   D. 购买时间异议

18. 顾客（一中年妇女）："我这把年纪买这么高档的化妆品干什么，一般的护肤品就可以了。"顾客异议的类型是（   ）。
   A. 服务异议   B. 需求异议
   C. 产品异议   D. 货源异议

19. 推销人员向一家商场推销威化饼干。顾客异议："这批饼干数量太大了，而且还有两个月就过保质期了，我不要了。"推销人员回答："这批饼干是一个老客户订购出口的，由于客户方面出了些问题，没有履行合约，所以积压下来。这批货什么都好，就是保质时间短，现在我打个五折卖给您，你们商场那么兴旺，搞一些促销，在保质期前卖出去不成问题。"推销人员处理异议的方法是（   ）。
   A. 不理睬法   B. 补偿法
   C. 反驳法   D. 但是法

20. 推销人员对顾客说："林厂长，您刚才提出的问题都解决了，那么，您打算购买多少？"推销人员采用的是哪种成交方法？（   ）
   A. 请求成交法   B. 假定成交法
   C. 选择成交法   D. 从众成交法

21. 推销人员对顾客说："李厂长，我们提供送货上门服务。您看第一批货是今天送来还是明天再送？"推销人员采用的是哪种成交方法？（   ）
   A. 请求成交法   B. 假定成交法
   C. 选择成交法   D. 从众成交法

二、填空题（每小题1分，共10分）

22. 在三种谈判方法中，_____是一种既理性而又富于人情味的谈判，在现实的谈判活动中具有很广泛的实用意义。

23. 商务谈判的价值评判标准主要包括三个方面，即_____、谈判效率的高低和互惠合作关系的维护程度。

24. 谈判小组在角色搭配以及手段的运用上软硬相间，刚柔并济，有的人扮演"强硬者"，坚持本方的原则和条件，向对方进行胁迫，其他人则以"调和者"的面孔出现，向对方表示友好或者予以抚慰。这种谈判策略叫_____。

25. 引用先例是一种常见的谈判策略。一般来说，引用先例一般采用两种形式：一是_____，二是引用与他人谈判的例子。

26. 推销人员在不太熟悉或完全不熟悉推销对象的情况下，普遍地、逐一地访问特定地区或特定职业的所有个人或组织，从中寻找顾客的方法，叫_____。

27. 推销人员从三个基本方面审查准顾客，即准顾客是否有购买力、_____、需求，只有三要素均具备者才是合格的准顾客。

28. 推销人员招聘主要有4种具体途径，包括内部招聘、公开招聘、委托招聘和_____。

29. 推销人员运用反面的、消极的、否定的暗示法提示顾客注意不购买推销产品，可能会带来的反面效应或产生的消极作用,从而激发顾客的购买动机,达到促使顾客购买的推销洽谈方法,叫_____。

30. 推销人员利用大明星在崇拜者心目中形成示范作用和先导作用,从而引发甚至左右崇拜者的购买与消费行为,这就是心理学中的_____法则。

31. 推销人员在对顾客购买力进行鉴定时,首先是鉴定顾客现有支付能力,其次应注意对顾客_____的鉴定。

三、名词解释(每小题 3 分,共 9 分)

32. 模拟谈判

33. 红白脸策略

34. 转化处理法

四、简答题(每小题 5 分,共 20 分)

35. 谈判活动具有哪些一般特征?

36. 在谈判开局阶段,如何营造良好的谈判气氛?

37. 从事推销这个职业有哪些优越性?

38. 推销面谈前,约见准顾客有何意义?

五、论述题(每小题10分,共20分)

39. 试述软式谈判法、硬式谈判法、原则型谈判三种谈判方法的基本内涵,并说明在选择或运用时要考虑到哪些制约因素。

40. 论述你对顾客异议的看法与态度。

六、案例分析题(每小题10分,共20分)

41. 阅读下列案例。

一位中年女士来到化妆品柜台前,欲购护肤品,售货员向她推荐一种高级护肤霜。

顾客异议:"我这个年纪买这么高档的化妆品干什么,我只是想保护皮肤,可不像年轻人那样要漂亮。"

售货员回答:"这种护肤霜的作用就是保护皮肤的。年轻人皮肤嫩,且生命力旺盛,用一些一般的护肤品即可。人上了年纪皮肤不如年轻时,正需要这种高级一点的护肤霜。"

请指出顾客异议的类型,并分析售货员是如何化解顾客异议的。

42. 果园里的谈判。

一家果品公司的采购员来到果园,问:"多少钱一斤?"

"四块。"

"三块行吗?"

"少一分也不卖。"目前正是苹果上市的时候,这么多的买主,卖主显然不肯让步。

"商量商量怎么样?"

"没什么好商量的。"

"不卖拉倒!死了张屠夫,未必就吃混毛猪!"几句说呛了,买卖双方不欢而散。

不久,又一家公司的采购员走上前来,先递过一支香烟,问:

"多少钱一斤?"

"四块。"

"整筐卖多少钱?"

"零买不卖,整筐四块一斤。"

卖主仍然坚持不让。买主却不急于还价,而是不慌不忙地打开筐盖,拿起一个苹果在手里掂量着,端详着,不紧不慢地说:"个头还可以,但颜色不够红,这样上市卖不上价呀。"接着伸手往筐里掏,摸了一会儿,摸出一个个头小的苹果:

"老板,您这一筐,表面是大的,筐底可藏着不少小的,这怎么算呢?"

边说边继续在筐里摸着,一会儿,又摸出一个带伤的苹果:

"看!这里还有虫咬,也许是雹伤。您这苹果既不够红,又不够大,有的还有伤,无论如何算不上一级,勉强算二级就不错了。"

这时,卖主沉不住气了,说话也和气了:"您真的想要,那么,您还个价吧。"

"农民一年到头也不容易,给您三块钱吧。"

"那可太低了……"卖主有点着急,"您再添点吧,我就指望这些苹果过日子哩。"

"好吧,看您也是个老实人,交个朋友吧,三块二毛一斤,我全包了。"

双方终于成交了。

请问,为什么第一个买主遭到拒绝,而第二个买主却能以较低的价格成交?请从谈判策略上进行分析。

试 卷 二

总分	题号	一	二	三	四	五	六
	题分	21	10	9	20	20	20
	得分						

一、单项选择题（每小题1分，共21分）

在下列每小题的四个备选答案中选出一个正确答案，并将其字母标号填入题干的括号内。

1. 你是汽车制造厂商。你最近与一位客户经过了艰难的谈判，最后终于达成协议。但在签订协议书之前，该买家又提出了一个最后要求：汽车要漆成红、白两色。这两种颜色正好是你心中准备将要使用的颜色，面对这种"额外"要求，你该怎么办？（　　）

　　A. 告诉他必须付额外费用　　　　B. 告诉他可以按他的要求办
　　C. 问他这两种颜色对他有何重要性　　D. 要求重新谈判

2. 客户不接纳你所开出的价格，但他并不向你提出具体的建议，只是强调你出的价格太高。此时你将（　　）。

　　A. 拒绝"价格太高"的看法　　　　B. 要求他提出具体的建议或意见
　　C. 问他何以反对你开出的价格　　　D. 你自己提出解决问题的途径

3. 你是某种零件的供应商。某日下午你接到某买主的紧急电话，要你立即赶赴机场去跟他商谈有关向你大量采购事宜。他在电话中说，他有急事前往某地不能在此处停留多时。你认为这是你的一个难得的机会，因此在他登机前15分钟赶抵机场。他向你表示，假若你能以最低价格供应，他愿意同你签订一年的供需合约。在这种情况下，你的做法是：（　　）。

　　A. 提供最低的价格
　　B. 提供稍高于最低价的价格
　　C. 提供比最低价格高出许多倍的价格，以便为自己留有更大的谈判余地
　　D. 祝他旅途愉快，告诉他你将与他的部下联系并先商谈一下零件的价格，希望他回到此地后能与你联系

4. "使用这种电冰箱平均每天0.5元电费，0.5元只够吃1根最便宜的冰棍。"请问这是哪种报价策略？（　　）

　　A. 心理价格策略　　　　　　B. 价格分割策略
　　C. 报价的时机策略　　　　　D. 差别报价策略

5. 对新客户，有时为开拓新市场适当给予折让。这是哪种报价策略？（　　）

　　A. 心理价格策略　　　　　　B. 价格分割策略
　　C. 报价的时机策略　　　　　D. 差别报价策略

6. 谈判者以退为攻，用中止谈判等理由来迫使对方退让。这是（　　）。

A. 软硬兼施策略 B. 制造竞争策略
C. 虚张声势策略 D. 最后通牒策略

7. "我们公司有规定，产品不能打折销售，但我们可以给你一些赠品。"推销人员的这种说法属于哪种谈判策略？（　　）

A. 权力极限策略 B. 政策极限策略
C. 财政极限策略 D. 先例控制策略

8. 谈判中遇到一种锋芒毕露、咄咄逼人的谈判对手，他们以各种方式表现其居高临下、先声夺人的挑战姿态。对于这类谈判者，较好的应对策略是（　　）。

A. 吹毛求疵策略 B. 积少成多策略
C. 各个击破策略 D. 疲劳战术

9. "我们非常喜欢你们的产品，也很感谢你们提供的合作。遗憾的是，公司的预算只有这么多。"推销人员的这种说法属于哪种谈判策略？（　　）

A. 权力极限策略 B. 政策极限策略
C. 财政极限策略 D. 先例控制策略

10. 服装推销人员可以通过服装咨询业者来寻找顾客，婴儿用品推销人员可以通过育儿咨询业者寻找顾客。这种寻找准顾客的方法叫（　　）。

A. 陌生拜访法 B. 连锁介绍法
C. 市场咨询法 D. 交叉销售法

11. 信用卡销售人员经常和汽车销售人员交换名单，卖牙膏的推销人员和卖洗衣粉的推销人员一同开发超市、代理商。这种寻找准顾客的方法叫（　　）。

A. 陌生拜访法 B. 连锁介绍法
C. 市场咨询法 D. 交叉销售法

12. 推销模式中的费比模式包括4个步骤，即向顾客详细介绍产品的特征、分析展示产品的优点、（　　）和以事实依据说服顾客购买。

A. 发现顾客需求 B. 唤起顾客兴趣
C. 证实产品符合需求 D. 列举产品带给顾客的利益

13. 对那些个性较强且有一定学识、身份的专家型顾客，（　　）更为奏效。

A. 问题接近法 B. 介绍接近法
C. 赞美接近法 D. 请教接近法

14. 一位推销成套设备的推销人员，指着某商报上的一篇关于一些企业进行设备更新的新闻报道对顾客说："你听说了吗？一个企业购买了这种产品之后，取得了很好的效益，其他一些企业都在考虑购买呢！连报纸都刊登了，看来不买是有点赶不上形势了。"推销人员面谈时采用的提示方法是（　　）。

A. 直接提示法 B. 间接提示法
C. 联想提示法 D. 明星提示法

15. "我厂生产的防寒服是国家赴南极考察队员的首选产品。"推销人员面谈时采用的提示方法是（　　）。

A. 直接提示法 B. 间接提示法
C. 联想提示法 D. 明星提示法

16. 顾客说："羽绒服这几年款式翻新特别快，一年一个样，你这是去年的产品，款式太陈旧。"这是属于哪种异议？（   ）
   A. 产品异议　　　　　　　　　　B. 价格异议
   C. 权力异议　　　　　　　　　　D. 购买时间异议

17. 客户说："我们还要再好好研究一下，然后再把结果告诉你。"这是属于（   ）。
   A. 产品异议　　　　　　　　　　B. 价格异议
   C. 权力异议　　　　　　　　　　D. 购买时间异议

18. 关于推销人员的报酬制度，目前大部分企业实行的薪酬模式叫（   ）。
   A. 薪金制　　　　　　　　　　　B. 佣金制
   C. 基本薪金加奖金制　　　　　　D. 年终红利制度

19. 一位中年女士说："我这个年纪买这么高档的化妆品干什么，我只是想保护皮肤，可不像年轻人那样要漂亮。"售货员回答："这种护肤霜的作用就是保护皮肤的。年轻人皮肤嫩，且生命力旺盛，用一些一般的护肤品即可。人上了年纪皮肤不如年轻时，正需要这种高级一点的护肤霜。"推销人员采用的提示方法是（   ）。
   A. 询问法　　　　　　　　　　　B. 补偿法
   C. 但是法　　　　　　　　　　　D. 转化法

20. 推销人员对顾客说："这两种饮料的口味都很好，每种给您半箱吧。"推销人员采用的是哪种成交方法？（   ）
   A. 请求成交法　　　　　　　　　B. 假定成交法
   C. 选择成交法　　　　　　　　　D. 从众成交法

21. 推销人员对顾客说："先生，您要什么饮料？雪碧？可乐？"采用的成交方法是（   ）。
   A. 请求成交法　　　　　　　　　B. 假定成交法
   C. 选择成交法　　　　　　　　　D. 从众成交法

二、填空题（每小题 1 分，共 10 分）

22. 根据参加的利益主体的数量，可以把谈判划分为双边谈判和_____。

23. 谈判准备阶段的_____是在对谈判过程的预演，目的在于检验谈判计划得完善与否，同时谈判者也得到了一些临场经验。

24. 商务谈判的信息收集和分析主要包括 4 个方面的内容，即谈判环境信息、市场与行业信息、_____、谈判者自我评估。

25. 根据谈判中双方所采取的态度和方针，可以把商务谈判划分为三种类型，即让步型谈判、立场型谈判和_____。

26. 谈判活动中，为阻击对方的进攻，典型的极限控制策略包括_____、政策极限、财政极限等。

27. 陌生拜访法是以_____为基础的，即推销人员所要寻找的顾客是平均地分布在某一地区或职业的所有人或组织当中。

28. 在推销接近中，推销人员通过赠送礼品来引起顾客的注意，达到接近顾客目的，这种接近方法叫_____。

29. 推销人员用肯定的、正面的明示或暗示来提示顾客购买推销品后可以获得的正面效益等，促使顾客购买。这种提示方法叫_____。

30. 在处理顾客异议时，推销人员根据有关的事实与理由来间接否定顾客异议，这种异议处理方法叫_____。

31. 在推销面谈中，提示法着重于语言介绍的方式进行洽谈，_____则着重于非语言的方式进行促销。

三、名词解释（每小题 3 分，共 9 分）

32. 硬式谈判法

33. 制造竞争策略

34. 补偿处理法

四、简答题（每小题 5 分，共 20 分）

35. 谈判活动中如何坚持"客观标准的原则"？

36. 优秀的商务谈判人员应具备哪些基本素质要求？

37. 推销人员在接近团体顾客（法人顾客）时，前期的调查内容包括哪些？

38. 如何理解"推销是从客户的拒绝开始"这句话？

五、论述题（每小题10分，共20分）

39. 如何理解"把人与问题分开"这一谈判原则？如何处理谈判中"人的问题"？

40. 对比分析在处理顾客异议时采用"但是处理法"的优点和弊端。

六、案例分析题（每小题10分，共20分）

41. 阅读下列案例。

罗曼斯太太是一个家庭主妇，很多商贩都觉得她是一个难以相处的客户。因为她常常在菜堆里挑来拣去，时不时还吵嚷道："你看你的蔬菜，没有别家的好，却要比别家的菜贵很多。"其实，买菜讨价还价是常有的事情，但是罗曼斯太太讲价的方式总是把菜贩的蔬菜贬得一文不值，然后再要求对方便宜，而且每次买菜都直冲价格而去，从不与商贩进行周旋。

这天，罗曼斯太太要求以每千克5美元的价格购买1.5千克西红柿，但是菜贩却一直坚持以每千克5.6美元的价格出售。由于两人争执不下，罗曼斯太太就准备转移谈判对象，去其他菜贩那里看看。这时，走过来一位男士对菜贩说道："你的菜看起来真是新鲜。"

刚刚还与罗曼斯太太吵得面红耳赤的菜贩脸上挂上了愉快的笑容，说道："是的，这是早晨刚刚从菜园里采摘的，上面还挂着露珠呢！"

男士笑了起来，对菜贩说："看来您每天起得很早，西红柿可不好栽种。"

"是啊，培育它们时，我可是花了很多精力的。"菜贩说。

男士继续说："确实，单看它们的色泽，就能知道，你一定每天呵护它们，能告诉我它们的身价吗？"

菜贩觉得男士非常幽默，于是笑得更加灿烂了，并对他说："每斤只要2.6美元。"一旁的罗曼斯太太一听，惊讶地看着菜贩。这时，又听到旁边的男士说："挺便宜啊，我现在看着它们越发可爱了，中午我准备做汤，它们的味道一定很好。不过，每千克5.2美元，不好计算，我想买1.5千克，7.5美元可以吗？"

菜贩爽快地回答道："当然可以，我现在就给你称。"

一旁的罗曼斯太太觉得难以理解，心想："为什么我们都是来买菜的，我讲价讲得如此辛苦，而他一下子就搞定了呢？"于是，罗曼斯太太走到男士面前，说道："先生，您真会讲价。"

男士笑着说："太太，我刚刚也看到您买菜的过程了。或许您应该改变一下讲价方式，买菜其实也是一种谈判，要先'谈'后'判'。"

问题：为什么罗曼斯太太遭到拒绝，而男顾客却能以较低价格成交？请结合本课程所学的谈判原则和策略进行分析。

42. 刘伟如何寻找他的潜在顾客?

刘伟是某大学管理学院的三年级学生。刚刚接受了一份阳光岛度假村俱乐部的暑期工作。刘伟第一次参加销售会议，女经理谭园在阐述她对销售人员的希望。

谭园：我知道当你们被聘时就已经知道需要做什么。但是，我还想再次就有关事情做进一步说明。现在你们的第一项工作是销售阳光岛会员卡。每一张会员卡价值为2万人民币。如果你们有什么问题，请直接提问。

刘伟：每一笔买卖我们可以提取多少佣金?

谭园：每销售一张会员卡，可以拿到其会员卡价值的10%，也就是2 000元。会员卡赋予会员很多权利，包括每年可以到阳光岛度假村免费入住2天，届时可以享受度假村的桑拿浴与健身，可以获得两份免费早餐。若会员平时到度假村度假的话，住宿、餐饮、娱乐、健身等都可以享受50%的优惠折扣。而且，你还可以从会员的所有费用中提取5%的报酬。

刘伟：那么，我可以获得双份的报酬了。

谭园：不错。你销售得越多，提取的佣金就越高。

刘伟：我到哪里去寻找阳光岛度假村的会员呢?

谭园：你完全可以自己决定如何做。但是，寻找潜在顾客是你成功的关键。根据以往的经验发现，每10个你找到的潜在顾客中，你将会与其中的3个顾客面谈，最后与1个顾客成交。

问题：刘伟应集中于哪一个目标市场?刘伟应怎样寻找潜在顾客?列举3种以上的方法，并说明如何应用。

参 考 文 献

[1] 彭石普. 商品推销能力教程 [M]. 北京：北京邮电大学出版社，2009.
[2] 彭先坤，文玉菊. 推销技巧案例集 [M]. 南昌：江西高校出版社，2009.
[3] 易开刚. 现代推销学 [M]. 上海：上海财经大学出版社，2012.
[4] 叶伟巍，朱新颜. 商务谈判 [M]. 杭州：浙江大学出版社，2014.
[5] 龚荒. 现代推销学：理论、技巧、实训 [M]. 北京：人民邮电出版社，2015.
[6] 史达. 网络营销 [M]. 4版. 东北财经大学出版社，2016.
[7] 张守刚. 商务沟通与谈判 [M]. 北京：人民邮电出版社，2016.
[8] 郑锐洪，李玉峰. 推销原理与实务 [M]. 北京：中国人民大学出版社，2016.
[9] 李先国，杨晶. 销售管理 [M]. 4版. 北京：中国人民大学出版社，2016.
[10] 吴琼，李昌凰，胡萍. 商务谈判. [M]. 北京：清华大学出版社，2017.
[11] 刘进. 推销技巧与商务谈判精要：基于7Q理论 [M]. 北京：清华大学出版社，2019.
[12] 黄聚河. 推销与谈判技巧 [M]. 北京：清华大学出版社，2020.
[13] 崔叶竹，杨尧. 商务谈判与礼仪 [M]. 北京：清华大学出版社，2020.
[14] 石永恒. 商务谈判精华 [M]. 北京：团结出版社，2003.
[15] 颜宏裕. 绝佳谈判术 [M]. 北京：经济管理出版社，2004.
[16] 马克态. 商务谈判：理论与实务 [M]. 北京：中国国际广播出版社，2004.
[17] 刘园. 国际商务谈判：理论、实务、案例 [M]. 北京：对外经济贸易出版社，2001.
[18] 王德新. 商务谈判 [M]. 北京：中国商业出版社，1996.
[19] 吴金法. 现代推销理论与实务 [M]. 大连：东北财经大学出版社，2002.
[20] 潘肖珏，谢承志. 商务谈判与沟通技巧 [M]. 上海：复旦大学出版社，2004.
[21] 孙庆和. 实用商务谈判大全 [M]. 北京：企业管理出版社，2000.
[22] 章瑞华，徐志华，黄华新. 现代谈判学 [M]. 杭州：浙江大学出版社，1995.
[23] 马宗连. 商务谈判与推销技巧 [M]. 大连：东北财经大学出版社，1998.
[24] 李扣庆. 商务谈判概论：理论与艺术 [M]. 上海：东方出版中心，1998.
[25] 张春法，崔新有. 推销技巧与商务谈判 [M]. 成都：西南交通大学出版社，1995.
[26] 侯铁珊，李弘，吾敏. 推销原理与技巧 [M]. 大连：大连理工大学出版社，1999.
[27] 孙长征，黄洪民，吕舟雷. 公关谈判与推销技巧 [M]. 青岛：青岛出版社，2000.
[28] 何培秋. 现代企业产品推销学 [M]. 广州：暨南大学出版社，1995.
[29] 孙玉太，于忠荣，郭秀冈. 商务谈判制胜艺术 [M]. 济南：山东人民出版社，1995.
[30] 张伟. 塑造销售高手 [M]. 北京：企业管理出版社，2000.
[31] STANTON N. 商务交流 [M]. 北京：高等教育出版社，1998.
[32] 张照禄，曾国安. 谈判与推销技巧 [M]. 成都：西南财经大学出版社，1994.
[33] 祝春阳，林连成. 成功推销技巧 [M]. 深圳：海天出版社，2000.
[34] 徐育斐. 商品推销实务 [M]. 大连：东北财经大学出版社，2000.

[35] 张漾滨. 商务谈判与推销技巧 [M]. 北京：中国商业出版社，1998.
[36] 王国梁. 推销与谈判技巧 [M]. 北京：机械工业出版社，2003.
[37] 陈企华. 最成功的推销实例 [M]. 北京：中国纺织出版社，2003.
[38] 马克斯. 人员推销 [M]. 郭毅，译. 北京：中国人民大学出版社，2003.
[39] 张永. 人员推销教程：理论·技巧·案例 [M]. 北京：机械工业出版社，2001.
[40] 左小平，冯鹏义. 谈判与推销技巧 [M]. 重庆：重庆大学出版社，1998.
[41] 李红梅. 现代推销实务 [M]. 北京：电子工业出版社，2005.
[42] 应思德. 人员推销 [M]. 北京：电子工业出版社，2001.
[43] 杨群祥. 商务谈判与推销 [M]. 大连：东北财经大学出版社，2005.
[44] 周琼，吴再芳. 商务谈判与推销技术 [M]. 大连：东北财经大学出版社，2005.
[45] 赵国柱. 商务谈判 [M]. 杭州：浙江大学出版社，2000.
[46] 实用文库编委会. 实用谈判技法大全 [M]. 北京：电子工业出版社，2008.
[47] 樊建廷，干勤. 商务谈判 [M]. 大连：东北财经大学出版社，2008.
[48] 尼尔伦伯格. 谈判的艺术 [M]. 曹景行，陆延，译. 北京：中国人民大学出版社，2008.
[49] 道森. 优势谈判 [M]. 重庆：重庆出版社，2009.
[50] 列维奇. 谈判学：阅读、练习与案例 [M]. 北京：中国人民大学出版社，2006.
[51] 朱春燕，陈俊红，孙林岩. 商务谈判案例 [M]. 北京：清华大学出版社，2011.
[52] 陈文汉，徐梅. 商务谈判实务 [M]. 北京：清华大学出版社，2014.
[53] 郭芳芳. 商务谈判教程：理论·技巧·实务 [M]. 上海：上海财经大学出版社，2012.
[54] 王军旗. 商务谈判：理论、技巧、案例 [M]. 北京：中国人民大学出版社，2014.